区域学业质量评价的坚守与突破

学习分析视角

恽敏霞　朱　靖等◎著

华东师范大学出版社

图书在版编目(CIP)数据

区域学业质量评价的坚守与突破：学习分析视角/恽敏霞等著. —上海：华东师范大学出版社，2020
ISBN 978-7-5760-0041-2

Ⅰ.①区… Ⅱ.①恽… Ⅲ.①教育质量—教育评估—研究 Ⅳ.①G40-058.1

中国版本图书馆 CIP 数据核字(2020)第 036380 号

区域学业质量评价的坚守与突破：学习分析视角

著　　者　恽敏霞　朱　靖　等
责任编辑　彭呈军
特约审读　杨慧敏
责任校对　张　沥　时东明
装帧设计　卢晓红

出版发行　华东师范大学出版社
社　　址　上海市中山北路 3663 号　邮编 200062
网　　址　www.ecnupress.com.cn
电　　话　021-60821666　行政传真 021-62572105
客服电话　021-62865537　门市(邮购)电话 021-62869887
地　　址　上海市中山北路 3663 号华东师范大学校内先锋路口
网　　店　http://hdsdcbs.tmall.com

印　刷　者　上海昌鑫龙印务有限公司
开　　本　787×1092　16 开
印　　张　21.5
字　　数　478 千字
版　　次　2020 年 6 月第 1 版
印　　次　2020 年 6 月第 1 次
书　　号　ISBN 978-7-5760-0041-2
定　　价　78.00 元

出版人　王　焰

(如发现本版图书有印订质量问题，请寄回本社客服中心调换或电话 021-62865537 联系)

前 言

闵行教育确立了"让每一个孩子健康快乐成长"的目标,以素质教育为引领,以信息技术为支撑,以教育"优质化、信息化、国际化、个性化"为发展路径,以教育管理与评价改革为导向,加快推进区域教育现代化。

学业质量评价是广大教师和家长关注的重点领域,也是教育现代化的重要内容。闵行区一直非常重视学业质量评价的实践、改革与发展。2012年,开展了上海市教育科学研究重点课题"区域基础教育学业质量监控研究"(A1222)的研究,对区域学业质量的评价和管理机制进行了系统探索。在此基础上,2014年,申报了国家社会科学基金教育学一般课题"基于学习分析技术的中小学学业质量评价研究"(BHA140111)。几年来,课题引领、区校合作,一起探索基于新思想、新技术的学业质量评价改革。本书是对该课题研究过程与结果的全面阐述。

全书共分三大部分:理论分析、实践探索和技术路径。

理论分析部分由第一至第三章组成。追根溯源、旁征博引,从历史视角、国际视角、技术视角,探讨学业质量的内涵及其学术定位,探究学习分析技术对学业质量评价的促进及其可能价值。这是一种分析性反思、比较性研究、实践性构想,旨在厘清当前学业质量评价的改革思路和发展取向。

实践探索部分由第四至第七章组成。这是课题的主体部分。重点阐述了闵行区如何立足实践,既继承传统、抓住基础,又突破瓶颈、大胆改革的。第四章,介绍了为促进和保障区域学业质量评价改革的信息化平台的建设,阐述了平台建设的思路和平台的具体功能。第五章,以中学各学科学业质量评价为例,阐述了学业质量结果性评价的改革探索。第六章,以学校的具体实践为例,阐述了学业质量过程性评价的改革探索。第七章,以小学学科学业质量评价为例,阐述了学业质量评价全过程中的综合性改革。

技术路径部分由第八至第九章组成。这也是课题的结论部分。在理论和实践的基础上,综述了闵行区学业质量评价的综合模型和技术路径,说明了学业质量评价的"最后一公里"——反馈和应用,强调了基于主体价值的评价反馈,明确了基于发展需求的结果应用。

全书由恽敏霞、朱靖策划,明确了成果定位、确定了全书框架、制定了写作体例。全书执笔者有:彭尔佳(第一章),刘春香(第二章),何永红(第三章),龚耀昌、何永红(第四章),孙静贤、庄明、戴金平、陈春辉、戴赟、朱诵玉、巢晖(第五章)、实验校(具体人员见正文脚注)、张贺华(第六章)、李群、蒋莉琴、朱新亚、景洪春、杨献荣、陈培群、宋永福、瞿莉蓉、王梅宝、沈雯晴、孟嬿娜、王玉兰(第七章)、恽敏霞、何永红(第八章)、朱靖、彭尔佳(第九章)。恽敏霞、朱靖负责全书初稿的修改、统稿和定稿。

与学业质量评价领域的其他学术著作相比，本书更重视区域视角，更突出技术价值，更关注实践立场。但因本书编写的时间较短，作者的水平有限，对有关问题的分析和思考还不够全面、深刻，书中肯定尚存不足之处，恳请广大读者多提宝贵意见，便于我们进一步实践和完善。

最后，衷心感谢任友群、范国睿、顾小清、杨向东、赵健、顾志跃、苏忱、陆璟、纪明泽、汤林春、谢军、王鼎、刘辉等专家在课题研究过程中的指导和支持；感谢蔷薇小学、平阳小学、花园学校、罗阳小学、平南小学、世博小学、上海市实验学校西校、梅陇中学、纪王学校、启音学校、古美高中的主动合作和热情参与；感谢华东师范大学出版社的大力支持与帮助。

2019年，闵行区获批为"全国首批智慧教育创建示范区"，这是闵行的责任和担当。未来，我们将进一步深化应用本书研究成果，从学生发展的可持续、科学性、个性化出发，继续加大、加深各类学习分析技术在学业质量评价领域的实践和应用，为智慧教育示范区的创建，贡献教育评价的经验和力量。

作　者

2020年2月于上海

目 录

理论分析部分

第一章 学业质量评价的价值追溯   3
    第一节 学业质量评价的基本内涵   5
    第二节 学业质量评价的理论依据   10
    第三节 国际视野中的学业质量评价   16
    第四节 核心素养与学业质量评价   32

第二章 区域视角学业质量评价   47
    第一节 区域学业质量评价的目标与作用   47
    第二节 区域学业质量评价的实践与类型   51
    第三节 区域学业质量评价的特征与模型   56

第三章 技术革新与学业质量评价   69
    第一节 当前学业质量评价的机遇及挑战   69
    第二节 学习分析视角下的学业质量评价   76

实践探索部分

第四章 区域学业质量评价平台的规划与建设   91
    第一节 设计理念与平台规划   91
    第二节 技术融合与平台建设   108

第五章　区域学科学业水平测试的基本流程　　126
　　第一节　促进学生发展的测评框架　　126
　　第二节　基于实践的纸笔测试命题　　144
　　第三节　多维视角的数据挖掘技术　　157
　　第四节　学业水平测试的反馈应用　　169

第六章　学校过程性学业质量评价的实践探索　　199
　　第一节　学业质量过程性评价的概论　　199
　　第二节　学生课堂学习中的问题捕捉　　214
　　第三节　数据和证据支持下的干预策略　　235

第七章　小学基于标准的学业质量评价改革　　253
　　第一节　小学阶段学业质量评价的定位　　253
　　第二节　伴随学生发展的表现性评价　　258
　　第三节　等第制评价的实践探索　　279

技术路径部分

第八章　基于学习分析技术的学业质量评价模型　　297
　　第一节　区域学科学业质量评价的综合模型　　297
　　第二节　基于学习分析技术的评价应用子模型　　303

第九章　区域学业质量评价结果的反馈与应用　　317
　　第一节　区域学业质量评价的反馈定位　　317
　　第二节　区域学业质量评价报告及应用　　322

理论分析部分

第一章 学业质量评价的价值追溯

在教育领域中,由于教育评价涉及的是教育最根本的问题:即人的培养,它往往以"指挥棒"的形式指引着教育活动的方向。无怪乎有言:"教育评价方面任何一个改革措施,都会在整个教育改革进程中牵一发而动全身,引起教育系统的'蝴蝶效应'。"[①]随着教育实践与改革的推进、深入,教育评价的重要地位及其对教育进一步发展的"瓶颈"性价值越来越凸显,评价改革成为教育改革的重中之重。在教育评价中,学生学业质量,作为反映教育质量最主要的指标之一,其评价体现着学生在教育或学习活动中所取得的发展和变化,也相应地成为不同层面教育评价改革的基础与核心。

自 2010 年《国家中长期教育改革和发展规划纲要(2010—2020 年)》(以下简称《纲要》)出台以来,它已然呈现出一种"塔聚之势",越来越受到教育行政及相关研究与实践的关注和热议。其中,《纲要》明确指出:"把提高质量作为教育改革发展的核心任务,改革教育质量评价和人才评价制度,改进教育教学评价。根据培养目标和人才理念,建立科学、多样的评价标准。"随后,2012 年《国家教育事业发展第十二个五年规划》提出了建立教育质量保障体系的明确目标、主要任务和具体举措,其中将建立教育质量评价体系作为保障我国教育质量的重要制度安排;2013 年《教育部关于中小学教育质量综合评价改革的意见》进一步确立了中小学教育质量综合评价改革的总体目标,即建立体现素质教育要求、以学生发展为核心、科学多元的中小学教育质量评价制度,切实扭转单纯以学生学业考试成绩和学校升学率评价中小学教育质量的倾向,促进学生全面发展、健康成长。受其影响,相关评价研究亦迅速崛起。

课题组以"学业质量评价"为篇名检索词,在"中国知网"进行全网搜索,找到核心期刊文献约 50 篇、硕博论文 20 余篇。其中如图 1-0-1 所示:尽管直接探讨"学业质量评价"的文献是在 2010 年《纲要》出台前后才出现,但从其参考文献来看,早在 20 世纪 80 年代就有相关的研究与讨论,而从其"引证文献"数量大幅度攀升可知,"学业质量评价"自正式提出后,近几年其研究影响正在急剧扩大。

如图 1-0-2 所示,进一步对如上文献进行"关键词共现网络"分析,发现"学业质量评价"类

[①] 苏启敏. 价值反思与学生评价[M]. 北京:北京师范大学出版社,2010:1.

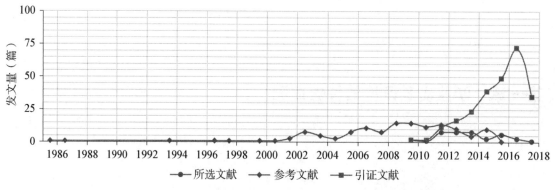

图1-0-1 "学业质量评价"研究文献及参考、引证文献总体趋势图

似概念杂陈、关系十分复杂。其中主要涉及"教育改革""学业负担"等背景性概念,也关联了"质量评价""学习水平""教育质量评价"等相关性概念,还关涉到"学习过程""指标体系"等延伸与操作性概念。

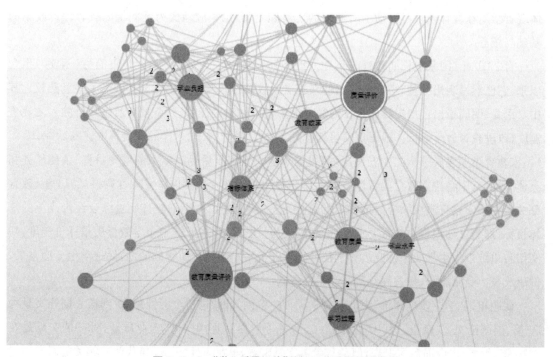

图1-0-2 "学业质量评价"关键词共现网络示意图

如上总体趋势与关键词共现网络分析,为我们理解与把握"学业质量评价"的基本内涵及要义提供了一个我国本土的研究语境概貌。在此基础上,结合相关论文、著述与实践推进,本章主要立足"学业质量评价"的基本内涵及价值,重在梳理相关概念、源头与发展演进,并进一步探寻

其背后的理论依据,同时阐述和探析国际、国内相关评价的应用情况与影响因素。

第一节　学业质量评价的基本内涵

学业质量评价是什么?对于其界定,众说纷纭、莫衷一是。有学者认为:"我国的'学业评价'充其量不过是借助学生知识点的巩固程度,来检验教师教学行为的效果而已。这种评价多局限于'学绩评价',是服从、服务于应试教育的需要。"①针对应试教育对"学业评价"扭曲的现状,他进一步提出:应当回归"学习评价"的本义。②那么究竟何谓本义?不妨回溯词源、回归定义本质去探析与解读其内涵及价值取向。

一、何谓"评价"

(一)"评价"的词源与词义

汉语中,"评价"一词早在北宋《宋史·戚同文传》就已出现:"市场不评价,市人知而不欺",这里的"评价"是"讨价还价、评论价格"之意。在《辞海》中,"评"指议论是非高下、评论批评;"价"即价格,价值。可见,"评价"本意是评论货物的价格,现在泛指衡量人物、事物的作用或价值,也即评判价值。

英文中,Evaluate(评价)是从 Value(价值)而来,与之相关的有 evaluation(评价)和 assessment(评估):evaluation 的词根是 value,有引出和判断事物的价值之意;而 assessment 来源于拉丁文 assidere,指坐在旁边的人或与谁同座,引申为某种立场看待、评析。

(二)"评价"的定义及分类

无论中、英词源,评价都与评估、评定或测评相关涉。其中,测评主要反映所测得的事实情况;而评价有的可以通过测量获得事实、有的则不能,同时在获得事实基础上,评价还需进行价值判断。对此,格朗兰德(Gronlond, N. E.)就用下面的公式加以表述:

1. 评价＝测量(量的记述)＋价值判断
2. 评价＝非测量(质的记述)＋价值判断

综合而言,"评价是在量或质的记述的基础上进行价值判断的活动。"③

其中,一类评价,以测量为基础,主要指向易于表现、易于测量的东西,被称为"硬评价";另一类,则采用非测量的质化描述,指向内隐的、不易测量的东西,被称为"软评价"。不论硬评价、软

---

① 钟启泉.学业评价:省思与改革——以日本高中理科的"学习评价"改革为例[C]//杨向东,黄小瑞主编.教育改革时代的学业测量与评价.上海:华东师范大学出版社,2013:201—211.
② 同上注.
③ 苏启敏.价值反思与学生评价[M].北京:北京师范大学出版社,2010:10.

评价,都需以事实把握为基础进行价值判断,既要对客体的事实加以描述和把握,又要从主体的目的、需要出发,判断客体满足主体的需要及其程度,是事实判断与价值判断的统一。

(三) 从"软、硬评价"二分走向统一融合

关于评价,杜威在《民主主义与教育》中曾描述:"评价就是一次喜欢一件东西的行动,爱护这个东西;还包含和别的东西的比较,对它的价值的性质和分量做出判断的行动。"① 这不仅对评价做出了界定,同时也是对如上硬评价、软评价"二分"的超越与融合。

其中,喜欢、珍视、爱护"一件东西"的行动,是对"内在价值"的评价。这里的内在价值(intrinsic values),是指人或者事物自身的价值与重要性②,是内隐、难测的。对内在价值的评价便是"软评价"。而根据情境的需要,对不同的东西的价值做出比较、判断的行动,是对"工具价值"的评价。这里的工具价值(instrumental values),是指在一个特定的情境中,事物对实现外部目标的需要程度,这样的价值,是为了某种特殊需要,以一个目标为标准进行权衡、比较而得出的,又被称为"比较价值"。③ 对工具价值或比较价值的评价,即"硬评价"。

正如杜威所言:"除非事物在某一点上有些内在的价值,就是说它本身就是好的,否则我们就不可能提出有关工具性价值的问题,就是它对某一件事情是好的"。④ 事物常常是既有自身的价值与重要性,又有对外在目标满足的工具价值,是内在价值与工具价值的连续、融合与统一。(1)内在价值是基础、根本,工具价值是其派生物。如果没有内在价值,一个事物本身就不存在,谈不上其对别的东西的工具或手段价值的问题。(2)工具价值为内在价值的生成和发展创造条件,而且具有转化为内在价值的潜能。价值是基于智慧选择并在行动中创造出来的,如此一来,事物现有的内在价值,必然依赖于别的事物对自身的工具价值而得以形成,同时,也在为其他事物发挥着工具价值。也即是说,任何事物是相互关联着的内在价值与工具价值的连续性统一体。相应地,其评价也应当兼重内、外价值的相生相通,并将软、硬评价相结合。

二、何谓"学业质量"

(一)"学业"词义分析

"学业"一词,最早出自我国战国《墨子·非儒下》"夫一道术学业仁义者,皆大以治人,小以任官,远施周偏,近以修身"。此后《后汉书·谯玄传》有记"时兵伐累年,莫能修尚学业,玄独训诸子勤习经书";《南史·任昉传》则记"少敦学业,家行甚谨"。主要是指学问功夫。⑤ 而在《现代汉语词典》中,"学业"被解释为学习的功课和作业。⑥ 由此《教育大辞典》兼以注解为两种含义:一是

---

① 杜威著,王承绪译.民主主义与教育[M].北京:人民教育出版社,2001:256.
② 钟启泉,崔允漷.从失衡走向平衡:素质教育课程评价体系研究[M].北京:经济科学出版社,2014:8.
③ 同上注.
④ 杜威著,王承绪译.民主主义与教育[M].北京:人民教育出版社,2001:250.
⑤ 顾明远主编.教育大辞典[Z].上海:上海教育出版社,1998:1837.
⑥ 中国社会科学院语言研究所词典编辑室编.现代汉语词典(第5版)[Z].北京:商务印书馆,2008:1548.

学问功夫;二是学校的课业(如学业成绩)。① 追溯"学业"内涵的古今差异,有研究者认为:现如今人们说到的"学业"已经超越了以往特指"学问"的狭隘理解,多指学生课程学习后所发生的变化与发展,既有智力的,又有非智力的发展,包括知识、技能、能力、情感、态度、价值观和信念等。②

(二)"质量"词义分析

"质量"一词,见三国魏刘劭《人物志·九征》"凡人之质量,中和最贵矣。中和之质,必平淡无味",主要指资质器量。③ 在《现代汉语辞典》中,一是指物体惯性大小的物理量;二是指产品或工作的优劣程度。④ 有研究者指出,在教育管理中,具体是指为学生提供适当和有效的教学、支持、评价并帮助学生完成学业的学习机会的程度。

(三)"学业质量"内涵解读

"学业质量",并非"学业"和"质量"的简单叠加。它是与"教学质量"相关而不同的一个概念,主要指称"学生学业水平、学业成就的一个质量集合,它指向学生全面成长与自主发展。"⑤ 姚林群等认为学业质量主要指学生在不同的课程领域学习活动中所表现出来的身心发展程度和状态,是学生通过课程学习过程在认知、情感、技能等方面所表现出来的变化程度和发展状态,不仅包括知识学习的质量,还包括学科能力质量、价值观念发展水平。⑥ 又如,张伟峰提出:学业质量主要是指学生在一定阶段的学习过程中,在知识、能力、道德以及思维水平、创新精神和实践能力等方面的发展水平。⑦ 范艳红则将学业质量,作为一种指向学生全面与自主发展变化的质量集合⑧,集результат出 1+1>2 的内涵意旨。在中小学阶段,不仅包括学生在基础知识、基本技能方面所达到的水平,还包括时代发展要求中小学生所必备的收集处理信息、自主获取知识、分析与解决问题、交流与合作、创新精神与实践能力等核心要素。⑨

三、何谓"学业质量评价"

如上,当"评价"与"学业质量"相结合,"学业质量评价"的定义便呈现出多种不同的角度。有的从语词关系的角度加以分析,将"学业质量评价"这一偏正短语二分,或重前分析修饰语的"学业质量"、或重后分析中心词的"评价";有的则从概念类属关系分析,即将"学业质量评价"视为一

---

① 顾明远主编. 教育大辞典[Z]. 上海:上海教育出版社,1998:1837.
② 潘小明. 学业质量评价:内涵、现实与建议[J]. 内蒙古师范大学学报(教育科学版). 2012(12):70—74.
③ 罗竹风主编. 汉语大词典[Z]. 汉语大辞典出版社,1993:14238. 见 http://www.guoxuedashi.com/hydcd/451224u.html,2018-10-18.
④ 中国社会科学院语言研究所词典编辑室编. 现代汉语词典(第5版)[Z]. 2008:1757.
⑤ 谢思诗,李颖. 学生学业质量评价研究的回顾与展望[J]. 教育导刊. 2015(9):80—84.
   潘小明. 学业质量评价:内涵、现实与建议[J]. 内蒙古师范大学学报(教育科学版). 2012(12):70—74.
⑥ 姚林群,戴根元. 论基于证据的学业质量评价[J]. 全球教育展望,2016(5):49—57.
⑦ 张伟峰. 基于标准的学业质量管理研究:以上海市 A 区初级中学质量管理为例[D]. 上海:华东师范大硕士学位论文,2011.
⑧ 范艳红. 构建普通高中学校学业质量评价指标体系的实证研究[D]. 天津:天津师范大学硕士学位论文,2009.
⑨ 吴志晓,刘艳. 西部地区少数民族中小学生学习困难探析——文化资本理论的视角[J]. 黔东南民族师范高等专科学校学报,2006,(5):59.

个整体概念,探析其与相关概念的异同。

(一) 侧重于"学业质量"界定

即侧重于分析学业质量内涵的不同来定义学业质量评价,这样的定义,其重点和难点都不在"评价",而源自对"学业质量"的认识上。如前对"学业质量"的理解的不同,主要表现为:除知识、技能外,还附加有不同的成分,如价值、道德思维、创新和实践水平,以及新时代所需的信息搜集、交往合作的能力等,这些观念认识也相应延续到学业质量评价的内容方面……

(二) 侧重于"评价"界定

即将学业质量评价视作一个偏正短语,侧重于其后"评价"的本质差异定义。有研究者就根据对评价本质理解的不同,将相关定义相应地分为过程说、综合说和目的说[①]。

倘若将评价视为一种动态的过程,学业质量评价就是指:评价者依据一定教育教学标准,使用科学、系统的方法收集学生在接受各学科教学和自我教育后在认知以及行为上的变化信息,并依据这些信息对学生的能力和发展水平进行判断的过程。[②]除了对学习成果的判断,还有对学习中各种影响因素进行实证分析的过程。[③]倘若将评价视为对某种目的的追求,学业质量评价便是指:"评价主体通过采集和分析信息,运用有效方法,对以学校为单位的群体学生完成课程学习的过程质量和结果质量做出事实和价值判断,以达到价值增值的目的。"[④]另有将学业质量评价视为一个综合的过程,即"对学生掌握学校课程体系中的知识和技能的程度的价值判断,包括结果质量评价和过程质量评价"[⑤]。

(三) 侧重"学业质量评价"整体概念及其关系界定

采用这一方式的定义,不局限于就前或就后的方式,而是从相关概念及其关系加以阐释。潘小明认为:学业质量评价(可简称为学业评价)是学生评价的重要组成部分,具体是指:"对学生在学校课程所取得学业成就的测量和评价。它主要以国家教育教学目标为依据,运用恰当、有效的工具和途径,系统地收集学生在各门学科教学和自学影响下认知行为上的变化信息和证据,并对学生的知识和能力水平进行价值判断的过程。"[⑥]李坤崇认为:学业质量评价区分于"教学评估"(assessment in teaching),即以教师教学为主的评价(teaching evaluation)。可简明扼要地理解为:"评估学生学业的学习成果,以检核教师教学目标的达成程度"[⑦],即学业评价(academic evaluation)。苏启敏亦采用了学业评价的概念(achievement assessment 或 performance assessment),将其与学生评价、考试概念"串联"起来分析,认为:学业评价即"对学生学业成就与表现的评价,不仅仅指考试成绩,还包括教师通过其他途径收集有关学生学业及表现的各种信息和资料,以及在此基础

---

① 谢思诗,李颖. 学生学业质量评价研究的回顾与展望[J]. 教育导刊. 2015(9):80—84.
② 袁振国. 当代教育学[M]. 北京:教育科学出版社,1998:249.
③ 唐节. 小学生学业质量评价的研究———以中山市西区烟洲小学为例[D]. 武汉:华中师范大学学位论文,2013:16—57.
④ 范艳红. 构建普通高中学校学业质量评价指标体系的实证研究[D]. 天津:天津师范大学学位论文,2009:3—4.
⑤ 冯丽丽. 基于高考数据分析的普通高中学生学业质量评价研究[D]. 石家庄:河北师范大学学位论文,2013:14—22.
⑥ 谢思诗,李颖. 学生学业质量评价研究的回顾与展望[J]. 教育导刊. 2015(9):80—84.
⑦ 李坤崇. 学业评价多种评价工具的设计及应用[M]. 上海:华东师范大学出版社,2016:1.

上对学生学业情况做出测评,如笔试、口试、教师课堂对学生掌握知识情况的观察等。"①他进一步指出:"尽管学业评价是对学生进行的主要评价,是学生评价最常用的评价类型,长期以来被等同为学生评价,但它并不等于学生评价,学生评价是学业评价的上位概念(主要包括学业评价和素质评价);学业评价也不等于考试,考试是学业评价的下位概念;这三者隶属关系是"学生评价——学业评价——考试。"②

围绕如上三者关系,钟启泉曾分析指出:"我国中小学教育现场多年来实施的学业评价,向来把可计测、可量化的学绩(考分)当作学力的唯一表征。片面地以可量化的、客观的、可比的学绩的方式,来代表学力的水准。其实,学绩充其量不过是学力的一部分表征,而不是全部。"③在其看来:应试导致学业评价窄化和扭曲为"学绩评价",进而倡导回归学业评价的本义,即学生的学习评价,也就是学生学习状态及其成果的测量与评价。他进一步阐述"它对于教师而言,是把握教育过程的一种行为;对于学生而言,是确认自身的学习状态,培育自主性学习的行为。"④

(四) 本研究中的"学业质量评价"

关于概念的定义方式,如上,无论侧重前面分析学业质量,还是侧重后面阐释评价,对于"学业质量评价"的界定都有失偏颇。从相关概念及其类属关系的方式加以定义,或许更有助于我们从教育评价体系去认识学业质量评价所处的位置、具体意旨,也更符合"属+种差"的科学化定义。

除定义方式外,对于概念理解的不同亦值得探讨。一般而言,概念常常有"狭义"与"广义"两种理解。狭义上,主要将学业质量评价限制在特定的客观、结果、易测领域,即指向测量、课业成绩等方面的"硬评价";广义上,则将学业质量评价更多地延展,加入了主观、过程、不易测的"软评价",近乎"学生评价"。

在分析、借鉴"学业质量评价"相关定义方式与概念理解的基础上,本研究主要立足学生全面与个性发展的立场,因而更倾向于:从广义"学业质量评价"概念出发,将"软评价"与"硬评价"结合;采用"属+种差"的方式,着重于区分"学业质量评价"与"教育评价"以及"评价"的典型特征而加以解读和分析。具体来说,与一般评价相对照,教育评价最大的、最典型的差异和特质是:它关注的不是"物",而以"人"为对象,由于人自身复杂多样、动态变化且具有主观能动性,对其开展适切、精当的评价并非易事。其中,学业质量评价作为教育评价的核心,它集中于以"学生"为对象,也即是对一群尚未定型、可塑性极强的社会"未来人",进行当下不同方面的学习成就表现及其未来发展倾向的事实与价值判断。

---

① 苏启敏. 价值反思与学生评价[M]. 北京:北京师范大学出版社,2010:9.
② 苏启敏. 价值反思与学生评价[M]. 北京:北京师范大学出版社,2010:9.
③ 钟启泉. 学业评价:省思与改革——以日本高中理科的"学习评价"改革为例[C]//杨向东,黄小瑞主编. 教育改革时代的学业测量与评价. 上海:华东师范大学出版社,2013:201—211.
④ 钟启泉. 学业评价:省思与改革——以日本高中理科的"学习评价"改革为例[C]//杨向东,黄小瑞主编. 教育改革时代的学业测量与评价. 上海:华东师范大学出版社,2013:201—211.

第二节　学业质量评价的理论依据

人,是一个具有多面性的复杂生命体;作为未成年的学生,由于其未定型,且可塑性极强,因而是多面的且更加复杂的、富于动态变化的生命体。对于以学生这样一个生命体开展不同方面的、当下实际情况及未来发展倾向的事实与价值判断,其背后所依循的理论依据,也显得杂乱纷呈。相关如科学主义、人文主义、建构主义、后现代主义、人本主义、多元智能、重智主义、人的全面发展学说等诸多理论,不胜枚举,甚或层出不穷……作为一种思想方式或分析依据,它们都在不同维度、不同程度上影响着人们对学业质量评价的认知与实践。面对如此境况,将下位推演至上位、将复杂化归到相对简化,是人们常用的思维方式之一。由此,不妨将"学业质量评价"推演、化归到"教育评价",依循其历史发展脉络,对其相关理论依据及演化轨迹探析一二。纵观教育评价的历史演进,有学者依据其所受理论思想影响下的关注重点,提出了"四代教育评价"学说[①],并划分了五个发展时期:

(1) 以考代评的教育评价史前期(19世纪科学测量运动之前),可视为萌芽状态的教育评价;

(2) 追求客观、准确的教育测量时期(19世纪末—20世纪30年代),即第一代评价;

(3) 强调将结果与目标对照的描述时期(20世纪30年代—50年代),即第二代评价,也被视作"课程评价"或真正意义上的"教育评价";

(4) 关注目标自身、过程以及相关决策的判断时期(20世纪50年代—70年代),即第三代评价;

(5) 倡导不同文化背景下多元价值主体的协商建构时期(20世纪80年代至今),也即是第四代评价。

在这样五个发展阶段中,受不同评价理论思想的启发,教育评价争论的主要分歧集中围绕着主—客观性、价值关涉性、中心聚焦以及自身内在特性四个方面而展开。对这些争议脉络的梳理,相应地也为"学业质量评价"的思想理论提供了依据和参考。

一、主观—客观—主、客观相融的发展趋势

(一) 主观性的认定

长期以来,教育活动中,对学生评价主要倾向于以教育者的主观想法或需求来加以衡量。如中国古代著述《学记》记载了相关学生评价的内容:

> 比年入学,中年考校:一年视离经辨志,三年视敬业乐群,五年视博习亲师,七年视论学

[①] 田中耕治著,高峡等译.教育评价[M].北京:北京师范大学出版社,2011:22.

取友,谓之小成。九年知类通达,强立而不反,谓之大成。①

尽管这样的评价,从内容上说已经体现出不同学习年限的不同进阶,然而这些进阶,往往是以教育者主观认可的"小成"或"大成"而定,并无一个相对客观、科学的标准以及认定的方法,终究局限于考察性评价的主观范畴。

(二) 客观、科学化的测量

19世纪末,受"科学主义"思想的影响,"测量运动"大肆兴起:如莱斯设计拼字练习、桑代克提出"凡是存在的东西都有数量,凡有数量的都可测量"。由此形成第一代评价,也即是以测验(testing)或测量(measurement)的方式,测定学生对知识的记忆状况或某项特质。相比此前,学生的记忆或特质是更为客观的评价内容;而经由评价测量技术人员精心选择测量工具、组织测量、提供测量数据,也比教育者主观认定更加科学。

(三) 主—客观相融的评价

然而,教育评价不仅仅是反应客观存在,只停留在事实的客观数据测量,而不做主观性的价值判断,并不能体现教育培养人的目标和意义。在教育的人文关怀即"人文主义"思潮影响下,20世纪30年代起,在泰勒"八年研究"中诞生的第二代评价,明确提出教育评价是描述结果与目标一致程度的观点,并相应地形成了一套结构完整的"目标评价模式",也被视为"真正的教育评价"。然而,其评价所依据的教育目标,作为核心所在,终究是人为规定的,实际上代表着一种教育者的主观期待。随后到20世纪50年代,以克隆巴赫为代表的评价研究者提出了第三代评价,更强调价值判断,并在不同路径上基于各自价值取向提出了如CIPP[context(背景)—input(输入评价)—process(过程评价)—product(成果评价)]和"目标游离"等多种评价模式。至20世纪70年代的第四代评价,库巴和林肯进一步强调评价是不同意见之间协商与建构的过程。②

由此可见,最初作为一种主观评定的评价,在第一代评价的科学主义理论思想下,走向了客观、事实性的一端,又随第二代、第三代以及第四代强调教育自身的目标、过程、主体协商等要素,评价在客观、科学性的基础上,又逐渐融入了新的主观性,以此形成主—客观相融的教育评价。这也为学业质量评价提供了一个评价主观与客观方面兼容并蓄的对象范畴。

二、无关—相关—多元的价值取向

如上,教育评价中主观与客观相融并蓄,即:客观的事实测量或描述(质/量)+价值判断。这也意味着,价值是"评价"的核心要素。然而,对于评价价值认识,却随着历史文化发展与社会需求而不断演变。有研究就曾加以总结:评价中的价值转换,是从"价值屏蔽"到"价值确定与唯

---

① 高时良.《学记》研究[M].北京:人民教育出版社,2006:81.
② 钟启泉,张华.课程与教学论[M].上海:上海教育出版社,2004.

一",再到关注"多元价值"的过程。①

(一) 价值屏蔽

在 19 世纪末至 20 世纪 30 年代,第一代评价诞生,受当时科学管理运动的影响,它们将教育活动的"质"与"量"视为一种与价值无关的客观存在,都可以像企业的产品一样被测量,并希望通过建立形成完整的教育测量体系,让教育被"科学管理"。此时的教育评价就体现为教育测量,本质上是以测验或测量的方式,测定学生对知识的记忆状况或某项特质,呈现出一种与价值无关的活动。

(二) 价值确定与唯一

1933 年,拉夫尔·泰勒的"八年研究"在美国掀起了教育改革的热潮,也创建了"目标导向"的评价模式,被称为"第二代"教育评价。不同于之前测量时代的评价"过多地强调效率而屏蔽价值",第二代评价则开始彰显价值,并赋予了教育评价一个更新、更广阔的视野。其中考察的是预期的教育目标是否实现,更多地关注事实描述基础上的价值,可以说,这个"目标"就是评价中价值的体现,天然地处于"唯一确定的价值"之中。

(三) 多元价值呈现

进入 20 世纪 50 年代,人们对第二代评价"目标导向"评价模式提出了质疑,认为:"目标"并非天经地义的"公理",呼吁:对目标自身是否合理、适切也需要加以评价和反思。这些质疑和呼声,将评价价值及其伦理问题推到了历史第三、四代评价的前沿。

此后的 20 世纪 70 年代,多元价值协商与融合、利益相关者的价值诉求成为当代教育评价的重要考量。人们在评价过程中开始关注到评价者、被评价者各自的价值立场,发现:不同主体有不同的观点、不同的倾向,并力图在制定评价标准、收集评价信息资料、采用评价方法上兼顾这些价值取向。诸如赋权评价(Empowerment Evaluation,惠特曼,1994)、民主审议评价(Deliberative Democratic Evaluation,豪斯和豪,1998)以及评价实践中广为应用的 CIPP 模式(即决策导向或改良导向评价模式,斯塔弗尔比姆,1966)等模式,其共同点就是关注价值的多元化,即确定并保持多元价值的视角。也正是在这样的价值协商、建构的评价时期,价值判断作为评价的定义被广泛认可,价值多元也成为教育评价的新近取向。

三、以效率-目标-决策-人的发展为中心聚焦

(一) 科学管理"效率中心"

第一代教育评价兴起于 19 世纪末,它主要基于科学主义的思潮,深受 20 世纪初教育测量运动和科学管理运动的影响。其中,教育测量运动强调对客观测量工具的研制与运用,主张从单独的个体性评价发展到运用合适的测量工具进行多个个体及群体性的评价;而科学管理运动,源自工业领域推广到教育管理领域,强调的是系统化、标准化和以效率为中心。

---

① 杜瑛. 西方教育评价理论发展的社会文化基础分析[J]. 教育测量与评价,2012(10):22.

也正是因为教育评价从个体面向群体,引发了将"科学管理"提上"议事日程"的需求,"效率中心"也相应地成为此时教育评价的核心思想。这一点,从"美国教育研究学会"的年鉴标题可见一斑,如1914年《测验教师效率的方法》和1915年《测量学校及学校制度效率的标准和测验》。

(二) 实用主义"目标中心"

第二代教育评价兴起于20世纪30年代,主要受实用主义思想的影响,借用行为主义心理学相关工具,形成了以"目标中心"衡量结果并加以描述的评价范式。该评价缘起于美国经济危机下的"八年研究"。

1929年,美国爆发大规模经济危机,大量工厂倒闭、青少年失业,加剧了社会与教育的危机,也促使人们对教育的社会价值、社会效益进行深入反思。在此背景下,进步主义教育联盟秉承"教育是改进社会原动力"的思想,开展了"八年研究"实验,主要采用改革教育的达成目标,从而孕育了以目标为中心、以描述为特征的第二代评价。① 其领衔人"泰勒",也由此被誉为"教育评价之父"。

(三) 国家主义"决策中心"

20世纪50年代后,第三代教育评价兴起,主要以克龙巴赫、斯塔弗尔比姆为代表,他们认为:教育评价是为教育决策提供信息和依据的过程;评价不是为了证明,而是为了改进。② 因此评价不仅仅只是描述,更要以决策为中心而进行判断。在"苏联卫星事件"冲击下,1958年美国颁布《国防教育法》,国家主义教育意识形态更加迅速地"崛起"。他们不惜花大力、投重资在科学技术与教育方面,试图超越苏联在太空科技方面的成就。如果说此前的"进步主义教育运动"是以社会力量为主,那么自此开始,美国的教育改革从此步入"联邦时代"。它加强了从国家层面对教育结果的检测与评价,引发了运用科学的教育评价来判断改革的功效问题的需求,集中对联邦政府所开展的大型教育项目的过程和结果进行评价。正如梅逊的分析,这个阶段的教育评价中,人们越来越根据教育对于国家的需要和国家的政策所做的贡献来评价学校教育。③

(四) 人本主义"人为中心"

20世纪80年代以后,低经济增长、高通货膨胀、高财政赤字和高失业率同时存在的"滞胀并行",引发了美国"重塑政府""再造公共部门"的新公共管理运动,即强调以公共利益为中心,以公众的满意度为评价标准。如此,教育不再是少数人的活动与特权,而是属于大众,相应地,教育评价也必须客观真实地反映各方意见,将各方利益相关者的意见和要求加以汇总、协调。这种关注多元利益相关者价值诉求的动向,实际上也是当时人本主义教育思潮在教育评价领域的体现。它要求尊重多元文化,在多方协商与建构中评价;它以人为中心,更多地关注社会的民主,强调个人在社会中地位的平等,特别是社会不利群体在评价中的价值诉求和授权的实现,也即第四代评价。

---

① 李聪明.教育评价的由来[C]//瞿堡奎.教育学文集.北京:人民教育出版社,1989:68~69.
② 斯塔弗尔比姆.方案评价的CIPP模式[C]//瞿堡奎.教育学文集.北京:人民教育出版社,1989:298~301,298,313.
③ 巵中平,刘朝晖.挑战与应答——20世纪的教育目的观[C]//梅逊.西方当代教育理论.济南:山东教育出版社,1995:349~350.

四、功能—内容—方法—时机的特质倾向

学业质量评价,在教育评价自身发展的主客观相融、多元价值以及以人为本的理论思想指引下,越来越体现出多元化与人性化发展倾向,进而在功能定位、内容范畴、方法运用和时机节点等特质,体现出如下几对特性的融合。

(一) 功能:选拔与发展性评价

有关学业质量评价的功能,依照其比较方式与对象的不同,主要存在着两种观点:一种采用横比,即与同伴相比较,在优胜劣汰中甄选出社会所需要的优秀人才,这种评价担当着甄别、选拔的功能;另一类采用纵比,即与自身不同发展阶段比较,试图诊断分析评价对象所存在的问题与不足,从而针对性地促进其更好地发展,这种评价主要发挥着促进发展的功能。

对此,布鲁姆在《教育评价》一书中阐述过:长期以来,世界各国的教育强调了选拔功能,认为在教育计划的每个重要阶段应淘汰掉不适合的学生……教育工作者更注重培育选拔出的"精英",而对所淘汰的(往往占大多数)学生则兴趣极微。事实上,这类采用同伴横比、以挑选或淘汰为目的的"选拔性评价",并不具有教育性,其本质上是社会选拔和社会分层的"精英主义"思想。而采用自身纵比,以促进更好提升的发展性评价,才真正有助于提升整个国家群体的素质。它建基于教育的内在价值的评价,意味着要本着教育公平的原则摈弃选拔性教育和选拔性评价,为促进自身发展,为学生在完成某一阶段的学习任务时提供诊断与参照,将其个性特点与学校特色相互对照、寻求共性,从而找到最适合学生的发展方向,由此也进一步积极探索有特色、富弹性,可选择性发展的评价与教育。

(二) 内容:全面与个性发展的评价

对于评价内容,受 20 世纪工业化生产对人才需求的重要影响,如何将人转化为"生产力"被视为教育发展的重大问题与目标。在这样的经济发展背景下,我国基础教育将人的体力与脑力"全面发展"确立为教育目的的重要指向,从而在"马列主义毛泽东思想"体系下确立了"人的全面发展学说"理论。可以说,在特定时代与社会需求中,这样的定位在一定程度上促进了教育和社会的发展。同时也带来了困境:一方面,从社会发展角度说,一定经济需求下的体力和脑力全面发展,往往只能满足社会对人才的普及性需求,将人"捆绑"在"社会这台庞大机器"上的某个部位;尽管各部位零件的局部职能有所不同,但总体上规格一致、品相相当,人终究被"镶嵌"为机器运转所需的"螺丝钉",缺乏独立性和发展潜能性。这样的教育评价内容,可以造就德、智、体、美、劳的全能"产品",但在基本人才规格之上,如何培育出引领社会发展所需的高素质、创新型人才成为重大难题。另一方面,"对于每一个学生而言,他或她不得不放弃自己有潜能、有优势、感兴趣的学科或学习领域……对于全体学生而言,由于各门学科或学习领域要求整体划一、'高利害'且'一刀切'的中、高考,大多数学生都学得疲于应对和提高显性的分数,仅剩外部动机支撑学习,少部分在某个或某些学习领域有潜能的学生,又不能得到深入学习的机会。"[①]

---

① 钟启泉,崔允漷.从失衡走向平衡:素质教育课程评价体系研究[M].北京:经济科学出版社,2014:21.

随着社会与教育的进一步发展,"全面发展"的局限性日益明显,"个性化"发展成为时代所需和教育诉求:即"尊重并提升学生的个性差异,并进一步激发其潜能和兴趣,在特定领域深度学习后得以错层式发展"。[①] 然而,个性发展,并非否定人的完整性和全面发展,而是在必须、基础方面得到全面发展后,进一步追求个体精尖或特长的提升。

因此,学业质量评价的内容,要兼顾基础和提升,既有全面发展的基础性内容,也要融进个性发展的方面。也即是说,将基本、必须领域全面发展的评价和在特定领域个性见长提升的个性化评价相结合。

(三) 方法:量化与质化评价

从评价方法的角度来看,主要存在量化评价与质性两种评价方式。前者,如上主要来源于教育测量学,其核心思想是采用数值赋值的方式,把复杂的教育与教学现象简化为数量,从而评定成效。这样的思想方法,是科学主义在教育评价中的体现。后者,主要通过自然的调查,全面充分地揭示和描述课程与教学现象的各种特质,以彰显其中的意义,促进理解。这种思想方法,也即是人文主义范式在教育评价中的体现。[②]

关于量化与质化方法,在教育评价方法发展过程中呈现出此消彼长的态势。如在教育测量运动兴起后,20世纪60年代,伴随着对量化评价的批判、反思,以描述和判断为基本特征的质性评价得以倡导和发展。80年代后,"大数据"概念提出,尤其伴随21世纪互联网技术的高速发展,"教育大数据"不仅再次掀起了教育量化研究的浪潮,也兴起了质化研究的实证倾向。

在学业质量评价中,尽管量化与质化方法二者有着独特价值和适用范围,但并不必然对立,反而存在"兼容性"和"互补性"。[③] 由此,在科学主义的实证、人文主义人文价值关怀的双重趋向中,新的学业质量评价,既注重量化评价的定量数据,也关注质化评价中的定性数据,注重在具体实践情景中从多方面搜集学生学业发展的信息资料,从而做出综合性的分析与评判。

(四) 时机:结果与过程性评价

学生发展是一个内在、连续性的过程,但学校教育却有不同阶段的划分。因此有了"结果性评价"与"过程性评价"之分。

所谓"结果性评价",也被称为"终结性评价",它秉持"阶段评价观"[④],主要指的是对教育教学达成结果进行恰当的评价,是在某一阶段教学活动结束后为判断其效果而进行的评价。这里的阶段可以是一个单元,一个模块,或一个学期,其目的是对学生阶段性学习的质量做出结论性评价。[⑤]

---

① 钟启泉,崔允漷.从失衡走向平衡:素质教育课程评价体系研究[M].北京:经济科学出版社,2014:21.
② 钟启泉,崔允漷.从失衡走向平衡:素质教育课程评价体系研究[M].北京:经济科学出版社,2014:23.
③ 阎光才.教育研究中量化与质性方法之争的当下语境分析[J].教育研究,2006(2).
④ 苏启敏.价值反思与学生评价[M].北京:北京师范大学出版社,2010:196.
⑤ https://baike.baidu.com/item/终结性评价/3842372?fr=aladdin [EB/OL].2018-10-30.

所谓"过程性评价",也被称为"形成性评价",它秉持"连续性评价观"。它有两大基本要义：一是指对学生个性发展和学习过程的评价；二是指将评价本身视为课程与教学过程的有机构成,评价由此成为"嵌入"课程与教学的评价。前者针对传统所谓客观性测验(标准化测验)只关注学生所提供的正确答案,轻视学生的学习、思维、情感、个性发展过程,由此抑制学生个性和创造性的发展；后者强调把评价置于课程、教学乃至教育过程之外,由此形成课程-教学-评价的线性回路的循环型发展过程。①

从连续性和阶段性两个方面加以考察学生发展,上述结果性评价和过程性评价二者的区分是暂时的,统一却是长远的：在阶段性中的某结果性评价,亦是连续性中的过程性评价。

综上,教育评价的相关理论演进与思想发展,为学业质量评价提供了理论思考与参照路径。循着教育评价思想的发展,学业质量评价已经超越狭隘的、可见的学业范畴,即可测量的量化、客观分数,走向了兼顾主、客观内容,蕴含多元价值,以学生发展为中心的综合性评价。这种"综合"相应地体现为：学业质量评价功能、内容、采用方法与运用时机上,即选拔与发展、全面基础上的个性关照、量化与质化、结果与过程的综合,总体呈现出多元化、人性化的发展倾向。然而,学业质量评价可以多元发散,却仍需聚焦统整；应当追求人性化关注,亦需精确化实施、评判。正如学者所言："未来宜朝'多元化学业评价''人性化学业评价''精确化学业评价''统整化学业评价'等四个向度全力以赴"②,本研究的"学业质量评价",一方面是"多元"且"统整化"的,不仅是要面向不同维度"发散",同时又必须以"学生发展为中心"加以"聚合"；另一方面,"学业质量评价"追求"人性化"也追求"精准化",它不仅注重内在、主观的定性分析,也要兼顾外在、客观的量化分析,是在科学实证视角下,基于证据且注重人文关怀的发展性评价。

第三节 国际视野中的学业质量评价

学业质量是教育质量的核心,提高学业质量,也是教育改革与教学改进孜孜以求的目标。对于教育与学业质量的发展与提升,"只有知道我们现在'在哪里',才能解决下一步'到哪里去'和'怎样去'的问题"。③ 由此,对学业质量现状与未来进行有关"度"和"量"的评价,实乃教育发展与教学实践改进的重要基石。

一、大规模学业质量评价的兴起及其代表性项目

世界范围内,随着各国政府教育质量意识的提升,以科学的监控和测评体系获得教育质量及学生发展状况真实、全面的评价信息,更好地为教育改革提供决策基础,为学生个性化发展、可持

---

① 李雁冰.课程评价论[M].上海：上海教育出版社,2002：203—204.另,参见：高凌飚.关于过程性评价的思考[J].课程教材教法,2004,(10).
② 李坤崇.学业评价——多种评价工具的设计及应用[M].上海：华东师范大学出版社,2016：1.
③ 王蕾.大规模考试和学业质量评价[J].教育科学研究,2013,(8)：46.

续发展提供依据,成为当今世界教育改革的主要趋势之一。在此背景下,"大规模学业质量评价"应运而生。所谓大规模学业评价(Large-scale Assessment)也译为"大尺度学业评价"和"大规模测评",是相对于微观课堂评价而提出的一种侧重于宏观层面的大数量、多范畴的学业成就评价。它着重于大样本测试和评估学生已有成就及面对未来的能力储备情况,并进一步推论出形成各种结果的原因和条件,寻找和采取针对性措施。[①]

大规模学业质量评价的诞生,可以追溯到20世纪50年代末,主要以国际教育成就评价协会(International Association for the Evaluation of Educational Achievement,简称 IEA)的成立为标志。1958年联合国教科文组织会议提出:"有效的评价不仅需要考察教育投入,还要考察像知识、态度和参与能力这样的教育结果……人们强烈想要知道学生的学习结果究竟是怎样的,以及本国的教育系统和其他国家比较有何优劣……"[②]为此,"国际教育成就评价协会"筹建者先行组织了"12国实验研究"暨"首次研究"和"首次国际数学研究"项目,以评价实践证明了大规模跨国调查研究的可行性。在两次跨国评价研究基础上,1967年,国际教育成就评价协会正式成立。作为一个从事国际教育研究的非政府性的国际组织,它由53个国家的研究机构组成,总部设在阿姆斯特丹。其组织的大型评价项目众多,以"国际数学和科学趋势研究"(Trends in International Mathematics and Science Study,简称 TIMSS)为代表,旨在监测国际上学生数学与科学课程的学业质量。由此,大规模学业评价科学性研究与应用日渐趋于成熟。

IEA的一些主要参与国,也是"世界经济合作与发展组织"OECD(Organization for Economic Cooperation and Development,简称 OECD)的成员国。受这些成员国影响,OECD为满足教育大众化需求、促进教育公平理想的实现而致力于发展一套国际教育指标体系,以统计形式来呈现各国教育制度的特征,在各国教育发展中产生了重要影响。如"国际学生能力评估计划"(Program for International Student Assessment,简称 PISA),主要用以获得关于学生知识、技能及教育表现的常规、可靠的数据资料。该项目促进了大规模学业评价的进一步科学化与扩展性应用。

此外,全美教育进展评价(National Assessment of Educational Progress,简称 NAEP)项目也备受关注。美国政府很早就意识到基础教育质量对国家进步的重要作用,自20世纪60年代就着手建立全国性评价体系,并邀请拉尔夫·泰勒担任评价委员会主席对全美基础教育阶段学生学业发展情况进行整体评估。主要通过对基础教育阶段的学生进行长期、连续的学业成绩评价,搜集、了解各州及学区教育教学情况,用以促进学区、州乃至美国的基础教育改革和教学质量的提高。在2001年"不让一个孩子掉队"(No Child Left Behind, NCLB)法案后,NAEP由国家统筹、州自愿评价转为规定性项目,即美国所有接受资助的州都必须承诺参与,一度成为美国最权威、最有影响的强制性中小学生学业成就评价项目,并开启了大规模学业质量评价作为国家及区域

[①] 王蕾.大规模考试和学业质量评价[J].教育科学研究,2013(8):46.
[②] 刘晓庆.大规模学业评价研究[D].武汉:华中师范大学博士论文,2013:31.

层面的权威研究并普及化应用的局面。

受 TIMSS、NAEP 尤其是 PISA 测试的影响和启示,对基础教育质量进行监测正成为世界上许多国家通行的做法,更成为当前主要发达国家的政府行为。我国亦不例外,"上海绿色指标评价项目"便是之一。借 PISA 世界之"窗"、立我国教育反思之"镜",上海市教育委员会颁布《上海市中小学生学业质业质量绿色指标(试行)》[①],自 2011 年 11 月起开始开展本土学业质量评价的实践探索。

二、大规模学业质量评价的多重目的定位

如前,TIMSS、PISA、NAEP 等知名大规模学业评价研究项目,或重在监测国际学业质量,获得学生知识、技能及教育表现的数据资料并开展科学化与扩展性探索应用;或作为国家及区域层面的权威研究并普及化应用。类似也有如上海绿色指标等实践探索,在一定程度上都彰显了整体教育质量观下的诊断与发展意识,也体现出侧重于宏观、中观乃至微观课堂改进等不同的目的定位。

(一) 宏观层面:以全球教育水平为基准,为国家教育提供参考标杆

从国际上看,早前人们对各教育体系有感性经验认知,但没有客观的衡量标准确定哪一国的教育更优质。随着社会经济文化的全球一体化发展,越来越多的国家和地区参与大规模学业质量评价项目的国际测试,为我们揭开了全球教育系统运作差异,也使我们受到冲击。大型的国际教育学业质量测试,给出了各国在全球教育的水平,成为衡量国家和地区教育系统质量、公平和效率的重要尺度。通过分析揭示具有高效教育系统运转的特征,促使决策者制定政策推动国家或地区的教育改革。[②]

其中,经过 PISA2000 年至 2018 年连续 7 次测试,对 6 次测试结果发布比较,芬兰、新加坡、中国上海等被公认为全球高水平的教育系统,成为公平、优质、高效的教育系统典型,其成功经验引发了广泛关注,酝酿了类似"芬兰奇迹""上海教育密码"等焦点性研究热潮。目前对其研究已经由社会文化氛围、教育投入、管理机制、课程改革、教师教育等,深入到其课堂教学领域。[③]

(二) 中观层面:监测课程实施情况,确保地区教育质量

监测全国教育质量是各国开展学业质量测评与提供各类测试报告的初衷。例如美国 NAEP 定期组织对 4、8 年级的全国测试,通过设置统一的课程标准,实施全国性标准考试和州级标准测试及发布成绩报告,横向比较分析全国各州各类群组学生的学业情况。由此有效掌握全国教育目标的实现状况,监测各州学生学业成绩的发展趋势,以便及时诊断问题和采取措施以提升教

---

① http://www.2fz.fudan.edu.cn/69/61/c14932a92513/page.htm, 2012-09-25/2019-02-11.
② PISA 2015 Results in Focus http://www.oecd.org/pisa/pisa-2015-results-in-focus.pdf.
③ Sotiria Grek. Governing by numbers: the PISA 'effect' in Europe[J]. Journal of Education Policy, 2009(24), 23-37.

育质量,具体采用详细解释试题图式(Item Map)、基准分设置(Cut Score)、测试试题举例及测试、成就水平描述等方法报告学生在合格、精通和优秀三个层次的学术能力,以此分析学生对学科领域内容的掌握程度和状态。又如英国为研发高质量的课程标准、检验课程标准的实施质量,成立了由QCA负责开发与国家课程标准和学科标准一致的全国统一考试,用以检查国家课程的实施情况,包括关键阶段1(Key Stage 1)、关键阶段2(Key Stage 2)、关键阶段3(Key Stage 3)数学、英语、科学等全国统一考试,其主要目的在于监测学生是否掌握课程标准所要求的知识与技能,并在考试之后定期向公众报告质量情况,对历年达标情况做出对比分析。[①] 除了各年趋势比较,报告也涉及性别、学校类型、年段、辖区(伦敦、东北、西北、中部)的成就差异比较。(见下图1-3-1)

在中观层面的学业评价,学业情况与相关区域教育政策制定者、公众、学校管理者、教师、家长和学生等都息息相关,进而对宏观要素,如教育决策、资源结构与公平调整、人才培养等方面。具体如下:

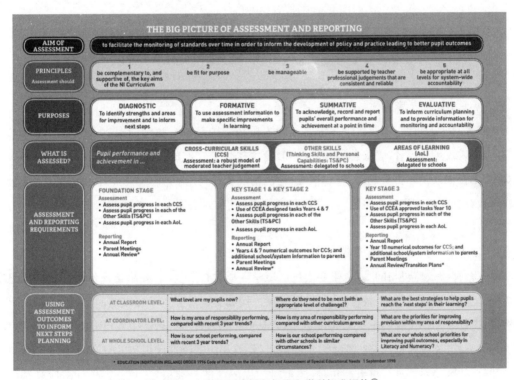

图1-3-1 英国国家课程标准和学科标准评估[②]

[①] https://www.gov.uk/government/publications/national-curriculum-assessments-key-stage-2-2018-provisional/national-curriculum-assessments-at-key-stage-2-in-england-2018-provisional--2#attainment-in-reading-writing-and-maths-combined.
[②] http://ccea.org.uk/sites/default/files/docs/curriculum/area_of_learning/bigpicture_assessment_reporting.pdf.

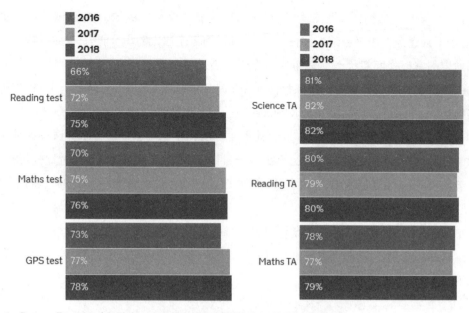

1. Source: Provisional KS2 data (2018) and Final KS2 data (2017 and 2016)
2. Source: Provisional KS2 data (2018) and Final KS2 data (2017 and 2016)

图1-3-2 英国2016—2018年学业质量评价报告样例图①

1. 报告公众教育质量信息，为教育决策提供依据

从政策制定者角度，学业质量评价不仅能为包括全国教育行政部门提供宏观教育决策的依据，更为地区政策制定者、立法者、领导和州教育家提供更精准的信息和依据。例如 NAEP 报告和 QAC 都提供了历年得分趋势、各州情况、地区情况和群组差异②……其目的在于向政府和公众反映出教育正在进步和需要关注的方面，主要便于政府、议会等了解各地的教育发展趋势，为决策提供依据。

2. 监督并问责绩效，优化资源配置、促进教育公平优质

地区教育绩效监督与问责，也主要通过区域学业质量评价情况，并结合评价所反映的信息重新调配、配置资源，进而促进教育公平、优质发展。例如美国对公立学校绩效问责，根据 NAEP 测试报告，连续 2 年都没有实现适当年度进步（Adequate Yearly Progress，AYP）目标，联邦政府将提供技术支持；连续 3 年没有达到适当年度进步，要有相应的改进计划和措施；而连续 5 年没有达到的学校，学区要对其进行重组。同时，注重对学生成绩的分类报告，其分类指标对应联邦政府的专项教育拨款的划分标准，旨在为保障处境不利儿童的学业成就负有教育责任，特别是促使不利处境儿童达到州的学术成就和内容标准。英国从 20 世纪 90 年代起，开始推行国家统一课程及

---

① https://www.gov.uk/government/publications/national-curriculum-assessments-key-stage-2-2018-provisional/national-curriculum-assessments-at-key-stage-2-in-england-2018-provisional-2#attainment-in-reading-writing-and-maths-combined.
② https://www.nationsreportcard.gov/reading_2017/nation/gaps? grade=4.

全国统一考试制度,根据教学成绩进行评定工作,时刻把握学校的教育质量,成为了英国教育督导与评价部门的重要任务。① 根据教育质量将学校评为杰出、好、需要改进、不合格和特别关注学校,在新的督导评价指标中特别提高了学校教育质量的评价要求。② 进而给予不同待遇,不合格学校得到地方教育行政部门经费和资源支持后整改仍然不合格的,面临关、停、并、转的处理。

3. 指引学业质量观念转变,优化学业质量评价方法

大型测试通过对不同区域教育系统的研究,也引发了人们对学业质量的思考,对欧洲教育特别是芬兰教育的研究开始引导东亚地区的学业质量评价观点的转变。例如,新加坡希望保持学生终身学习的渴望,开始在制度设计上思考模糊学业区分,弱化过分竞争文化。③ 在中国上海,市教委根据"学业评价绿色指标"中健康指数,明确规定小学1—3年不组织区统考,小学阶段不组织期中考试,小学生学业评价严格实行等第等方法。④

同时,大规模学业质量的评价方法对国家或地区学业质量测试的科学性也产生影响。主要表现在:第一,通过对比国际测试的框架内容与标准设置,改进学科测试的框架与内容;第二,重视学科测试的科学性和程序性,包括命题规范、能力水平构建、抽样方法、监测实施、报告撰写等多个环节,例如PPS抽样方法、项目反应理论、群组趋势报告等已经被众多国家采纳;第三,借鉴国际测试中采用学生问卷、课程问卷、教学问卷、教师问卷、校长问卷等多种手法,重视涉及背景问卷测试,综合考虑学业质量评价的影响因素,例如美国2015年就在全国统一测试中运用问卷调查和学科测试,中国开始建构全面综合的学业质量评价指标;第四,重视学业质量评价的报告与解读,重视从政策、投入、公平、均衡、群组等多个角度报告学业质量的成效。

4. 研究优质教师培养路径,转变教师培养方法

大规模测试结果让研究者可以定位全球最优秀的教育系统,从教师招聘、职前教育、专业学习、评估与职业发展等方面研究教师培养方法。其中,美国著名智库"美国国家教育与经济中心"(National Center of Education and Economic)研究全球五个高水平教育系统,芬兰、新加坡、澳大利亚新南威尔士和维多利亚州、加拿大安大略省和阿尔伯塔省和中国上海后发现,高质量的教师是教育系统运转的最关键一环。⑤ 因此,在教师人才队伍培养上的改进,首先是选拔最优秀的人才担任教师,如芬兰师范教育录取率为10%,新加坡要求教师申请人排名在同龄学生的30%,在入职时有严格的入职选拔程序,确保优秀人才进入教师队伍;第二,为教师设计各个阶段发展所需的指导与培训,从职前教育,到见习期、发展期、成熟期等,提供相应的培训支持和辅助系统;第三,促使教师在整个职业生涯保持自我发展、终身学习,提升专业研究能力;第四,在政策上确保教

---

① 江红. 英国教育标准局学校督导评价机制研究[D]. 南京:南京师范大学,25—29.
② 谢春风. 英国教育督导目标、准则、标准的新特点及其影响[J]. 重庆高教研究,2016(3),110—112.
③ 唐科莉. 新加坡提出新教育愿景:为了生活而学习[J]. 上海教育-环球教育时讯. 2019(6):6—13.
④ 上海市教育委员会. 关于印发上海市中小学2018学年度课程计划及其说明的通知. http://www.shmec.gov.cn/html/xxgk/201808/402152018005.html.
⑤ 马敏. 赋能教师:全球顶尖教育系统如何提升教师质量[J]. 上海教育,2019(6):14—21.

师享有较高的社会地位和相对比较优厚的收入,良好的工作环境,使教师成为有吸引力的职业。

(三)微观层面:基于对高效教学特征研究,引导教学策略与方式转变

什么样的教学策略能够更好地提高学生的学业成绩,什么样的学校、教师和课堂环境最能促进有效教学?大型国际测试也同样引起了对高效课堂和教学方式的关注。例如,在2016年11月,经合组织(OECD)利用PISA-TALIS链接数据的分析,发布了题为《提高教学质量的教学策略》(Teaching Strategies for Instructional Quality)的报告,对教师最常用的三种教学策略(主导性教学、认知激活和引导学生主动学习)与数学成绩的关联性进行研究,结果显示大多数国家教师将主导性教学策略更多用于解决简单问题,使用认知激活策略与较高的数学表现正相关,引导学生主动学习策略可能由于使用方法不一致而导致结果并不确定,但在芬兰和新加坡这三种教学策略影响并没有显示相关。[①] 另外,通过对不同国家最新教学方式的研究,指出当前为激发创造性、批判性、质疑精神、合作能力等培养而采用的最新教学方式。如经济合作与发展组织(OECD)在2018年发布一份最新报告,即《教师作为学习环境的设计者:创新教学法的重要性》(Teachers As Designer of Learning Environment: the Importance of Innovative Pedagogies),通过来自27个国家和学校案例,指出了混合学习(Blended Learning)、游戏化教学(Gamification)、计算思维教学(Computational Thinking)、体验学习(Experiential Learning)等6种教学方法[②]。基于组合、变革、环境、内容、鉴赏力的创新教学法5C关键要素,引导教师教学方式的转变。

一般来说,主要是在学校学业质量评价应用中得以体现。它往往更具体,形式更加多样。在学校整体层面,主要目的是确定教师在培养学生的过程中所做出的贡献,并判断学生学习增值;在学科教师评价层面,主要导向问题解决,包括了资源、工具和理念等内容,帮助教师探寻并整合高效教学路径。

1. 诊断学习进展

学校的学业质量评价可以分为形式作业、单元检测、各类考试等日常评测,主要是为了检验学生知识掌握情况,注重作业和考试后分析与反馈、教学的剖析与改进等方面,便于发现学习上的漏洞,并及时弥补,一般会给出学生个体成绩报告,学生、家长和教师便于了解其在班级或学校相对位置,以及在学科、内容领域的具体表现,便于调整学习心态和方法,更有效率地进行下一阶段的学习。

2. 改进教育教学

在新加坡,学校教育评价通常被分为两类:持续性评价和阶段性评价。持续性评价是过程性的,主要是获取关于学生学习、适宜的教学方法、教学素材以及教学效果等信息;确定学生可能遇到的学习困难或产生的误解,以便采取补救措施;让学生及时感受到进步和成就;通过关注学生能够做的而不是关注学生不能做的来提升学生学数学的信心。持续性评价可以采用多种评价方

---

① 孟玲.提高学业成绩的教学策略分析——基于TALIS-PISA链接数据报告[J].学术瞭望,2018(6):19—23.
② 唐科莉.OECD倡导六大创新教学实践[J].上海教育·环球教育时讯,2019(6):40—45.

式,如课堂观察、口头交流、布置功课、测试、实践或调查任务等。[①] 阶段性评价是总结性的,主要形式为学期期末或学年末的测试。测试形式比较正规;测试内容既注重对基础知识和基本技能的考查,也注重对数学问题解决能力的考查,同时也注重学生数学问题解决能力以及创新能力的测评,测试的目的主要在于确定学生的学业水平与课程目标的差距,测试范围比较广。

三、大规模学业质量评价项目的内容框架

国际大规模学业质量评价,从20世纪50、60年代初创发展至今,不断成熟、成型,并在20世纪与21世纪交界这数年得以大规模实施与推进。其中,不仅有国际组织领导的、面向不同国家的国际性宏观评价,亦不乏有国家和地区针对本国及地区特点与需要的区域性中观评价。典型如TIMSS、NAEP和PISA项目,相对更为成熟,近些年也正在大范围、持续周期性实施,其结果与相应的评价报告得到不同国家、政府和教育部门及其研究者的广泛关注。

(一) 国际数学与科学教育成就趋势研究(TIMSS)

"国际数学与科学教育成就趋势研究(TIMSS)",主要针对不同国家四年级和八年级学生在数学和科学两个领域中的学业发展情况进行评估分析。它自1995年开始,每4年实施1次,着重研制的是数学和科学两个领域评估内容框架,由此比较不同国家学生的数学与科学学业发展趋势,为其教育改革和教学实践提供指导,也为各国的相互借鉴提供支持。

在科学领域的评估中包括两个方面的内容:一是内容维度,在对四年级和八年级学生进行科学评估的过程中,其评估的科学内容是存在差异的,对四年级学生的评估主要包括生命科学、地球科学、自然科学等,而对八年级学生的评估内容则更加细化,包括生命科学、地球科学、环境科学、物理、化学等。二是认知维度,主要包括学生对科学知识的认识、理解、应用以及推理和分析等,在这一领域的评估中,对四年级和八年级学生的要求没有太大差异。

在数学领域也是包括两个维度的:在内容维度上,包括代数、几何、测量、数据等几个方面。在认知维度上,主要包括对数学知识的理解、应用和推理证明等。在数学领域的评估中,对四年级和八年级学生的要求基本相同。在实际的评估过程中,则会根据各国教育改革进展和评价项目本身的需要而进行相应地调整,这既包括数学领域,也包括科学领域;既体现在内容维度,也体现在认知维度上。因此,在每次举行的评估项目中,其评估内容和评估要求都是存在差异的。其中,测试题的编制分选择题和解答题两种形式,是由国际知名专家供题,通过所有参与国家的共同审核后对学生进行测试。观题与客观题相结合的试卷编制,可以为学生提供更大的表现空间,在了解学生对知识掌握情况的基础上,更好地表现出他们对所学知识的理解和应用,从而实现对学生学业发展的深入了解。同时,采用轮换测试的形式达到了在占用学生最少时间的情况下覆盖更多测试内容的目的。

在实施与分析方面,一是对同一学生群体在不同阶段的评估能更好地了解他们的学业发展

[①] 王兄. TIMSS影射下的新加坡数学教育评价[J]. 外国中小学教育,2006(8):34—37.

趋势。具体针对四年级和八年级学生的数学和科学课程进行评估,在每四年举行一次的评估项目中,会选择对一些国家在上一次参加四年级评估的学生进行八年级阶段的评估,并对他们两次在数学和科学领域中的发展情况进行分析和评价。这样采用对同一批学生在不同发展阶段的多次测试,不仅能够更好地了解他们的整体发展情况,更能够在对不同阶段的对比中发现学生在一段时间内的学业发展情况,以此了解本地区(或国家)的教学质量变化,在对区域内一段时间的教学质量情况进行描述的基础上,为该地区教育政策的和教学质量的改革提供更多的信息和指导。二是在对学生数学和科学学业发展水平进行评估基础上,TIMSS 也开展学校、教师、学生、课程和课堂教学活动等内容的分析,了解学生学业发展背后的教育体制、社会、学校环境以及学生自身等各种因素,在合理评估学生学业发展的同时,对国家或地区的教育质量进行合理评价,并在各国评估结果比较中发现他们教育体系中存在的优势与不足,从而促进各国之间的相互学习和共同发展,实现各国教育质量的全面提高。

  作为一项大型的国际数学和科学评估项目,TIMSS 已经受到越来越多的政府和教育机构的关注。它在多层面、多角度调查使各国(包括发达国家和发展中国家)在了解学生数学和科学发展的基础上,发现影响学生学业发展的深层原因,不仅促进各国对教育内容的选择和指导方法的确定,实现教育质量的提高和国家经济实力与综合国力的增强。而且,通过对参与国家的学生在数学和科学两个领域中的学业发展情况进行比较和分析,从中发现各国教育体系的优势与不足,从而促进各国之间的相互学习与借鉴。因此,世界许多国家都积极参与 TIMSS 项目,也纷纷设立了不同角度的项目评估与研究机构,通过对历届 TIMSS 数据分析,在深入了解本国教育实际的基础上也提供了许多重要的反馈信息,从而也促进了研究项目的不断改进和完善。由于各国文化、教育体制、课程设置等各方面的差异,TIMSS 在实施中难免存在一些问题,如采用分数衡量、对处于不同背景下的学生学业发展进行直接比较、排名大于借鉴等一些弊端;针对这些情况,TIMSS 项目也着手进行分类比较、评估结果背后深层内容的研究,以便更好地促进学生发展和各国教育质量提高。

(二) 全美教育进展评价(NAEP)

  全美教育进步评价(National Assessment of Educational Progress,简称 NAEP),也称"国家成绩报告单",是美国国内唯一长期实施的国家性教育评价。自 20 世纪 60 年代提出设想至今,NAEP 先后经历了(1)尝试与摸索;(2)变革与发展;(3)成熟与推进的三个不同发展阶段,并在各利益群体之间持续博弈中实现了三大转型:(1)从教育测量的单一智力测试到综合性评价;(2)由私人投资到政府拨款;(3)从州自愿到全国强制性项目。几十年里,NAEP 项目在整个美国教育领域占据着独特地位,也成为其他国家建立教育质量监测体系的榜样。[①]

  NAEP 作为一个国家性教育进展评估项目,主要运用多维度评价框架,通过对学生学习情况

[①] https://baike.baidu.com/item/%E5%9B%BD%E5%AE%B6%E6%95%99%E8%82%B2%E8%BF%9B%E6%AD%A5%E8%AF%84%E4%BB%B7/12581970,2018-11-30.

的详尽描述,以期有效反映学生对当前知识的整体掌握情况以及学业发展水平,使美国政府、教育行政部门和社会各界深入了解全国基础教育阶段学生的学业发展情况;同时,通过对全国中小学的学业发展进行评价,进一步测量与评估美国基础教育学业成就发展趋势,从而更好地了解当前国家的基础教育质量,为基础教育改革提供重要反馈信息。NAEP的实施框架,主要包括主评估项目和长期发展趋势评价项目内容维度,有国家、州和学区三个层级之分。

在内容维度上,主评估项目,即特定学科内容以及影响学生学业发展的因素和背景信息。其评估对象为公立学校和非公立学校四年级、八年级和十二年级学生;评估内容涉及:(1)特定学科的测试问题,如数学、科学、阅读、写作、美国历史、世界历史、地理、经济、艺术、公民、外语等学科,问题形式以多项选择题和问答题为主,通过对分数的等级评定或对内容掌握程度的划分实现对学生学业发展水平的评估;(2)影响学生学业发展的因素和背景信息,主要包括学生的性别、年龄、家庭状况、学校状况、社会环境等。而长期趋势发展项目,即对国家和地区长期以来教育发展的变化和趋势进行评估。对象主要针对公立和私立学校九年级、十三年级和十七年级的学生;内容只包括阅读和数学,是对这三个年级的学生在阅读和数学两科中所表现出的学业发展情况进行评价。实际评估中,一方面主评估项目与长期趋势发展评估项目之间是存在差别的:主评估项目旨在了解学生在各学科领域中的知识掌握程度,而长期发展评估项目旨在测量一段时间以来学生的学业发展状况。因此,主评估的各科框架会不断调整和更新,常常融合新的理念、内容、方法及形式,以适应时代发展和教育改革不同情况,为国家和地区的教学实践提供源源不断的信息支持和方法指导;而长期趋势发展项目则相对固定,它需要了解国家和地区一段时间以来教育改革的效果和教学实践的发展情况,以揭示长时期中美教育发展的整体趋势,进而深入发展和完善教育体系。可见,二者的测评结果不能进行直接比较,而需要分别分析和讨论。另一方面,主评估与长期趋势发展评价项目又是结合着进行的。以此将当前教学实际和长期发展情况恰当评估结合,不仅可以提供美国教育发展的最新情况,还能对其长期发展趋势进行总结和评价,从而为美国各州及全美的教育发展提供多方面的信息,有效促进教育改革和教学实践的不断改进和完善,以促进教育质量的不断提高。

在层级维度上,NAEP分国家与州、学区三级。在最初20世纪60年代的一段时间内,它只进行全国范围的教育进展评价。随后,一方面,因其开展的持续性、有效性,NAEP逐渐受到了人们的广泛重视;另一方面,各州逐渐意识到:仅收集、分析全国范围内的数据,并不能更全面、更有针对性地促进地区教育发展,因而在20世纪80年代,州、学区一级的评估项目逐渐展开。(1)国家级NAEP,评估对象是四、八、十二年级的学生;评估内容包括阅读、数学、写作、科学、地理、公民、经济、艺术、外语、美国历史、世界历史等各学科。它几乎每年开展,但并非针对所有学科进行,其中阅读和数学是每2年1次,科学和写作每4年1次,而公民、经济、艺术、历史等周期更长,主要从全国范围内综合考虑学校多经济、政治、文化、学生数量等方面因素来抽取样本。(2)州、学区NAEP。目前,各州进行的仅在四、八两个年级开展,评价内容包括阅读、写作、数学和科学四个学科,周期性地开展,其频率与全国评估一样:阅读和数学每2年1次,科学和写作每4年1次;在

2001年《不让一个孩子掉队》法案后,学区一级实验性教育进展评估于次年开展(The Trial District Assessment,简称TUDA),其实施方式与州类似,但仅限于公立学校学生。[①] 由此可见,国家级NAEP因评估区域范围大主要通过抽样调查开展,通过样本推测整个国家基础教育阶段学生的学业发展水平和教育发展情况,进而给予恰当评价以促进国家教育改革的不断深入和学生学业水平的不断发展;而州、学区NAEP,并不需要抽样,是在国家级的基础上,针对各州教育发展实际情况展开并收集学生学业水平和基础教育发展信息,以此促进各州、学区基础教育不断发展和完善。

总体而言,作为美国唯一的一项在各学科领域、长期实施的全国性学生学业发展评估项目,NAEP主要采用主评估项目与长期趋势发展项目现结合的评估形式,了解教育发展现状和长期发展趋势;具体分国家与州、学区三级实施,在把握美国基础教育整体发展水平和趋势的基础上,进一步对州、学区一级学生学业发展情况的深入了解;既测评学生学业水平情况,也对影响学生学业发展因素(包括家庭、学校、社会环境与学生自身状况等)开展调查和分析,找出产生问题的深层原因,从而做出全面、客观且科学的评价,以进一步采取相应的策略措施以促进教育质量的不断提高。它不仅为全美基础教育学生发展与教育改革提供了重要信息,也为其教育教学实践改进与教育进一步发展提供了重要支持,同时还为世界其他国家开展国家及区域层面的大规模教育评价与教育监控、改进提供了重要参考与借鉴。

从开展到现在的几十年间,NAEP不仅实现了对全美教育质量的监督和评价,更在及时了解教育发展现状和整体发展趋势的情况下,为教育改革的不断改进和完善提供重要信息,实现美国基础教育质量的不断提高。不得不说,它产生了重要影响,但也存在一些不足之处,其中对数据缺乏深入分析和有意义的解释,成为其常被诟病之处。为此,监督美国各州教育进展评估工作的国家教育科学院专家提出建议:(1)根据将学生培养成为21世纪有成就、有知识的公民所需的知识与技能来重新定义教育发展和成就;(2)对全国各州、学区的评估结果进行总结和比较,从整体上了解全国教育进展状况,为教育政策制定、教育改革以及实际教学提供重要指导。[②] 可以说,NAEP正是在长期实施中也需要在实践与改进中,通过国家、州、学区共同努力才能不断得以完善。

(三)国际学生能力评估计划(PISA)

国际学生能力评估计划(PISA)项目,主要是对工业化国家义务教育阶段结束后的15岁学生进行标准化国际测试,目的在于测试他们是否获得生活所必需的能力和继续学习的能力,是对学生适应未来生活的能力和终身学习能力的评价。它由世界经济合作与发展组织(OECD)在1995年首次提出设想,并于1997年正式启动,后经过研究与试点终于在2000年开展了第一轮测评,此后则每三年实施一轮。

不同于以往一些测试,着眼于对学生学业成就的考察及主要针对国家或地区内学生发展,

---

① 任长松. 美国国家教育紧张评价NAEP及其借鉴意义[J]. 课程·教材·教法,2009(9):87—92.
② Glaser R. Linn R, BOHRNSTEDT G. Assessment in Transition: Monitoring the Nation's Educational Progress [M]. Washington, DC: N/A, 1997:13.

PISA主要针对学生学业发展中出现的问题及其产生原因(包括个人、家庭、学校、社会等各方面)进行深入研究,同时注重不同国家及地区相互之间的比较与分析中挖掘大数据背后所隐藏的教育问题。不仅发挥大规模学业评价对学生学业发展的评估,也进一步挖掘其对改革教育制度和提高教育质量的重要价值。作为这样一项面向世界各国学生学业发展的一种大规模评估项目,PISA不是要对各国的教育水平和学生发展情况进行比较,也不是为了选拔各国的优秀学生,而是通过一种多维度、大规模的教育调查研究,在了解世界各国学生学业发展水平的基础之上进行深入研究,发现其教育过程中存在的问题并寻找产生问题的真正原因,为促进各国教育改革的实施和教学效果的提高提供理论指导和经验支持。

PISA项目的评估,主要包括测试和问卷调研两大部分。PISA测试部分内容,在2000—2009年间,主要包括学生的阅读、数学和科学三个领域,2012年首次尝试引入了基于计算机的问题解决测试,且在每个设定由"定义与特征""内容维度""认知能力维度"和"情境维度"所组成的测试框架。

表1-3-1 PISA项目测试领域和内容[①]

领域 内容	知识	能力	态度
科学领域	物理系统、生命系统、地球和空间系统、科学的探究和解释	识别科学问题、解释科学现象、使用科学证据	对科学的兴趣、对科学探究的支持、对资源、环境和社会的责任感
数学领域	对概念、定理、公示的理解及数学的测量、计算、分析、统计等	应用数学原理或公式、应用数学概念原理公示等进行实际问题的解决;以数学角度进行实际问题的思考、分析和归纳	对数学的动机和兴趣、意识到数学素养的重要性、正确的数学学习方法和积极的学习态度
阅读领域	以恰当的方式对书本、表格、图片、网络等形式的内容进行阅读,并通过相应的策略对阅读内容进行加工、理解和记忆	在阅读的基础上进行相关内容的理解、叙述、解释和评论、反思	对阅读的兴趣、良好的阅读习惯、正确的阅读态度、阅读的多样性和参与度
计算机问题解决领域	……	……	……

除采用测试对学生的知识、技能等方面发展情况进行评估之外,PISA还采用问卷调研方式,强调对影响学生学业发展的因素进行调查,主要搜集学生个体、家庭、学校和社会等信息,进而从学生自身特点、家庭背景、学校环境(包括教师、同学和学校等多种因素的影响)和社会政策等不同方面探索影响学生学业发展的各种因素,在实现多角度、多层次、多方面了解学生的基础之上,根据测试结果对他们在相关领域的学业发展情况给予恰当评价。

可见,PISA并不是传统意义上对读、写、算的测试,而是对义务教育阶段末期的学生(15岁学

---

① 刘晓庆.大规模学业评价研究[D].武汉:华中师范大学博士论文,2013:77.

生)在学习、工作和生活中所表现出的运用所学知识和技能去解决实际问题的能力进行综合性测试,着重评估学生运用综合知识解决实际问题的能力,以达到评估未来公民适应社会生活能力的目的。它反映了国际教育评价领域的发展趋势,不仅对参与国家或地区影响重大,而且是对传统的以测量学生掌握知识水平为主要目标的考试和评价模式的一次具有突破性意义的探索;它尊重各国的教育体制、政策法规、教育观念、文化传统等个性化因素,但又摆脱了这些因素的限制,通过创建共同量表把学业成就及影响这些成就的背景因素呈现出来,促使各国在国际比较的基础上反思自身的教育制度和成就。因此,有研究者曾分析,PISA 在理论、方法、运行模式等诸方面展示了当今国际教育评价的最高水平。① 由于其设计科学、运行高效、结论准确,PISA 近来在学业质量评价国际项目中声名鹊起,受到各国的重视:不仅在 OECD 成员国广为盛行,也吸引了很多非 OECD 成员国参加。

我国在评价改革探索中,借鉴国际大规模学业评价的综合性思路,以上海所开展的学业质量绿色评价为例,主要以促进学生的全面发展和健康成长为核心,涵盖教育教学、学生感受、教育效果和教育变化四大方面,具体包括学业水平指数、学习动力指数、学习负担指数、身心健康指数、品德行为指数、跨年度进步指数、师生关系指数、品德行为指数、校长课程领导力指数及学生社会经济背景对学业成绩影响指数十大指标的评价体系。② 该内容体系还在进一步实践和反馈中不断调整与完善。

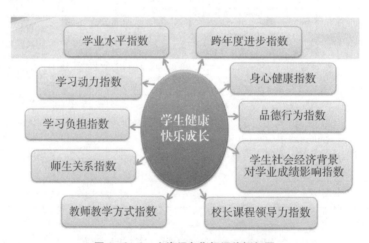

图 1-3-3 上海绿色指标评价框架图

四、大规模学业质量评价的总体特点及启示

除了评价目的定位、内容体系,大规模学业质量评价的实施特点及路径也在不断革故鼎新,相应地为相关评价科学化探索提供了诸多启示与借鉴。

---

① 王蕾.大规模考试和学业质量评价[J].教育科学研究,2013(8):47.
② http://www.2fz.fudan.edu.cn/69/61/c14932a92513/page.htm,2012-09-25/2019-02-11.

(一) 大规模学业评价实施特点及思路

传统学业质量评价,主要采用考试来测量学生掌握知识水平;而大规模学业质量评价,相较于这类考试的主要优点在于:(1)克服了经典测量理论的固有缺陷、超越了考试结果的"顺序量表"和不同考试间不等值的弊端。因为传统考试分数呈现是一种顺序量表,从统计原理上说,只能进行排序等运算,不能进行加减求平均值等运算,其技术缺陷尽显无遗;而学业质量评价恰恰涉及较多统计运算,常常还需要在一个比较长的时间内比较和分析各种趋势性变化,而考试原始分数不具备这种比较和分析的功能,唯有通过学业质量评价的标准分转换来弥补实现。(2)融入了学生学习背景与条件,走出片面强调考试分数高低、只顾当下的误区。除考试分数外,大规模学业质量评价尽可能收集全面的背景信息,遵循分类原则对不同资源和条件的学校和地区采用相应的标准要求,以此进一步解释结果和数据。同时在考试分数容易观测的直接指标外,更注重不易直接观测的"潜在特质"(latent trait)的复杂试验设计和统计分析,不仅测评学生某个时间点的状态,更通过对时间序列数据进行追踪,使用内推法或外推法寻找和确定趋势获得时间序列和连贯性数据,从而将一些相互分离的考试项目按照学科发展的规律进行整合而形成一个互相关联的体系,从而发现学生学业发展变化趋势和走向,以便及时进行政策干预和调整,以更好地发挥考试评价功能。[①]

这些特点也推动了其在评价模式上的突破性探索,典型的如斯克里文的目标游离模式,主要倡导教育目标与评价分离,关注非预期教育目标的影响;斯塔弗尔比姆的CIPP模式,提倡对评价教育目标本身,使评价内容更全面、合理,评价体系更完整,还关注过程性评价,注重为评价提供全面信息,使评价活动目标更明确、实用性更强;欧文斯等反向评价模式,提倡多元价值观,主要模拟法律评委会审议形式,开展正、反双方互辩、揭示方案各自长短得失,确保评价信息的全面与合理。类似相关评价实施模式的探索,将在后续第二章进一步阐释。

(二) 大规模学业评价的思想基础

综上,国际视野下的学生学业发展评价,是在多视角下的大规模学业质量评价的发展及应用。TIMSS、PISA和NAEP在教育评价,尤其是大规模学业评价历史发展中占有重要地位,这三大项目及其所反映的国际大规模学业评价的发展,不仅受到评价自身领域变革与发展的影响,同时由于它不只是一种个人行为,而是一种基于政府支持的监测与改进性举措,因而具有强烈的管理立场和目的;它也并非是一种纯粹的评价技术或单纯的学术研究活动,而是一项基于教育教学目标的育人活动,其中蕴含相应的思想理论基础。梳理其脉络发展,主要是一种从基于科学管理到基于公共管理的转向。

1. 基于科学管理的学业评价

早期的大规模学业质量评价,受社会化工业化大生产背景下的"科学管理运动"影响,强调标准化、精细化和数量化,以此提高评价过程的管理效率,最终实现预期的育人目标,保证人才培养的质量。具体体现为:(1)科学化理念追求,即评价各项活动都以尊重科学、运用科学为基本原

[①] 王蕾. 大规模考试和学业质量评价[J]. 教育科学研究,2013(8):48.

则,保证评价的客观性和准确性,实现大规模学业评价的顺利进行,促进现有资源的优化配置和有效利用;(2)标准化流程设定,一是主要采用泰勒等人提出的"以行为目标为中心"的评价模式,设定评价标准、方法、工具和环境以及评价流程,提高评价的信度和效度;二是要求管理者、评价主体与评价客体之间的密切协作,特别是管理者与评价主体之间的合作,用以保证评价的每一个环节都准确、井然有序地得以实施,就像机械化大生产的"流水线"一样,这也是提高大规模学业评价效率的关键;(3)注重精神激励,主要遵循泰勒"经济人"的假设,最大限度挖掘、发挥并激励主体潜能。激励主体的方式包括精神与物质等多种方式,但大规模学业评价,与大规模工业生产活动激励制度的不同点在于更看重尊重与自我实现,因此精神激励比物质激励显得更为重要,具体如榜样激励、情感激励、目标激励、考评激励和竞争激励等;(4)开展评价培训学习,即强调不断地学习评价的新技术、新方法,包括对评价数据采集、分析以及相关评价管理人员,开展数据收集方法、分析软件,以及管理与人际交往、领导决策等能力培训。[①] 基于科学管理的大规模学业质量评价,以科学化、高效化为追求,尽管实现了一定程度的标准化、高效率化,却也存在机械化、流水线等局限,具体如:(1)过于强调标准,忽视了学生的差异性;(2)只关注物质技术因素,而忽视人文社会发展因素;(3)过分强调理性、规章和制度的做法,而导致经济资源支配的不合理;(4)片面地强调个体效率,而忽视了管理中其他因素的综合发展。可见,科学管理主要解决的是评价流程的工作效率问题,并没有从教育发展整体局面去思考并解决如何将大规模学业评价镶嵌于教育发展来开展、管理及应用。

2. 基于新公共管理的大规模学业质量评价

对此,舒尔茨就提出"人力资本是促进国民经济增长的主要原因",一方面肯定了人才潜力的利用程度是国家繁荣的主要决定因素之一,另一方面也将社会经济等市场化管理,如"新公共管理"(New Public Management,简称NPM)引入到教育及其评价领域,又被称为"管理主义"、"基于市场的公共管理"、"后官僚主义范式"或"企业型政府",直到90年代后逐渐统称为"新公共管理"。其基本主张和举措是:采用商业管理的理论、技术和方法来提高公共管理水平与公共服务质量,进而重塑与再造政府角色,重新界定公共行政的性质及其运作。具体如:(1)打破公共教育部门"既做运动员又做裁判员"的尴尬局面,它选择第三方评价,即通过购买私营部门的评价服务,或者将评价的部分或全部工作外包出去,让评价的管理工作走向市场,这不仅能够大大提高大规模学业评价的整体效率,更能提高其评价结果的信度和效度;(2)引入竞争机制,促进评价体系的创新。它并不采用先前同一评价体系、固定流程,标准,而是将竞争机制引入了大规模学业评价,一是在评价前的选择,可以促进不断地根据社会发展和公众需要改进第三方评价体系;二是在应用于实践的过程中,不断发现不足与改进之处,促进评价服务的不断修正和完善。如此借用市场机制,实现了教育资源的优化配置,也让学生有权根据自己的兴趣、能力、家庭条件以及其他具体情况来选择适合自己的教育机构;主张分权式管理,推行问责制,强调"让责任归位,使监督强硬",

---

[①] 刘晓庆.大规模学业评价研究[D].武汉:华中师范大学博士论文,2013:55—57.

提升教育管理人员的责任感和危机感,有助于正确处理好权与责的关系,从而促进教育管理更加科学化、规范化和透明化;(3)采用绩效管理,从绩效战略计划、绩效预算、绩效测量和绩效评估四个过程,积极履行公共责任,讲求内部管理与外部效应、数量与质量、经济因素与伦理政治因素、刚性规范与柔性机制相统一的基础上,以获得公共产出最大化。

由此可见,大规模学业评价的研究与实践有其理论基础与管理机制,且不同时期亦不尽相同。科学管理视角下的大规模学业评价,能促进教育评价不断走向科学化,却忽视了评估过程的差异性和对资源的有效配置;新公共管理视角的大规模学业评价,则通过引入市场机制,实现了资源的有效配置,并在分权与授权的主张下大大提高了评估人员的责任感和工作效率。如上开展 TIMSS 的 IEA 机构、实施 PISA 的 OECD 组织、主持 NAEP 的全美教育评估委员会等便是其中权威也倍受推崇的评价机构。然而,不得不提及这种基于新公共管理的教育评价,表现出来的特征更多的是工商界管理工作的特征,而不是教育界的特点;市场化方式也未必能很好地实现教育"学生发展为本"的人文伦理与教化育人的初衷。因此,还有待于进一步立足教育领域自身,从"促进人的发展"这一根本性目标进一步"考量"。

(三)对我国学业质量评价探索的启示

在我国,学生评价大多以大规模考试为主(入学考试和学业水平考试),如高考、中考、高中学业水平考试以及中小学生学业水平考试……对于近 14 亿人口、约 2 亿学生的泱泱教育大国,学业质量评价改革举足轻重,亦举步维艰。为促进每一个学生成才,必须建立起一种公平、发展的服务性评价体系,它能够充分发挥教师、学校、地区对每个学生的成才的积极推动作用,并对教育活动及时给予指导、提出改进方案,还能为政府的宏观决策提供信息,为学校教学质量的提高提供支持,为学生学习水平的提高提供必要的反馈。[①] 如上海市绿色指标评价的实施,主要是政府教育部门主导下所进行的改革探索。它采用学业成绩及问卷调研的测评的框架,通过网络开展学业水平测试获取学生思维过程的信息数据;依循了"指标依据-指标内容-工具研发-考务工作-阅卷评分-数据处理-报告撰写-结果应用"的流程,从评价指标之间的从属关系、评价指标的分解、指标易于理解与传播、评价系统要将"自上而下"与"自下而上"相结合等方面不断改进,力图实现"四个体现",即体现当前国家、上海综改的方向;体现上海作为国家实验区的任务要求、课程教学改革研究的新成果,并逐渐融入当前国际教育大规模评价项目的科学经验。在其带动下,其他省市地区陆续参与 PISA 并因地制宜探索评价改进之路。

针对原有以考试为主获得原始分数简单相加排队的"原生态评价"带来的实质性技术缺陷,我们可以着重借鉴开展如下改进性探索:[②](1)构建客观等距量表,以网上阅卷方式收集学生对测试题目的各种反应信息,从而为以项目反应理论(Item Response Theory, IRT)为代表的现代测量理论代替经典测量理论奠定基础。这样,采用项目反映理论 IRT,基于考生对每道题目的反映

---

① 王蕾.大规模考试和学业质量评价[J].教育科学研究,2013(8):49.
② 同上注.

和每道题目的参数估计出来的考生能力值的等距变量来求均值等统计运算,同时采用固化的试题质量参数在一个共同量尺上链接不同考试,实现结果之间的可比性,从而将各考试的原始分数转换为可跨地区、跨年度、跨年级比较的等距量表,用来发挥学业质量评价的功能;(2)开展同一能力量表下的增值评价。即以"增值＝输出－输入",关注个体和群体自身发展的程度及多个维度上的增值发展情况,同时排除学生原有学业水平、家庭背景影响、学校投入等影响因素来评价进步,这样更客观、更科学,更能实现增值激励。例如可以在 IRT 的理论框架下,规定相邻年级或水平的考试中"锚题"进行"垂直标定"(vertical scaling),从而统一到共同能力看学生学业发展变化;(3)结合背景信息分析,探寻影响学业质量的多方面因素。学生质量评价,特别是对分数的解释与应用,不能脱离学生实际背景,只有结合多样、复杂的背景,才能看到简单结果背后的信息,公平看待学业质量评价、深入挖掘影响因素,为改进和增值提供基于证据的、符合教育规律的依据。目前,我国教育科学化评价的理念和制度初步确立,还有待在实践中进一步借鉴国际大规模学业评价的科学化定位、体系与思路,不断探索、完善我国的学业质量评价体系与实施路径。

第四节 核心素养与学业质量评价

自 2009 年起,中国先以上海作为代表地区参与 PISA2009 和 PISA2012;后遴选北京、上海、江苏、广东四省市作为样本参与 PISA2015……连续三届"PISA"测验使我们在检测自身学业质量的同时,也借"PISA 之窗"进一步了解世界教育改革和发展经验及趋势,还从其测评思路和内容方式,即侧重学生学习素养,采用标准化测试和问卷调研综合施测方式,探寻相关学业质量评价的重要启示。

一、溯源:核心素养背后"教育人才观"的历史演进

事实上,PISA 所关注的学习核心素养,正是本世纪前后世界主要发达国家和国际组织的研究热点。对于"核心素养",目前比较公认的起源是:1997 年国际经济合作与发展组织(OECD)启动的"素养的界定与遴选:理论和概念基础"项目。尽管"核心素养"是新近提出的一个"现代性概念",但其背后所蕴含的教育"人才观"思想却有着悠久的历史渊源。

自人类教育活动出现以来,对"到底培养什么人"的各种规定性论述,就此起彼伏、交织演进,成为教育及其评价领域亘古不变的核心概念与问题所在。有研究者梳理了中、西方教育"人才观"的历史演进后提出:从古至今,不同时代的教育先后以"品德"为中心、以"能力"为中心,再以"素养"为中心性目标来培育人才。① 借鉴学者按本义与转义维度分析教育概念内涵演变轨迹②的思路,即教育本义是道德人格之"善"(品行善良)、第一转义为健全人格之"善"(能力完善)、第二转义为社会性人格之"善"(完美生活),如上教育"人才观"内涵的演进路径,恰与教育概念内涵的

---

① 辛涛,姜宇,林崇德等.论学生发展核心素养的内涵特征及框架定位[J].中国教育学刊,2016(6):3—4.
② 陈桂生.普通教育学纲要[M].上海:华东师范大学出版社,2008:10.

发展脉络极为一致：即都经历了本义与转义的不断扩展演进，且主要受到人类文化进步和社会发展的影响，因而是社会生产力与生产方式发展变化的产物。

（一）本义：旨在教养有"德行"的人

古代社会中，农业经济占据主导、人们大多自给自足，无论中、西教育都集中在个人品性善良的道德层面：如孔子等中国教育家们就主张"内圣外王"的人才观，格外注重德行修养；苏格拉底等西方教育哲人曾提出"美德即知识"，教育人们"努力成为有德行的人"。①

（二）第一转义：极力培养有"能力"的人

近代社会，工业经济为主导，在"机械化大生产"背景下，教育为适应生产需要，加强了对专门行业技能及职业需求导向的关键能力培养，涌现出乔姆斯基"语言能力"、加德纳"多元智能理论"、斯宾塞的素质"冰山模型"等学说，都将人才培养聚焦于"能力"层面，开展广泛研究和讨论。②

（三）第二转义：追求培育有"素养"的人

现代社会，信息化、智能化作为经济发展主导，人才的培养则需要超越传统技能层面，融入态度、情怀及价值观等"素养"，兼顾个人、社会与时代发展去创造完美生活，培养自我实现与促进社会和谐发展的高素质国民与世界公民。③

纵观不同时期、不同侧重的教育"人才观"内涵演进，都有反映当时社会发展的需求以及人们对于"培养什么人"的回答。从古代到近代再到现代，教育目标从培养有"德行"的人到有"能力"的人再到有"素养"的人，并非如"猴子掰玉米"的"扬弃"，而是一种"叠加并精进"的"淬取"。如果将所有这些人才规定性的回答作为"广义的素养"，那么，随着社会和教育的不断发展，它已经逐步演进为符合现代社会所需要的"核心素养"。这意味着教育"人才观"的定义，将从较为模糊、显见且可以简易实施的既定性特质，变为清晰、内在，且需要综合推进并不断检测完善的发展性特质。

二、审视：不同发展取向核心素养的界定及其指标体系建构

如前，OECD 于 1997 年启动了"素养的界定与遴选：理论和概念基础"项目，系统地关注与投入学生学习核心素养（Key Competences）的研究，由此带动了美、英、德、法、日、中国、芬兰等国家开展相关探索④，掀起了核心素养的国际研究热潮。相关研究业已涵盖了核心素养体系的构建、核心素养的评估、核心素养的可持续教育研究以及基于核心素养的课程实践探索……⑤，试图以此引领与改进教育实践、推动并实现教育及课程标准"从注重学科知识体系完备性向注重学生素养水平转变……从注重构建各学科知识体系向跨学科融合、促进学生全面发展转变"⑥，从而进一

---

① 辛涛，姜宇，林崇德等. 论学生发展核心素养的内涵特征及框架定位[J]. 中国教育学刊，2016(6)：3—4.
② 同上注.
③ 同上注.
④ 刘国飞，张莹，冯虹. 核心素养研究述评[J]. 教育导刊，2016(3)：5—9.
⑤ 刘永凤. 国际"核心素养"研究的最新进展及启示[J]. 全球教育展望，2017(2)：31—41.
⑥ 辛涛. 学业质量标准：连接核心素养与课程标准、考试、评价的桥梁[J]. 人民教育，2016(19)：17.

步提升人才培养质量、增强国际竞争力。

"核心素养"这一概念,国际上主要表述为 Key Competencies,国内则译为"核心素养",它所阐释的是教育人才的培养规格,其自身亦成为学业评价的重要指向。对于究竟什么是核心素养,有研究进行了总结梳理,进而划分出个人发展取向、社会价值取向和综合发展取向三种类型①。

(一) 个人发展取向的核心素养

秉持个人发展为导向的培养理念,立足人的发展,阐释核心素养的内涵及其基本要素。如联合国教科文组织从个人终身学习与核心素养的关系分析提出:"核心素养的培育需要终身学习,终身学习也需要核心素养",并将学会求知、学会做事、学会共处、学会发展、学会改变五大素养作为终身学习的五大支柱,彼此关联,涉及个人生命全程与各种生活领域②;欧盟主要从知识、技能和态度三个维度,将核心素养定义为:"在知识社会中每个人发展自我、融入社会及胜任工作所必需的一系列知识、技能和态度的集合"。经过不断改进、完善,由此确立了数学素养、数字素养、科学技术素养、社会与公民素养、使用母语及外语交流、文化意识与表达、主动意识与创业精神的八大核心素养体系。③

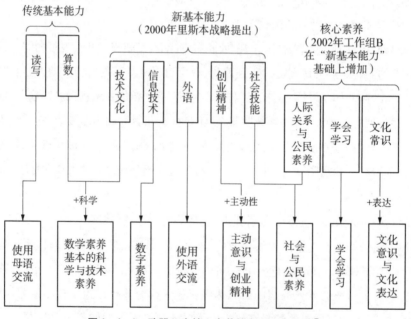

图 1-4-1 欧盟八大核心素养的发展演化历程④

类似定义,都将人的发展视为核心,重在培养自我意识、自我管理能力、个人交往与社会性意识等。

---

① 陈蓓. 基于知识图谱分析的核心素养研究综述[J]. 外国中小学教育,2017(11):3-4.
② 钟启泉. 核心素养的"核心"在哪里——核心素养研究的构图[N]. 中国教育报,2015-4-1-7.
③ The European Parliament and the Council of the European Union. Recommendation of the European Parliament and of the Council of 18 December 2006 on Key Competences for Lifelong Learning [J]. Official Journal of the European Union,2009(8).
④ 裴新宁,刘新阳. 为 21 世纪重建教育——欧盟"核心素养"框架的确立[J]. 全球教育展望,2013(12):92.

(二) 社会价值取向的核心素养

以社会价值导向为培养理念,主要基于社会需求提出核心素养的内涵及其基本要素。如经济合作与发展组织(OECD)基于 DeSeCo 项目研究,于 2005 提出个体适应经济和社会发展所需要的三种关键能力:交互运用文化、社会、技术资源的能力(使用工具)、在异质社群中进行人际互动的能力(人际互动)和自主行动的能力,由此建构起促进社会健全、实现成功生活的核心素养并列交互模型。①

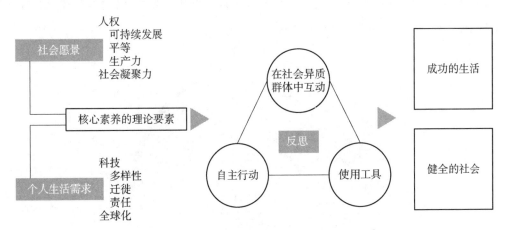

图 1-4-2　以 DeSeCo 项目为代表的并列交互型②

日本也提出"21世纪型能力",认为基础能力(语言力、数理力、信息力)是内核,中层为思维能力,最外层是实践能力,三种能力相互支撑、相互引导、相互依存,由此构建起核心素养同心圆模型。③

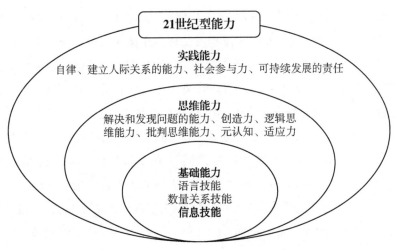

图 1-4-3　日本"21世纪型能力"同心圆模型

---

① OECD. The Definition and Selection of Key Competencies: Executive Summary [EB/OL]. [2005-05-27]. http://www.oecd.org/pisa/35070367.pdf.
② 辛涛,姜宇. 全球视域下学生核心素养模型的构建[J]. 人民教育,2015(9):55.
③ 辛涛,姜宇. 全球视域下学生核心素养模型的类型及结构[J]. 人民教育,2015(9):55—56.

这些定义,都凸显了发展学生素养的最终目的是适应社会需要,也即是社会价值取向核心素养的典型特征。①

(三) 综合发展取向的核心素养

以综合发展导向为培养理念,即以核心素养为依托,构建以其为本的整个教育系统。如美国"21 世纪技能",包含生活和职业、学习和创新技能、信息媒介与技术三个主体技能,并以标准和评价、课程和教学、专业发展、学习环境为支持系统②,形成了以核心素养为轴线辐射影响教育各个环节、融入整个教育体系的彩虹式整体系统模型。

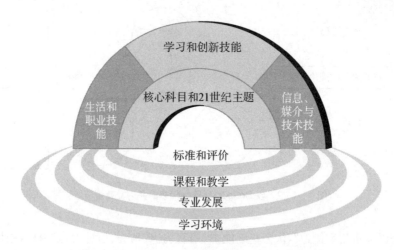

图 1-4-4 美国"21 世纪技能"彩虹式整体系统型③

我国核心素养研究,主要集中在 2014—2017 年间④。2013 年—2014 年,教育部先后颁发《中小学教育质量评价指标》和《关于全面深化课程改革落实立德树人根本任务的意见》,明确提出"研究制订学生发展核心素养体系和学业质量标准"。随之,核心素养研究也从"引介"国际经验走向"自主研制"阶段。诸多学者先后通过引介欧盟、美国、日本以及 OECD 等主要核心素养研究,为我国核心素养的建构与完善寻求借鉴与参考,并在此基础上进一步立足综合发展取向的核心素养视角,对学生核心素养做出了界定和划分。其方式主要包括两种:其一,从构成要素的角度,如张华从认知与非认知素养,将"世界共同核心素养"进一步提炼、化约为即协作(Collaboration),交往(Communication),创造性(Creativity),批判性思维(Critical Thinking)四大素养(即"21 世纪 4C's"),前两者属非认知性素养、后两者属认知性素养⑤;其二,是从层次类型的角度,如钟启泉设计了我国核心素养四层同心圆结构:由内而外分别是价值形成、关键能力、学习

---

① 陈蓓. 基于知识图谱分析的核心素养研究综述[J]. 外国中小学教育,2017(11):3—4.
② 张义兵. 美国的"21 世纪技能"内涵解读——兼析对我国基础教育改革的启示[J]. 比较教育研究,2012(5):86—90.
③ 辛涛,姜宇. 全球视域下学生核心素养模型的构建[J]. 人民教育,2015(9):56.
④ 陈蓓. 基于知识图谱分析的核心素养研究综述[J]. 外国中小学教育,2017(11):4—5.
⑤ 张华. 论核心素养的内涵[J]. 全球教育展望,2016(4):10—24.

领域、支持系统①,并建议从人格构成及其发展、学力模型和学校愿景三大研究领域构建核心素养形成的模式②。后来,教育部委托林崇德等专家成立"核心素养研究"课题组,则在综合发展取向下兼顾要素和层级角度,通过系列型研究(包括国际比较研究、教育政策研究、传统文化分析、核心素养的课标分析与国内学生素养实证研究)提出并颁发了《中国学生发展核心素养》:主要指向学生应具备的、能够适应终身发展和社会发展需要的必备品格和关键能力。它以"全面发展的人"为核心,包括自主发展、社会参与和文化基础三个领域;综合表现为学会学习、健康生活、责任担当、实践创新、人文底蕴和科学精神六项核心素养指标;分别细化为勇

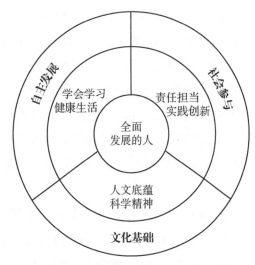

图1-4-5 中国学生发展核心素养体系总框架

于探究、乐学善学、勤于反思、信息意识、珍爱生命、健全人格、自我管理、社会责任、国家认同、国际理解、劳动意识、问题解决、技术应用、人文积淀、人文情怀、审美情趣、理性思维和批判质疑。③如此确立的核心素养,涉及个人、社会及其时代等多方面,是立足于现实国情,综合考量了个体需要、社会发展及时代背景而对核心素养的内涵做出的界定和阐释。④

如上,通过国内外核心素养内涵分析可见:核心素养并非是一个固定、狭隘的概念,而是一个随着对教育理解及教育目的侧重不同而不断演进的"类概念"⑤。其间既具有聚焦、共性、固有的内核,又各有取舍、发展与变化;它集聚了学生已有或未来应具备的适应终身发展和社会发展需要的必备品格和关键能力。有研究者总结出其三个特征:其一,核心素养要有共同性,即学生发展核心素养一定是社会群体成员共有的素养,也是每一名学生获得成功生活、适应个人终身发展和社会发展都需要的、不可或缺的共同素养;其强调的是教育价值功能与过程本位导向,面向的是社会全体成员。其二,核心素养要有发展性,一方面体现在学生发展核心素养有其连续性和阶段性;另一方面,还体现在学生发展核心素养体系构建必须尊重学生身心发展规律,按照学生发展的敏感期,合理设置发展目标,不能跨越,更不能颠倒。其三,核心素养要可教、可学、可评。核心素养是在先天遗传的基础上,综合后天环境的影响而获得的,可以通过教育来形成和发展。⑥需要进一步转化为清晰的、具体的学科核心素养,并融入学业质量评价中,实现核心素养真正"落地"⑦。

---

① 钟启泉.基于核心素养的课程发展:挑战与课题[J].全球教育展望,2016(1):3—25.
② 钟启泉.核心素养的"核心"在哪里——核心素养研究的构图[N].中国教育报,2015-4-1-7.
③ 林崇德.中国学生核心素养研究[J].心理与行为研究,2017(2):145—154.
④ 陈蓓.基于知识图谱分析的核心素养研究综述[J].外国中小学教育,2017(11):3—4.
⑤ 陈蓓.基于知识图谱分析的核心素养研究综述[J].外国中小学教育,2017(11):5.
⑥ 辛涛,姜宇,林崇德等.论学生发展核心素养的内涵特征及框架定位[J].中国教育学刊,2016(6):3—7&28.
⑦ 赖配根.找到核心素养落地的"力量"[J].人民教育,2016(3):116—117.

在个人发展、社会价值和综合发展三类不同取向下,尽管核心素养内涵界定的视角不同、说法不一,但实质相同。一是这些界定都蕴含一个基本诉求:即试图更好地回答各国教育究竟要培养什么样的人,因此其核心素养都有一个共同的指向,即学生的发展,如有学者阐释的"真实性学力"①,从而明晰其最初的教育的目标和最终的评价依归;二是这些界定都着重从学生学习结果的角度定义社会所需要的人才形象②,以推进实施相应的课程教学内容,因而可作为学业评价检测的终结性及过程性指标内容,并为促进学业质量的提升提供重要方向。正是随着相关研究的不断深入,核心素养的概念内涵日渐清晰、研究视角日趋多元,相关评价也正在走向实践操作层面。③

三、思索:基于核心素养学业质量评价的本质、范式及其启示

(一)意义与本质:探明核心素养下学业质量评价的价值及对象

1. 核心素养与学业质量评价的关系及意义

如前,随着时代演进,现代社会催生了以"素养"为核心的"人才观"④。尽管不同国家对核心素养的理解有着不同取向,但无论是个人发展、社会价值还是综合发展取向,其界定都为教育"培养什么人"提供了一种规定性的阐释。对此,我国教育部在专项课题研究基础上,于2016年9月13日正式发布了"一核心、三领域、六指标、十八要点"的《中国学生发展核心素养》⑤。作为国家教育方针的体现,核心素养不仅是教育目标的反映,也是课程、教学与评价改进的重大方向⑥。可以说,它通过目标、内容及教学建议、相关内容与表现标准,与学业质量评价紧密相关。

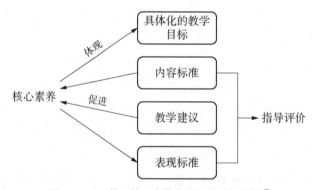

图1-4-6 基于核心素养的课程体系的结构⑦

---

① 钟启泉."核心素养"赋予基础教育以新时代的内涵[J].上海教育科研,2016(2):1.
② 崔允漷.追问"核心素养"[J].全球教育展望,2016(5):3—10.
③ 陈蓓.基于知识图谱分析的核心素养研究综述[J].外国中小学教育,2017(11):1.
④ 辛涛,姜宇,林崇德等.论学生发展核心素养的内涵特征及框架定位[J].中国教育学刊,2016(6):4.
⑤ 人民报.《中国学生发展核心素养》发布[OE/BL]. http://edu.people.com.cn/n1/2016/0914/c1053-28714231.html,2016-9-14/2019-2-2.
⑥ 辛涛.学业质量标准:连接核心素养与课程标准、考试、评价的桥梁[J].人民教育,2016(19):17.
⑦ 林崇德.中国学生核心素养研究[J].心理与行为研究,2017(2):153.

(1) 学业质量评价是核心素养"落地"的重要制约和保障

当前国内外教育对学生核心素养给予了极大关注,并尝试以此为指导推进课程与教学改革。事实上,核心素养的提出时间并不长,在世界多数国家尚处于框架制定与验证阶段。它只有通过多层次的复杂教育系统才能最终落实到"实践中",包括围绕核心素养进行教育整体设计,具体包括要选用真实情景、以学生为中心展开教学、依托多样化的测评来引导和推进外培育学生发展的核心素养。① 但是,正如欧盟成员国对核心素养评价表示的深深担忧,"因为经验表明课程中被有效评价的部分往往更加受到教师和学生的重视,更有可能被教和学。"② 这反映出要实施基于素养的教育是一个系统的教育工程,而其中,评价尤其是学业质量评价切中肯綮,更是制约和保障核心素养"落地"的重中之重。③

与其他各种育人目标一样,"核心素养"在教育体系落实过程中,需由课程、教学与评价共同保持良好的一致性,才能实现其有效达成。而学业质量评价,可以在教育实施的进程与节点上,提供形成性和结果性信息,以检测和评估学生相关素养的发展,为课程与教学提供反馈及建议,敦促课程与教学不断改革以指向核心素养。在一定程度上说,学业质量评价,便成为核心素养"落地"的重要制约与保障。

(2) 核心素养为学业质量评价提供了方向与指引

另一方面,核心素养的提出及其界定,意味着课程内容的调整、教学方式的转变、教学理念的改变,也意味着相应评价的变革④。当下学业评价饱受诟病,主要存在方式单一、结果单调,低效甚至无效现象,以及偏重选拔和甄别功能,遮蔽或淡化促进学生全面发展的功能等弊端。然而,学业质量评价终极旨趣在于促进学生的成长。⑤ 正是核心素养的推进与落实,为教育变革带来了契机,同时也为学业质量评价的改进指引了方向:即从关注课程到重视人、从反映结果到关注过程发展,从注重学生各学科知识体系完备到重视学生跨学科、全面发展的素养提升转变。⑥ 其中,学业质量评价的重要依据——学业质量标准,是核心素养融进学科和课程标准、与课程内容有机结合后制定的,其构建必须以核心素养作为根本遵循。⑦ 由此而言,学业质量标准要基于核心素养建立,是核心素养在教育教学当中的具体体现;而核心素养引领学业质量标准的研制方向,为制定学业质量标准提供指导⑧,进而以此为桥梁用以指导学业评价的改进和发展。

---

① 刘晟,魏锐,周平艳等. 21世纪核心素养教育的课程、教学与评价[J]. 华东师范大学学报(教育科学版),2016(3):38.
② RSA. Openingminds:Anevaluativeliteraturereview [OE/BL]. 2018-06-01. https://www.thersa.org/discover/publicationsand-articles/reports/opening-minds-an-evaluative-litera-ture-review.
③ 李如密,姜艳. 核心素养视域中的教学评价教育:原因、价值与路径[J]. 当代教育与文化,2017(11):60—66.
④ 辛涛. 学业质量标准:连接核心素养与课程标准、考试、评价的桥梁[J]. 人民教育,2016(19):17.
⑤ 李如密,姜艳. 核心素养视域中的教学评价教育:原因、价值与路径[J]. 当代教育与文化,2017(11):60.
⑥ 辛涛. 学业质量标准:连接核心素养与课程标准、考试、评价的桥梁[J]. 人民教育,2016(19):17.
⑦ 同上注.
⑧ 辛涛. 学业质量标准:连接核心素养与课程标准、考试、评价的桥梁[J]. 人民教育,2016(19):18.

2. 指向核心素养的学业质量评价的本质

鉴于核心素养与学业质量评价紧密相连且各有其重要价值,在核心素养成为国内外教育改革关键词而备受关注的背景下,"如何进行学生评价,如何从知识为本、结果为本的学生评价,真正走向核心素养评价,无疑是难点中的难点、热点中的焦点。"①一方面,核心素养内涵及其体系的确立,为学业质量标准的建构提供了遵循依据;另一方面,由于核心素养本身具有复杂性、整体性和发展性,也迫切要求学业质量评价内容从关注单一、表面的、学科分化的成绩到关注学生综合、实践且跨学科的素养,使得其评价极具难度和挑战。

尽管核心素养已有相应的界定和体系,但指向学生发展核心素养的学业质量评价对象及内容却仍显得比较模糊宽泛,难以检测。如果学业质量评价本质上说是对学生学习结果的检测,那么指向核心素养的学业质量评价,必然应当在学生核心素养的结果表现中去探寻。对此,欧洲一份研究报告曾提出:素养无法观察,只能通过观察到的行为表现进行推测;而表现可观察,它是在给定的情境下做事,显示出某种素养或能力以及行动的倾向或潜能。② 尽管该报告认为:素养和表现并不等同,但至少通过表现为素养评价找到了可以观察和着手的路径和切入口。之后,美国教育部和国家统计中心通过研究,在2002年联合发布了"学习结果的层次结构模型",认为"素养是相关工作中知识、技能和能力与个体特质相互作用的结果,是个体学习经验的整合;表现是素养引起的外在结果,在这一水平上表现可以被评价。"③ 这一研究论证了:素养与表现是学生学习经验整合这个"同一体"的"内在"与"外在"结果,并进一步明确地指出:素养可以通过表现来加以评价。

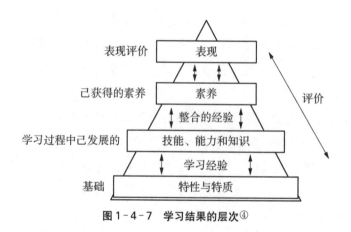

图 1-4-7　学习结果的层次④

---

① 孔凡哲. 从结果评价走向核心素养评价究竟难在何处?[J]. 教育测量与评价(理论版),2016(5):1.
② Walo H. Key Competencies for Europe. Report of the Symposium [R]. Berne:CouncilforCulturalCooperation, 1996:4.
③ U. S. Department of Education, NCES. Defining and Assessing Learning:Exploring Competency-Based Initiatives [R]. Washington, DC:2002:8.
④ 同上注.

眼下,炙手可热的"核心素养",仍然是一种理论构想,被视为知识、技能、经验、态度价值观的综合体,强调的是个体在一定情境下所表现出的综合能力。而学业质量评价,是一个必须系统、具体地去收集学生学业信息并依据信息做出推断、判断和决策的系统过程[1]。那么,依循素养与表现的关系、素养可以通过表现而得以评价的路径,基于核心素养的学业质量评价,便可通过系统性收集反映学习者综合能力的表现情况,包括语言、行为、态度等多方面的信息而得以实施完成。正是在此意义上,有研究者指出:"核心素养可以看作是一种复杂的表现,因此,其评价实际上是对复杂表现的评价"[2]。探析核心素养学业质量评价的本质,也即明晰了其评价的对象及内容。

(二)基本范式:基于核心素养学业评价的思考框架与维度

1. 核心素养评价的三类评价范式及维度

自"范式"(Paradigm)出现以来,相关理论被广泛应用于教育等诸多领域。评价范式,主要用以描述教育评价的取向,来源于莱恩(A. G. Ryan)1988年发表的《绘制项目评价范式的图谱》[3]一文。其主要受哈贝马斯(J. Habermas)社会科学研究范式启发,进一步划分出经验-分析范式(Empirical-analytic Assessment Paradigm)、解释范式(Interpretive Assessment Paradigm)、批判-理性(Critical-theoretic Assessment Paradigm)三种评价范式,后经艾坎海德(G. Aikenhead)[4]扩展应用于学业评价当中。有研究者指出"三种学业评价范式,为核心素养学业质量评价理论探讨与实践探索提供了一个大的思考框架"[5]。同时为具体诠释核心素养评价,研究者进一步借鉴"新西兰教育研究委员会"(New Zealand Council for Educational Research, NZCER)的研究:即在三类评价范式下,将一般教育评价范式涉及的目的、学习者及学习理论、性质三个基本问题扩展为评价核心素养的八个维度,包括评价目的、评价焦点、学生评价地位、学习动机与态度的处理、核心素养与课程的关系、核心素养与其他课程内容的评价关系、核心素养之间的评价关系、评价任务类型。[6]

2. 三类评价范式在不同维度的特征

围绕如上三类评价范式、八个维度,进一步梳理核心素养学业质量评价的特征如下:[7]

(1)经验—分析评价范式

经验-分析范式,主要秉持实证主义的立场。基于此立场的核心素养学业质量评价,其评价

---

[1] Reynolds C. R., Livingston R. B.著,霍黎,霍舟译.教育测量与评估(第2版)[M].北京:科学出版社,2015:3.转自:王俊民,林长春.核心素养评价的基本问题探析[J].中小学教师培训,2018(11):28.
[2] Hipkins R., Boyd S., Joyce C.. Documenting learning of the key competencies: What are the issues? A discussion paper [R]. NewZealandCouncilforEducationalResearch, 2005:13,3.
[3] 参见:Ryan, A. G. Program Evaluation Within the Paradigm: Mapping the Territory [J]. Knowledge: Creation, Diffusion, Utilization, 1988,10(1):25-47.
[4] 参见:Aikenhead, G. A framework for Reflecting on Assessment and Evaluation [R]. Seoul, Korea, 1997.
[5] 邵朝友.评价范式视角下的核心素养评价[J].教育发展研究,2017(4):42.
[6] 邵朝友.评价范式视角下的核心素养评价[J].教育发展研究,2017(4):43.
[7] NZCER. Documenting Learning of the Key Competencies: What are the Issues? [R]. Wellington, 2005.参见邵朝友.评价范式视角下的核心素养评价[J].教育发展研究,2017(4):44—45.

目的,主要是为了更好地总体把握国家或地区的教育现状。在评价内容与方式上,通常采取大规模总结性考试。因学生数量庞大,往往侧重关注学生呈现的最终行为结果,因而倾向于总结性评价。它将学生的学习动机与态度单独进行考察,并且将核心素养与其他课程内容相互分开,单线条评价,评价任务多限于纸笔测试,主要由外界评价专家编写,并不大关注真实性任务设计。①

(2) 诠释评价范式

诠释评价范式,主要秉持解释主义立场。基于此立场的核心素养学业质量评价,其目的在于改进学生的学习与教师的教学。在评价内容上,与经验—分析评价范式不同,学生的知识、技能与动机、态度都得到了重视,它从关注学习结果转向了关注学生学习过程,通过描述并呈现和阐释学生学习表现来发现、改进教师教学问题与学生学习问题,因此更倾向于形成性评价。在评价方式上,他们认为:核心素养是统整、累积性的素养,很难用外部大规模纸笔测试方法来评价,而主张课堂评价的深度介入,并将核心素养整合入课程;其评价任务与学生生活环境发生联结,常常由教师结合真实情境设计,并推论学生学习动机与态度信息。②

(3) 批判—理性评价范式

批判—理性评价范式,则秉持批判主义立场。基于此立场的核心素养学业质量评价,其目的在于促进学生终身发展,并强调赋予学生主体评价权。他们认为:评价者都或多或少有自己的"前见",并很可能会带有偏见,从而对整个评价过程产生负面影响。因此,主张提供公共的讨论机会,促进评价利益相关者如教师、学生、家长、社区等达成共识。在评价方式上,他们强调给学生赋予更多评价权,从而使学生肩负其学习责任,发展终身学习的能力。与诠释评价范式相似,批判—理性评价范式是形成性的,还需要学生参与选择、讨论、对学习证据做出自我判断;其评价任务也是置于整个学习背景与过程的真实性学习表现,但更密切地结合学生生活,并通过讨论方式进一步了解学习动机与态度。同时将核心素养作为课程重点,并与其他课程内容整合起来加以评价。③

表 1-4-1 不同评价范式下"核心素养学业评价"的多维特征

考察维度 \ 评价范式	经验—分析评价范式	诠释评价范式	批判—理性评价范式
评价目的	用于认证与系统问责	知识技能、价值得以考虑,学生得到重视;改进学生学习与教师教学	赋权学生评价权,发展学生终身学习能力
评价焦点	依据最终学生学习结果测量学生行为	理解学生学业成就,聚焦于学习过程与结果	理解学生学习表现,聚焦于学习背景、过程及结果

---

① 邵朝友.评价范式视角下的核心素养评价[J].教育发展研究,2017(4):44.
② 同上注.
③ 同上注.

考察维度＼评价范式	经验—分析评价范式	诠释评价范式	批判—理性评价范式
学生评价地位	评价是总结性性质,由专家进行效度论证	评价是形成性的,学生参与评价,但不能作为最终学业成就的仲裁者	评价是以共同建构形式发生的、形成性的、学生参与选择、讨论、判断学习证据
学习动机与态度的处理	单独评价态度与动机	态度与动机的评价是通过推论进行的	与学生讨论态度与动机
核心素养与课程的关系	核心素养与课程是分开的	核心素养与课程是整合在一起的	核心素养是课程重点
核心素养与其他课程内容的评价关系	核心素养与课程其他方面的内容被分开评价的	单独评价核心素养,但核心素养与课程其他方面的内容使用同样的评价任务	核心素养与课程其他方面的内容被整合起来评价的
核心素养之间的评价关系	单独评价某条核心素养	把几条核心素养整合在一起进行评价	整体评价核心素养
评价任务类型	任务通用于其他情境,由外界专家设计	任务进行本地化调整	任务是真实的,由当地设计或精选而得

如上,三种评价范式,有着不同的侧重和取向,"各自分别指向整体问责与认证、促进教与学以及发展学生终身学习能力三类目的"①。其评价内容、性质及其背后对学生及学习理论的不同认识,并非是非此即彼的对立状态。研究者认为:不同评价范式下不同评价维度的区别是相对的,其关系实则是一种变化连续体。②

(三) 借鉴与思考:对我国指向核心素养学业质量评价的启示

如上,在现代"素养"为中心的"人才观"下,立足学生综合发展取向,我国对核心素养展开了系统的研究与探索。无论国内外,核心素养已成为一股势不可挡的潮流。而有关核心素养的学业评价,自然成为相关研究的重要组成部分。如前所述,对于教育教学评价而言,常常涉及评价什么、为什么评价,以及评价有什么特质等三个基本问题。换言之,评价对象、评价目的以及评价性质,也为我们分析类似核心素养研究对学业质量评价究竟有何启示提供了基本要点。

1. 指向核心素养的学业质量评价本质上是对复杂性表现的评价

如前,素养是学生学习经验的整合,而表现是素养的外在结果。因此通过可观察的表现推论素养的水平。基于这样的评价路径,学生发展核心素养,作为一种复杂性表现,便在外显水平上得以评价。厘清这一本质,便明晰了我国指向核心素养学业质量评价的对象与路径,即通过创设学生在各种学习情境与任务,系统搜集学生在任务完成过程及最终状态的信息,呈现并鉴定其复杂性表现,从而推论获得其素养习得的情况。鉴于我国目前多注重认知领域的素养,核心素养作

---

① 邵朝友.评价范式视角下的核心素养评价[J].教育发展研究,2017(4):45.
② 同上注.

为一种复杂性表现,则提醒我们其评价要超越认知领域,不仅要关注学科内核心素养的评价,还要关注学科外和超越学科的表现,关注人际领域、个人内省领域以及信息领域的多种素养发展与评价。①

2. 核心素养学业质量评价的不同范式有着不同的指向

评价目的决定了评价实践的总体运行。此前,研究者分析:经验-分析、诠释评价和批判-理性三类范式,分别侧重在:国家或区域认证及问责、促进教学改进和学生终身发展三类不同目的。因此,经验-分析评价范式更注重结果性评价,倾向于采用大规模的纸笔测验,并将认知与非认知层面进行分割,将核心素养与课程内容各自单列评价;而诠释评价范式与批判-理性范式,相对更注重形成性评价,倾向于采用真实情境中的任务设计,既获得学生认知发展情况,并多方面搜集并进一步推测非认知信息,将核心素养统整、融入课程内容。其中,批判-理性范式,更注重任务与学习情境的关联性,更加强调赋予学生作为主体的评价权。三类评价,并非彼此对立,也并无绝对的优劣之分,而是适用于不同背景、不同形态特征的连续体。"因而,都是我国核心素养学业评价所需要的"②。

指向核心素养的学业质量评价,类属于评价领域,坐落于评价范式之内。参考三类学业评价范式,通过理论图景和现实定位相结合,不仅能进一步明晰我国核心素养学业质量评价的不同目的指向,确保各种目的的平衡。同时,也能帮助我们更好地洞察核心素养评价的实践行动。作为一种多重样态的评价实践,核心素养的学业质量评价,难免遭遇这样或那样的实践困境,借助评价范式的知识基础,坚守初心并立足评价的出发点与最终目的,往往能有效地探析问题成因、走出困境,更能"为相关评价实践分析、对话提供适切的解释框架,甚至为将来的不同评价范式转化提供直接参考"。③

3. 核心素养学业质量评价在测评理念、特质及行为方面都有其独特性

核心素养,有其独有的知识性、情境性、表现性、技能性,究竟需要什么性质的评价才能对其复杂性表现开展有效的评价。这在其理念、特质及行为方面的独特性上可见一斑。

(1) 评价理念:"对教学""为教学"与"作为教学的一部分"的评价

随着核心素养评价的展开,其评价观念需要不断调整。从评价功能分析,教育评价主要呈现出三种发展观念:即从"针对教学的评价"(Assessment of Learning & Teaching)到"为了教学的评价"(Assessment for Learning & Teaching),最后到"作为教学一部分的评价"(Assessment as Learning & Teaching)④。

以往的评价测验,主要是针对教育教学的评价,它们是外在于教学的,相对来说是比较刚性的,是冷冰冰的评价,功能主要在于"甄选"和"鉴定",即为了选拔学生和为了鉴定教育质效而对

---

① 王俊民,林长春.核心素养评价的基本问题探析[J].中小学教师培训,2018(11):32.
② 邵朝友.评价范式视角下的核心素养评价[J].教育发展研究,2017(4):43.
③ 同上注.
④ 辛涛,姜宇.基于核心素养基础教育评价改革[J].中国教育学刊,2017(4):14.

学生学习情况加以测评；当前教育推动的是促进教学的评价，是为了促进教育教学的发展，为了学生学习和教师教学而进行评价。功能主要是诊断"教与学"问题与需求、促进学习提升，即通过收集多方面信息对"教与学"进行反馈进而做出改进的评价。① 指向核心素养的评价，由于其所评价的对象和促进的目标都是学生的核心素养水平，其将走向的是第三种理念，即"作为教学一部分的评价"。也即是说："核心素养评价的过程就是学习的一部分，每一次的测验都搭建了学习的支架，同时，评价结果构成了学习轨迹。"②正是通过不断地调整与选择学习和评价的核心素养内容，促进了核心素养生成与教学的良性互动。

(2) 评价性质：与主体、标准、时机、方法相关

作为核心素养的学业质量评价，从其自身性质来看，首先核心素养学业质量评价具有主体性，它是针对学生主体而言，这也限制了其范畴，类似教师评价等并不属于其中；其次，核心素养学业评价具有序进性、多样性与跨越性。核心素养需要通过学业质量标准来检验，需要根据学科、年段做出明确的区分，有标尺才能进行衡量，但在内容属性方面，涉及学科内也涉及学科外，涉及认知与非认知，具有多样性与跨越性，核心素养评价标准要与课程标准、学业质量标准紧密结合，不同学科、不同学段均有明确的要求，每个学生核心素养发展水平均有明确的划分；其三，核心素养学业评价与时机相关，它既有总结性，也有形成性评价，用以不同目的；其四，核心素养学业评价需要相应的技术、方法。有些以质性评价为主，也有些利用信息技术来进行可视化测量评价，例如：澳大利亚墨尔本大学有学者提出的"问题解决能力"网络测试技术。③ 对于不同素养评价内容，应选取适合的评价方法。

(3) 评价行为：注重系统性、科学性实施

关于核心素养的学业评价，目前尚处于从应然走向实然的过渡期。对此，许多研究者提出了相应的实施注意事项或策略。概括起来讲，主要是注意系统性、科学性实施。包括：(1) 借鉴国际先进经验，根据本国实际，将核心素养转化为具体的学习结果、可观察的外显表现，制定核心素养学业质量标准，编制核心素养评价工具，设定科学合理的评价框架与水平表现④；(2) 明确目的和素养内容及表现，将结果与过程性评价结合；(3) 认识并处理核心素养与达标、发展和提升等现有评价类型的关系，它们不是取代，而是完善、改进、优化，是在现有评价基础上进行适应性创新⑤；(4) 探索多元评价方法、采取多样化措施，拓展与提升信息化技术的应用；(5) 关注并树立教师的关键性，促进教师对评价指标一通多专，提升其核心素养的评价素养⑥；(6) 加强基于测评数据的靶向性的教学管理，注重科学的评价、准确的诊断、个性的配方、靶向性改进、综合素质评价等策

---

① 赵士果. 促进学习的课堂评价研究[D]. 武汉：华东师范大学博士论文, 2013.
② 辛涛, 姜宇. 基于核心素养基础教育评价改革[J]. 中国教育学刊, 2017(4): 14.
③ 肖驰, 赵玉翠, 柯政. 基于核心素养的课程政策——第十三届上海国际课程论坛综述[J]. 全球教育展望, 2016(1): 113, 120.
④ 郭宝仙. 核心素养评价：国际经验与启示[J]. 教育发展研究, 2017(4): 48—55.
⑤ 索桂芳. 核心素养评价若干问题的探讨[J]. 课程·教材·教法, 2017, 37(1): 22—27.
⑥ 张莹, 冯虹. 基于核心素养的教育质量评价指标体系的构建与应用[J]. 教育探索, 2016(7): 60—64.

略,促进教、学、评一致性地为"核心素养"寻找落地生根的力量[①]。另外,还需进一步开展理论与实证性研究,要以顶层设计为先导,加强评价教育理论的设计,深入分析教学评价教育的现实基础,要注重走向实践、落实核心素养视域中教学评价教育的行动;要规划未来导向,发展核心素养视域中的教学评价教育[②]。

综上,学生核心素养及其学业质量为全社会共同关注,并被附加了极高的期待。然而,目前而言,由于学生核心素养仍是一个初步"成型"的理论研究成果,还需要进一步深入实践,探索多种有效的对策与举措,最终将核心素养落实到学生的发展身上,这才是教育改革针砭时弊的关键与"治本"之策。当然,基于核心素养开展学业质量评价研究与实践,有着广大、深远的空间,尤其是实际操作、技术路线上亦将面临更高的、多方面的要求与挑战。

[①] 赖晗梅. 基于核心素养的综合素质评价策略[J]. 中国教育学刊,2017(S2):1—5.
[②] 李如密,姜艳. 核心素养视域中的教学评价教育:原因、价值与路径[J]. 当代教育与文化,2017(11):60—66.

第二章 区域视角学业质量评价

随着教育评价的发展,在国际大规模学业质量评价的推进及各国核心素养纷纷提出的背景下,世界范围内诸多国家的教育质量及科学评价意识都在大幅度提升。深入开展学业质量评价探索,以科学的测评体系获取学生学习情况并监控、促进教育质量发展,以此作为教育管理与决策的坚实依据和科学基础,从而真正促进学生的成长与教育教学的发展,这不仅是当前主要发达国家的政府行为,也是当今教育发展趋势下越来越多国家和地区的通用做法。本章将围绕学业质量评价、聚焦区域这一基本教育行政单位,阐释区域基础教育质量监测及学业评价的目标定位、实施模型及路径。

第一节 区域学业质量评价的目标与作用

尽管从区域层面看学业质量评价有其典型的区域性特征,但作为教育系统中一个特有的层级,它上承国家、下联学校,一方面必然受到国际学业质量评价的影响以及国家相关政策的引导与规约,另一方面其实施也将直接影响学校学业质量评价实践,因而有待在整个学业评价层级体系中加以探析。惟其如此,方能厘清区域学业质量评价特有的价值与定位,并找准其改进的路径与突破口。

一、学业质量评价的层次与功能

从全球视角来看,由国际组织、各国政府或地区组织各类学业质量评价较多。如前所提及的 TIMSS、NAEP、PISA 等典型大规模学业质量评价分析,按照其关注问题大小及实施规模可划分为宏观、中观及微观不同层面。另外,从评价实践的主体参与范围来看,由大到小可以划分为国际、国家、区域和学校四个不同层次,其中国际

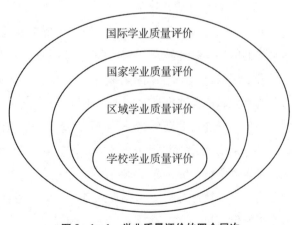

图 2-1-1 学业质量评价的四个层次

与国家学业质量评价主要关注宏观层面,而区域、学校大体对应着中观与微观层面。

(一) 国际学业质量评价

是指独立于各国政府,由国际专业教育评价研究机构所组织的大规模国际学业质量测试。包括国际教育成就评价协会(IEA)组织的第三次数学与科学教育成就评价(TIMMS)和阅读素养进展研究(PIRLS),经济合作与发展组织的国际学生评估项目(PISA),其中 PISA 是全球参与国家和地区最多的测试,2018 年参与的国家和组织多达 80 个。

国际学业质量评价聚焦 21 世纪的核心素养与学科素养研究与测评,不仅包括学科测试,其指标还包括了财政资源、教育机会、学生参与和进步、学习环境和学习组织等方面。为了使评价具有国际可比性,必须保证评价技术先进可行。从其发挥的效用来看,大规模国际测试发挥的主要功能在于以全球教育质量为基准,为各国提供质量参考标杆。通过聚焦研究高效优质教育系统运作特点,引导全球教育改革趋势,促进教育政策变革。

(二) 国家学业质量评价

国家学业质量评价是指各国组织的学业质量监测,包括对语言、数学、科学等核心学科的测试。如美国定期组织 NAEP 测试,英国由英格兰独立教育标准办公室组织的关键阶段 1—4 评价,澳大利亚由课程评价与报告管理局组织全国统一的语文和数学测试(National Assessment Program Literacy and Numeracy)。2015 年,中国国务院教育督导委员会办公室印发《国家义务教育质量监测方案》,在全国开展语文等 6 门学科的义务教育质量监测工作,2018 年发布首份《中国义务教育质量监测报告》,也正是顺应了世界基础教育学业质量监控机制的发展趋势。

从目前实施的国家学业质量评价来看,大多数评价基于国家课程标准,用于检查学生是否掌握课程标准所要求的知识与技能,监控国家课程标准的实施情况。另外,国家学业质量评价定期针对某些学科开展,以国家教育质量水平为基础,可以监测地区教育及各类群体的发展差异。寻找区域教育的影响因素,调整教育政策以促进教育公平公正。定期向公众报告教育质量信息,便于向教育决策部门提供决策依据。实施教育督导评估与绩效问责,优化资源配置。另外,它也可以发挥国家教育评价的导向作用,引导教育实践的变革。

(三) 区域学业质量评价

除了国家层面组织的学业质量评价,各省市地区也可以根据实际教育发展变化与需要组织区域层面的学业质量评价。例如在教育分权的美国,除了国家统一的 NAEP 测试,各州还组织各州的独立测试,2010 年共同核心州立标准出台之后,实施基于共同标准为新一代学业评价,由"为大学与就业做准备评价联盟"(Partnership for Assessment of Readiness for College and Careers,简称 PARCC)研制的 PARCC 评价体系和"更智能平衡评估联盟"(SMARTER Balanced Assessment Consortium,简称 SBAC)研制的 SBAC 评价体系,可视为跨区域学业质量评价,目前美国同时实施四种学业质量评价。澳大利亚则采用了采取集中、分权相结合的管理模式,联邦有六个州和两个区享有学校教育立法权,分别设立各自的课程评价机构,在不违背国家课程原则的前提下,允许自行制定本州、本地区的课程原则、评价标准和实施监控规则。在中国上海,为了探索学业质量的综合评价方法,也实施了基于绿色指标的学业质量评价。

相比国家评价,区域学业质量评价更具灵活性,更体现区域的教育特征与变革需求。区域学业质量评价可以全面具体监控各所学校的教育质量,为教育督导评估和学校绩效问责提供依据,同时也为区域教育教学改进提供政策支持。

(四) 学校学业质量评价

具体指学校围绕教学进度和问题解决而组织的质量评价,其评价方式更具体,形式更为多样。除了学校自行组织随堂测、周考、月考、期中和期末等书面的学科测试外,还包括教师整合多种有意义的评价方法和资源,如表现性评价、档案袋、自我评价、课程观察等多种方式,反映学生的兴趣、习惯、态度与意志,以及在学习与发展过程中的努力、进步状况或成就。学校学业质量评价主要围绕教育教学问题,重视学习情况反馈改进,可以更个性化地了解学生学习状态,也可以用作教师绩效评价的证据。

表 2-1-1 四层次学业质量评价体系表

评价类型	评价目标	评价类型	评价内容	评价方式	参考形式
国际学业质量评价	国际教育比较研究优秀教育体系运行秘密	PISA、TIMMS、PIRLS等	阅读、写作、数学、科学、计算机等	各类问卷标准化考试、总结性考试	标准参考常模参考
国家学业质量评价	监测差异、制定国家教育政策与方针	美国 NAEP、澳大利亚 NAPLAN、加拿大 PCAP等	阅读、写作、数学、科学、体育、艺术等	标准化考试、总结性考试	标准参考常模参考
区域学业质量评价	区域政策制定、学校教学改进、学校绩效评估	上海绿色指标评价、各国各州和地区学业评价	阅读、写作、数学、科学、体育、法制与道德等	各类问卷标准化考试、总结性评价、	标准参考常模参考
学校学业质量评价	学生学习诊断、教师教学评估、教学实验成效	课堂观察、档案袋评价、模拟考试等、平时作业、测试、社会实践调查等	阅读、写作、数学、科学等	诊断性评价、形成性评价、临时性评价	标准参考

此外,在以上四个层次中,学业质量评价的实施机构也不尽相同,主要包括三类:第一,独立于行政部门的专职机构或专门委员会;第二,由政府机构以项目形式委托大学或研究机构组织;第三,由教育部的相关职能部门,如教育督导部门直接负责。[①] 就目前各国学业质量评价实施情况来看,有些国家这三种机构组织的学业质量评价同时并存,例如美国既有国家层面组织的 NEAP 评价,也有学术研究机构的 SMARTER 与 PARCC 评价,同时各州也有各州教育部门的评价体系。芬兰在注重政府干预和市场调节的基础上强调对专业力量的信任,目前由第三方"全国教育质量评价中心"实施国家层面质量监测,重视学校、教师内部自我评估在教育质量监测中的

[①] 辛涛,李峰,李凌艳. 基础教育质量监测的国际比较[J]. 北京师范大学学报(社会科学版),2007(6):6—10.

核心地位①。

二、区、校学业质量评价的主要差异

（一）评价目标

对区域教育管理者而言,学业质量评价的目标在于推动基于证据的精准决策。通过借助学业质量评价数据的挖掘结果,决策者可清楚了解区域教育发展的现状与问题,调整教育决策,在人力和财力上合理布局,并且根据发展情况调整政策。可以评价学校课程实施情况,促进学校课程管理,依据课程目标促进学校教学改进。也可以调整教师专业发展的政策,培养区域所需的教师队伍。区域学业质量评价还有一个重要的功能,在于以全区标准评价各所学校教育质量,以明确的量化指标比较各所学校教育质量优劣,将教育资源的分配与奖励同绩效测评挂钩等,让区教育管理部门和学校管理者承担责任,反馈评价结果,制定改进目标和计划,以确保教育质量的提升,使学校更加重视结果控制。

学校学业质量评价首先在于诊断学生学业情况,确定教育教学问题,检验学生学习进展和掌握情况,教学薄弱环节和存在问题,便于调整教学计划,提供针对性教学以查漏补缺。问卷、过程性评价可形成对每个学生学习风格、习惯、策略及学习进程雷达图分析,为学生个性化选择教学资源以及学习方式奠定基础。另外,学校学业质量评价主要是确定教师在培养学生的过程中所做出的贡献,是对教师的绩效评价,并由此给予奖励。

（二）评价方式

区域的学业质量评价是总结性、标准化考试,评价的程序和管理规范严格。学校的学业质量评价更具体、更情景化,形式也更加多样。通常包括诊断性评价、过程性评价和总结性评价,主要是获取关于学生学习、适宜的教学方法、教学素材以及教学效果等信息。评价导向中包括了资源、工具和理念等内容,帮助教师整合多种有意义的评价方式。除了形式作业、单元检测、各类考试等日常评测,还有学科调查、学科日记、课堂观察、自我评价、实践调查以及档案袋评价等方式。②

（三）评价报告

区校学业质量评价的目标和方式的不同,也决定了其结果报告的不同。区域学业质量主要向公众提供客观可靠的数据,其包括各校的年度报告,便于学校了解整体情况与改进定位,也便于公众了解教育质量。学校的学业质量评价会给出学生个体的成绩报告,学生、家长和教师便于了解其在班级或学校的相对位置,以及在学科、内容领域的具体表现,便于调整学习心态和方法,更有效率地进行下阶段学习。

---

① 丁瑞常,刘强.芬兰教育质量监测体系探析[J].比较教育研究,2014(9):54—63.
② 王兄.TIMSS影射下的新加坡数学教育评价[J].外国中小学教育,2006(8):34—37.

表2-1-2　区域与学校学业质量评价的差异①

区域学业质量评价	学校学业质量评价
为公众提供可比较的年度数据；	改善学生学习,定期提供成绩并提供改善性建议；
基于客观、可靠和高质量的数据,对学校提出改进计划和目标；	鼓励学生自我评估和目标设置,为父母提供优缺点信息,用于鼓励和改善；
是一种远距离评估,评价人员并不了解学生情况；	学校评价通常由了解学生情况的老师创建；
是总结性评价；	教学环境中定期的形成性、诊断性和总结性评价；
要求学生在标准化的情境任务中展现知识和技能；	有特定的支持,如提醒等,可以解决学生特定的教育需求；
根据课程标准衡量评估,从评估领域中抽取任务和试题；	测量教师教授的领域、任务和主题,通常是课堂任务；
所有测试题目具有相同水平或逐年可比；	为特定群体提供量身定制的任务或项目；
在全省范围内具有可比较性,必须以统一方式进行管理、评分和报告；	测试和管理不统一,成绩并不具有可比较性；
所有评分员都使用相同标准,经过培训和监管以保证客观性和一致性；	计分比较主观,受学生和教学情境影响,教师通常用课程政策的评价方法来指导教学和评价决策；

第二节　区域学业质量评价的实践与类型

要探寻区域学业质量评价的特征与方法,我们就不能不深入研究全球各地最典型的实践案例。根据国际测试结果,美国著名智库"美国国家教育与经济中心"(National center on Education and Economic,简称NCEE)已经确认了全球五个高水平的教育系统：芬兰、新加坡、澳大利亚新南威尔士和维多利亚州、加拿大安大略和阿尔伯塔省以及中国上海,试图找到国家和地区层面塑造高水平教育的秘密②。在这五个教育系统中,芬兰学生平时以学校组织的形成性评价为主,学生16岁时实施一次大学入学标准测试,新加坡基于国家评价实施分流和筛选制度,澳大利亚新南威尔士主要参与国家测试项目(National Assessment Program Literacy and Numeracy,简称NAPLAN),属于地区或省统一参与国家学业质量评价。因此,在区域层面,我们选取有本区学业质量评价的加拿大安大略省和中国上海为典型案例。另外,美国作为教育测量与评价技术全球领先的国家,同时实施四层次学业质量评价,具有典型性,选取其基础教育质量卓越的马萨诸塞州作为研究案例,探索区域学业质量评价的角色与功能。

---

① Framwork. Assessment of Reading, Writing and Mathematics, Junior Division(Grades 4-6). Education Quality and Accountability Office, 2007.
② 马敏.赋能教师：全球顶尖教育系统如何提升教师质量[J].上海教育,2019(2)：16—17.

一、综合评价改革引导学生全面发展：以中国上海为例

(一) 学业水平测试

在义务教育阶段，上海实施全市统一的初中学业水平考试。语文、数学、外语、体育、道德与法制等共15门学科的考试评价，其中的8门计分。另外，2018年上海中考改革方案中要求实施综合素质评价，从品德发展与公民素养、修习课程与学业成绩、身心健康与艺术素养、创新精神与实践能力四方面对学生进行记录评价。尤其关注学生社会考察、探究学习、职业体验等综合实践活动的情况。[①] 从上海新中考改革趋势来看，其主要变化在于落实德育评价，增设道德与法制、历史；重视学生外语应用能力、动手实践能力以及问题解决能力，增设外语听说测试、强化理化实验操作考试、设置跨学科案例分析题。

(二) 绿色指标评价

2011年起，上海市教委组织对全市小学和初中的义务教育阶段绿色指标综合评价，分别于2011年、2012年、2016年组织，全样本调查小学和初中某个年级。绿色指标主要从学生学业水平、学习动力、学业负担、师生关系、教师教学方式、校长课程领导力、学生社会经济背景对学业成绩的影响、学生品德行为、身心健康和跨年度进步等十大方面考察学业质量。2019年，上海市教委对绿色指标进行了修订，发布"绿色指标2.0"。从其变化趋势来看，"绿色指标2.0"十大指标变为学业水平、身心健康、品德和社会化行为、学习动力、学校认同度、学业负担与压力、教师课程领导力、校长课程领导力、教育公平、跨时间发展十个指标。增设学生心理健康、艺术素养、国际视野、社会实践经历的考察，在数据采集方式中基于计算机采集。[②] 在测试次年发布全市小学"绿色指标"综合评价报告，同时提供各区县、学校"绿色指标"综合评价报告。要求各区县针对绿色指标评价制定改进方法。其目标主要引导学校开展全面质量观指导下的教学与评价，实施素质教育，引导学生全面发展。

(三) 区县抽样监测

除了上海市教委组织的统一测试外，上海各区县还可以对本区教育质量进行抽样测试。[③] 在小学阶段为避免分分计较，实施等第制考试。在义务教育阶段，严禁全区统考。区域每学年可以组织学科的随机抽样监测，抽取学生比例不超过本年级学生数的30%，作为区域学业质量监测的依据。另外，根据上海市教委实施的绿色指标评价，各区县实施基础教育质量综合评价改革区县深化试点，11个区县教育局、教育学院、教师进修学校开展深化研究义务教育综合评价方法，或建立了区域的绿色指标测试系统。44所中小学基于某类绿色指标，研制学校的教学改

[①] 上海发布新中考改革配套文件，综评自2018年入学六年级实施[EB/OL]. http://sh.eastday.com/m/20190404/u1ai12392134.html, 2019-04-04.
[②] 项目组.《上海市中小学生学业质量绿色指标》修订研究[J]. 上海课程教学研究, 2019(1): 60—63.
[③] 上海市教委关于印发上海市中小学2018学年度课程计划及其说明的通知[EB/OL] http://jhxx.jdjy.sh.cn/uploadfile/ueditor/file/20180831/1535680531194201.pdf, 2018-08-15/2019-03-19.

进办法。[1]

二、以共同核心保障升学就业准备质量：以美国马萨诸塞州为例

（一）马萨诸塞州的综合评估体系 MCAS

马萨诸塞州（简称麻省）的学业质量综合评价系统可以分为两个阶段：1993年麻省研制了教育综合改革法案，1994年制定了学习共同核心（Common Core of Learning），按照思考与交流、获取和运用知识、工作和贡献三个板块确定了教育改革的目标。以学习共同核心为依据，1995—1997年间发布马萨诸塞州英语、数学、科技与工程8个领域的课程标准（Massachusetts Curriculum Frameworks），基于课程标准形成了马萨诸塞州的综合评估体系（Massachusetts Comprehensive Assessment System，简称"MCAS"）。MCAS有严格的组织和评价程序，从出题、评审、试测、阅卷、数据分析和成绩报告遵照严格程序，评估结果成为课程目标达成度检测、学生进步诊断、学校教学改进以及学校绩效评估和管理改进的重要依据。[2] 麻省的综合评估体系对公立教育产生了深远影响，极大地提高了麻省教育质量，麻省学生不断在国家测试和国际测试中获得优异成绩，成为其他州教育改革借鉴的标杆。2016年，根据《美国周刊》对各州公立教育系统的评价，马萨诸塞州公立学校体系整体质量最高，并表现出强劲的发展潜力。[3]

（二）基于共同核心标准的评价 PARCC

2007年开始，为解决各州教育质量参差不齐的问题，美国兴起基于共同核心州立标准的改革。期望通过制定和实施严格、连贯、清晰的统一课程标准以及基于共同标准的评价，取代之前各州不同的课程标准和评价系统，从而提高全国教育质量。2010年全国州长协会和各州教育长官委员会颁发共同核心州际标准（Common Core State Standards，简称共同核心标准），同时由升学和就业准备评估伙伴（The Partnership for Assessment of Readiness for College and Careers，PARCC）和更聪明平衡评价协会（Smarter Balanced Assessment Consortium，SBAC）开发基于共同核心标准的新一代测试。共同标准的研制参照了国际国内高质量的课程标准，其中麻省的课程标准更是其主要的参照依据之一。[4] 目前已经有41个州、哥伦比亚特区、美属萨摩亚等四个群岛采用共同核心标准。麻州在2010年采用，2013—2014年全面实施。[5]

2010年麻州同时参与新一代评价系统PARCC的研制。PARCC评价基于共同标准，主要测

---

[1] 上海市教育委员会关于公布上海市基础教育质量综合评价改革区县深化试点单位和以校为本的教育质量保障体系建设试点单位的通知[EB/OL]. http://www.shmbjy.org/item-search.aspx? wzid=1&lmid=36,2015-06-23.
[2] 杨轶,沈安平. 美国马萨诸塞州综合评估体系探讨[J]. 外国中小学教育,2012(1)：51—55.
[3] 美国《质量为先》报告：马萨诸塞州公立学校体系整体质量最高[J]. 世界教育信息,2016(4)：75—76.
[4] Conley. David T. lining up: the relationship between the common core state standards and five sets of comparision standards [EB/OL]. http://www eric Ed. gov/contentdelivery/servlet/ERIC Servlet? accno=ED537877,2013-04-06/2019-09-10.
[5] Dana Ansel. A Comparison of the MCAS and PARCC Assessment Systems [R]. Commissioned by the Executive Office of Education Presented to the Board of Elementary and Secondary Education，2015-10-15/2019-03-20.

试英语和数学,分为总结性评价、形成性评价和英语听说评价。其中总结性评价还包括基于表现的评价,在学年3/4时,对学生分析文本时的实际写作能力进行评价;基于表现的数学评价重点关注学生对技能、概念的实际应用水平以及解决深层数学问题所需的策略性思维和推理能力等。学期末的评价包括选择题、建构反应试题和计算机可测项目。2013—2015年,麻州实验性参与PARCC测试。2014年麻州抽样81 000名学生参与PRACC测试,2015年春,马萨诸塞有53%的3—8年级学生参加了PARCC测验,其余学生则参加了MCAS测验。此外,该州有15%的9年级和11年级学生参加了PARCC测验,10年级学生都参加了MCAS测验。结果表明,麻州学生在12个参赛州中英语和数学都位居第一。[1]

(三)新马萨诸塞州综合评估体系 MCAS2.0

麻州参与PARCC的测试,但是中小学教育委员会对是否完全参与PARCC,放弃原有的MCAS评价保持谨慎态度。一方面,通过学术专业机构比较MCAS和PARCC评价体系表明,这两者各有其优缺点。原有的MCAS系统确实保障了麻州20年教育的强劲发展,但是也有部分学生并不能完成大学学业,需要改进以适应形势变化。[2] PARCC测试基于共同核心标准,能够测试学生的升学和就业准备;在学科测试中,PARCC能够更好地测试英语中的写作技能,以及数学中的概念认知;PARCC测试类型相对丰富,有更好的诊断改进作用。

中小学教育委员会经过反复的研究和论证,麻州决定将PARCC评价体系、MCAS评价体系和新测试项目结合,开发新一代麻州综合评估体系,保持麻州对标准和评价的控制权。[3] 新MCAS基于计算机测试,能更深层地评价知识与技能的掌握情况,与麻州的课程标准保持一致。[4] 麻省于2017年开展新一代MCAS考试,确保学生达到该年所具有的知识、技能和理解水平,并能胜任下一阶段的学习任务。

三、阶段性区域评价诊断教育质量(EQAO):以加拿大安大略省为例

加拿大安大略省除了参加国家评价项目(Pan Canadian Assessment Program)外,还依据国际测试、国家测试和课程标准内容,组织实施本省的3年级和6年级阅读、写作和数学测试,以及9年级数学测试。测试主要由省教育质量和责任办公室(Education Quality and Accountability Office, EQAO)负责。主要测试以下内容:通过学科测试、问卷测试和在线测试,了解3年级和6年级的阅读、写作和数学,测试9年级数学以及10年级文学。另外,EQAO评价也运用问卷和其他方式了解学生的背景、态度、行为等信息,为评价提供了解学生学习的独特视角。[5]

---

[1] 栾慧敏. 美国基于"共同核心标准"的新一代评价体系研究[D]. 长春:东北师范大学,2017:63—68.
[2] Background on Next-Gen MCAS [EB/OL]. http://www.doe.mass.edu/mcas/nextgen/,2018-11-07/2019-05-10.
[3] PARCC Accessibility and Accommodations Overview for Massachusetts Educators(2016)[EB/OL]. https://archives.lib.state.ma.us/bitstream/handle/2452/393107/ocn948183761.pdf?sequence=1&isAllowed=y.
[4] Background on Next-Gen MCAS [EB/OL]. http://www.doe.mass.edu/mcas/nextgen/,2018-11-07/2019-05-10.
[5] EQAQ. 2017-2018 Annual report [EB/OL]. http://www.eqao.com/en/about_eqao/about_the_agency/annual_reports/communication-docs/annual-report-2017-2018.pdf, 2019-10-07.

EQAO致力于提供高质量大规模公正、包容、反思性评估,便于使所有学生展示省级课程的掌握情况,以年度报告向父母、教育工作者、政府提供数据信息,旨在为改进教学和目标设置提供信息,便于政府提供更具包容性和公正的教育环境。[①] 测试主要基于课程标准,以测试蓝图匹配课程内容,采用总结性评价,便于公众了解每3年学生的学业水平。[②] 在测试中使用通用的评分量规解读学生学习成绩,便于向公众解释学生的表现水平。另外,EQAO通过研究,寻找影响学校质量和效率、学生成就、教育公平与质量的因素,也通过为公众提供更有价值的信息改善公共教育服务。

表2-2-1 上海、麻省、安省的区域学业质量评价方法

地区	评价类型	测试学段	评价科目	评价方式	评价机构	主要功能
上海	学业水平考试	8、9年级	语文、数学、外语、道德与法治、历史、体育与健身等15门学科	学科测试 日常考核 统一测试	上海市教委	初中毕业依据 高中录取依据 课程管理依据 学业质量评价
	综合素质评价	7—9年级	品德发展与公民素养、修习课程与学业成绩、身心健康与艺术素养、创新精神与实践能力	日常考核 信息记录	上海市教委	初中毕业依据 高中录取依据 课程实施依据
	绿色指标评价	3、4、7年级	语文、数学、外语;学生、教师和校长问卷	学科测试 指标问卷 抽样测试	上海市教委	综合评估质量 促进教学改进
	区域质量监测	3—8年级	语文、数学、外语	学科测试 背景问卷 抽样测试 表现性评价	区教育局 区教研机构	学科质量监测 诊断教学成效 学校绩效评价
马萨诸塞州	综合评估体系(MCAS)	3—8年级 4、7、10 5、8	英语、阅读、数学 写作 科技和工程	学科测试 笔试为主	麻省中小学教育委员会	评估课程掌握程度 诊断改善教学质量 评价学区学校成绩 绩效评价与问责 根据十年级成绩决定高中奖学金
	PARCC评价	3—8年级 5、8年级	英语、数学 科技与工程	总计性评价 形成性评价 在线测试	升学和就业准备评估协会	确保学生达到升学就业准备 促进各州教育质量的均衡

---

① http://www.eqao.com/en/about_eqao/about_the_agency/annual_reports/Pages/annual-reports.aspx.
② http://www.eqao.com/en/assessments/junior-division/educators/Pages/educators.aspx.

续 表

地区	评价类型	测试学段	评价科目	评价方式	评价机构	主要功能
	新评估系统（MCAS）	3—8年级 4、7、10 5、8	英语阅读、数学写作 科技与工程	学生问卷 学科测试 在线测试	麻省中小学教育委员会	确保学生达到预期学习目标 确保麻省拥有教育自主权
安大略省	学业水平测试	3、6年级 9年级	阅读、写作、数学 数学	学科测试 统一测试 学生问卷	安省教育质量和责任办公室	学校绩效考核 课程达成度监测 学生进步程度

第三节 区域学业质量评价的特征与模型

21世纪后，信息通讯技术（ICT）的迅猛发展与广泛运用使社会经济运作模式和人类职业世界发生了深刻变化。常规、标准化的问题解决过程可被计算机编程所取代，日益增长是强调"复杂交往"和"专家思维"的创造性解决问题工作。[1] 为应对21世纪公民生活、职业世界和自我实现的新需要，教育发达国家率先思考评价的核心问题：即学生应对未来世界职业和生活所需要的态度、知识和能力，由此带来当前区域学业质量评价的变化与突破。

一、区域学业质量评价的发展特点
（一）学业质量评价内容更新发展

面对新的时代需求，各国开始制定更加严格的区域学业质量评价标准。如美国PARCC在数学学科提出了"升学与就业应该具备的数学素养"，其中包括复杂思维中的"抽象与量化思维"、"运用数学结构"、"数学建模"、"问题意识并致力于问题解决"等八个维度。[2] 在测试任务中提出要测试批判性思维、数学推理、运用知识技能解决真实问题的能力。上海中考评价改革中则增加了"品德发展与公民素养"、"创新精神和实践能力"等，增设外语听说测试、理化实验操作、跨学科案例分析题等，评价内容的变化都是对学生如何适应未来职业生活的思考。学业质量评价内容不断突破了原先对个体传统的记忆与理解，其测试内容包括问题解决过程、社会情感态度、创新性思维过程等，关注这些素养和能力的考察方式，使区域学业质量评价建立在更深层次的认知与学习模型上。

---

[1] 张华.论核心素养的内涵[J].全球教育展望,2016(4):10—24.
[2] 周文叶.清晰而连贯的学业质量标准的设置[J].考试评价,2012(7):65—67.

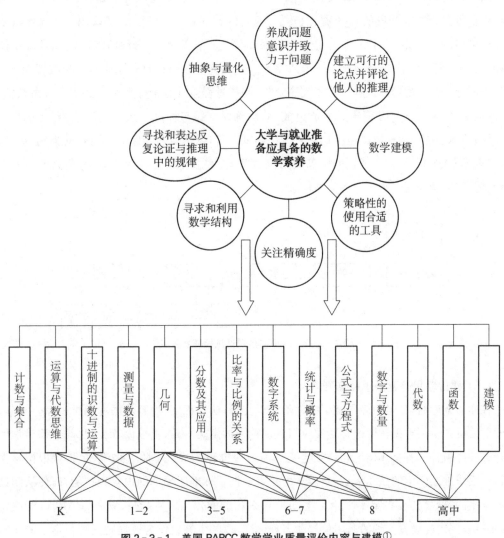

图 2-3-1 美国 PARCC 数学学业质量评价内容与建模①

（二）学业质量评价程序更加严谨

区域学业质量评价遵循一致性原则,即评价基于课程标准。根据评价程序,如果在评价规范（Assessment Specification）中能清晰界定标准的目标、领域、类别、范围和结构,将总结性评价与形成性评价结合使用,那么就能在很大程度上保证评价与标准内容的一致性。按照此,区域学业质量评价包含了评价程序中最核心的研制步骤：测试总体规划、内容规范、测试规范、测试设计、评分以及设置各表现水平的分数线。每个步骤又有严格的规范,基于共同标准的 PARCC 评价研发、麻州和加州的区域评价同样经历着这些关键的程序和步骤。

---

① 周文叶.清晰而连贯的学业质量标准的设置[J].考试评价,2012(7):65—67.

以安大略省 EQAO 和 PARCC 的试题开发过程为例,EQAO 会成立测试、研发委员会和敏感性审查委员会。试题开发的整个流程包括:确立内容框架——形成测试蓝图——选择研发人员——培训研发人员——EQAO 审查——题目试测等严格流程。① 而 PARCC 的试题开发流程则如下:分析标准——研制试题——形成草案——检查审核——建立题库——测试管理——发布部分试题——运用题库试题。除了程序合规,测试过程监管也十分严密。试题审查由教师、校长、课程专家、高校研究者等各类人员组成,共同确保试题与标准一致、准确、适当、无偏见。其中,试题与标准的一致性测试包括运用一致性测试工具,判断试题与标准在内容的类别、难度、范围、权重等方面的一致性。试题偏见审查则包括偏见、敏感性和公平性审核,避免试题内容引起性别、情感、生理等诸多与认知无关的构念。

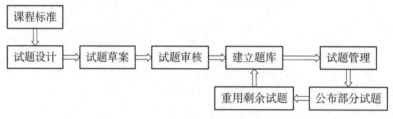

图 2-3-2 PARCC 的测试试题开发程序②

(三)评价结果解释基于证据判断

在建立题库时,已经明确界定了试题的知识类别、认知程度、内容范围和测试框架。另外,区域学业质量评价还重视学生的答题反应与表现标准的定义一致,重视设置表现标准,即对学生知道什么和能做什么有具体例证和详细定义。因为评价和测试从本质上来说,是希望根据学生对题目的反应推断学生的认知水平,判断学生是否掌握了标准所预期的内容和技能,以便从测试中了解学生的答题反应,界定实际上学生知道什么和能做什么。从麻州、安省、PARCC 的试题来看,重视根据内容设置详细的通用量规和表现标准,以学生答题作为证据判断解释学生的认知发展和技能掌握情况,已成为通行做法。

以安省 EQAO 的 3 年级测试数学答题来看,对 3 年级 level1 界定和例题如下。在 level1 中,主要考察学生捕捉相关信息,能运用加减法解决问题任务和交流解决方法的能力。从该题的测试目标来看,要学生比较不同背景下的数学概念和程序。水平层次 1 主要考虑学生三种能力:1.计算能力:成功运用加减法;理解并使用简单公式;经常恰当运用熟悉的数学公式;2.问题解决:能运用同种方法解决不同问题,能从问题中重复寻找信息试图解决,能一步到位解决大多数

---

① EQAO's Technical Report for the 2016 - 2017 Assessments [EB/OL]. http://www.eqao.com/en/assessments/DMA-docs/technical-report-2016-2017.pdf#search=EQAO%E2%80%99s%20Technical%20Report%20for%20the%202016%E2%80%932017%20Assessments,2019 - 10 - 07.
② Life Cycle of a Test Item (2014). https://parcc-assessment.org/content/uploads/2015/06/PARCClifecycle.pdf.

问题;当所有相关问题信息呈现时,会尝试解决问题;3.交流:尝试准确交流基本信息;运用有限的数学词汇(术语、符号、图等)解释问题解决过程。

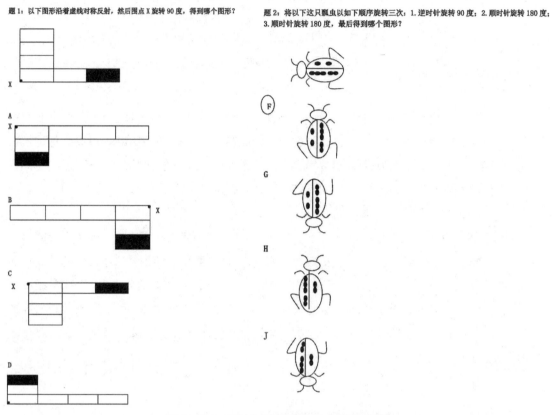

图 2-3-3　EQAO 初等数学层次1的测试样题

EQAO 以这样两道几何题目来测试学生的数学概念和程序能力,以学生样题为例:如果一个学生在第一道题选择 D,第二道题选择 F,在第一个问题中,学生能够根据题意旋转识别适当的图像,但是在第二道题目中,学生没有识别出图像需要三次旋转,而选择了 90 度旋转的图形。由此推论,这个学生对常见的几何关系的理解与题目所给信息是不一致的。①

(四) 运用新技术整合评价建模分析

区域学业质量评价运用现代测量统计方法以及信息技术的新成果,例如运用测试理论、项目反应理论、互联网＋在线测试、过程性评价等方式,促进学业质量评价改革。EQAO 技术报告就反映了项目反应理论在分数等值中的运用,学生的潜在心理特质(θ)与测试反应(P)之间的关系,使历年的分数可比较。其主要运用了三参数模型(Three-Parameter Logistic,3PL)和拓广部评

---

① Understanding Levels of Achievement(2012)http://www.eqao.com/en/assessments/junior-division/assessment-docs/understanding-achievement-levels-junior-division.pdf.

分模型(Generalized Partial Credit Model，GPCM)。其中三参数模型公式如下：①

$$P_i(\theta) = c_i + (1-c_i)\frac{exp^{Da_i(\theta-b_i)}}{1+exp^{Da_i(\theta-b_i)}}$$

图2-3-4 安省EQAO测试等值运用的三参数模型

备注：θ是指学生的能力值，$P_i(\theta)$是指能力为θ的学生答对此题目的概率；a_i是题目i的区分度；b_i是题目i的难度；c_i是指题目i的猜测系数；D是相当于1.7的常数

另外，随着信息技术发展，四个地区测试都采用线上测试和问卷测试的方式：如上海在初中学业测试和绿色指标评价，均采用了网上测试，提高测试科学性和效率；PARCC也以信息技术智能网络评价手段和评价工具为载体，采取"互联网＋"评价形式建构起的总结性评价、形成性评价和临时性评价相互平衡与结合的综合评价体系。

(五) 以"嵌入式"评价判断真实能力

测试开始考虑学生所处的社会、学习和教学环境，其测试一般包括了成就测验和背景因素调查两部分，纸笔测试和问卷调查依旧是监测的主要方法，对测验成绩的解释采用常模参照评价和标准参照评价这两种方法。区域学业质量评价开始越来越多地考虑教育投入、学生社会经济背景、学生学习投入、学校课程设置、学校管理情况、师生关系和谐满意度和学生的学校认同度等各个角度，注重挖掘数据隐含的教育背景信息来解释学业质量评价结果，判断学校的真实情况与学生的真实能力。

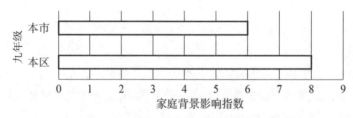

图2-3-5 上海市九年级学生学业质量与家庭背景的关系

以上海市绿色指标质量监测为例，测试将父母的受教育程度、职业、家庭文化资源等因素合成为学生社会经济背景，分析学生社会经济背景与父母受教育程度之间的关联性。将关联指数划分为1—9级，指数越高，表示学业成绩受家庭背景因素的影响越小，同时意味着学校在很大程度上弥补了家庭环境不利因素对学生学业的负面影响。如从上图来推论，表明××区的学业情

---

① EQAO's Technical Report for the 2016 - 2017 Assessments: Assessments of Reading, Writing and Mathematics, Primary Division (Grades 1 - 3) and Junior Division (Grades 4 - 6); Grade 9 Assessment of Mathematics and Ontario Secondary School Literacy Test.

况受影响程度低于市平均,区域教育的优质均衡程度较好。

(六)以报告反馈促进教育政策和实践改进

质量报告不仅在于实施教育督导评估与绩效问责,更在于监督不同群组学业成就机会,优化资源配置,促进教育教学和改进成效。上海、麻省和安省都发布了学业分析报告,测试报告的应用要注重其等级评价、问题诊断与改进教育的三重功能,而这三种效力的发挥则需要借助行政、财政和市场三方的合力。作为教育分权的国家,美国联邦政府颁布的教育法案及绩效问责制,根据可衡量的适当年度进步分配财政拨款,对州、学区和学校有相应的奖惩措施,并对不合格的学区和学校进行教育整改及采取针对性的纠正措施。

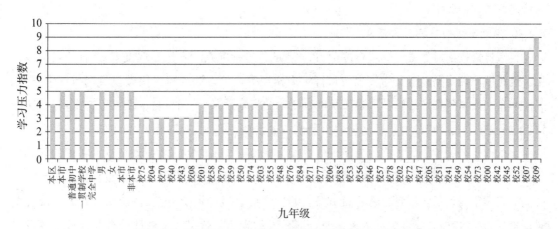

图 2-3-6 上海市××区××学校学生学业压力指数报告

上海的绿色指标测试报告分为区域报告和学校报告,针对绿色指标较差的地区和学校,市教委会督促提出针对性的专业纠错和整改措施,要求区域制定改进行动。例如,上海 MH 区某所初中学生的学科成绩表现优异,但是学生作业时间长、学习压力大。区域反馈绿色指标结果之后,这所初中开展了作业研究,以高质量作业和统筹作业总量的方式,优化学习过程。由此可见,重视发挥测试报告改进教育质量的功能,并多途径发挥其效力,正在成为教育教学改进的有益之举。

二、区域学业质量评价的运用模型

(一)学业质量评价的理论模型

如前所述,教育评价是一个不断发展的过程。从已有四代评价演进看,它大致经历了测量、描述、判断、建构和综合等阶段;在技术思路上,从强调观察、测量到测量与质性研究并重,并给出诊断和意义以及价值判断,其中比较经典且应用广泛的评价模型主要如下:

1. 泰勒的教育目标评价模式

泰勒强调教育目标"应能充分揭示出教学大纲意欲帮助学生发展的各种行为、思维、感觉和活动的方式以及应掌握的内容"。①他的学生布鲁姆及其同事将教育目标分为认知领域、情感领域和动作技能领域,由此逐步发展形成了泰勒模式。主要步骤包括：第一步是确定教育活动的两维目标,即一般目标和具体目标；第二步是根据行为和内容对每一个目标加工定义,使得目标的实现具有可行性；第三步是确定应用目标的教育情景；第四步设置给出应用目标情景的途径；第五步是设计和甄选恰当的教育测量方法；第六步是收集、整理、分析学生行为变化的各种资料；第七步是比较研究学生行为变化、教育结果的相关资料与预定的行为目标之间的差异程度。②虽然泰勒的教育目标评价模式被批评为过于刻板和注重成绩,量化的教育评价更擅长认知领域和动作技能的测量,但实践中从来没有停止过探索如何将学生的情感、态度和价值感等纳入学业质量评价的范畴和内容中。

2. 斯克里文的目标游离模式

自布鲁姆提出对教育目标进行评价后,评价的价值标准判断开始浮现出来,并日趋走向多元化。这时期出现了斯克里文为代表的目标游离模型等评价方法。即强调教育目标与评价分离,关注非预期教育目标的影响。通过关注教育活动的实际效果,美国教育家斯克里文发现,在实际评价过程中,事先确定的教育目标的评价范围往往会受到限制,有时还产生许多非预期的效果,这对评价产生至关重要的影响。为使评价更加合理、科学,评价实施者应该把重点考虑的问题从"教育目标是什么"转变为"教育活动实际是什么",即进行目标游离,跳出预设目标的局限。目标游离模式主张对评价实施者隐瞒评价方案、预定目标,以减少评价方案、评价制定者的主观意图对评价的影响,以便收集到全部成果信息,获得全面、真实的效果。这种评价模式突破了预设目标的限制,对评价对象的实际状态进行评价的模式显得更加科学化。同时,由于将评价方案、评价制定者的目标与评价实施者的目标分离,其评价结论也更为客观与公正。

3. 欧文斯等反向评价模式

该模式由美国学者欧文斯等人在20世纪70年代中叶提出,又称为"对手模式"或"反向评价模式"。这种评价模式采取类似于法律实施过程中的评委会审议形式,揭示方案正、反两方面长短得失,其主要模仿法律实施过程中正、反双方的互辩活动、陪审团复议、最终形成法官审判意见等操作程序,典型代表是1973年沃尔夫提出的"司法式"。他将教育评价分为争论的提出、争辩的选择、辩论的准备和听证四个阶段,主张让持有不同意见的正、反双方评价者一起参与评价并衡量教育方案和教育活动,通过相互对立的评价者出示有说服力的证据和相互诘问,而得出更为全面、合理的结论。反对者评价模式追求教育价值的多元化,另外,充分考虑反对者的意见,使评价的信息更为全面和合理。

4. 斯塔弗尔比姆的CIPP模式

美国教育评价家斯塔弗尔比姆认为：教育评价不应该只局限于确定教育目标的实现,而应该

---

① 一帆.教育评价的泰勒模式[J].教育测量与评价(理论版),2012(8)：37.
② 罗华玲.西方主要教育评价模式之新解[J].昆明学院学报,2011(1)：108—110.

在教育评价过程中为评价者提供有价值的信息。他于1966年创立了CIPP教育评价模式,又称决策导向模式。它包括背景评价、输入评价、过程评价、成果评价四个步骤:(1)背景评价(Context evaluation)为确定目标提供信息,其内容包括教育目标描述、教育目标确定,以及教育目标的适切性和可行性评估;(2)输入评价(Input evaluation)即条件评价,为检验教育程序有效性提供信息,内容包括确定目标实现的必要条件,以及实现目标的相应程序;(3)过程评价(Process evaluation)即是对教育实施过程进行预测,为评价者提供反馈信息,用于发现教育决策实施过程中的隐性问题;(4)成果评价(Product evaluation)即是目标评价,对教育实施结果与目标的达成程度进行评价,测量评价结果并给予解释和价值分析。① CIPP评价同时也关注目标评价和过程性评价,强调诊断性功能。

5. 斯塔卡的应答模式

1973年,美国教育评价研究者斯塔克(R. E. Stake)提出应答评价模式(Responsive Evaluation),其又被称为"反应模式"或"当事者中心模式"。该模式主张直接从教育活动的决策者和实践者所提出的问题出发,通过评价者与被评价者之间持续有效的沟通交流,掌握教育评价实践主体,尤其是被评对象的心理意愿和对教育方案的修改意见等。该模式主要采用如自然观察法、座谈法、访谈法等,认为教育评价是各种教育实践的客观描述和价值判断,这种描述应发生在教育计划的前提、实施和结果中。② 在其看来,教育问题还是依靠那些直接接触问题的人才能有效解决,并达到评价改变教育教学功能。虽然应答模式强调质性评价,但是也并不排斥量化研究。

除了以上这些比较典型的评价模式以外,学者库巴(Cuba)和林肯(Lincoln)在对已有评价模式研究的同时,提出了评价的建构模式,但是没有形成操作性评价模式。英国学者纳托尔(Latoner)和克里夫特(Crift)提出了发展性评价模式,强调以促进评价者未来发展为重,由评价主体与被评价主体共同制定可实现的发展目标。

(二) 区域学业质量评价模型的运用

从当前上海、安大略省、马萨诸塞州三个地区的学业质量评价实践来看,区域学业质量评价已经不是单一评价模型的应用,而是综合了几种理论模型的观点和方法。从实践层面来看,这三个区域的学业质量评价深受泰勒评价模式的影响,非常重视教育目标的测量,使质量评价基于课程标准,以先进的测量技术保证评价内容与目标具有一致性。除了强调认知测量的科学性,也致力于将情感、态度和认知技能等目标纳入评价范畴,例如上海中考改革。同时,区域学业质量评价也注重发展性导向,强调过程评价和结果评价,注重应用多种量化和质性的方法评价学业质量,包括问卷、测试、访谈、观察、档案袋评价等。例如麻州的MCAS和PARCC州际测试,就主要采用了问卷和过程性评价方法。

由此分析,目前区域学业质量评价可以概括为一种混合的CIPP评价模型的运用,它主要将

---

① 陈如.教育评价模式与发展特征探析[J].江苏高教,2000(1):71—74.
② 罗华玲.西方主要教育评价模式之新解[J].昆明学院学报,2011(1):108—110.

诊断性评价、形成性评价和终结性评价糅合在背景评价、输入评价、过程评价和结果评价四个过程中;它秉承了泰勒模式的合理成分,即重视目标评价,同时针对泰勒模式忽视条件和非预期目标,提出了输入评价和过程评价,以细致严密的程序,对目标完成的过程进行合理的监督,另外,把教育评价的目标由监督转向改进。在实际应用中,混合式的 CIPP 评价模式指向教育质量改进,综合考虑背景、输入、过程以及结果四方面,其中背景评价又包括在环境中评价学生的需要、问题、资源和机会;输入评价,包括所采用的教学资源和方案;过程评价包括了对学习过程监督、检查和反馈;结果评价,主要是测量、判断、解释目标达到的程度。在此,以区域学业质量设计为例进一步分析具体过程。

1. 背景评价(context evaluation)

根据 CIPP 理论,背景评价主要是指为教育目标的确定提供相应信息,可以视为教育评价目标的确定,在评价中对应评价领域和评价蓝图确定,其主要考虑课程标准内容要求。以马萨诸塞州 MCAS2.0 的 10 年级数学测试为例,其测试领域与课程标准呈现匹配对应关系。①

表 2-3-1　MACS 新一代数学 2.0 评价目标②

评价领域	课程标准
N-RN.A 将指数性质扩展到有理指数	N-RN.1 解释有理指数含义的定义是通过将整数指数的性质扩展到有理数来实现的,从而允许以有理指数的形式来表示基数。例如,我们定义 $5^{(1/3)}$ 为 5 的立方根,因为我们希望 $(5^{(1/3)})^3 = 5^{((1/3)*3)}$ 成立,因此 $(5^{(1/3)})^3$ 必须等于 5; N-RN.2 使用指数的性质重写涉及基数和有理指数的表达式;
RN.B 使用有理数和无理数的性质	N-RN.3 说明两个有理数的和或乘积为何是有理数;有理数和无理数之和是无理数;非零有理数和无理数的乘积是无理的。
N-Q.A 定量推理并使用单位来解决问题	N-Q.1 使用单位来理解问题和指导多步骤问题的解决;在公式中一致地选择和解释单位;选择并解释图形和数据显示中的比例和原点; N-Q.2 为描述性问题定义适当的数量; N-Q.3 在报告数量时,选择适合于测量限制的精度级别。描述测量和四舍五入中的近似误差对测量以及对测量计算值的影响。根据给定的上下文和用于测量工具的精度,确定记录的度量和计算值中的重要数值;
A-SSE.A 用整数指数解释线性,二次方和指数表达式的结构	A-SSE.1 根据上下文形式解释数量的表达式。解释表达式的各个部分,例如项,因数和系数。通过将一个或多个部分视为一个整体来解释复杂的表达式。例如,解释 $P*(1+r)^t$ 是 P 与不依赖于 P 的因数的乘积。A-SSE.2 对表达式的结构用类似的方法来重新构造。例如,将 $(x+2)^2 - 9$ 视为平方差,可以将其分解为 $((x+2)+3)*((x+2)-3)$;

---

① Massachusetts Department of Elementary and Secondary Education. Next Generation Grade 10 List of Standards Assessed on MCAS[EB/OL]. http://www.doe.mass.edu/mcas/tdd/g10-math-standardsassessed.pdf,2018-11-28.

② Massachusetts Department of Elementary and Secondary Education. Next Generation Grade 10 List of Standards Assessed on MCAS[EB/OL] http://www.doe.mass.edu/mcas/tdd/g10-math-standardsassessed.pdf#search=%22Next Generation Grade 10 List of Standards Assessed on MCAS%22,2018-11-28.

续 表

评价领域	课程标准
A-SSE.B 以等价形式编写表达式来解决问题	A-SSE.3 选择并产生等价形式的表达式,以揭示和解释该表达式表示的数量的性质。A 因子的二次表达式,以显示其定义的函数的零。B 用二次表达式完成平方以显示其定义的函数的最大值或最小值。C 使用指数的属性来转换指数函数的表达式。例如,表达式 $1.15^{\wedge}t$ 可以改写为 $(1.15^{\wedge}(1/12))^{\wedge}12t \approx 1.01212^{\wedge}t$,以显示年利率为 15%;
A-APR.A 对多项式执行算术运算	A-APR.1 理解多项式运算类似于整数的系统,即,它们在某些运算下是一致的。对多项式进行运算(加,减,乘),并比较执行操作时将多项式转换为整数系统。b. 因子和/或展开多项式表达式,识别和组合相似项,并应用分布属性。

2. 输入评价(Input Evaluation)

在 CIPP 模型中,输入评价即条件评价,它为检验教育程序有效性提供信息,内容包括确定目标实现的必要条件,以及实现目标的相应程序。上海、安大略省、马萨诸塞州的新一代学业质量评价都运用到了输入评价。从区域学业质量的输入评价来看,涉及学生问卷、教师、课程、学科问卷和校长问卷等,以便全面了解教育目标实现的条件。另外,通过输入条件与学业结果的相关分析,还可以找出影响学生学习的重要相关因素。以安大略省、上海输入评价为例,上海以绿色指标综合评价问卷实施为主,安大略省则以教师和学科背景问卷为主。上海市绿色指标整体框架包含学生学业水平、学生身心健康、学生品德和社会化行为、学生学习动力、学生对学校认同度、学业负担与压力、教师课程领导力、校长课程领导力、教育公平和跨时间发展 10 个指标,每个指标细分为二级指标、具体考察点以及问题,具体如下:

表 2-3-2 上海绿色指标综合评价问卷 2.0[①]

一级指标	二级指标	考 察 点
学生学业水平	标准达成度 高层次思维能力 学生艺术素养	各学科达到合格水平以上学生人数的比例; 特定问题情境中个体运用所学找到可行解决方案; 从创造、表现和反应三个维度测评;
学生身心健康	学生体质健康 学生心理健康	从身体形态、身体机能和身体素质等方面进行判断; 认知、情绪、意志行为处于积极状态,并能保持正常的调控能力;
学生品德和社会化行为	行为规范 亲社会行为 国家认同 国际视野	法律法规、行为规范、公共礼仪行为等遵守情况; 友爱宽容、乐于助人、善于合作、尊重他人等行为; 热爱祖国、认可中华优秀传统文化、民族平等与团结、勇于承担责任等社会主义核心价值观方面; 全球意识、国际知识、国际行为能力等方面;
学生学习动力	学习自信心 学习动机	个人学习能力评估、取得优异成绩和完成学习目标的预期; 对学习任务的倾向、学习行为,对学习结果的期待和解释等方面;

[①] 徐淀芳等.上海市中小学生学业质量绿色指标修订研究[J].上海课程教学研究,2019(1):59—64.

续表

一级指标	二级指标	考察点
学生对学校认同度	师生关系 同伴关系 学校归属感	教师尊重、公正、平等对待学生； 同伴间是否互相接纳与包容，协作与交流，相互理解与尊重； 是否认同学校的理念、是否积极参加学校集体活动等；
学业负担与压力	学业负担 学业压力	学生睡眠时间、做作业时间和补课时间； 做作业、考试、课堂提问、成果反馈等情境中的心理状态
教师课程领导力	教师教学理念 教师教学方式 教师学业评价能力	知识观、教学观、学生观等方面； 教师在课堂上运用自主、合作、探究等方式进行教学的频率与程度； 确定评价目标、设计评价工具、分析评价结果等方面；
校长课程领导力	课程规划 课程实施 课程评价	课程理念与定位、体系结构、类别与数量等安排； 实施情况、课程实施的配套保障举措； 整体课程评价框架、手段和方法、评价结果的分析与应用；
教育公平	学习结果均衡度 学校教育影响	全市总体均衡度、区域间均衡度和学校间均衡度； 考察学校教育抵消学生不利的家庭社会经济背景；
跨时间发展	历年变化	从时间跨度上考察市、区、校的变化情况；

在安大略省和马萨诸塞州，也同样实施学生、学科与教师的问卷调查，学生问卷主要涉及学科学习态度与学习背景，考察学生学习态度、家庭背景与作业情况，问卷指标与上海背景问卷部分内容重叠。从考察内容来看，上海和马萨诸塞州的背景评价主要侧重对学生的教育情况监测，而EQAO更侧重从学生在学校的受教育环境、教师专业发展、教师运用评价证据改进教育实践、教师-学校-家庭等多个维度考察教育目标实施的条件情况，包括为了实现教育目标，学校有没有民主决策，与教师共同商议学校发展目标，有没有让教师广泛知晓，是否为教师实现目标提供资源和专业支持，是否有相应的家校合作指导保证目标的实现等各个方面的指标。

表2-3-3 安大略省EQAO的学生、教师、课程与学科背景问卷[①]

一级指标	二级指标	考察点
学科学习态度	学习态度 学习自信	是否喜欢和擅长学科内容，是否理解学科内容与学科意义、是否觉得学科内容领域可以掌握；各部分难易程度等；
学生学习背景	家庭情况 学习状态 作业情况	是否有电脑、专业学习工具，使用语言，是否转学； 缺课、迟到情况； 学科作业时间；

---

① 资料来源1：EQAO. Student Questionnaire Results, Grade 9 Academic Course, 2004－2005. http://www.eqao.com/en/assessments/results/DMA-docs/student-questionnaire-results-grade9-academic-2005.pdf#search=questionnaire.
资料来源2：EQAO. Principal Questionnaire. Assessments of Reading, Writing and Mathematics, Primary Division (Grades 1－3) and Junior Division(Grades 4－6), 2017－2018. http://www.eqao.com/en/research_data/Data_Portal_for_Researchers/Pages/teacher-and-principal-questionnaire-responses.aspx.

续表

一级指标	二级指标	考 察 点
学校情况	教师交流讨论情况 学校发展目标参与度 学生对学校的归属感	教师就学校日常事务、发展目标、教学计划、校级诊断、学生发展、教学策略开展讨论或会议； 教师参与、讨论、明确目标；学校或同事采取措施帮助教师实现发展目标； 教师和学生对学校的自豪感，学校尊重多元性，学生、教师、父母以及师生之间的合作；
教师运用测试情况	运用省级测试样题、省级测试评分指南、省级测试问卷测试	教师将样题展示给学生、帮助理解试题与课程目标关系、与父母/监护人交流课程目标、指导教学与评价； 了解学生观点与课外活动、指导学校发展与教学实践、辨别需要提升的领域等；
教学资源运用	要学生运用教学资源 教师运用教学资源	学科类电脑软件、图书馆、演示、信息检索等工具； 教师运用团队开发工具、教育部开发工具情况；
学科教学实践	教学融合 教学策略 教学时间	与其他学科的融合频率； 合作问题解决、合作探究、差异化教学、直接教学等； 每天/周学科教学时间；
家校合作	与家长分享资源 与家长交流方式	解释测试关联、进步信息、教学策略、家庭学习支持建议； 会议、电话、学生档案袋、邮件、微博等；
教师专业发展	基本教学情况 专业培训课程	教龄、学段、学科 是否参与学科课程教学、信息技术课程、教学策略、教学论、特殊需求孩子教育等课程；

3. 过程评价（Process Evaluation）

过程评价包括了对教学过程的监督、检查和反馈。结合独特的教研机制，上海市采用了专项督导与常态课程评价相结合的方式。例如，为推动基于标准的课程与教学评价，2018 年根据《上海市教育委员会关于小学阶段实施基于课程标准的教学与评价工作的意见》，上海市教委对全市 16 余万名一年级小学生家长开展全样本调研，委托第三方专业机构，随机抽查 172 名小学，对 30 369 名一年级学生家长跟踪调研；第二，对全市 13 各区县 10 多所小学进行"基于课程标准的教学与评价"专项飞行调研，采用观课、访谈、座谈、检查作业与测验卷等多种方式，深入了解学校课程实施情况。

除了市级专项调研，上海市还要求各区县教育行政部门和教学研究部门开展小学教学与评价现状的调研督导。教研员深入学校指导，了解学校课程进度和活动设计，发现问题和经验。例如，××区开展"中小学课堂教学改进专项综合调研"，149 位专家分赴 37 所中小学完成听课、评课 1 415 节，完成教学过程评价表 594 份。通过整体教学视导，教育业务人员和行政决策者可以结合教学过程以及学校的背景资料对区域和学校整体的学业质量有更清晰的认知、判断和建议，将学业质量的结果性评价与过程性评价有机结合。通过教育信息技术的应用，有些区县已经可以通过数字化学习平台在线行为记录与管理教学行为、收集过程性资料以分析与评估了解教学水平和进度。这些措施的综合应用,以实现依据课程标准确定教学目标、根据教学目标设计学习活动和有效调控教学进程的要求。

EQAO同样也采用过程性评价,包括走访全省各学校,告知评价研发机构当前学生的课堂经历,实施教师问卷和学科问卷,检查其完成情况,并作相关研究,开展学生学业情况与社会背景的关系分析,为评价的开展提供服务。[①]

4. 结果评价(Product Evaluation)

从区域的学业评价来看,结果评价可以是主要以改进为目标的低风险监督,也可以是具有甄别选拔功能的高风险测试,如上海中考等。不管功能定位如何,从实践来看,各国都在不断改善结果评价的测试框架和测试方法。为了提升纸笔测试的科学客观性,对于学科认知要求,研究者依据新修订的布鲁姆目标分类,即把考察目标记忆、理解、应用修订为记忆、理解、应用、分析、评价、创造。拓展笔试测试的范围,考察学生高层次思维能力,包括推理、问题解决和批判思维能力。随着信息技术运用,增加在线测试。

另外,各国也在不断规范学科命题的流程。其中,上海市为了改变教研人员仅仅依靠经验和测试蓝图命题的传统,要求教研员出题尽量规范,以题号、题型、测量目标、行为目标、内容领域、内容主题、知识点、认知要求、一致性、难度、难度预测、满分和平均分的框架规范命题程序。在学业结果的分析上,除了整体水平描述外,还需要分析区域、校际和学生个体均衡度以及增值分析。结果评价的实践特征前面已有详细描述,在此不再赘述。

---

① EQAO. 2017 – 2018 Annual report [EB/OL]. http://www.eqao.com/en/assessments/results/assessment-docs-elementary/provincial-report-elementary-2018.pdf.

第三章 技术革新与学业质量评价

《国家中长期教育改革和发展规划纲要（2010—2020年）》明确指出："把提高质量作为教育改革发展的核心任务……制定教育质量国家标准，建立健全教育质量保障体系"。2013年6月教育部颁布了《关于推进中小学教育质量综合评价改革的意见》（教基二[2013]2号），该文件提出要"建立以学生发展为核心、科学多元的中小学教育质量评价制度"，要"坚持育人为本"，综合考查学生发展情况，既要关注学业水平，又要关注品德发展和身心健康；既要关注共同基础，又要关注兴趣特长；既要关注学习结果，又要关注学习过程和效益。

学业质量评价是教育质量评价的重要组成部分，如何改革学科学业质量评价，成为教育改革与发展过程中的瓶颈问题。理念上，要建立新的学业质量评价观，要真正让学业质量评价"为了学生发展"并"促进学生发展"；实践上，一方面，要更规范地开展学业质量评价，以"规范"保障学业质量评价的"信度"；另一方面，要更科学地开展教育评价，以"专业"提高学业质量评价的"效度"。本章从技术变革的角度出发，解析学业质量评价的发展瓶颈及突破方向。

第一节 当前学业质量评价的机遇及挑战

无论从教育评价的理论发展看，还是从国际、区域学业质量评价的实践情况看，无论从我国教育政策的要求看，还是从师生发展需要看，学业质量评价都需要回归本源，更加注重发挥其"引导、诊断、改进、激励等功能，改变过于强调甄别和简单分等定级的做法"。本节再探学业质量评价的学术内涵；面向未来，思考学业质量评价的优化办法。

一、学业质量评价的当前发展取向
（一）学业质量评价的学术内涵：多维和全程取向

学业质量评价是什么？评价者依据一定教育教学标准，使用科学、系统的方法收集学生在接受各学科教学和自我教育后在认知以及行为上的变化信息，并依据这些信息对学生的能力和发展水平进行判断的过程。① 从当前课程改革背景下看,学业质量主要指学生在不同的课程领域学习活动中所表现出来的身心发展程度和状态,是学生通过课程学习过程在认知、情感、技能等方面所表现出来的变化程度和发展状态,不仅包括知识学习的质量,还包括学科能力质量、价值观念发展水平。② 学业质量评价,除了对学习成果的判断,还有对学习中各种影响因素进行实证分析的过程。③

由此可见,学业质量评价是聚焦学生主体、立足学科(课程)标准、基于多元证据、指向健康发展的实证分析与价值判断的过程。它既是对学生过去所体验的学科学习系统的环境质量、学科能力和观念发展水平等方面的评价,也是对学生未来可能所需要的学习系统优化、学科能力和观念发展趋势等方面的预判。

对区域的学业质量评价来说,学业质量评价不仅要关注知识,还要关注其他,要开展基于标准、规范全面的学业质量评价,让评价导向实践优化;不仅要关注整体(如学校整体、区域整体),还要关注个体(如师生个体、学校个体),要开展基于真实、区校协同的学业质量评价,让评价更加真实有效;不仅要关注学生的过去,还要关注其未来,要开展人本主义、连接全程的学业质量评价,让评价更能促进全人发展。

(二)学业质量评价的发展要求:观念和技术革新

长期以来,学业质量评价既是促进基础教育持续发展的重要抓手,也成为保障基础教育内涵发展的重要组成部分。学业质量评价的作用主要体现在三个方面,即管理性功能、服务性功能和发展性功能。④ 随着素质教育改革的深入推进,越来越重视其发展性功能。从宏观上看,以学业质量的评价为切入口,全面关注学生的健康成长,引导建立正确的质量观,建立教育质量的保障体系,这对于促进地区基础教育的均衡发展,实现教育公平有着重大作用;从微观上看,学校或教师,也期望利用学业质量评价,关注每个学生的持续发展,开展增值评价和多因素分析,以对"教"与"学"进行更精准的诊断,并促进学生更多元、更持续、更个性化地成长。

整体来看,学业质量评价作为行政决策、绩效管理、专业指导的关键环节,具有较高的独断性和影响力。但因诸原因,其"实践惯性"较强,"专业发展"稍显缓慢。有学者认为:50多年来,中小学生学业成就评价变革的历史可以说是一部试图通过不断完善选拔、鉴别功能的单一考试的变革来驱动"整个评价体系"变革的历史;以选拔或鉴别为目的的考试,如高考、中考、地方统考等长期以来占据了评价政策的核心,而基础教育体系内的评价变革往往是对这些变革的不断复演。⑤ 我国的"学业评价"充其量不过是借助学生知识点的巩固程度,来检验教师教学行为的效果

---

① 袁振国. 当代教育学[M]. 北京:教育科学出版社,1998:249.
② 姚林群,戴根元. 论基于证据的学业质量评价[J]. 全球教育展望,2016(5):49—57.
③ 唐节. 小学生学业质量评价的研究———以中山市西区烟洲小学为例[D]. 武汉:华中师范大学,2013:16—57.
④ 王蕾著. 大规模考试和学业质量评价[M]. 北京:高等教育出版社,2013:10.
⑤ 崔允漷等主编. 基于标准的学生学业成就评价[M]. 上海:华东师范大学出版社,2008:4.

而已;这种评价多局限于"学绩评价",是服从、服务于应试教育的需要。[①] 从实践角度看,当前学业质量评价还存在如下几方面问题:第一,手段单一,主要采用传统的纸笔测试方法,重视学业成绩,忽视学生的学习过程表现以及影响因素,对学生健康发展的促进度不够;第二,维度不全,对"过程与方法、态度情感价值观"维度关注不够,对学生全面发展的促进度不够;第三,技术简单,现行考试"基本上都是建立在经典测量理论(Classical Test Theory,CTT)之上,分数的报告和使用通常以试卷的原始总分为准"[②],分数的等值性和可相加性等问题会扭曲学生的学业质量,另外数据的分析和挖掘力度有限,这对学生个性发展的促进度不够。

对区域学业质量评价来说,一方面,学业质量评价是区校教育的日常工作,其改革也是区域教育发展的重要组成部分,可以在保障基础的条件下探索瓶颈突破办法;另一方面,区域教育行政与业务部门更了解区内各类学校、所有师生的真实发展状态和需求,且有专业条件和技术能力探索问题解决办法。

多维和全程取向的学业质量评价,区域实践视角的学业质量评价,需要我们突破传统,回到学生本身,思考在传统学业质量评价的基础上,可以为师生的真实发展、未来实践提供哪些支持;可以在制度建设、技术应用上探索什么方法。

二、学业质量评价的相关测量理论

(一) 理论概述

1. 经典测量理论

经典测量理论在学业质量评价中占有很高地位。经典测量理论(Classical Test Theory,简称CTT)诞生于19世纪末20世纪初,20世纪中叶逐步完善。它是以真分数理论为核心理论假设的测量理论及其方法体系,所以,亦被称为"真分数理论"。

经典测量理论确定了"真分数、误差"的测量价值和数学内涵,认为测验得分即真分数和误差分数的线性组合,用"$X=T+E$"表示,其中 X 是观测分数,T 是真分数,E 是误差分数。经典测量理论提出了"信度(重测信度、复本信度、内部一致性信度、分半信度、评分者信度)、效度(内容效度、效标效度、构念效度)、难度、区分度、常模"等重要概念,明确了它们在具体测量中的学术依据及计算方法。经典测量理论对于现代教育与心理测量学的发展具有重要意义。

2. 概化理论

随着教育测量学的进一步发展,到20世纪六七十年代,在经典测量理论的基础上,有学者提出了概化理论(Generalizability Theory,简称GT),或称概括力理论或拓广理论。简单地说,其主要差别在于对"误差"的理解及计算方式的不同。在经典测量理论中,测量误差即随机误差,统一

[①] 钟启泉.学业评价:省思与改革——以日本高中理科的"学习评价"改革为例[C]//杨向东、黄小瑞主编.教育改革时代的学业测量与评价.上海:华东师范大学出版社,2013:201—211.
[②] 王蕾.大规模考试和学业质量评价[J].教育科学研究,2013(8):46—51.

表述为"E",随机误差与测量情境无关。但是概化理论认为:任何测量都被看作是具体测量条件和情境下进行的测量,误差与多个因素相关,如测量主体、测量对象、工具标准、测量环境等。由此,测量需要进一步辨析、计算和分析"误差",逐渐形成了一套理论体系,其核心概念包括"测量的面、G研究设计、D研究设计"等。

经典测量理论更局限于常模参照下的纸笔测验,在这种测验中,对测量目标外的所有其他测验条件都进行了标准化,包括测验指导语、施测时间、记分等等都是固定的。而概化理论的应用范围要大多了,它适用于从纸笔测验到艺术操作的评定的各种测量情境。① 概括地说,在双面或多面设计中,概化理论的优势会得到更充分的显示;单面设计,则更适合使用经典测量理论。

3. 项目反应理论

项目反应理论是在针对并克服传统测量理论不足过程中逐步发展起来的现代测量理论。项目反应理论(Item Response Theory,简称 IRT)是指一系列基于考生的题目反应来分析测试题目并为考生制定量表的技术程序及方法体系,于20世纪中旬诞生,②并逐渐发展成熟。

项目反应理论假设被试对测验的反应受某种心理特质支配,对这种特质进行界定并据此估计出该被试这种特质的分数,其结果高低可用来预测、解释被试对项目或测验的反应。项目反应理论(IRT)是基于试题反应构建考生纵向同一能力量表的核心技术,同时得益于现代统计技术的发展,利用多层线性统计技术实现对学生的成绩变异在教育体系、学校和学生层面的分解,这也完全可能。③ 项目反映理论主要用于建立各种与数据拟合的模型,以此确定被试的潜在特质值和他们对于项目的反应之间的关系,④所以,项目反应理论也常被称为潜在特质理论或潜在特质模型。目前最常用的三种 IRT 模型分别是:单参数 Logistic 模型(有时简称"1PL"或者"Rasch 模型")、双参数 Logistic 模型(有时简称"2PL")、三参数 Logistic 模型(有时简称"3PL")。⑤

(二) 应用概况

CTT、IRT 在学业质量评价中皆有广泛的应用。关于 CTT 与 IRT 之间的异同一直备受大家关注,学者们从理论基础、基本观点、主要假设、计算方法、使用技术、适用场景、未来发展等各个方面对两者进行过比较。

误差、信度、效度、难度、区分度等已经成为学业质量评价的重要参数和组成部分。不管是日常的纸笔测试还是中高考,都在常态化运用 CTT 实施评价或开展评价研究。当然,CTT 也有不足,如有学者认为,CTT 天生就带有一个重大的不足:它会在试题特征和考生特征之间建立起一

---

① 刘远我. 经典测量理论的新发展——概化理论简介[J]. 教育研究与实验,1992(4):53—55,15.
② 俞晓琳. 项目反应理论与经典测验理论之比较[J]. 南京师大学报(社会科学版),1998(4):74—77.
③ 王蕾著. 大规模考试和学业质量评价[M]. 北京:高等教育出版社,2013:57.
④ 熊江玲. 经典测量理论、概化理论及项目反映理论比较研究[J]. 求索,2004(4):99—100.
⑤ (美)约瑟夫·M·瑞安. 基于经典测量理论和项目反应理论的等值与连接——主要概念和基本术语[J]. 考试研究,2011(1):81—94.

种不可分离的相互依赖关系,而二者都建立在具体的测试题目和考生样本的基础上。① 但是,尽管 CTT 有不少缺点,但仍备受重视、且日趋发展。在遇到一般问题,不需精确求解的情况下,用它进行项目分析是恰当的,因为比较简单、易于掌握,而且作为一种传统方法,它相对自身而言,已经发展得比较充分了。②

相对而言,IRT 有很多优点,当前国际国内许多大规模学业水平测试或学业质量评价皆直接或间接使用了 IRT 模型。IRT 对改进传统学业质量评价具有重要意义,它在学业质量评价的科学性、预测性、发展性等方面正在发挥积极作用。国际许多大规模测试都借鉴使用了 IRT 理论,如 PISA 测试就是使用 Rasch 模型进行题目的建构校准和学生能力在同一量表上的估计。③ 整体来看,IRT 在学业质量评价中可以有广泛的应用:①评价、审查试题和试卷;②建立题库;③对试卷进行连接或等值;④根据题库建立等值试卷;⑤制定内容参照型学生水平标准;⑥提供内容参照型成绩解读;⑦对试题的项目功能差异(意即对于不同组群的学生体现出来的成绩偏差)进行调查;⑧支持计算机适应性测试。IRT 在以下领域具有较大的灵活性:①设计不同的平行试卷;②实施很适合学生水平的测试,使得能力较低的学生不会负荷过重,而能力较高的学生不会感觉太枯燥无聊;③建立能力等级跨度范围更大的相关测试(可能跨两个或者更多年级);④在试卷里插入或嵌入用于预测的新题,因而新题可以获得具有可比性的题目参数(最终用来组成新试卷)。④ 但是,整体来讲,因其深奥复杂、操作困难等原因,在中国实践领域未见流行多广。今后我国的测验理论发展的新趋向将是以项目反映理论为主体,与其他理论并存的一种局面,特别是建立在项目反映理论基础上的计算机适性测验则是未来发展的新趋势。⑤

整体来看,当前学业质量评价处于 CTT 和 IRT 共同使用的阶段。当然,许多地区在实际学业质量评价过程中,会根据教育发展目标和要求,并从科学性、实践性、可行性、有效性等角度,综合测量理论、评价理论、教学理论等,形成适合实际的区域评价体系或模型,如 BEAR 评估系统⑥、SBAC 学业评价体系⑦、SOLO 评价法、绿色指标评价体系⑧等。

三、学业质量评价需要的技术突破

随着素质教育改革的深入推进,学业质量评价的发展要求也逐渐明晰。一方面,学业质量评

---

① (美)约瑟夫·M·瑞安.基于经典测量理论和项目反应理论的等值与连接——主要概念和基本术语[J].考试研究,2011(1):81—94.
② 俞晓琳.项目反应理论与经典测验理论之比较[J].南京师大学报(社会科学版),1998(4):74—77.
③ 王蕾著.大规模考试和学业质量评价[M].北京:高等教育出版社,2013:96.
④ (美)约瑟夫·M·瑞安.基于经典测量理论和项目反应理论的等值与连接——主要概念和基本术语[J].考试研究,2011(1):81—94.
⑤ 熊江玲.经典测量理论、概化理论及项目反映理论比较研究[J].求索,2004(4):99—100.
⑥ 刘洋,蔡敏."BEAR 评估系统":美国学生学业评价的新框架[J].外国教育研究,2009(11):40—44.
⑦ 刘学智等.美国基础教育中 SBAC 学业评价体系研制模式与启示[J].外国教育研究,2013(9):104—111.
⑧ 徐淀芳,纪明泽,汪茂华.学业质量绿色指标:促进学生全面发展的利器—上海市中小学生学业质量绿色指标评价改革概况[J].人民教育,2013(18):13—16.

价要继承和发扬传统学业质量评价的优势;另一方面,要探索顺应教育发展、为了师生发展的学业质量评价。从对象上看,学业质量评价不仅要关注"全体",也要关注"个体",更要关注"群组";从评价时机上看,不仅要关注学期或学年或学段结束时的质量,也要关注学习过程中的质量;从评价手段上看,不仅需要运用纸笔测试,还需要其他手段协同评价;从评价内容上看,不仅要评价"知识与技能",还要关注其他维度,并逐步走向核心素养评价;从评价维度上看,不仅要关注"质与量",还要关注"质与量"的影响因素。由此,区域学业质量评价不仅要在理念上更新、程序上规范、内容上科学,也需要在技术上突破、方法上改变、实践上创新。

(一) 组合测试技术

"科学多元"的教育评价机制,要求在学业质量评价中,不能采取单一维度、单一水平、单一手段、单一时空的方式方法,要建构立体的、多维的、长程的和连续的学业质量评价与保障体系。由此,"测试+问卷+其他"的组合测试成为学业质量评价发展的必然。

组合测试在国际学业质量评价或教育质量评价中早有探索,如 PISA、NAEP 等。它们采用了学业成就水平测验和系列背景问卷调查相结合的技术路线,其中,学业成就水平测验常用于考查学生学业状况,而系列背景问卷则集中于获取人口学、教育经历及教育质量影响因素信息等。[①] 上海市教委于 2011 年发布了《上海市中小学生学业质量绿色指标(试行)》(沪教委基〔2011〕86号),提出了由"学业水平、学习动力、学业负担、师生关系、教师教学方式、校长课程领导力、学生社会经济背景对学业成绩的影响、品德行为、身心健康和进步情况"10 个指标组成的"学业质量绿色指标体系",开创了地方学业质量绿色 GDP 的先河。当前,"学业水平+"的组合式测试,已从学术讨论走向教育实践。

对于区域学业质量评价来说,要根据区域教育目标、体量、实际情况、教育文化、经济基础等探索组合测试技术,如何"组合"、如何"出卷"、如何"实施"、如何"分析"等,这一系列的问题都需要探索和解决。这不仅需要人力、财力、机制等保障,也需要"技术"介入,包括组合测试的体系或框架设计技术、学业水平测试的命题技术、问卷设计及组卷技术、试卷元评价技术、抽样与测试技术、自动化数据录入与分析技术等。相对于传统的学业质量评价来说,这些技术均需要在实践中得到不断探索、开发、创新和使用。

(二) 过程评价技术

评价不光关注于学习过程的最后产出,而是着眼于学习过程所带来的增长。[②] 关注学生学习过程中的学业质量,关注学生的学业发展或变化,关注学生的学习状态——学习感受、学习方式、学习付出、学习代价、学习环境等,是学业质量评价发展的趋势。回归到具体的学生,回归到真实的过程,方能让学业质量评价实现真正的"转型"。

在学业质量评价系统中,关注过程并非新鲜事物,但过去因为其规划设计的复杂性、操作系

[①] 张咏梅等. 大规模学业成就调查系列背景问卷的设计与建构[J]. 教育科学研究,2016(5):5—11.
[②] 王蕾. 大规模考试和学业质量评价[M]. 北京:高等教育出版社,2013:6.

统的难度性、结果应用的不确定性等原因,在学业质量评价中往往对其进行简化或忽略、忽视。即过往的学业质量评价多进行了适宜性、便捷性选择,而非最科学化、最人本化选择。今天,随着教育国际化、教育信息化等方面的发展,尤其是面向教育现代化的发展要求,需要怎么样的学业质量、如何提升学业质量等问题与过去都有一定程度的变化。由此,对学生学业过程质量的关注逐渐从理论上探讨、应然性分析转向实践性探索、实然性研究,尝试综合运用"表现性评价、档案袋评价、机器评价"等探索学业质量的过程性评价。

在学业质量评价大系统中,过程性评价既要与结果性评价相区别,又要与其相联系。如从内容上看,过程性评价更侧重什么、必须评什么、能评价什么、不需评什么等需要明确;从时机上看,如何根据学生的学习进程和发展状态选择评价时间;从手段上看,开发或选用什么工具、怎样开发或选择这些工具、如何整合多方资源既科学又便捷地使用工具,这些工具与结果性评价的一致性、发展性如何;从主体上看,学生、同伴、教师、家长等多元主体如何协同发挥作用。由此,学业质量的过程性评价的设计技术、嵌入技术、观测技术、关联技术、应用技术等都需要细化研究。

(三) 证据采集技术

长久以来,学业质量评价坚持"基于证据的客观性评价"原则,而非经验型、主观性评价,正因如此,相对而言,学业质量评价在整个教育质量评价体系中具有比较高的公信力和认可度。但是,随着大家对学业质量评价的认识度、理解度的加深,也随着对学业质量评价功能的丰富和扩大,大家开始逐渐从学业质量评价结果的关注转向对学业质量评价全流程和各环节的关注。其中,对"证据"的关注是一重要表现。

学业质量评价的必备证据是什么、证据有哪些、证据需多少、证据怎么来等问题备受大家关注。证据的"质"和"量",与学业质量评价的质量直接关联。由此,学业质量评价的研究开始从"多"证据到"好"证据、从"一类"证据到"多元"证据、从"一次"证据到"累积"证据的研究过渡。证据的最优化设计开始纳入学业质量评价系统。学业质量评价证据要做到注意"全面性、相关性和可信性"。[①] 证据标准、证据内涵、证据流向、证据关系、证据价值等均受到重视,如学生学习背景、学习感受、学习付出、学习习惯、学习兴趣、学业成果的证据分别是什么并如何表征、这些证据怎么获得且怎么储存等。相对而言,在实际操作过程中,后者的问题更为凸显,即证据采集技术。

近年来,关于学生学习、教师教学、课程质量等方面的研究突飞猛进,但大多研究是基于"网络课程"、"在线课程"或"电子教材"。其主要原因是它们可以实现"教与学"数据的自动化采集。一方面,在互联网+教育背景下,需要借力现代信息技术,更完整、更便捷地采集多元证据,以让学业质量评价更真实、更全面;另一方面,根据教育现代化发展要求,进一步完善传统证据采集技术,提升证据采集的科学性和精准性,以让学业质量评价更有效、更可信。

(四) 分析挖掘技术

长久以来,学业水平测试较多地使用 CTT 而非广泛使用 IRT,其原因之一是两者之间数据分

[①] 姚林群、戴根元. 论基于证据的学业质量评价[J]. 全球教育展望,2016(5):49—57.

析挖掘存在技术难度的差异。从学业水平测试走向学业质量评价,既要对学业水平测试本身进行优化改造,如明确质量标准或要求、提升命题技术和质量、优化数据统计和分析。同时,还要对学业质量评价系统中的所有证据及其关系进行充分的分析。学业质量评价要让"证据"说话,就必须走出原有简单统计的桎梏,要通过分析挖掘技术,让证据可感、可视、可用。

当学业质量评价从小数据到大数据、从巧数据到大数据,如何对数据或证据进行定量统计、定性分析和价值判断,成为学业质量评价的难点问题。对于区域学业质量评价来说,数据采集技术、数据挖掘技术需要同步解决。要在对区域学业质量本体内涵充分认识、区域学业质量评价目标进一步明确的基础上,对数据采集与数据挖掘技术进行一体化设计和研究。当然,对于此技术的突破,在当前教育体制内,仅靠单一力量还难以解决,需要创新机制、建立系统、内培与外引兼顾,软件与硬件同步、理论与实践兼顾、合作解决学业质量评价瓶颈,协同突破技术应用难点。

(五) 结果应用技术

评价是为了促进和发展。对于学业质量评价来说,证据及分析结果皆是手段,对结果的应用才是目的。在学业质量评价系统中,指向应用的分析与基于结果的应用尤其重要。所以,在科学的学业质量观和师生发展观指引下,需要面向基于具体实际和问题,面向学生当下和未来,联动研究学业质量评价结果的分析反馈技术和结果应用技术。

过去,探寻区域教学质量整体状况和各校学业质量相对排位曾成为区域学业水平测试的重要目的。单一的学业水平数据类型和简单的学业水平结果数据让评价的功能窄化,更让"教与学"的改进回到各自的经验。但是,基于多元证据及其多维挖掘的结果,会给予学业质量评价更丰富、更有价值的结果。由此,如何将这些分析挖掘的结果发挥最大、最科学、最有效的作用,亦成为学业质量评价需要突破的技术。

从结果的使用主体来说,需要突破传统的仅以学校为主体的习惯,除学校行政领导外,还需要让业务领导(如教研组长)、教师、学生等皆获得改进和发展信息,且不同主体的立场和角色不同,信息的质与量也应有所不同。从结果的呈现方式或表征形式来看,要更好地促进发展,不仅需要相对标准,更需要绝对标准,尤其是义务教育阶段,更需要开展基于标准的学业质量评价;不仅需要不同主体的单次结果,还需要从发展角度看各自主体的对比结果,以了解或预测主体的发展区域,由此,对学业质量评价进行等值设计和处理显得尤为重要。

总之,站在教育发展历史长河中,学业质量评价作为教育评价的重要组成部分,伴随着教育的发展而发展。但是,伴随素质教育的持续深入推进,尤其是根据教育现代化的发展要求,学业质量评价需要突破发展瓶颈。这需要大家充分利用当前教育信息化、教育国际化发展的环境和基础,针对学业评价中的各个技术难点,借力资源,深化研究,各个击破。

第二节 学习分析视角下的学业质量评价

《教育信息化2.0行动计划》明确提出:要"将教育信息化作为教育系统性变革的内生变量,

支撑引领教育现代化发展,推动教育理念更新、模式变革、体系重构"。学业质量评价要突破,需要充分重视并灵活运用现代信息技术、数理统计技术等。随着互联网、云计算、大数据的广泛使用,学业质量评价所涉数据的质和量将会发生变化并会得到更加有效的利用。在诸多技术中,学习分析技术作为一类综合性比较强、实用性比较高的技术理念和应用方法备受关注,为实现学业质量评价的技术突破提供了新的视野和策略。

一、学习分析与学习分析技术概述

(一)教育大数据、数据挖掘与学习分析

大数据(Big data)是继云计算、物联网之后的重大技术变革,是各个领域的重要创新点和生长点。大数据的核心特征常被概括为"5V"[①],即数据量大(Volume)、输入和处理速度快(Velocity)、数据多样(Variety)、价值巨大(Value)、数据真实(Veracity)。在教育领域,教育大数据也受到充分重视,近年来,对教育大数据的研究已逐渐从理论价值的挖掘到实践意义的发挥。

数据的真实价值就像漂浮在海洋中的冰山,第一眼只能看到冰山一角,而绝大部分则隐藏在表面之下。[②] 教育大数据要发挥作用,不是仅有"大数据"就足够,需要思想转变和变革,需要技术支持和介入。大数据的核心是预测。[③] 学习分析在近几年是一个非常活跃的领域,是以教育大数据为基础的技术应用,是将数据挖掘技术、学习理论和教育技术结合的新热点,它能够对学习者的未来发展进行预测,能够增进我们对教学规律和学习特征的认识。

教育大数据、数据挖掘与学习分析之间具有紧密的内在联系。如为了更好地促进美国"大数据"教育应用,为美国高等院校及 K-12 学校在"大数据"教育应用方面提供有效指导,美国教育部(U.S.Department of Education)在 2012 年 10 月发布了《通过教育数据挖掘和学习分析促进教与学》(Enhancing Teaching andLearning through Educational Data Mining and Learning Analytics)。该报告认为:教育领域中的大数据有广义和狭义之分,广义的教育大数据泛指所有来源于日常教育活动中人类的行为数据,它具有层级性、时序性和情境性的特征;而狭义的教育大数据是指学习者的行为数据,它主要来源于学生管理系统、在线学习平台和课程管理平台等;目前教育领域中大数据的应用主要有教育数据挖掘和学习分析两大方向。[④] 教育数据挖掘与学习分析之间相互有联系,但不完全相同。在技术方面它们有共同之处,但在研究目的对象、数据特征、结果应用等方面稍有不同。教育数据挖掘将学习分解成组块进行分析;学习分析则主要面向个体的学习,

---

[①] 亦有学者认为"大数据"的核心特征是"3V"或"4V"。
[②] [英]维克多·迈尔-舍恩伯格,肯尼思·库克耶著,盛杨燕、周涛译.大数据时代:生活、工作与思维的大变革[M].杭州:浙江人民出版社,2013:134.
[③] [英]维克多·迈尔-舍恩伯格,肯尼思·库克耶著,盛杨燕、周涛译.大数据时代:生活、工作与思维的大变革[M].杭州:浙江人民出版社,2013:16.
[④] 徐鹏等.大数据视角分析学习变革——美国《通过教育数据挖掘和学习分析促进教与学》报告解读及启[J].远程教育杂志,2013(6):11—17.

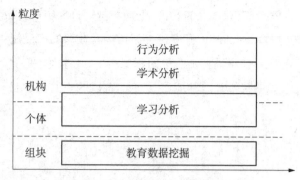

图 3-2-1 学习分析相关概念粒度图示

涉及部分机构层面内容;学术分析和行为分析都主要关注机构层面(见图 3-2-1)。[1] 学习分析是商业智能在教育领域中的应用,与教育数据挖掘旨在分析数据中的教育模式和规律的目的不同,其更加关注学习者的学习行为,更加偏向个人、实时和多元数据分析。[2]

当前,因为教育大数据的基础性建设还不是非常成熟,如教育内部结构化数据的规范和存储、非结构化数据的表征和理解、各类数据的贯通与安全等问题还未得到完全解决。另外,各类技术手段在教育中还未实现常态化应用,即作为管理者、教师、学生、家长等各个角色对数据技术的应用还未成熟,信息化素养还有待提高。所以,作为一种综合性、个性化的对教育大数据的灵活运用系统,学习分析在推进过程中要注意将教育学、教育心理学与教育技术学相融合,理论与实践相结合,多管齐下,探索基于不同数据集群和面向不同学生发展需求,形成学习分析的基本流程和关键技术应用路径,逐步形成科学的模型和有效的机制,促进其发挥预测、干预、支持学生个性化发展和终身学习的重要功能。

(二) 学习分析技术的内涵及发展概况

1. 主要内涵与基本要素

2011 年"学习分析技术"首次在美国新媒体联盟(The New Media Consortium,NMC)与美国高校教育信息化协会(The EDUCAUSE Learning Initiative)合作的"地平线报告"中被提出,随后得以快速传播并得到迅猛发展。

NMC 将学习分析(Learning Analytics,LA)定义为:利用松散耦合的数据收集工具和分析技术,研究分析学习者学习参与、学习表现和学习过程的相关数据,进而对课程、教学和评价进行实时修正。[3] 在首届学习分析和知识国际学术会议中,将学习分析技术定位为:测量、收集、分析和报告有关学生及其学习环境的数据,用以理解和优化学习及其产生的环境的技术。[4] 后续几届会议保持此基本内涵不变。美国《通过教育数据挖掘和学习分析促进教与学》认为:学习分析是综合运用信息科学、社会学、计算机科学、心理学和学习科学的理论和方法,通过对广义教育大数据的处理和分析,利用已知模型和方法去解释影响学习者学习重大问题,评估学习者学习行为,并为

---

[1] 吴永和等. 学习分析:教育信息化的新浪潮[J]. 远程教育杂志,2013(4):11—19.
[2] 李青,王涛. 学习分析技术研究与应用现状述评[J]. 中国电化教育,2012(8):129—133.
[3] NMC Horizon Repor 2011 Higher Ed Edition [EB/OL]. [2011-01-10]. http://www.nmc.org/publications/horizon-report-2011-higher-ed-edition.
[4] Siemens, G. Learning and Knowledge Analytics-Knewton-the future of education? [EB/OL]. [2011-04-14]. http://www.learninganalytics.net/?p=126.

学习者提供人为的适应性反馈。加拿大阿塞巴斯卡大学的 G. Siemens 教授认为:"学习分析是利用数据挖掘成果,学习者产生的数据和分析模型探究信息和社会联系,并且对学习作出预测和建议"。① Malcolm Brown 认为学习分析就是通过学习行为相关数据,来观察、判断学生学习情况,如学生在干什么、学习时间用在了哪、阅读了什么内容、进行了哪些活动、如何与同伴进行互动等等。②

我国学者顾小清等分析了学习分析技术的"前世今生",认为它在计算机支持的管理(CMI)、计算机人机交互和网络科学等领域存在了几十年,是 CMI 和 DDDM 的继承和发展。其基本定义是:围绕与学习者学习信息相关的数据,运用不同的分析方法和数据模型来解释这些数据,根据解释的结果来探究学习者的学习过程与情境,发现学习规律;或者根据数据阐释学习者的学习表现,为其提供相应反馈从而促进更加有效学习的技术。③ 祝智庭等认为:学习分析的核心是对学生学习过程中产生大范围数据的解释,以用于评估学术过程、预测未来表现和发现潜在问题。④ 刘清堂等认为:学习分析的基本概念和内涵早有公论,学习分析的独特性在于对不同的关益者(学生、教师、教育管理者),学习分析具有不同的价值和作用,具体见图 3-2-2。⑤

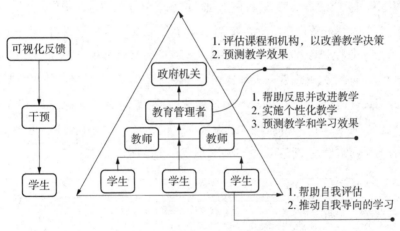

图 3-2-2 不同关益者学习分析的作用

综上所述,学习分析技术包括以下几个要素。第一,数据理解与采集。数据的量不仅要大,而且数据的类型和来源比较多元,联系也不甚紧密,涉及到学习者本体、学习环境、学习行为等各方面的数据,这些数据的理解、设计和采集是"学习分析技术"的重要任务。由此,"数据"是学习分析技术的基础要素。第二,数据处理与分析。面对什么数据集和学习者,采用哪些具体技术进行挖掘分

---

① G. Siemens, What is learning analytics [EB/OL]. http://www.elearnspace.org/blog/2010/08/25/what-are-learning-analytics/,2011-11-20.
② Brown M. Learning analytics:The coming third wave [DB/OL]. https://library.educause.edu/resources/2011/4/learning-analyticsthe-coming-third-wave,2017-12-05.
③ 顾小清,张进良,蔡慧英.学习分析:正在浮现中的数据技术[J].远程教育杂志,2012(1):18—25.
④ 祝智庭,贺斌.智慧教育:教育信息化的新境界[J].电化教育研究,2012(33):5—13.
⑤ 刘清堂等.教育大数据视角下的学习分析应用研究与思考[J].远程教育杂志,2017(3):71—77.

析,这是学习分析技术的重心。基于所有数据、由各类工具综合而成的"分析过程"或"分析模型"是学习分析技术的关键要素。第三,学习(者)解释与认知。学习分析技术应用的目的不是为了寻求数据的完美性和技术的规范性,也不是为了寻求学习的普遍规律,而是为了更好地认识和理解学习者或学习,所以,对数据结果的"可视化表征"及其意义阐释对学习分析技术研究来说具有重要意义。"图文表征"是学习分析技术的结果要素。第四,学习(者)预测与干预。对未来的预测与建议是教育者一直以来的"理想",过去囿于经验的预测经常会发生偏差,教育大数据思想下的学习分析技术让大家对这种预测更推崇、更期待,所以,预测和基于预测的干预,是学习分析技术的价值要素。

2. 基本过程与主要工具

作为一个日趋成熟的方法体系,学习分析技术是否有基本流程或过程,能否建构一套运行系统,以保障其规范性和科学性。国内外学者们对此皆进行了一定的研究,并构建了不同的学习分析模型。根据现有学习分析模型的构建视角不同,可将模型分为两大类,一种从宏观角度构建学习分析要素模型,其旨在通过提炼学习分析中的关键要素,勾勒出学习分析的整体面貌;其次是从微观角度构建学习分析过程模型,目的在于通过描述学习分析的具体操作步骤,促进学习分析的推广与使用。[1] 如吴永和等把学习分析整个系统分为数据层、分析层、报告层和干预与适应层四层:数据层主要获取学习者相关学习数据,送入系统分析层由分析引擎进行数据分析,之后在仪表盘上按学习者、教学者、管理者三大利益相关者需求产生可视化报告,并在此基础上对学习者进行干预,并完成自适应过程。[2] 刘清堂等学者认为:在教育大数据背景下,学习分析过程不是一个单向的过程,而是一个循环的过程,人为与自适应干预将对学习者之后的学习数据产生影响,改变学习者的学习结果,不断的干预和改变,形成一个循环结构(如图3-2-3)。[3]

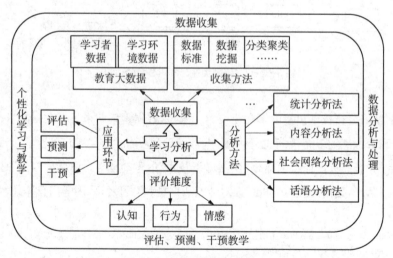

图3-2-3 教育大数据视角下的学习分析架构

---

[1] 王怀波等.目标导向的学习分析模型构建[J].中国电化教育,2018(5):96—102,117.
[2] 吴永和等.学习分析:教育信息化的新浪潮[J].远程教育杂志,2013(4):11—19.
[3] 刘清堂等.教育大数据视角下的学习分析应用研究与思考[J].远程教育杂志,2017(3):71—77.

恰蒂(M. A. Chatti)等提出了一个由四个维度组成的学习分析参考模型(见图3-2-4)。①该模型认为：学习分析必须建立在对问题内容及其本源、技术应用及其规范、数据标准及其来源、角色定位及其关系等真实而科学的系统之中。

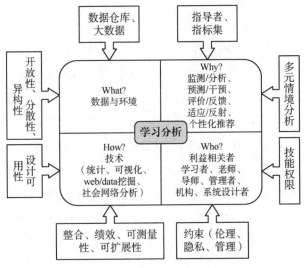

图3-2-4　Chatti等的学习分析参考模型

联通主义学习理论创始人西门子(G. Siemens)，从探究学习分析如何重构教学、学习、管理过程角度，构建了包含收集、分析、预测和适应性调整四个阶段学习分析过程模型(见图3-2-5)。②

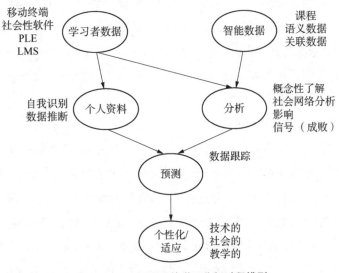

图3-2-5　西门子的学习分析过程模型

---

① 转引自：王良周,于卫红.大数据视角下的学习分析综述[J].中国远程教育,2015(3)：31—37.
② Siemens G. What is learning analytics [DB/OL]. http://www.elearnspace.org/blog/2010/08/25/what-are-learning-analytics/,2017-12-05.

这些模型或框架都试图在"问题-技术-理论-实践"间建立一定的逻辑关系，它们间具有内在相似性。不管什么模型或框架，其中都涉及一批"技术"和"工具"。学习分析关键技术涉及内容分析、话语分析、社会网络分析、系统建模等技术，还包括统计分析与可视化、聚类、预测、关系挖掘、文本挖掘等一系列数据挖掘方法。

学习分析工具可分为专用和通用工具两类，其中"专用工具"是专门开发用于分析学习活动和评估学习者的工具，如典型的"专用工具"有 Socrato、SNAPP 和 LOCO-Analys 等；"通用工具"则是原来应用于互联网、可用性设计等其他领域内，被转用于教育情景下，用来分析学习者如何使用教学系统的工具，主要有 Mixpanel Analytics、Userfly、Gephi 等几种。[①] 也有学者根据所侧重的分析对象与类型把学习分析工具分成五大类，分别是：第一，学习网络分析工具，包括 SNAPP、Gephi、NetMiner、UCINET、Pajek、GUESS、JUNG、NodeXL、Cohered 等；第二，学习内容分析工具，包括 WMatrix、CAT-PAC、LIWC、Nvivo、Atlas.ti、Wordle、LOCO-Analyst 等；第三，学习能力分析工具，如 ELLIment、Enquiry Blogger、Socrato 等；第四，学习行为分析工具，如 Google Analytics、Mixpanel 等；第五，综合学习分析工具，如 WEKA、SPSS、SSAS 等。[②] 在具体使用过程中，研究者要根据数据情况和研究需要，科学选用工具或工具组合。

二、学习分析技术的教育应用研究

当前，国内学习分析的研究主要集中于以下四大主题：(1)学习分析的相关模型框架构建研究、学习分析的过程方法研究以及学习分析的驱动力研究，主要涉及到网络化学习、教育游戏化、社会媒体、个性化学习、情感分析以及大数据的发展等领域；(2)学习分析方法工具研究，包括内容分析、文本挖掘、社会网络分析、商业智能、绩效和计算机支持的协作学习等内容；(3)学习分析技术支持研究，涉及到数据分析、可视化技术，数据安全技术等内容；(4)学习分析应用研究，包括机器学习、高等教育、数字教育和在线教育等内容。[③] 从实践应用角度，在教学与评价领域，学习分析技术当前主要有以下几方面的研究。

（一）学习状态及影响因素的研究

通过采集线上课程的学生学习数据，再辅以线下的背景数据、学业数据等，对学生的学习状态、学习水平、学习影响因素等进行探究，是当前学习分析技术领域的主要研究模式。如有研究者通过对某大学某门网上课程的学生学习进行研究，数据来源于 2 919 名该课程的注册学生，通过对系统数据库和网站日志处理，提取了包括视频查看、资源访问、客观题答题、主观题答题、论坛讨论、主观题互评等相关的学生在线学习数据，为了研究的需要，除了线上的数据外，该研究还收集了包括学习结束后的线下考试成绩及相关问卷数据。通过建模、工具应用、分析处理等，研

[①] 魏顺平.学习分析技术：挖掘大数据时代下教育数据的价值[J].现代教育技术,2013(2)：5—11.
[②] 孟玲玲,顾小清,李泽.学习分析工具比较研究[J].开放教育研究,2014(4)：66—75.
[③] 刘清堂等.教育大数据视角下的学习分析应用研究与思考[J].远程教育杂志,2017(3)：71—77.

究发现,学习态度、投入水平和及时水平是影响在线学习学习成就的主要因素,耐挫水平为次要因素,而互动水平、积极水平和阶段成效在本研究中对最终的学业成就无关。[①] 使用类似的方法,还可以对个体和群组的学习状态进行诊断,学习结果进行预测,继而适时对部分学生的相关学习提出预警。

基础教育线上课程还未占主流,多为"互联网+"的混合学习场景。所以,借用平台或技术辅助实施线下课程,并借此伴随采集部分教与学的过程数据是主要数据采集方式。即:如有研究者以高中35个教学班中的98名教师和1 973名学生为研究对象,基于其2年的课堂教学过程性数据,以及伴随其中的4次学业考试成绩数据,通过相关分析、因子分析、多元回归分析等手段,探究学生学业成绩的关键影响因素。研究发现:对于理科来说,跟回复微课次数、递交作业数、与学生互批作业数这3个变量对成绩的影响是显著的;跟回复微课次数、与学生互批作业数对成绩产生负的影响;递交作业数对成绩产生正的影响。[②] 因平台本身的局限性、学习场景的多样性、技术应用的复杂性等,当前研究还处于"点"状研究阶段,即还未能聚焦学生开展全数据、立体性、可持续的学习分析技术应用。

学习状态包括的内容比较丰富,包括心理状态、内心感受、学业表现等,如学习兴趣、动机、态度、负担、满意度、幸福感、成就感、专注力、投入度、学习方法的多元性与适切度、工具运用的熟练度与科学性等都可纳入研究范畴。但因数据采集及挖掘技术所限,当前对学生学习状态及影响因素的研究还不太成熟,数据采集和数据积累的前端问题还未解决,所以,研究的样本量、覆盖面、成熟度都还远远不够,但这样研究的价值定位已比较明确,价值取向已被普遍接受,研究的思维方式、基本框架、主要路径等也逐步明晰。假以时日,当技术难点得以突破、人力资源得到整合,学习分析技术在实践中会大放异彩。

(二)教学机制与干预方法的研究

"数据驱动教学"是当前课堂教学改革的重要观念。学习分析技术在课堂教学中的应用研究是其重要策略,已成为当前教育研究的热点之一。一方面,随着技术的应用,教学形态本身在发生改变,利用学习分析技术可以对新的教学形态或教学模式的本质和规律进行认知。另一方面,如何提高教学质量,不仅要从教育学原理、学科教学论、认知心理学等方面进行理论分析,也不仅仅依赖于教师的个体的专业经验和能力进行试误性实践,还需要基于证据进行科学诊断与分析,基于此进行教学改进。

对于前者来说,颠倒课堂、数字化学习、"电子书包"、远程学习、MOCC等研究备受关注。如有研究者运用学习分析技术对"数字化课堂中的课堂互动机制"进行研究。在此研究过程中,数据主要来源于课堂实录视频、问卷调查等,研究者运用了TIMSS录像分析法、ITIAS编码系统、ICOT量表、面向智慧教室的中小学课堂互动观察工具与基于人-技术-环境的互动分析编码系

---

① 孙发勤,冯锐.基于学习分析的在线学业成就影响因素研究[J].中国电化教育,2019(3):48—54.
② 孙曙辉,刘邦奇,李鑫.面向智慧课堂的数据挖掘与学习分析框架及应用[J].中国电化教育,2018(2):59—66.

统,并从教学环节、互动主体、互动形式、互动媒介、使用功能、互动内容、技术支持度以及互动参与度八个维度设计了数字化课堂互动行为分析体系。该研究发现了数字化课堂互动的主体关系及互动方式、互动时机及互动质量等方面的结果,基于此,提出了三个层级的数字化课堂互动的优化框架,细化了每个层级的微观关系,以期能有效提升课堂互动的精准性,促进课堂深度学习的发生。① 有研究者基于英语教学外在环境的变化和质量的要求,通过学科本体和学习分析技术的链接研究,提出了"基于学习分析技术的外语教学/学习分析模式"。② 对于后者来说,因诸多原因,研究多落脚在课堂教学的微观层面,且研究的数据量不太大,数据类型也不太复杂。即通过采集教学中的关键证据,对教学的方式、手段、过程、评价等提出改进建议或意见。

学习分析技术提升了对教师"教"和学生"学"的行为的理解和认知。在研究过程中,把教师作为教学的变量或条件之一,即纳入教学系统进行研究,通过对教学及其他数据的筛选、清洗、挖掘、分析等,形成对"教与学"的预判,提出干预建议。

(三) 质量评价与管理改革的研究

教学、学习、评价具有紧密的关联性和内在的一致性。学习分析技术在教育教学的质量管理与评价改革上亦有所应用。有学者认为,当学习分析进入评价会对传统评价产生较大影响。其主要区别在于"学习者是否意识到自己在被评价",其中,"数字化学习经历"或"数字空间"的创建是关键,即"学习者与数字化媒体环境交互产生的数字化学习经历"要成为评价的数据源,且需自动采集。③ 当前,"数字化学习经历"或"游戏化学习"还未常态化,但基于在线学习的质量评价已成为现实。如有研究者对线上课程评价进行了研究,借助学习分析技术,从媒体技术、学习资源、学习活动、学习支持和联通水平五个维度构建了课程综合评价模型框架,并通过对具体线上课程的学习管理数据、学习行为数据、学习评价数据和内容语义数据进行了综合汇聚、数据清洗和质量评价,并通过多种数据分析技术的应用,获取了特征变量,构建了指标和模型算法,形成了课程评价数据模型。④ 有研究者基于对学生网络学习的过程研究,构建了以学习分析为中心,学习目标、学习过程、自我评价、同伴评价和反思改进为主体的网络学习评价模型。⑤ 有研究者以具体的在线课程为载体,以 551 个样本在此课程过程学习中的行为数据及 2 459 条讨论帖为数据,采用了内容分析法、社会网络分析法等,对自变量和因变量数据进行编码和量化,并采用相关分析和多重线性回归,基于此,初步构建了在线认知水平的评价模型。⑥ 基于学习分析的评价既在评价理论上有改变,如更加关注过程,让评价伴随学习、让评价促进学习;在评价操作上也有所优化,

---

① 郁晓华,黄沁.学习分析视角下的数字化课堂互动优化研究[J].中国电化教育,2018(2):12—20.
② 甘容辉,何高大.大数据时代学习分析与外语教学研究展望[J].外语电化教育,2016(6):40—45.
③ 郑隆威,冯园园,顾小清.学习分析:连接数字化学习经历与教育评价——访国际学习分析研究专家戴维·吉布森教授[J].开放教育研究,2016(4):4—10.
④ 孙洪涛等.基于学习分析的在线学习测评建模与应用——课程综合评价参考模型研究[J].电化教育研究,2016(11):25—31.
⑤ 毛刚,刘清堂.融入学习分析的网络学习评价模型与应用研究[J].远程教育杂志,2016(6):20—27.
⑥ 冯晓英,郑勤华,陈鹏宇.学习分析视角下在线认知水平的评价模型研究[J].远程教育杂志,2016(6):39—45.

如更加关注证据的多元化、数量化和真实性。

评价的优化必然伴随管理的变革。学习分析技术的支持,让管理也会变得更加科学、精准。如有研究者运用 Moodle 平台多门课程网上实施的全过程数据和 5 年的跟踪数据,通过分析与挖掘,提出了构建了管理者视角下在线教学绩效评估模式,明确该评估模式在"分析流程"方面的关键环节包括不同层次评估对象(教学机构/课程/辅导教师)在线教学绩效评估需求分析、各观测点数据采集与变换、评估结论与整改建议等,所用到的"工具与算法"主要有数据库管理系统查询分析器以及"统计分析与可视化"方法,所用到的"数据与信息"将主要有网络教学平台日志数据表。① 同时,质量管理理念、方式、手段的变革,也会推动教育评价的优化。

(四) 个性化教育实施策略的研究

工业时代的教育是划一性的教育,信息时代的教育是个性化的教育,个性化教育成为后工业社会信息时代教育的唯一形态。② 个性化教育基于两大前提:一是人的可教育性,二是人的差异性。③ 个性化教育就是要给每个学生提供适合的教育。④ 在当前教育体制下(以核心素养、全国第八次课程改革和上海市二期课改背景下的课程体系、班级授课制、新的中高考制度等为主要特征),如何探索或实施个性化教育?信息时代为个性化教育提供了哪些可能性?个性化教育是一种全新的教育模式还是在原有教育模式之下的实施变式?这些问题都尚无定论,还需进一步实践和研究。

个性化教育的标志之一是为每个个体和群组提供匹配、及时、有效、精准的教育服务和支持,让每一个学生都能得到个性化、最大化及可持续的发展。其前提条件是知道每一个学生的基础、个性、兴趣、潜能、目标等。过往,学校和教师能根据学生表现、家庭情况、选习课程、基础测试、个人计划等了解学生,但因证据零散、关联不强、基于经验等原因,这一"诊断"带有较强的主观性和经验性,难以支持科学、持久的个性化教育。为此,需要利用现代教育技术、教育大数据和学习分析技术等为学习者本体提供精准诊断,为学习过程提供精准服务。

有研究者提出:要准确的判定学生个性,则需要建立活动大数据,记录学习者的行为,识别个体倾向性;需要建立课程大数据,记录学习效果,识别个体心理特征的能力体现;需要建立成长大数据,记录学习者在社会交往中的各种表现,识别个体性格特征等。⑤ 越来越多的研究者呼吁为学生刻画"数字画像"。如有研究者基于电子书包的海量数据,建构了基于电子书包的个性化分析模型,以实现"个性化学习资源推送、个性化学习过程监控与指导、个性化学习社区推荐"等。⑥

---

① 魏顺平. 在线教育管理者视角下的学习分析——在线教学绩效评估模式构建与应用[J]. 现代教育技术,2014(9):79—85,93.
② 冯建军. 论个性化教育的理念[J]. 教育科学,2004(2):11—14.
③ 吴刚. 大数据时代的个性化教育:策略与实践[J]. 南京社会科学,2015(7):104—110.
④ 顾明远. 个性化教育与人才培养模式创新[J]. 中国教育学刊,2011(10):5—8.
⑤ 刘和海,戴濛濛. "互联网+"时代个性化学习实践路径:从"因材施教"走向"可因材施教"[J]. 中国电化教育,2019(7):46—53.
⑥ 武法提,牟智佳. 电子书包中基于大数据的学生个性化分析模型构建与实现路径[J]. 中国电化教育,2014(3):63—69.

这可以让个性化教育从云端走向现实。

从因材施教到个性化教育,在此方面,中西方教育具有一致性。但是,个性化教育不是一蹴而就的,当前个性化教育体系尚未建成,但可以从点上突破,如从教学个性化、评价个性化、课程个性化、指导个性化等方面率先探索。在此过程中,每个方面的个性化实践,都需要聚集人的发展要求,都需要把握信息化时代的教育特征,都需要基于教育大数据,都需要运用学习分析或数据挖掘。

三、学习分析技术参与的评价突破

评价的改革与发展对整个教育体系的影响至关重要。面对当前学业质量评价,可能还不能做到完全意义上的"基于学习分析",但可在某些方面做出改变。

(一) 过程性评价中的设计理念与证据采集

1. 学习分析系统让评价理论可以落地

作为一个研究领域,教育领域的分析技术目前还处于早期发展阶段,目前学习分析所考量的维度主要在两方面:一是分析情绪、行为或认知等成分在学习中有多"宽"(how wide),即这些成分对学习的影响程度;二是在各特定学科知识领域中,分析学习者从新手到专家的发展路径有多"深"(how deep),即学习者的学习路径是怎样的。[①] 学习分析中,对学生当下学习状态及影响因素的探究,对学生未来发展路径和潜能的预测,这也是学业质量评价急需突破的难点,按此理念,科学、便捷、有效的"过程性评价"可以成为现实。

学业质量评价要走向"多维和全程",要从传统的"诊断与选拔"中走向"对于学习、为了学习、促进学习"三位一体的评价,这与学习分析的理念、框架、系统等具有一致性。学习分析的发展已经脱离了单纯的技术倾向,而是融合了数据处理和人类决策的综合系统,它可以从目标设定、数据获取、分析方法选择、结果呈现与反馈等多个方面与评价理论相互渗透融合,赋予"促进学习的评价"全新的面貌,为学习发展构建全新的生态,其基本思路见图3-2-6。[②]

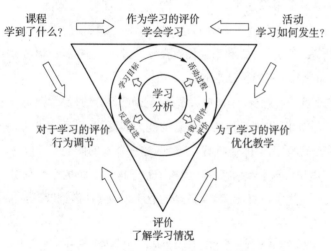

图 3-2-6 学习分析促进学习的作用机制

评价既是教学的起点,也是教

---

① 郑隆威,冯园园,顾小清.学习分析:连接数字化学习经历与教育评价———访国际学习分析研究专家戴维·吉布森教授[J]. 开放教育研究,2016(4):4—10.
② 毛刚.学习分析促进学习的作用机制与内在逻辑[J]. 电化教育研究,2018(5):79—85.

学的终点,更伴随教学的过程,不仅是绩效管理的手段,更是学生发展的阶梯。基于教育大数据的学习分析技术应用系统,让这一评价的理念成为可能。当然,在面向不同学段、不同课程、不同学科的学业质量评价时,其具体的数据表征、操作方式等会有所不同。

2. 多模态数据可让评价证据走出单一

学习分析对数据的重视程度、对数据的价值观念、对数据的采集手段、对数据的应用方式等对学业质量评价有巨大促进作用。学习分析技术的应用可以让学业质量评价走出单一考试式的藩篱。

学习分析技术对数据的来源、类型、关系、价值等方面的观念尤为重要。当前,在数据采集方面,除了网上课程或网上学习的伴随式采集数据外,录像、语音识别、表情识别、动作识别、可穿戴设备、眼动仪、录像、调查等也是重要的采集手段。这使得学习者的学习过程、身体活动、生理反应等数据源都可以形成多模态数据集。可以说,学业分析技术正从多元数据走向多模态数据。"多模态数据"是指对于同一现象、过程或环境采用两种或两种以上方式获取的相关数据。[①] 与传统学习环境中采用观察法人工记录数据相比,多模态数据从多个维度全面、精准地采集、记录和存储真实的课堂情景,涵盖数字、文本、音视频、生理指标等多种数据类型,映射了学习者的基本信息、行为、心理和生理特征,具有情境性、时序性和层级性。[②] 多模态数据扩大了学习分析及学习分析技术的应用,使得数据采集不再囿于在线平台,使得对学习者的关注可以实现精神世界、物理世界及虚拟世界等多方面的同步研究。

根据数据中所携带信息的特性,可将多模态学习分析数据分为生理层数据、心理层数据、行为层数据和基本信息数据四类。[③] 其中,生理层数据处于最底层,是人体内部身体结构在接受刺激时所发生的变化,是学习者心理和行为的反映;心理层数据则是学习者自身的心理活动数据,如认知、注意以及紧张、兴奋等情感数据;行为层数据是学习者外在表现的动作数据;基本信息数据是学习分析中的基础数据,主体信息为人口统计学数据,包括学习者的年级、年龄、性别、课程动态等,它是任何学习分析实践中必备的数据集,必须与其他层面的数据结合分析才具有实际意义。

多模态数据的提出,让过程性评价不仅可以成为现实,并得以常态化实施,更能让其在学业质量评价系统中发挥出更大作用。

(二) 结果性评价中的数据挖掘与多元应用

学习成果(Learning Outcome)是学业质量评价的核心证据。长期以来,我们参照布鲁姆学习目标分类学,通过严密的命题工具的开发与严格的测试,借助学习成果对学生的学业水平或学业质量进行评价。此类测评的前提假设是学习成果是"可测量的",而且可以在多个维度"可测量"。

---

① 钟薇等.学习分析技术发展趋向——多模态数据环境下的研究与探索[J].中国远程教育,2018(11):41—49,79—80.
② 吴永和,李若晨,王浩楠.学习分析研究的现状与未来发展——2017年学习分析与知识国际会议评析[J].开放教育研究,2017(5):42—56.
③ 钟薇等.学习分析技术发展趋向——多模态数据环境下的研究与探索[J].中国远程教育,2018(11):41—49,79—80.

但有研究者认为：事实上，学习成果的描述与所测量的结果之间是否匹配，还存在疑问。为此，借助学习分析方法对这一问题进行探究。研究者利用自然语言处理方法测试动词、情境信息等能否有效地标示学习成果的认知类型，研究发现，动词依然是布鲁姆分类学中最关键的特征，当该特征与学习内容、情境信息结合时，能够更准确地标示学习成果的认知类型。[①] 即在认知领域，如标示适当，是可以对学习成果进行评价的，但在其他维度（如过程与方法、态度情感价值观维度）则评价更加复杂。所以，结果性评价需要综合运用多种手段，通过多元方法呈现学习成果。

在多元评价导向下，对学业质量的结果性评价，一方面，可以参照大规模学业质量监控或著名国际测试，进行学业质量评价的规划和设计，另一方面，结合 CTT 和 IRT，借助学习分析系统中的工具进行充分的数据挖掘，并借鉴其思路将评价结果的应用导向预测和干预。

区域学业质量评价因其特殊的功能定位，除整体性数据分析外，更要关注学校个体、教师个体、学生个体在学业质量中的趋势判断与个性分析，要让区域学业质量的结果性评价发挥其更大的促进和发展功能。

综上所述，区域学业质量评价必须修正判据模型、充分采集评价证据、科学挖掘评价信息，从基于印象的判断转变为对数据的综合分析。通过对学业质量的结构性数据、半结构数据、非结构数据等进行分析和挖掘，探索学业成绩变化趋势与规律，挖掘非学业因素与学业水平之间的关联性，关注学生学业质量的区域、学校、班级差异，关注对学生学业质量及其相关因素的历史纵向解释。以往的中小学生学业质量评价只在每学期期末进行，是对学生学习结果的评价，属于产出性评价；较少反映学生的学习过程和背景因素对学生学业的影响。只有加强对学习全过程评价和背景因素评价，才能更全面地了解学业质量及影响因素，为促进学生发展提供证据。通过区域学业质量评价的改革，可以将"测试-数据挖掘-决策-改进教学"串联起来，形成一个完整的价值链，使得大规模个性化教学成为可能，为实现素质教育、为教育现代化发展奠基。

[①] 郑隆威，冯园园，顾小清.学习成果可测了吗：基于学习分析方法的认知分类有效性研究[J].电化教育研究，2019(1)：77—86.

实践探索部分

第四章 区域学业质量评价平台的规划与建设

作为区域教育质量的重要组成部分,中小学学业质量对区域教育的发展至关重要。面对素质教育的改革方向,面向教育现代化的发展要求,区域学业质量评价需要顺应教育发展形势,要从学生、教师、学校、指导者、管理者、决策者的需要出发,进一步规范学业质量评价流程,改进学业质量评价办法,优化学业质量评价机制。这需要两个前提条件:一是要有新的教育评价观念或理念,二是要有新的技术手段和方法。由此,闵行基于教育大数据的理念,运用学习分析的理念和学习分析技术的要求,对学业质量评价平台进行改造和升级,形成新的区域中小学学业质量评价平台。本章具体介绍该平台的设计和建设过程。

第一节 设计理念与平台规划

区域中小学学业质量评价平台能收集和测量学生学习过程中产生的数据,对数据进行综合分析和评价,并将评价结果反馈给学习者、教师、教育行政、教育业务等,以便更正确地理解学习发生的过程,更科学地预测学业发展趋势,更准确地判断如何改进学习经历或学习发生的环境。借助平台,实现区域学业质量测试流程更加标准化、数据积累更加自动化、数据挖掘更加智能化,保障和促进区域教育质量的提升。这是对平台的价值期望和功能期待。由此,我们从问题出发,确定了平台建设基本思路,并从框架结构、技术融合、界面设计、性能定位和数据标准等方面逐一实践和研究。

一、基本思路

运用学习分析技术进行学业质量评价需要进行整体性架构:设计评价框架,开发技术平台,细化操作办法,明确使用路径。为此,我们根据《中小学教育质量综合评价指标框架》、《上海市中小学生学业质量绿色指标(试行)》,参照PISA、TIMSS、NAEP等国际大规模测试的理念与方法,按照区域学业质量评价的功能定位和职能要求,从实际出发,遵循区域学业质量测评的工作流程,针对原有平台的问题和不足,重新设计和开发了闵行学业质量评价平台。

1. 问题分析

(1) 数据粒度问题

原有平台中对学生成绩数据的采集粒度不够,主要问题有:试题定义模式单一,无法从构建知识空间的概念出发,没有通过对成绩数据粒度的采集形成对最小颗粒度系统的储存与构建,不能进行双向细目的分析、不能进行自动化的相关分析,不能进行等值处理,不能为各层面考试组卷提供行之有效的依据。即原有平台无法满足数据挖掘需要,所以,需要细化平台的数据采集粒度,能在知识点层次、子能力层次等展开细化的分析和挖掘。

(2) 分析模型问题

采用的分析量表和模型比较单一,由此导致质量分析力度(包括分析的深度和广度)比较狭隘,整个系统的立意和着眼点较窄,不能保证为学校学业质量的改进提供具体的、细化的和针对性的支持。所以,需要使系统中的分析技术多样化、分析模型多元化,从更深广的角度分析,满足不同层面用户的需求。

(3) 服务对象问题

原平台虽然也产生了大量数据,但其服务对象主要侧重于学校管理者和区域指导者,对教师个体、学生个体和行政决策的服务功能不强。

2. 任务分析

平台改进和建设研究,需要对学业质量指标进行重新描述,要将指标分析转变为计算机可以处理的数据模型,并在此基础上构建计算方法体系,分析教学薄弱环节,构建教学质量评价及管理的闭环体系,促进教学改进和师生发展。

(1) 精细化管理

以基础教育各学科课程标准为依据,以教育测量学为基础,通过建立区域中小学教育质量测评系统,探索基于实证的教学研究方法。以信息技术提升区域中小学生学业质量评价工作的效率,为中小学学业质量监控、管理、反馈与指导提供更高效的服务。通过丰富的学业成果或学业表现数据采集方式降低信息采集工作量,通过数据挖掘系统与模型建立成绩统计分析,及时监测区域中小学学业质量发展变化、为区校两级教育教学决策提供依据。

管理涉及多个角色,如区级管理者、校级管理者,行政管理者、业务管理者等。由此,优化后的平台既要实现对区级考试的管理,同时要让学校有使用权。即授权给区校两级单位,用于全区、各校的学生成绩统计分析。包括考试定义,试卷定义,考试信息管理,学业成绩采集进度监控等。支持任课教师(或班主任)、校长、教研员、行政部门、管理员等角色及权限的自定义,并且同一个用户支持多角色的权限控制。

(2) 综合性评价

新建设的平台不仅能记录学生学业成绩,还能采集学生的学习状态、影响因素等方面的情况,即通过多维评价、多模态证据,实现对学生学业质量的综合评价。我们根据教育部《中小学教育质量综合评价指标框架》和上海市《上海市中小学生学业质量绿色指标(试行)》相关文件要求,建设绿色指标评价系统,包括综合学生品德发展水平、学业发展水平、身心发展水平、兴趣特长养成与学业负担状况五方面,共20个关键性指标。学业水平与这些指标相结合,完成对学校学业质量的评估,导引学校走出单纯以学生考试成绩和升学率评价学业质量乃至教育质量的误区。

(3) 层次化挖掘

新建设的平台要建立更为精准、深入的数据挖掘系统,以为所有主体(包括学生)提供分析、判断及决策依据。为此,本平台引入了概化理论、项目反应理论、MONT CARLO 分析、聚类分析等,体现了前沿评价理论的深层次数据分析。新建设的平台要能够动态扩展数据挖掘模型和结果呈现,注重对学业考试与背景因素潜在规律的挖掘,探索学业成绩变化趋势与规律,挖掘非学业因素与学业水平之间的关联性。要能将学业质量评价的结果用于对学生学业诊断、学业发展、高阶思维能力的跟踪监测。学习结果分析报告要对全体、抽样、特征群体的学生进行分类分析,在测试和问卷结果的分析与解释时,综合分析学业和非学业因素,关注学生学业质量的区域、学校、班级差异,关注对学生学业质量及其相关因素的历史纵向解释。

3. 创新设计

平台优化建设研究要实现以下几个方面的技术创新。第一,建立基于符号动力学的多维弹性学业绿色指标体系。该指标体系可以同时描述数值型及非数值型数据,学业绿色指标可以根据学校的实际情况进行弹性调整。基于符号动力学可以对学业绿色指标进行持续的跟踪。第二,采用 LS-SVM 方法,对多维学业绿色指标数据进行分析,量化教师学业绿色指标评估。第三,基于 Mont Carlo 以及关联度分析法,分析对不同学校、教师的学业绿色指标影响最大的因素,促进教师有针对性地进行教学改进。

二、指标框架

指标框架是区域学业质量评价平台的"核心软件"。要促进师生发展和质量改进,指标框架既需要满足基准要求,又要能够方便学校根据自身特色进行添加,构建灵活,动态的系统。

1. 综合评价整体框架

区域学业质量综合评价指标体系的内容,除了学业成绩外,还考查背景因素如社会经济背景、师生关系、学业负担、学习动力等。学业质量分析系统除了对考试质量进行监测与分析外,还需要对学业环境因素进行分析和监测,如学业相关因素、学业素养等,因此,系统的分析模型为:

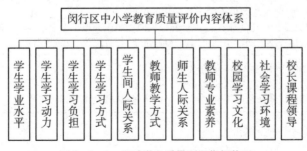

图 4-1-1 区域学业质量测评指标体系

成绩分析、学业水平(学习素养)、学习相关因素(环境因素)三大分析模型及其关联分析。

闵行区中小学教育质量评价内容体系较为复杂,其各项指标体系在实际使用过程中需要不断进行调整。而针对学生、班级、年级以及学校等不同的管理粒度,都需要相应的指标进行描述。

在其中尤为重要的是成绩与试卷的分析,两者既有联系,也有差异,可以较为全面地反映学生、班级、年级以及学校等多方面的教学质量状态。

2. 成绩分析指标体系

(1)学生成绩指标

表 4-1-1　学生成绩指标体系

序号	指标名称	含义
1	原始分	在接受测验后,按照评分标准对其作答反应直接评出来的分数。
2	等第	分值等第:按照分值,划分优秀(A)、良好(B)、中等(C)、较差(D)、极差(E)五个等级。 百分比等第:按照百分比,划分优秀(A)、良好(B)、中等(C)、较差(D)、极差(E)五个等级。
3	排名	学生个体在样本空间里的排序;以原始分排列;按照样本空间的不同分为:班排名、校排名、校组排名、区排名。
4	百分等级	描述了学生在样本空间中的相对位置,反映的是某个学生分数以下数据个数占总个数的比例的百分数。即有百分之多少的人排在该学生之后,该学生的百分等级就是多少。只取整数部分,舍去小数部分(不作四舍五入) 公式:$P_r = 100 \times$(实考人 — 排名)/ 实考人数 按照样本空间的不同,分为:班百分等级、校百分等级、校组百分等级、区百分等级。
5	标准 Z 分	Z 标准分。说明原始分在样本空间中的相对位置。正负号说明原始分是大于还是小于平均数,绝对数值说明原始分距离平均分数的远近程度。 公式:$Z_i = \dfrac{x_i - \bar{x}}{s}$,其中 $\bar{x}$ 表示平均分,s 表示标准差。 按照样本空间的不同,分为:班标准分、校标准分、校组标准分、区标准分。
6	标准 T 分	T 标准分。标准分通过公式转换得来。 公式:$Ti = Zi \times K$ 值 $+ C$ 值,其中 Zi 表示标准分,K 为变换系数(系统默认值15),C 为平移量(系统默认值55)。 按照样本空间的不同,分为:班 T 值、校 T 值、校组 T 值、区 T 值。
7	进退步	学生个体在样本空间里的排名变化情况。正负号说明相较于上次考试排名是前进还是后退了,绝对数值说明排名变化的大小。 相比较的上次考试:是以计算过的时间早于并最接近于本次考试的那次考试。 按照样本空间的不同,分为:班进退步、校进退步、校组进退步、区进退步。
8	比值	说明个体在样本空间的位置。 公式:比值=成绩/平均分 按照样本空间的不同,分为:班比值、校比值、校组比值、区比值。

（2）班级成绩指标

表 4-1-2　班级成绩指标

基本指标	应考人数	实考人数	缺考人数	平均分	最高分
	最低分	及格率	优良率	低分率	M值
	M次值	年级均分系数	区均分系数	校排名	区排名
	校组排名	超校均率	超区均率	超校组均率	小题得分
	小题得分率				
差异量指标	众数	中位数	全距	偏度	峰值
	标准差	标准误差	差异系数	方差	
等级分布	优秀人数	优秀比例	良好人数	良好比例	中等人数
	中等比例	较差人数	较差比例	极差人数	极差比例
分数段分布	80～100人数	80～100比例	60～80人数	60～80比例	40～60人数
	40～60比例	20～40人数	20～40比例	0～20人数	0～20比例
得分分布	高分组平均分	低分组平均分			
百分等级分布	校0～0.25人数	校0～0.25比例	校0.25～0.5人数	校0.25～0.5比例	校0.5～0.75人数
	校0.5～0.75比例	校0.75～1人数	校0.75～1比例	区0～0.25人数	区0～0.25比例
	区0.25～0.5人数	区0.25～0.5比例	区0.5～0.75人数	区0.5～0.75比例	区0.75～1人数

表 4-1-3　班级成绩指标分类

序号	指标名称	含　义	分类
1	排名	群体(班级)在样本空间(学校、全区)里的排序。以平均分排列。按照样本空间的不同,分为:校排名、校组排名、区排名。	基本指标
2	超X均率	描述了群体(班级)超出样本空间(学校、全区)的比率,公式:超均率＝(群体平均分－样本空间平均分)/样本空间平均分 按照样本空间的不同,分为:超校均率、超校组均率、超区均率。	
3	众数	原始分中出现频率最高的分值	差异量指标
4	中位数	样本空间内,将原始分按大小依次排列,如果数字个数为奇数,取正中间的一个数;如果数字个数为偶数,则取中间两个数的平均数,叫做成绩的中位数。	
5	全距	最高分与最低分之差	
6	偏度	反映以平均值为中心的分布的不对称程度。skew<0 表示成绩分布具有负偏离,低于平均分的较多;skew>0 表示分布具有正偏离,高于平均分的较多。	
7	峰值	与正态分布相比某一分布的尖锐度或平坦度,正峰值表示相对尖锐的分布。负峰值表示相对平坦的分布。	

续 表

序号	指标名称	含 义	分类
8	标准差	描述成绩样本空间内,成绩与平均值离散的程度。 公式:$Z_i = \dfrac{x_i - \bar{x}}{s}$,其中 $\bar{x}$ 表示平均数	
9	标准误差	对一组成绩数据可靠性的估计。标准误差小,成绩的可靠性大一些,反之,成绩就不大可靠。 公式:$ex = s/\sqrt{n}$	
10	差异系数	可以用来比较平均水平相差较大的两组或多组资料的离散程度(试题区分度)。 公式:$CV = s/\bar{x}$,取值样式为百分比,如 31.53%	
11	方差	一组数据中,各数离均差的平方和的算术平均数称为这组数据的方差。又叫均方差或变异数。	
12	高分组	排名前 27%(默认比例)的学生	得分分布
13	低分组	排名后 27%(默认比例)的学生	
14	百分等级	描述了群体(**班级**)在最大样本空间(**全区**)中的相对位置,即有百分之多少的群体排在该群体之后,该群体的百分等级就是多少。只取整数部分,舍去小数部分(不作四舍五入)。 公式:$P_r = 100 \times$(实考人数 — 排名)/ 实考人数	
15	小于 0.25	**人数**:该**班级**有多少学生的区百分等级是在 0~0.25 这个范围的。 **比例**:这些学生占**班级**人数的百分比。	百分等级分布
16	0.25~0.5	**人数**:该**班级**有多少学生的区百分等级是在 0.25~0.5 这个范围的。 **比例**:这些学生占**班级**人数的百分比。	
17	0.5~0.75	**人数**:该**班级**有多少学生的区百分等级是在 0.5~0.75 这个范围的。 **比例**:这些学生占**班级**人数的百分比。	
18	大于 0.75	**人数**:该**班级**有多少学生的区百分等级是在 0.75~1 范围的。 **比例**:这些学生占**班级**人数的百分比。	

(3)年级成绩指标

表 4-1-4 年级成绩指标

基本指标	应考人数	实考人数	缺考人数	平均分	最高分
	最低分	及格率	优良率	低分率	M 值
	M 次值	年级均分系数	区均分系数	校排名	区排名
	校组排名	超校均率	超区均率	超校组均率	小题得分
	小题得分率				

续 表

差异量指标	众数	中位数	全距	偏度	峰值
	标准差	标准误差	差异系数	方差	
等级分布	优秀人数	优秀比例	良好人数	良好比例	中等人数
	中等比例	较差人数	较差比例	极差人数	极差比例
分数段分布	80~100人数	80~100比例	60~80人数	60~80比例	40~60人数
	40~60比例	20~40人数	20~40比例	0~20人数	0~20比例
得分分布	高分组平均分	低分组平均分			
百分等级分布	校0~0.25人数	校0~0.25比例	校0.25~0.5人数	校0.25~0.5比例	校0.5~0.75人数
	校0.5~0.75比例	校0.75~1人数	校0.75~1比例	区0~0.25人数	区0~0.25比例
	区0.25~0.5人数	区0.25~0.5比例	区0.5~0.75人数	区0.5~0.75比例	区0.75~1人数

表 4-1-5　年级成绩指标分类

序号	指标名称	含　义	分类
1	排名	群体(年级)在样本空间(校组、全区)里的排序。以平均分排列。按照样本空间的不同,分为:校排名、校组排名、区排名。	基本指标
2	超X均率	描述了群体(年级)超出样本空间(校组、全区)的比率,公式:超均率=(群体平均分－样本空间平均分)/样本空间平均分 按照样本空间的不同,分为:超校组均率、超区均率。	
3	众数	原始分中出现频率最高的分值	差异量指标
4	中位数	样本空间内,将原始分的按大小依次排列,如果数字个数为奇数,取正中间的一个数;如果数字个数为偶数,则取中间两个数的平均数,叫做成绩的中位数。	
5	全距	最高分与最低分之差	
6	偏度	反映以平均值为中心的分布的不对称程度。skew<0 表示成绩分布具有负偏离,低于平均分的较多;skew>0 表示分布具有正偏离,高于平均分的较多。	
7	峰值	与正态分布相比某一分布的尖锐度或平坦度。正峰值表示相对尖锐的分布。负峰值表示相对平坦的分布。	
8	标准差	描述成绩样本空间内,成绩与平均值离散的程度。公式:$Z_i = \dfrac{x_i - \bar{x}}{s}$,其中 $\bar{x}$ 表示平均数	
9	标准误差	对一组成绩数据可靠性的估计。标准误差小,成绩的可靠性大一些,反之,成绩就不大可靠。公式:$ex = s/\sqrt{n}$	
10	差异系数	可以用来比较平均水平相差较大的两组或多组资料的离散程度(试题区分度)。公式:$CV = s/\bar{x}$,取值样式为百分比,如31.53%	

续 表

序号	指标名称	含 义	分类
11	方差	一组数据中,各数离均差的平方和的算术平均数称为这组数据的方差。又叫均方差或变异数。	
12	高分组	排名前27%(默认比例)的学生	得分分布
13	低分组	排名后27%(默认比例)的学生	
14	百分等级	描述了群体(年级)在最大样本空间(全区)中的相对位置,即有百分之多少的群体排在该群体之后,该群体的百分等级就是多少。只取整数部分,舍去小数部分(不作四舍五入)。 公式:$P_r = 100 \times$(实考人数 — 排名)/实考人数	百分等级分布
15	小于0.25	人数:该年级有多少学生的区百分等级是在0~0.25这个范围的。 比例:这些学生占年级人数的百分比。	
16	0.25~0.5	人数:该年级有多少学生的区百分等级是在0.25~0.5这个范围的。 比例:这些学生占年级人数的百分比。	
17	0.5~0.75	人数:该年级有多少学生的区百分等级是在0.5~0.75这个范围的。 比例:这些学生占年级人数的百分比。	
18	大于0.75	人数:该年级有多少学生的区百分等级是在0.75~1这个范围的。 比例:这些学生占年级人数的百分比。	

(4)校组成绩指标

表4-1-6 校组成绩指标

基本指标	应考人数	实考人数	缺考人数	平均分	最高分
	最低分	及格率	优良率	低分率	M值
	M次值	年级均分系数	区均分系数	校排名	区排名
	校组排名	超校均率	超区均率	超校组均率	小题得分
	小题得分率				
差异量指标	众数	中位数	全距	偏度	峰值
	标准差	标准误差	差异系数	方差	
等级分布	优秀人数	优秀比例	良好人数	良好比例	中等人数
	中等比例	较差人数	较差比例	极差人数	极差比例
分数段分布	80~100人数	80~100比例	60~80人数	60~80比例	40~60人数
	40~60比例	20~40人数	20~40比例	0~20人数	0~20比例
得分分布	高分组平均分	低分组平均分			
百分等级分布	校0~0.25人数	校0~0.25比例	校0.25~0.5人数	校0.25~0.5比例	校0.5~0.75人数
	校0.5~0.75比例	校0.75~1人数	校0.75~1比例	区0~0.25人数	区0~0.25比例
	区0.25~0.5人数	区0.25~0.5比例	区0.5~0.75人数	区0.5~0.75比例	区0.75~1人数

表 4-1-7 校组成绩指标分类

序号	指标名称	含 义	分类
1	排名	群体(校组)在样本空间(全区)里的排序。以平均分排列。 按照样本空间的不同,分为:校排名、校组排名、区排名。	基本指标
2	超 X 均率	描述了群体(校组)超出样本空间(全区)的比率, 公式:超均率=(群体平均分－样本空间平均分)/样本空间平均分 按照样本空间的不同,分为:**超区均率**。	
3	众数	原始分中出现频率最高的分值	差异量指标
4	中位数	样本空间内,将原始分的按大小依次排列,如果数字个数为奇数,取正中间的一个数;如果数字个数为偶数,则取中间两个数的平均数,叫做成绩的中位数。	
5	全距	最高分与最低分之差	
6	偏度	反映以平均值为中心的分布的不对称程度。skew<0 表示成绩分布具有负偏离,低于平均分的较多;skew>0 表示分布具有正偏离,高于平均分的较多。	
7	峰值	与正态分布相比某一分布的尖锐度或平坦度。正峰值表示相对尖锐的分布。负峰值表示相对平坦的分布。	
8	标准差	描述成绩样本空间内,成绩与平均值离散的程度。 公式:$Z_i = \dfrac{x_i - \bar{x}}{s}$,其中 $\bar{x}$ 表示平均数	
9	标准误差	对一组成绩数据可靠性的估计。标准误差小,成绩的可靠性大一些,反之,成绩就不大可靠。 公式:$ex = s/\sqrt{n}$	
10	差异系数	可以用来比较平均水平相差较大的两组或多组资料的离散程度(试题区分度)。 公式:$CV = s/\bar{x}$,取值样式为百分比,如 31.53%	
11	方差	一组数据中,各数离均差的平方和的算术平均数称为这组数据的方差。又叫均方差或变异数。	
12	高分组	排名前 27% (默认比例)的学生	得分分布
13	低分组	排名后 27% (默认比例)的学生	
14	百分等级	描述了群体(**校组**)在**最大样本空间(全区)**中的相对位置,即有百分之多少的群体排在该群体之后,该群体的百分等级就是多少。只取整数部分,舍去小数部分(不作四舍五入)。 公式:$P_r = 100 \times$ (实考人数 － 排名)/ 实考人数	百分等级分布
15	小于 0.25	人数:该**校组**及**各校**有多少学生的区百分等级是在 0~0.25 这个范围的。 比例:这些学生占**校组**及**各校**人数的百分比。	
16	0.25~0.5	人数:该**校组**及**各校**有多少学生的区百分等级是在 0.25~0.5 这个范围的。 比例:这些学生占**校组**及**各校**人数的百分比。	
17	0.5~0.75	人数:该**校组**及**各校**有多少学生的区百分等级是在 0.5~0.75 这个范围的。 比例:这些学生占**校组**及**各校**人数的百分比。	
18	大于 0.75	人数:该**校组**及**各校**有多少学生的区百分等级是在 0.75~1 这个范围的。 比例:这些学生占**校组**及**各校**人数的百分比。	

（5）全区成绩指标

表 4-1-8 全区成绩指标

基本指标	应考人数	实考人数	缺考人数	平均分	最高分
	最低分	及格率	优良率	低分率	M 值
	M 次值	年级均分系数	区均分系数	校排名	区排名
	校组排名	超校均率	超区均率	超校组均率	小题得分
	小题得分率				
差异量指标	众数	中位数	全距	偏度	峰值
	标准差	标准误差	差异系数	方差	
等级分布	优秀人数	优秀比例	良好人数	良好比例	中等人数
	中等比例	较差人数	较差比例	极差人数	极差比例
分数段分布	80～100 人数	80～100 比例	60～80 人数	60～80 比例	40～60 人数
	40～60 比例	20～40 人数	20～40 比例	0～20 人数	0～20 比例
得分分布	高分组平均分	低分组平均分			
百分等级分布	校 0～0.25 人数	校 0～0.25 比例	校 0.25～0.5 人数	校 0.25～0.5 比例	校 0.5～0.75 人数
	校 0.5～0.75 比例	校 0.75～1 人数	校 0.75～1 比例	区 0～0.25 人数	区 0～0.25 比例
	区 0.25～0.5 人数	区 0.25～0.5 比例	区 0.5～0.75 人数	区 0.5～0.75 比例	区 0.75～1 人数

表 4-1-9 全区成绩指标分类

序号	指标名称	含义	分类
1	众数	原始分中出现频率最高的分值	差异量指标
2	中位数	样本空间内,将原始分的按大小依次排列,如果数字个数为奇数,取正中间的一个数;如果数字个数为偶数,则取中间两个数的平均数,叫做成绩的中位数。	
3	全距	最高分与最低分之差。	
4	偏度	反映以平均值为中心的分布的不对称程度。skew<0 表示成绩分布具有负偏离,低于平均分的较多;skew>0 表示分布具有正偏离,高于平均分的较多。	
5	峰值	与正态分布相比某一分布的尖锐度或平坦度,正峰值表示相对尖锐的分布,负峰值表示相对平坦的分布。	
6	标准差	描述成绩样本空间内,成绩与平均值离散的程度。 公式：$Z_i = \dfrac{x_i - \bar{x}}{s}$,其中 $\bar{x}$ 表示平均数	
7	标准误差	对一组成绩数据可靠性的估计。标准误差小,成绩的可靠性大一些;反之,成绩就不大可靠。 公式：$ex = s/\sqrt{n}$	

续表

序号	指标名称	含 义	分类
8	差异系数	可以用来比较平均水平相差较大的两组或多组资料的离散程度(试题区分度)。 公式：$CV = s/\bar{x}$，取值样式为百分比，如 31.53%	
9	方差	一组数据中，各数离均差的平方和的算术平均数称为这组数据的方差。又叫均方差或变异数。	
10	高分组	排名前 27%(默认比例)的学生	得分分布
11	低分组	排名后 27%(默认比例)的学生	
12	百分等级		
13	小于 0.25	人数：全区及各校有多少学生的区百分等级是在 0~0.25 这个范围的。 比例：这些学生占全区及各校人数的百分比。	百分等级分布
14	0.25~0.5	人数：该全区及各校有多少学生的区百分等级是在 0.25~0.5 这个范围的。 比例：这些学生占全区及各校人数的百分比。	
15	0.5~0.75	人数：该全区及各校有多少学生的区百分等级是在 0.5~0.75 这个范围的。 比例：这些学生占全区及各校人数的百分比。	
16	大于 0.75	人数：该全区及各校有多少学生的区百分等级是在 0.75~1 这个范围的。 比例：这些学生占全区及各校人数的百分比。	

3. 试卷分析指标体系

(1) 班级试卷分析指标

表 4-1-10 班级试卷分析指标

序号	指标名称	含 义	分类
1	难度	指试题的难易程度，它和区分度共同影响并决定试卷的鉴别性。一般认为，试题的难度指数在 0.3—0.7 之间比较合适，整份试卷的平均难度最好在 0.5 左右，高于 0.7 和低于 0.3 的试题不能太多。	试卷综合分析
2	区分度	区分应试者能力水平高低的指标。区分度高的题目能将不同水平的考生区分开来；反之，区分度低的题目不能对考生进行很好的鉴别，使得水平高和水平低的考生得分差不多。区分度指数越高，试题的区分度就越强。一般认为，区分度指数高于 0.3，试题便可以被接受。	
3	标准差	描述成绩样本空间内，成绩与平均值离散的程度。 公式：x_i，其中 z_i 表示平均数	
4	高分组	排名前 27%(默认比例)的学生。	试卷小题分析
5	低分组	排名后 27%(默认比例)的学生。	

续 表

序号	指标名称	含 义	分类
6	标准差	描述成绩样本空间内,成绩与平均值离散的程度。 公式:x_i,其中 Z_i 表示平均数	
7	标准误差	对一组成绩数据可靠性的估计。标准误差小,成绩的可靠性大一些,反之,成绩就不大可靠。 公式:$Z_i = \dfrac{x_i - \bar{x}}{s}$	
8	差异系数	可以用来比较平均水平相差较大的两组或多组资料的离散程度(试题区分度)。 公式:$CV = s/Z_i$,取值样式为百分比,如 31.53%	
9	得分率	考察班级、学校、全区的学生在某一试题(试卷)的得分的情况。 公式:全部人数题目所得分数相加总和,除以总人数 * 题目总分的值。	
10	区分度	区分应试者能力水平高低的指标。区分度高的题目能将不同水平的考生区分开来;反之,区分度低的题目不能对考生进行很好的鉴别,使得水平高和水平低的考生得分差不多。区分度指数越高,试题的区分度就越强。一般认为,区分度指数高于 0.3,试题便可以被接受。	
11	得分率	考察班级、学校、全区的学生在某一试题(试卷)的得分的情况。 公式:全部人数题目所得分数相加总和,除以总人数 * 题目总分的值。	难度得分率分析
12	难度	根据试题难度数值的范围,划分出试题的三个等级:难、中、易。 难:0~0.3,中:0.3~0.7,易:0.7~1	

(2)年级试卷分析指标

表 4-1-11 年级试卷分析指标

序号	指标名称	含 义	分类
1	难度	指试题的难易程度,它和区分度共同影响并决定试卷的鉴别性。一般认为,试题的难度指数在 0.3—0.7 之间比较合适,整份试卷的平均难度最好在 0.5 左右,高于 0.7 和低于 0.3 的试题不能太多。	试卷综合分析
2	区分度	区分应试者能力水平高低的指标。区分度高的题目能将不同水平的考生区分开来;反之,区分度低的题目不能对考生进行很好的鉴别,使得水平高和水平低的考生得分差不多。区分度指数越高,试题的区分度就越强。一般认为,区分度指数高于 0.3,试题便可以被接受。	
3	标准差	描述成绩样本空间内,成绩与平均值离散的程度。 公式:x_i,其中 Z_i 表示平均数	
4	高分组	排名前 27%(默认比例)的学生。	
5	低分组	排名后 27%(默认比例)的学生。	试卷小题分析
6	标准差	描述成绩样本空间内,成绩与平均值离散的程度。 公式:x_i,其中 Z_i 表示平均数	

续 表

序号	指标名称	含 义	分类
7	标准误差	对一组成绩数据可靠性的估计。标准误差小,成绩的可靠性大一些,反之,成绩就不大可靠。 公式:$Z_i = \dfrac{x_i - \bar{x}}{s}$	
8	差异系数	可以用来比较平均水平相差较大的两组或多组资料的离散程度(试题区分度)。 公式:$CV = s/Z_i$,取值样式为百分比,如 31.53%	
9	得分率	考察班级、学校、全区的学生在某一试题(试卷)的得分的情况。 公式:全部人数题目所得分数相加总和,除以总人数 * 题目总分的值。	
10	区分度	区分应试者能力水平高低的指标。区分度高的题目能将不同水平的考生区分开来;反之,区分度低的题目不能对考生进行很好的鉴别,使得水平高和水平低的考生得分差不多。区分度指数越高,试题的区分度就越强。一般认为,区分度指数高于 0.3,试题便可以被接受。	
11	得分率	考察班级、学校、全区的学生在某一试题(试卷)的得分的情况。 公式:全部人数题目所得分数相加总和,除以总人数 * 题目总分的值。	难度得分率分析
12	难度	根据试题难度数值的范围,划分出试题的三个等级:难、中、易。 难:0~0.3,中:0.3~0.7,易:0.7~1	

(3) 区级试卷分析指标

表 4-1-12 区级试卷分析指标

序号	指标名称	含 义	分类
1	难度	指试题的难易程度,它和区分度共同影响并决定试卷的鉴别性。一般认为,试题的难度指数在 0.3—0.7 之间比较合适,整份试卷的平均难度最好在 0.5 左右,高于 0.7 和低于 0.3 的试题不能太多。	试卷综合分析
2	区分度	区分应试者能力水平高低的指标。区分度高的题目能将不同水平的考生区分开来;反之,区分度低的题目不能对考生进行很好的鉴别,使得水平高和水平低的考生得分差不多。区分度指数越高,试题的区分度就越强。一般认为,区分度指数高于 0.3,试题便可以被接受。	
3	标准差	描述成绩样本空间内,成绩与平均值离散的程度。 公式:x_i,其中 Z_i 表示平均数	
4	高分组	排名前 27%(默认比例)的学生。	
5	低分组	排名后 27%(默认比例)的学生。	
6	标准差	描述成绩样本空间内,成绩与平均值离散的程度。 公式:x_i,其中 Z_i 表示平均数	试卷小题分析
7	标准误差	对一组成绩数据可靠性的估计。标准误差小,成绩的可靠性大一些,反之,成绩就不大可靠。 公式:$Z_i = \dfrac{x_i - \bar{x}}{s}$	

续 表

序号	指标名称	含 义	分类
8	差异系数	可以用来比较平均水平相差较大的两组或多组资料的离散程度(试题区分度)。 公式：$CV = s/Z_i$，取值样式为百分比，如 31.53%	
9	得分率	考察班级、学校、全区的学生在某一试题(试卷)的得分的情况。 公式：全部人数题目所得分数相加总和，除以总人数 * 题目总分的值。	
10	区分度	区分应试者能力水平高低的指标。区分度高的题目能将不同水平的考生区分开来；反之，区分度低的题目不能对考生进行很好的鉴别，使得水平高和水平低的考生得分差不多。区分度指数越高，试题的区分度就越强。一般认为，区分度指数高于 0.3，试题便可以被接受。	
11	得分率	考察班级、学校、全区的学生在某一试题(试卷)的得分的情况。 公式：全部人数题目所得分数相加总和，除以总人数 * 题目总分的值。	难度得分率分析
12	难度	根据试题难度数值的范围，划分出试题的三个等级：难、中、易。 难：0～0.3，中：0.3～0.7，易：0.7～1	

三、分析方法

新建设的学业质量评价平台，除运用常规的统计技术外，根据区域学业质量评价要求，还应用了符号动力学、支持向量机等模型。

1. 符号动力学原理

学业绿色指标的评价是为了预测未来、促进发展、改进教学。要全面评价区域中小学学科学业质量，需要对不同学校的具体情况进行公正评价，也要能够随着新教育发展要求对指标进行修正。描述学业质量指标的基础数据特征是多种多样的。既有连续数据，如考试数据的分布；也有离散数据，如学业表现、学习状态等。目前，多采用模糊集方法对数据进行抽象，并在此基础上利用可靠性、概率理论进行研究。

符号动力学研究动力系统状态排序和演化规律，通过对现实动力系统的抽象，将动力学系统的状态空间进行分割并获得对应的符号序列。从这个意义上说，符号动力学与模糊集有类似的作用，但其在时间序列的处理上的能力显然要比模糊集强。目前，符号动力学广泛应用在各类时间序列分析中，并在故障预测、模式识别中得到了一定应用。

由此，我们选择采用符号动力学对区域中小学学业质量评价的基础数据进行抽象并进行描述。典型符号动力学中一维时间序列的符号序列划分方法见下面公式。

$$L_X(L, i) = \sum_{p=1}^{L} m^{L-P} S(p+i)$$

其中 m 是符号集$\{S0, S1, S2, \cdots, Sm-1\}$不同符号的个数，$L$ 表示短序列的长度，i 表示短序列沿着符号序列$\{S(1), S(2), S(3), \cdots\}$从第 i 个符号开始。

对于动力系统的描述，符号动力学通常采用双时间尺度的方法进行，大时间尺度用于描述其静态特征，小时间尺度描述其动态特征，而且大时间尺度要比小时间尺度大两级以上。

对于数值型指标，如原始分，标准 T 分等，采用以下公式进行分析

$$D(i,l,m)=\frac{\sum_{t=1}^{n}Data(i,l,m,t)}{n}r+(1-r)\left(\sum_{p=1}^{q}\frac{\sum_{t=1}^{n}Data(i,l,p,t)}{n}\right)$$

其中，$D(i,l,m)$描述为学校 m 在特定月份 l 序号为 i 的数据数值；$Data(i,l,m,t)$代表对应 i 序号的输入信息度量，即数值型参数项的度量；i 为量化的输入信息（数值型参数项）内容序号；r 为黄金分割数 0.618；l 为月份的序号，取值范围 1～12；m 为学校在算法中的编号；q 为中小学的总量；t 为当前学校评价的第 t 年；n 为当前学校评价的总年数。

对于进退步等非数值型数据，采用以下方案描述：

$$Ind_R(j,m)=\left[\frac{T(j,l,m)_{Cur}-T(j,l,m)_{Min}}{(T(j,l,m)_{Max}-T(j,l,m)_{Min})}\times 15\right]$$

其中，$Ind_R(j,m)$描述为非数值型参数项 j 对应参数集合的首字母；$T(j,l,m)$描述为电缆 m 在特定月份 l 序号为 j 其对应与最近一次故障的时间间隔；Cur、Min 及 Max 分别非数值型参数项 j 计算获得的当前值、最小值及最大值；$\left[\frac{T(j,l,m)_{Cur}-T(j,l,m)_{Min}}{(T(j,l,m)_{Max}-T(j,l,m)_{Min})}\times 15\right]$为取整运算，确定非数值型参数项 j 在参数集合内取首字母的位置；j 为量化的非数值型参数项序号；l 为月份的序号，取值范围 1～12；m 为学校序号。由此可见，采用符号动力学，可以对不同的学校实现个性化的学业质量评价。

2. 支持向量机模型

现有学业质量分析方法多采用模糊数学方法、项目反应理论（ICT）以及经典测量理论（CTT）等方法。这些方法提升了学业质量评价的质量，但仍然存在一些问题，如人为因素较多、评价效果易受到外界干扰等。

支持向量机基于结构风险最小化原理，具有较好的泛化能力。1999 年，Suykens J. A. K 提出了一种新型支持向量机——LS-SVM，其训练时间更短，且训练结果更具确定性，适合在线应用。目前，LS-SVM 广泛应用在模型辨识，模型优化中。

$$\overline{S}_0=\begin{bmatrix}Ind_0(t)\\Ind_1(t)\\\cdots\\Ind_{m-1}(t)\end{bmatrix},\cdots,\overline{S}_i=\begin{bmatrix}Ind_0(t+i\Delta t)\\Ind_1(t+i\Delta t)\\\cdots\\Ind_{m-1}(t+i\Delta t)\end{bmatrix}\tag{1}$$

在前面分析的基础上，用符号动力学可以采用状态空间描述弹性指标体系。其中，$\{m_k\}$表示基于时间序列的各项指标，时间间隔根据评估周期制定，如每周或者是每月。而$\{S_k\}$是状态矢量

的时间序列,可以通过该时间序列分析中小学教育质量这个动力学对象的吸引子形状或变量的运动规律。

支持向量机基于统计学习理论。给定样本集 $\{x_i, y_i\}_{i=1}^l$,选择一个非线性变换 $\phi(.)$ 把 n 维输入样本向量 x_i,1 维输出样本向量 y_i,即

$$(x_1, y_1), (x_2, y_2), \cdots, (x_i, y_i), \cdots, (x_l, y_l)$$
$$x_i \in \mathbf{R}^n, y_i \in \mathbf{R}, i = (1, \cdots, l)$$

从原空间 $\mathbf{R}^n$ 映射到高维特征空间 F,在此空间构造最优线性决策函数

$$f(x) = \text{sgn}[\omega \cdot \phi(x) + b]$$

式中,ω 为超平面的权值向量,b 为偏置项。

LS-SVM 选择误差 ξ_i 的二范数为损失函数,并将不等式约束转化为等式约束。则优化问题变为

$$\min_{\omega, b, \xi} \frac{1}{2}\omega^T\omega + \gamma \frac{1}{2}\sum_{i=1}^l \xi_i^2 \tag{2}$$

约束条件为

$$y_i[\omega^T\phi(x_i) + b] = 1 - \xi_i \quad (i=1, \cdots, l) \tag{3}$$

求解(2)的优化问题,引入拉格朗日函数

$$L = \frac{1}{2}\omega^T\omega + \gamma \frac{1}{2}\sum_{i=1}^l \xi_i^2 - \sum_{i=1}^l \alpha_i(y_i[\omega^T\phi(x_i) + b] - 1 + \xi_i) \tag{4}$$

其中,α_i 为拉格朗日乘子,常数 $\gamma > 0$,它控制对超出误差的样本的惩罚的程度。

再根据 KKT 条件,可以得到以下的等式和约束条件

$$\begin{cases} \omega = \sum_{i=1}^l \alpha_i y_i \phi(x_i) \\ \sum_{i=1}^l \alpha_i y_i = 0 \\ \alpha_i = \gamma \cdot \xi_i \\ y_i[\omega^T\phi(x_i) + b] - 1 + \xi_i \end{cases}$$

对于 $i = (1, \cdots, l)$,上式消去 ω 和 ξ 得到公式(5)的线性方程

$$\begin{bmatrix} 0 & Y^T \\ Y & ZZ^T + \gamma^{-1}I \end{bmatrix} \begin{bmatrix} b \\ a \end{bmatrix} = \begin{bmatrix} 0 \\ \vec{1} \end{bmatrix} \tag{5}$$

其中

$$\begin{cases} Z=[\phi(x_1)^T y_1, \cdots, \phi(x_i)^T y_i] \\ Y=[y_1, \cdots, y_i] \\ \vec{1}=[1, \cdots, 1]; \alpha=[\alpha_1, \cdots, \alpha_i] \\ I \text{ 为 } l \times l \text{ 维单位阵} \end{cases}$$

由公式(5),根据 Mercer 条件,令 $\Omega = ZZ^T$,这样就可以选择满足 Mercer 条件的正定核函数。

$$\Omega_{kh} = y_k y_h \phi(x_k)^T \phi(x_h) = y_k y_h \cdot K(x_k, x_h)$$
$$k, h = (1, \cdots, l)$$

与传统的 SVM 算法相比,LS-SVM 训练时间更短,且训练结果更具确定性,适合在线应用。

3. 等级相关系数法

为了充分反映输入信息的变化,对学业质量评价中输入信息进行定量化分析,考虑输入参量的不确定性和可变性,有必要采取概率分析方法进行重复的计算。本研究中,概率分析使用蒙特卡洛仿真和概率分布。

蒙特卡洛仿真参考了模拟真实生命系统的一些分析方法,特别是当分析数值太复杂时采用的方法。通过随机函数,产生伪随机序列,来作为不确定变量的输入参数值,重复进行计算。

等级相关系数亦称为"秩相关系数",是反映等级相关程度的统计分析指标。常用的等级相关分析方法有 Spearman 等级相关和 Kendall 等级相关等。

Spearman(斯伯曼/斯皮尔曼)等级相关是根据等级资料研究两个变量间相关关系的方法。它是依据两列成对等级的各对等级数之差来进行计算的,所以又称为"等级差数法"。斯皮尔曼等级相关对数据条件的要求没有积差相关系数严格,只要两个变量的观测值是成对的等级评定资料,或者是由连续变量观测资料转化得到的等级资料,不论两个变量的总体分布形态、样本容量的大小如何,都可以用斯皮尔曼等级相关来进行研究。

在实际应用中,输入参数的变化对学业质量计算结果的影响程度,往往并不体现在学业质量变化的绝对值。因此,在应用常规的敏感度函数求解时,某一输入变量的敏感度系数与参量本身在学业质量中所占的绝对比例并不一致,往往忽略了一些重要的因素,使得敏感度分析失效。等级相关系数法能够有效地避免这种现象的发生。

新建平台采用斯皮尔曼等级相关系数法来求得各输入变量的敏感度系数。其计算步骤为:

第一,对各个待分析的输入参量设置概率分布函数,进行蒙特卡洛分析。

第二,把输入参量的统计数据和预测参量的分析结果分别按等级次序编号。

第三,按顺序求出两个标志的每对等级编号的差。

第四,按下式计算相关系数:

$$r_s = 1 - 6\sum_{i=1}^{n}\frac{d_i^2}{n(n^2-1)}$$

式中：等级相关系数记为 rs，di 为两变量每一对样本的等级之差，n 为样本容量。

等级相关系数与相关系数一样，取值—1到+1之间，rs 为正表示正相关，rs 为负表示负相关，rs 等于零为零相关，区别是它是建立在等级的基础上计算的，较适用于反映序列变量的相关性。

第五，根据各个参量对预测参量（教学质量）的等级相关系数，按下式计算各个输入参量的敏感度系数（归一化）：

$$a_i = \frac{r_{si}^2}{\sum_{j=1}^{k}r_{sj}^2}$$

式中：第 j 个等级相关系数记为 rsj，表示第 j 个输入参量同预测参量之间的等级相关系数；一共有 k 个待分析的输入参量。

我们将常规的学习分析方法（或工具）与以上三种方法整合在一起，架构于区域学业质量测评平台，以实现基于平台的区域学业质量的自动化分析和智能化结果报告。

第二节 技术融合与平台建设

一、建设标准

1. 技术标准

平台建设严格遵循国家规定的相关专业和技术标准规范。在建设过程中，我们参照了《信息系统安全等级保护基本要求（GB/T 22239—2008）》(应用类建设标准)、《信息系统通用安全技术要求（GB/T 20271—2006）》(应用类建设标准)、《信息系统等级保护安全设计技术要求（GB/T 25070—2010）》(应用类建设标准)、《教育管理信息 教育管理基础代码》、《教育管理信息 教育管理基础信息》、《教育管理信息 教育行政管理信息》、《教育管理信息 教育统计信息》和《教育管理信息 普通中小学校管理信息》等。

2. 设计原则

我们在平台建设过程中，遵循了以下原则：

第一，标准化原则：系统建设坚持标准化，遵循教育部、上海市和行业相关业务、管理和技术规范标准。

第二，兼容性原则：软件开发以现阶段主流技术为主，并且根据业务信息系统的实际需求，使用第三方的软件和组件；充分考虑对技术架构和第三方软件的兼容性，尽量使用公开的标准。

第三，先进性原则：系统应采用成熟、先进的技术，建设符合信息技术最新发展潮流的基础架构，确保系统技术的先进性和前瞻性，保证投资的有效性和延续性。

第四,实用性原则:系统建设应充分考虑使用人员的能力和素质、专业结构、部门业务需求情况,做到易学易用、操作简单、尊重使用人员工作习惯等;

第五,高可用性原则:系统的建设规划要充分考虑系统投入运行后即作为生产系统,技术人员保证 7×24 小时服务:一是应用系统首先是成熟可靠的;二是具有备份功能和措施;三是具有高的容错及故障恢复能力,在出现意外时能够隔离故障区,保护重要数据,通知管理人员做人工干预,避免灾难性后果发生。

第六,可扩展原则:系统的建设必须考虑到与已有系统以及待开发系统之间的集成,因此在满足目前需求的前提下,设计时还要分析并预测未来的发展,以利于今后的扩展。对于未来的发展,要立足在现有的基础上升级改造,保护现有投资。

第七,安全性原则:系统建设应充分考虑核心数据、核心应用的安全性要求,应具有用户的身份认证和权限管理,对应不同的应用层次。

3. 数据标准

平台建设时需要建设数据标准,进行统一编码,以保障数据获取的规范性。我们使用的标准为:《中小学教育质量综合评价指标框架(试行)》、《区学生业务数据规范集》、《区学生业务流程规范》。统一编码主要包含如下三部分。

(1) 数据库统一编码

基于教育部 2012 年 3 月发布的《教育管理信息教育管理基础代码》进行库、表和字段的统一命名。其中包含《教育管理基础代码》、《教育管理基础信息》、《教育行政管理信息》、《普通中小学管理信息》、《中职学校管理信息》、《高等学校管理信息》、《教育统计信息》。

数据统一编码便于区域间数据共享,以及能够更好诠释库表含义和库表关系。对于《教育管理信息教育管理基础代码》中未包含的元素定义,可参考《教育管理信息教育管理基础代码》中定义的规则进行自定义扩展。

(2) 数据字段统一编码

对数据库中各字段进行统一编码,定义标准的数据类型,以及统一的数据取值范围。从而保证同一个字段的数据,在不同系统数据库中能够相互兼容。基于教育部《教育管理信息教育管理基础代码》,既能满足学校内各系统之间数据兼容,又能很好地兼容区域间的数据交换。

(3) 数据统一编码

对编号类、字典类等数据取值按照标准的编码规则进行取值。例如教师编号,学生编号等信息,使用教师和学生唯一的编号进行取值,保证同一个人员在任何系统中编号唯一。同时像学科、年级、教师职称等字典类数据,使用全局统一的字典表。

在进行以上三部分编码过程中,由于各个学校应用系统的差异性以及教育部《教育管理信息教育管理基础代码》的局限性,在教育部统一编码规范中,不能全部包含应用所需,我们参考了区域级的类似标准,拟定、明确了自己的编码规范,并报送区域相关部门。

二、系统设计

1. 业务架构

根据平台设计思路、任务要求等设计了闵行学业质量评价系统的业务架构(见图4-2-1)。系统主要由教育质量分析子系统模块、学生学业综合评价子系统模块、问卷测评子系统和数据挖掘子系统模块组成,主要针对教育系统不同的用户主体,设计不同的业务系统。教育管理者,主要负责基本信息的管理、机构管理以及各个业务系统的数据统计分析、数据挖掘、辅助决策。

图4-2-1 闵行学业质量评价平台业务架构

基础硬件层,采用集群的方式保证系统可用性和稳定性。数据层,主要由基础库(质量分析数据库、评价指标库、标准元数据库、问卷库、数据挖掘库)等各业务库的主题库组成。基础库除了供本业务系统调用外,还能与其他系统共享。提供基础库使用接口。

2. 系统结构

整个平台包括内部系统和外部系统。其中,内部系统是教育质量分析、问卷测评与数据挖掘的整合。考试数据、学生成绩分析、学科质量分析报告由质量分析系统完成,学业素养及非学业因素测评数据的采集与分析由问卷测评分析系统完成,其原始数据在抽取到主题库的同时由数据挖掘系统进行数据关联分析及数据挖掘,并为其他外部系统提供数据结果。

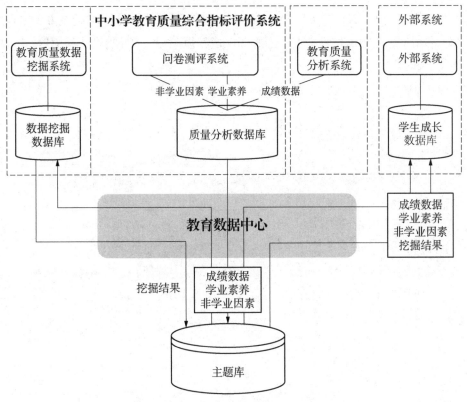

图 4-2-2 闵行学业质量评价平台基本结构

三、具体建设

按照业务架构和系统结构,对平台进行了具体建设。由于平台优化建设涉及大量的软硬件工作,我们从应用角度出发,参考用户角色对应用进行划分,并阐释其建设过程与结果。概括地说,该平台包括五个子系统(见图4-2-3)。

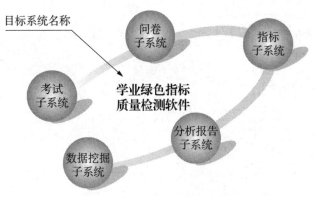

图 4-2-3 学业质量评价子系统

111

1. 学业水平分析子系统

(1) 区校考试管理。包括区级考试定义、考试信息管理、班级登分管理、学校登分管理和学科登分管理。利用信息化平台对考试进行管理，为全区教师、学生、领导提供一目了然的考试信息。概况见下列平台截屏图。

图4-2-4　上海市闵行区区级考试管理系统截屏

图4-2-5　上海市闵行区学科登分进度查询系统

（2）成绩分析管理。包括班级单科多科查询，学校单科、多科查询、全区单科多科查询。通过该系统，可以便捷查询学生并快速分析反馈。

图4-2-6　上海市闵行区学科班级单科成绩查询系统

图4-2-7　上海市闵行区学科多科组合查询系统

（3）考试成绩统计。包括班级单科多科质量分析、年级单科多科质量分析、校组单科多科对比分析、学业环境分析、分数段统计、百分等级统计。由此通过成绩的反馈，教师、家长及学校可以一目了然地了解学生的学习情况。

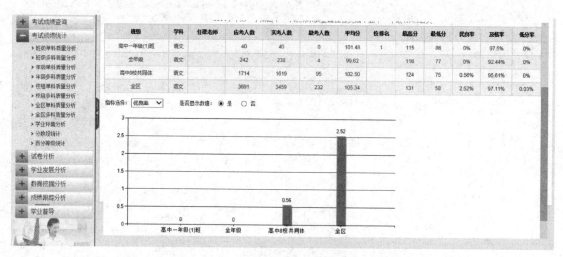

图4-2-8　上海市闵行区考试成绩统计界面

图4-2-9　上海市闵行区考试成绩学业环境分析

(4)试卷分析。班内、校内、区内的试卷分析均可实现。

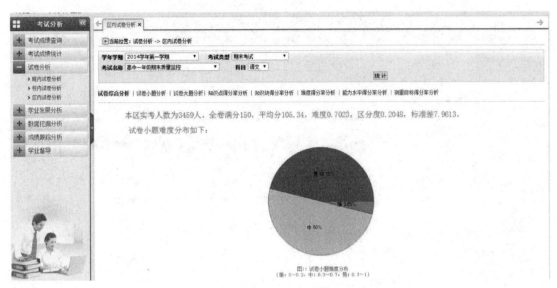

图4-2-10 上海市闵行区考试成绩区内试卷分析

(5)学业发展分析。包括学生发展、班级发展、学校发展、区级发展的比较分析。

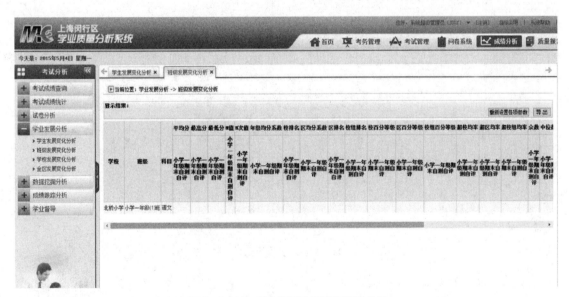

图4-2-11 学业发展分析班级发展分析

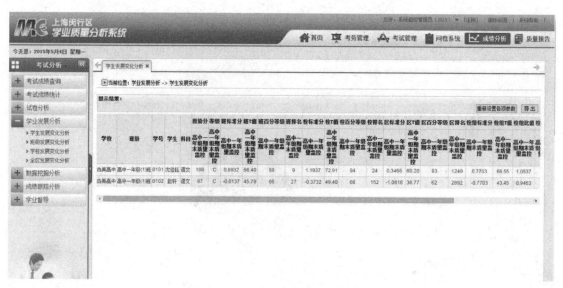

图 4-2-12 学业发展分析学生发展分析

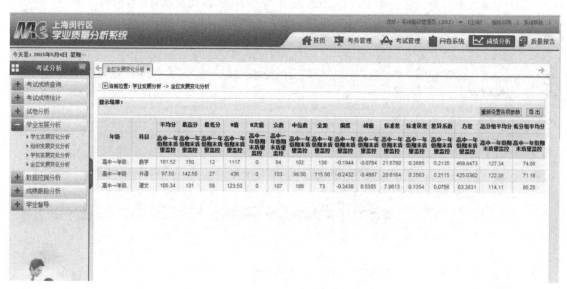

图 4-2-13 学生发展分析全区发展分析

（6）成绩跟踪分析。包括达线人数对比、学科贡献分析、学科有效分分析等。这可用于对学生、学校的跟踪分析。

图 4-2-14　成绩跟踪分析学科贡献分析

图 4-2-15　成绩跟踪分析达线人数对比

（7）学业督导。包括等级划分规则、参数设置、督导报告。

图 4-2-16　学业督导参数设置

图 4-2-17　学业督导报告

（8）班级学科分析报告。按照班级学科进行报告查询、试卷分析、学科素养分析、决策树分析、学习动机、学习兴趣、学习自信、学习负担、同伴合作、师生关系、学习方式、教学方案报告。

图 4-2-18　报告查询

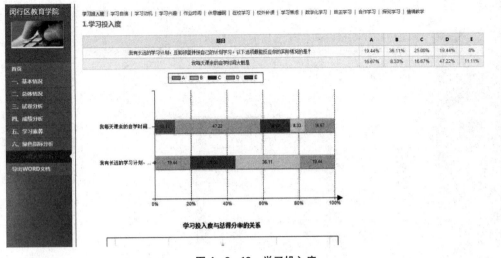

图 4-2-19 学习投入度

（9）年级学科报告。按照年级学科进行报告查询、试卷分析、学科素养分析、决策树分析、学习动机、学习兴趣、学习自信、学习负担、同伴合作、师生关系、学习方式、教学方案报告。学科质量分析报告由平台总动完成。报告对全体、抽样、特征群体的学生均可分类分析，并按照试卷分析、考试质量分析、背景因素分析及关联关系进行呈现，并形成综合的质量分析报告。

（10）学校学科报告。按照学校学科进行报告查询、试卷分析、学科素养分析、决策树分析、学习动机、学习兴趣、学习自信、学习负担、同伴合作、师生关系、学习方式、教学方案报告。

（11）区级学科报告。按照区级单科进行报告查询、试卷分析、学科素养分析、决策树分析、学习动机、学习兴趣、学习自信、学习负担、同伴合作、师生关系、学习方式、教学方案报告。

（12）区级综合报告。按照区级多科进行报告查询、试卷分析、学科素养分析、决策树分析、学习动机、学习兴趣、学习自信、学习负担、同伴合作、师生关系、学习方式、教学方案报告。

图 4-2-20 学业综合质量报告

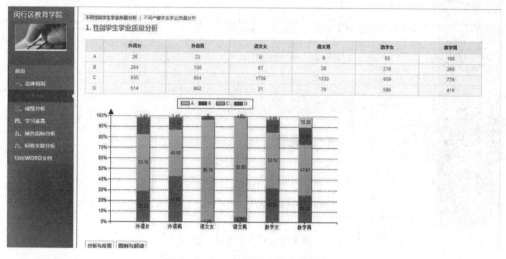

图 4-2-21 性别学生学业质量分析

2. 绿色指标评价子系统

此子系统可用于选拔性考试的选拔预测,如中考模拟考试、高考模拟考试的划线预测。能实现以下具体功能:划线算法需要实现按照预测分数或人数,计算出符合规则的实际分数线和人数线;列表显示各个分数线的全区达线人数、各校达线人数、各班达线人数;列表显示各个分数线的学生清单,包括全区、某校、某班;列表显示各个分数线的达线偏科学生人数,包括全区、某校、某班;列表显示各个分数线的达线偏科学生名单,包括全区、某校、某班。

(1) 试题分析模型设计

此部分需要对试题本身进行分析,涉及到:客观题分析算法、客观题学生答题原始分矩阵及规格化算法、客观题学生原始得分布尔矩阵及算法、S-P表算法组件与应用。

(2) 相关因素关联分析模型设计

为了更完整、更科学地进行分析和预测,此部分加强了关联分析及可视化表达,如:小题答题分与总分关联关系分析模型,问卷各类问题状态与总分决策分析鱼刺图模型,问卷各类问题状态与总分关联关系回归分析模型,问卷答卷统计百分比例柱形图等。

3. 问卷测评管理子系统

(1) 问题分类管理

学业相关因素与绿色质量指标,通常采用问卷方式测得,问卷按照一、二级分类,二级分类通常采用一组问题(4—10题),对该分类的指数进行测评,因而系统设计了两级分类管理。

(2) 问卷库管理

问卷库管理中可以实现以下几个方面的功能。第一,问卷设计。包括新增问卷、问卷名称、问卷导语的新增、引用、编辑、删除、保存等功能。要能够记录问卷建立时间、问卷发起人,提供根据关键词搜索问卷的功能。第二,问题编辑。能够编辑单选题、多选题、排序题、百分制程度题、5

分值程度题、日期选择题、行政区选择题、行业选择题、论述题等题干与答题选项的编辑,并可以扩展问题类型。第三,分页功能。提供批量分页设置和灵活分页设置功能,并能够在任一题目下插入分页标识,并设置该页题数答题的时间上限。第四,问卷发布。能够选择角色批量设置答卷人,并可以在组织机构树中勾选答卷人的范围。

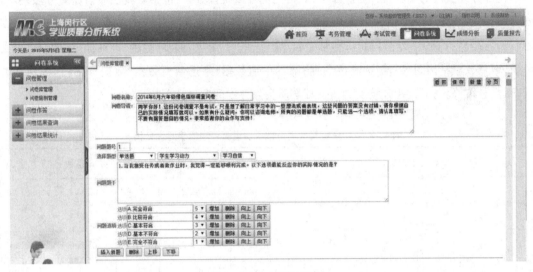

图 4-2-22　问卷库管理

（3）问卷作答

调查被试按照分页设置提供答题页面,答题页面嵌入倒计时时钟,超时处理包括清空重答及无效处理策略。

（4）进度查询及问卷导出

在调查实施过程中,可以在平台上按照全区各校、学校各个班级、班级学生花名册等查询答题提交的人数和未提交答卷的人数,以保障调查的实施效率。最后,提供问卷结果导出 CSV 文件的功能。

图 4-2-23　问卷作答

4. 数据多元挖掘子系统

由学业水平、问卷测评等系统产生的结构性数据、非结构性数据产生后,一起进入数据挖掘子系统。此部分是平台的核心。

(1) 指标分析

此部分能实现的功能是：统计分布、数目比例分段统计分布(包括分段统计与任意分段统计,统计项包括：数目、合计、平均、最大、最小、范围、标准偏差、用户自定义函数、数目数额结构图等);80—20规律(80—20分段统计包括数目、合计、平均、最大、最小、范围、标准偏差、用户自定义函数、数目数额结构图等);筛选高值数据;筛选中值数据;筛选低值数据;数据评估;挖掘异常数据;聚类分布等。(下表是区域某次高一数学质量测评中的差异性分析)

表 4-2-1 区域某次高一数学质量测评中的差异性分析

学校	学科	众数	中位数	全距	偏度	峰值	标准差	标准误差	差异系数	方差
1	数学	69	60	58	−0.004 9	−0.395 9	12.242 2	1.413 6	0.202 1	149.871 4
2	数学	63	64	68	−0.137 1	0.109 4	11.697 4	0.831 3	0.182 5	136.830 2
3	数学	63	63	71	0.011 6	−0.457 3	12.618 0	0.905 9	0.195 6	159.214 8
4	数学	71	72	66	−0.414 6	0.484 2	11.660 2	1.018 8	0.161 5	135.960 3
5	数学	72	72	57	−0.373 1	−0.100 4	12.753 7	1.425 9	0.176 0	162.657 6
6	数学	52	58	75	−0.030 6	−0.199 9	14.685 7	1.369 4	0.255 1	215.669 0
7	数学	80	75	79	−1.234 2	2.030 3	13.814 0	0.971 9	0.189 9	190.826 5
8	数学	85	79.50	55	−0.965 6	1.140 8	10.405 9	0.747 1	0.132 8	108.283 6
9	数学	91	88	78	−2.009 5	10.148 3	7.92	0.364 2	0.091 0	62.726 7
10	数学	88	86	57	−0.859 3	1.030 6	8.604 0	0.399 0	0.101 9	74.028 4
11	数学	77	78	63	−0.825 8	0.883 0	10.524 1	0.644 1	0.136 8	110.756 9
12	数学	78	74	59	−0.576 9	−0.036 4	11.800 4	0.836 5	0.163 2	139.249 2
13	数学	78	74	52	−0.200 1	−0.449 8	10.041 9	0.706 5	0.137 3	100.839 1
14	数学	81	77	53	−0.742 8	0.545 5	9.213 3	0.555 6	0.122 3	84.884 5
15	数学	78	80	64	−1.050 8	1.493 1	11.371 1	0.847 6	0.144 3	129.302 3
全区	数学	78	77	81	−0.737 5	0.231 2	13.945 9	0.238 1	0.186 0	194.489 3

(2) 数据建模

平台使用了回归分析方法,如一元线性回归、多元线性回归、非线性回归等(下图是某次初二数学期末区域学业水平与绿色指标的回归分析)。

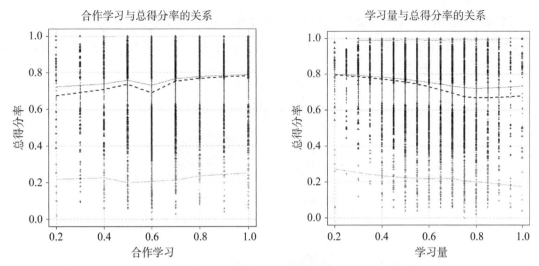

图4-2-24 初二数学期末区域学业水平与绿色指标回归分析

（3）决策树模型

决策树模型包括"构建决策树"与"决策树预测"。既可以全体，也可以对个体进行分析与预测。

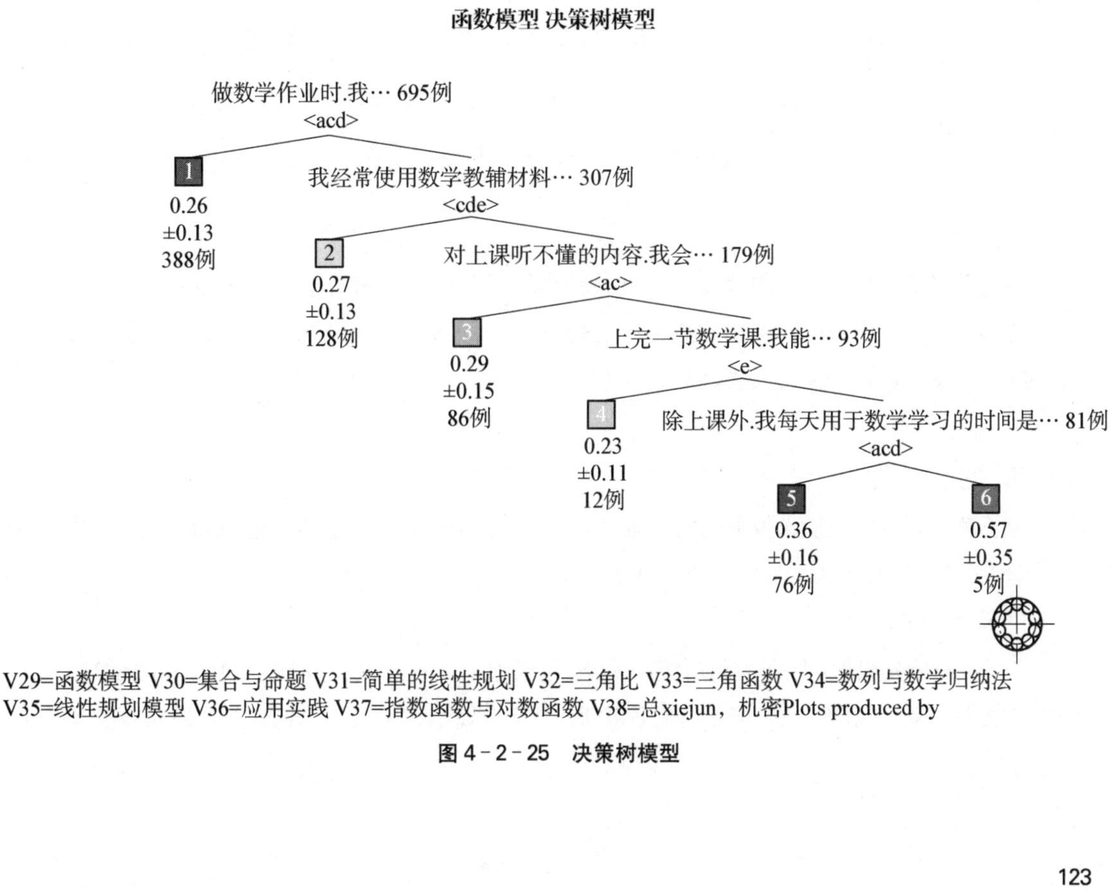

函数模型 决策树模型

V29=函数模型 V30=集合与命题 V31=简单的线性规划 V32=三角比 V33=三角函数 V34=数列与数学归纳法
V35=线性规划模型 V36=应用实践 V37=指数函数与对数函数 V38=总xiejun，机密Plots produced by

图4-2-25 决策树模型

(4) 聚类

聚类是分层分类教学设计及教学改进的重要依据。新建平台能实现"快速聚类、聚类计算、概要图、分布、分类统计图、详细特征、获取分类表、获取各类数据"等功能（下图是某次物理学业质量评价的知识点聚类）。

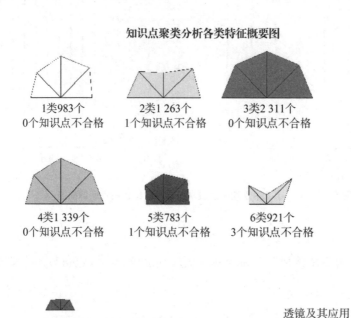

图 4-2-26 聚类分析各类特征概要图

(5) 其他

为了更好地对学生进行跟踪预测，平台还可以按照"时间序列"进行数据挖掘，按照"学习周期"进行定标分析。另外，还可以按照主体身份进行查询数据挖掘结果，如区级数据挖掘结果查询、校级（校长）数据挖掘查询、教师数据挖掘查询等。

四、总体性能

为了满足区域学业质量发展的实际使用，最后，对新建平台的总体性能进行了规定，并通过一个学年的试运行，确认了其性能的可行性和稳定性。

1. 系统性能要求

(1) 用户规模规划：区级教研员 150 人、校级老师 1.5 万人（现有用户人 1.5 万，规划 2 万人的支撑能力）、学生 12 万人（现有 11 万人，按照 12 万人规划）、家长 12 万人（1 个学生提供 1 个家长账号）。

(2) 数据库设计：数据库设计能够满足对大规模(如不少于 100 个 10 万行记录的表单)数据的检索、存取数据的要求；单表规模超过 2G 做数据库分区处理。

(3) 业务管理页面响应时间：点击页面的任意功能到接收返回结果的平均响应时间＜2 秒(个人页面)。

(4) 个人单个事务的响应时间：＜10 秒。

(5) 个人单项记录查询响应时间：＜10 秒。

(6) 认证：单台服务器必须要能处理 300 请求包/秒。

(7) 一般区级统计(8 000 人)响应时间：＜3 分钟。

2. 系统非功能性需求

(1) 兼容性。具有较强的兼容性，适合在主流的终端设备中访问，兼容 Android 系统、Mac 系统、Windows 主流版本(XP 及以上)。兼容主流浏览器，在 IE8、IE9、Chrome4 及以上，Firefox3.6 及以上，Opera9.6 及以上，Safari3 及以上，在以上浏览器下应该完全一致。

(2) 扩展性。具有较强的扩展性，方便地进行功能扩展，如采用模块化的设计方式，前台采用模板技术，方便地进行主题的更换。

(3) 高效性。具有较高的性能，支持全区全体教师的并发访问。

(4) 稳定性。保证较高的稳定性，保证 6＊24 小时不间断提供服务。(礼拜天为维护日)。

(5) 安全性。应采用安全的技术语言，能够有效防止 SQL 注入等常见攻击方式，具有较强的认证机制，保证系统的安全性。

(6) 易用性。开发要坚持以人为本，满足全区教师、学生的个性化需求，操作简单、便捷、易用。

闵行区学业质量评价平台自升级改造和重新建设后，已服务和支持全区中小学近五年的常态化学业质量评价，有效保障并促进了闵行区中小学教育质量的稳步发展。

第五章 区域学科学业水平测试的基本流程

立足区域层面与学科视角的学业水平测试,是教育管理中落实系统质量检测与分析的重要途径与数据来源。在其运作的基本流程中,对应的关键要素与构成模块包括:测评框架、试题命制、数据挖掘与系统评价。它需要学科教研与技术应用方面的协调与统合,其中分别涉及:目标内容设定、操作方式选择、技术方法手段与结果反馈应用等方面的规范及落实。目的是促使相关的评价能够提供清晰的操作标准,并进行学习行为分析,进而给出发展建议。

第一节 促进学生发展的测评框架

促进学生发展的测评是基于标准的、适合学生个性发展的测评,其核心要素是学习分析。近年来,学习分析逐渐成为教育技术应用领域发展的热点之一。通过建构执行标准,开发相应的操作系统,对学习者的学习行为进行分析,可以为精准策划促进学习实践、增强学习效果的教学设计提供重要依据。

一、测评框架设计流程概述

测评的主要着力点是收集相关的数据并加以分析,目的是评估、预测学习群体的学习状态和学习效果,最终目标是提供个性化的学习支持。

学习质量评价的参照依据和出发点是课程标准,因为课程标准的设定与对评价点的划分及层次要求的描述还比较宽泛,所以在具体执行中,需将其进一步细化为可测评的标准。其基本流程如下:

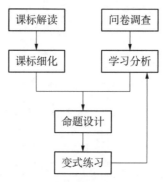

图 5-1-1 学习质量评价基本流程

1. 课标解读、逐点细化——依据标准、明确规范

通过对课程标准的解读并对其进行细化,确定相应考查点的三维目标,为学习训练和测评的设计提供依据。

2. 问卷调查、学习分析——引入调研、引导微调

通过编制问卷,进行基础调研,分析归纳学生在学习中的困难点,弄清师生对学习困难点认识的差异及学生之间的个体差异。分析学生的学习状况,调整练习或者测试的关注点。

3. 命题设计、变式练习——精准配置、规范操作

根据课程标准和学习的状况,对以前经验式的练习、测试题重新审视,并进行必要的调整。对学生进行实际测试,设计学习训练,且对学习训练配置相应的变式练习,以促使学生对考查点有较为全面的认识,能力发展更为全面。①

二、测评框架的具体设计:以物理学科为例②

【案例5-1-1】 物理学科的学生学业水平发展测评框架的设计

(一) 从课程标准出发并指向学业诊断的学习测评——学业水平测试的操作依据

遵循学科育人的发展理念,设计学业水平测试的操作框架,须从课程目标出发,清晰学生进行本科目学习所要达成的核心素养及其培育要求,包括:贯通知识、丰富经历、掌握方法、提升能力。通过系统解读、细化梳理,建立操作标准,明确规范执行的具体环节与要领,使学业评价有据可依、有径可循。

学科课程标准是学业水平测试的基本依据。区域实施的学科能力测评,首先需要遵照上海市物理学科课程总目标的要求。在"总目标"中,对学习要求的表述是"愿景式"的:

> "让学生获得必须的物理基础知识和基本技能,初步了解物理学的发展历程;经历物理知识的形成过程,感受、认识和运用物理学的基本思想和基本方法;受到科学精神的熏陶,养成良好的学习习惯和科学态度,逐步形成正确的世界观、人生观和价值观。初步具有现代社会成员所必需的基本能力和科学素养。"

图5-1-2 上海市中学物理课程的总目标

其中针对"初中阶段(八至九年级)"的目标设定为:

---

①② 本案例由上海市闵行区教育学院戴金平提供。

(1) 知识与技能①知道某些物理现象和物理事实,初步理解简单的物理概念,掌握最基本的物理规律,能描述和解释简单的物理问题。②能有目的地观察物理现象,记录观察结果;能根据实验目的、步骤和要求,使用给定的实验器材,完成简单的实验,会写简单的实验报告;能完成简单的小制作。③了解物理知识在生活、生产、科技、国防等方面的广泛应用,初步认识科学、技术、社会之间的关系。④能集中注意力进行阅读、倾听、记录、提问、讨论;能以适当方式表达自己的见解,并与他人进行交流。

(2) 过程与方法①能够注意和感受身边的物理现象,对有关的物理对象进行分类、比较,认识其基本特征。②能对给定的探究任务表达自己的见解,实施探究方案;能初步运用简单实验手段和科学方法获得证据,并针对探究的目标要求,得出初步的结论。③能从指定的渠道获取信息,对所获信息进行初步的处理;能根据记录的要点和整理的提纲进行复习,能通过训练巩固学习内容,注意改进学习方法。④能感受猜想、理想化等方法;认识等效代替、类比等方法;初步运用控制变量的方法。

(3) 情感态度与价值观①初步领悟世界是由物质组成的,物质是有结构的,物质是运动的,物质的运动是有规律的等观点。②初步形成对科学的亲和感,能区别科学与愚昧。③激发对自然现象的好奇心和对物理学习的兴趣,初步养成实事求是的科学态度和认真踏实的学习习惯。

图 5-1-3 上海市中学物理课程初中阶段(八至九年级)目标

在《上海市中学物理课程标准(试行稿)》中,对教学内容分为四大主题(物质、机械运动、电磁运动、能量),每个主题都有相关的内容及学习水平要求。例如:

表 5-1-1 上海市中学物理课程初中阶段(八至九年级)部分教学内容

内　　容		学 习 水 平
简单电路	电流　电流表	B
	电压　电压表	B
	电阻　滑动变阻器	B
	欧姆定律	C
	串联电路及其简单应用	B
	并联电路及其简单应用	B
简单电磁现象	磁场　磁感线	A
	电流的磁场　右手螺旋定则	B
	无线电波及无线电通信	A
光的传播	光的反射定律	B
	平面镜成像	B
	光的折射	A
	透镜	A
	凸透镜成像规律及其简单应用	B
	光的色散现象	A

制定本学科的学习要求,首先应以相应"目标"与"标准"为依据,形成翔实具体的学科标准化检测框架设计,包括有关内容范畴的拟定与实施形式的安排与组织。

从课程标准出发,明确规划学习任务,涵盖三维目标,不把知识、技能作为唯一的训练内容,不仅仅限于解答习题。

运用多样化手段来激发学生的兴趣,帮助知识理解,引导实验操作,掌握方法,形成专项能力,促进可持续的发展。

对照教学信息,检验所跟踪样本的学习效果,做针对性改进,优化测评方案设计,为落实课程标准的要求提供依据。

在具体的操作执行中可以发现,即使是已列出知识点细目的课程标准,对学习内容、学习水平的描述,依然还是比较宽泛。以初中物理学科"光的传播"主题为例,其学习内容及学习水平要求的表述如下表。

表5-1-2 "光的传播"测评标准的细化表

内容	学习水平		学科基本要求	测评标准
光的传播	凸透镜成像规律及其简单应用	B	① 知道凸透镜成像的规律;	能在图中画出(或用语言描述)当物体位于凸透镜某个位置时,像所处的大致位置及像的特征。
			② 知道照相机、幻灯机、放大镜成像原理;	知道照相机、幻灯机、放大镜的所对应的成像原理;能够根据照相机、幻灯机、放大镜的成像特点,说出三种情况下对应的物距和像距。
			③ 能用凸透镜成像的规律分析一些简单的实际问题。	能够将成像特点与日常生活联系起来,能明白哪些情况下要成实像、哪些情况要成正立的像;能利用凸透镜成像规律分析、解决一些生活中的简单问题(即规律的应用2次以下,且不涉及透镜组合)。

课程标准中,对教学内容的学习水平要求,采取以"A"、"B"、"C"为标识的分级方式来表示。这从评价操作角度看,定位尚有模糊之处,具体在教学过程中到底能教到什么程度,如何判断学生已经达到了这个程度,一线物理教师还是会感到心中无底。《上海市初中物理学科教学基本要求(试验本)》对课程标准的内容与要求进行了分解,阐述相对详实。目前上海市初中物理学科是以《上海市中学物理课程标准(试行稿)》、《上海市初中物理学科教学基本要求(试验本)》为依据。在实际应用中,还需根据测评评价的作用和功能,将初中物理学科教学基本要求中所列的评价点,再进一步细化为可量度的"测评标准"。

其主要过程如下图所示:

图 5-1-4 细化可量度"测评标准"过程示意

(二) 从发展的教学要求视角出发的双向细目设计——基于问卷调查的学习分析

在区域测评框架设计中,对具体"要素"的划分维度是"学习内容"。对应测试题编制的操作中,则需要将检测的评价要求落实到具体题目,也就是通常所说的双向细目表。

表 5-1-3 区域初二物理期末测试的双向细目

内容	知识点	课时	预设	水平	选择	填空	作图	计算	实验	分值	占总分比例
声	声音的产生和传播	1	1	A		1				1	
	乐音 噪声	3	2	A		1				1	
光	光的反射	1	2	B						0	
	平面镜成像(学生实验)	1	2	B			3			3	
	光的折射	1	1	A	2					2	
	凸透镜成像(学生实验)	2	2	B					4	4	
	光的色散	1	1	A		1				1	
运动和力	机械运动参照物	1	1	A		1				1	
	匀速直线运动、速度	1	1	A						0	
	路程—时间图像	2	4	B	2					2	
	力 力的图示	1	2	B		1	3			4	
	学生实验:弹簧测力计测力	1	1	B						0	
	重力	1	2	B				2		2	
	合力、力合成	1	2	B	2					2	
	二力平衡条件	1	2	B	2					2	
	学实:探究二力平衡的条件	1	1	B				2		2	
	摩擦力	1	1	A					2	2	
	牛顿第一定律、惯性	2	2	B		1				1	
机械和功	杠杆、杠杆的平衡条件(学实)	3	10.5	B	2	4		8	2	16	
	滑轮	1	3.5	B		1				1	
	功和功率	2	7	B		3		5		8	

续 表

内容	知识点	课时	预设	水平	选择	填空	作图	计算	实验	分值	占总分比例
	动能 势能	2	3.5	A		5				5	
	动能与势能的转化	1	1.75	A	2					2	
热与能	温度、温标	2	7	B	2				5	7	
	分子动理论	1	1.75	A	2					2	
	热量	2	7	B				4	2	6	
	比热容	1	3.5	B	2	1				3	
	改变内能两种方式	1	1.75	A		2				2	
	热机	1	1.75	A		3				3	
密度	质量	1	1.75	A						0	
	密度	2	10.5	C	2	3		6		11	
	探究质量与体积的关系	1	3.5	B						0	
	测定物质的密度	1	5.25	C					4	4	
	方法									0	
全卷	初二上、下学期以及初三密度										
			100		20	28	8	25	19	100	
	上学期课时	23	30						实际分值	30	
	下学期课时	22	70						实际分值	70	

这个双向细目是从教的视角设置的,对所有的同学一视同仁,不带有倾向性。以此为标准,直接去设计测试框架、编制测试用卷,是否就会有较好的适用性?

促进学生发展的测评是基于标准的、适合学生个性发展的测评,核心要素是学习分析。凯洛夫教育学在讲到可接受性的原则时,指出:"给予学生指定脑力工作时,(教师)不能以自己的尺度去衡量,而必须以他们的尺度去衡量这个工作的难易"。"常常有这种情形:教师觉得似乎是容易的,而对于学生却是不可克服的困难"。

因此,只有通过适切的检测,并对结果做针对性的准确解析,才能更好地了解学生对初中物理知识的学习状况,进而给我们广大一线教师提供更切实可行的教学参考依据。基于问卷调查的初中物理学习分析正是在这个背景下展开的。

对学习者的学习行为进行分析,可以为指向改进学习实践、增强学习效果的课堂教学再设计乃至课程重构提供重要依据。由数据收集、学生分析、学习、反馈和干预组成的学习分析,是在测评的基础上展开的。它通过评估、预测学习群体的学习状态和学习效果,给出教与学的调整依据,最终目标是提供个性化的学习支持。

为了较为全面、真实地了解学生的学习状况,将初中物理教师和学生普遍认为有难度的知识,分成知识与技能类、实验类和综合类三部分,并依据预调查的结果进行筛选,共包含 24 个知识点。同时,在每一类的后面都列出若干个困难原因供学生和老师选择。此次调查主要围绕初三学生学习物理的困难点和原因追索进行设问与处理分析。

1. 问卷调查

此次调查问卷主要以表格的形式进行设计,教师版和学生版问卷除了指导语有些不同以外,问卷内容基本相同。被调查者完成问卷需要两步:(1)选出学习难度较大的知识,在认为难度较大的后面打"√";(2)选出认为该项学习困难的原因,可多选,在所选原因下面打"√"。本次调查内容主要包括三类,每一类别中划分出多个知识要点,并在每项后面有 6 个原因可供选择。如:

表 5-1-4 调查问卷设计

内容	难	考虑问题不全面,遗漏条件	将文字转化成表达式的能力较弱	缺少实验、生活经历,无法将知识与实物模型结合起来	数学推导运算较弱	各物理量间的公式关系不熟悉	没做过实验	其他(请简要说明)
浮力和压强变化类知识的综合运用(计算)								

调研问卷的回收情况:教师有效问卷 130 份,其中:男性 33 人、女性 97 人。学生有效问卷共计 2 162 份,其中男生 1 000 人,女生 1 162 人。

2. 结果分析

限于篇幅,仅呈现本次调查的部分内容及对比分析。

(1) 对知识与技能学习困难点的师生认识与对比分析(图略)

1) 教师选择的百分比远大于学生的百分比,师生选择差异较大。究其原因,是师生思维活动的深广度不同。对于物理概念的形成和分析,教师往往思考得更为深刻,直至延伸与涵盖到概念的整个脉络。而学生判断自己是否掌握了概念,是根据能够正确完成对应的习题,就认为自己已经掌握了相应的概念,所以造成师生选择差异较大。

2) 除"凸透镜成像特点及其应用"外,其他的师生之间相差较大,说明教师尚未充分了解学生的学习状况。原子模型及其组成粒子的特点是学生普遍认为的难点所在,排第 2 位,可能与教师重视不够,教学上弱化过程、只重结果有关。

(2) 对知识与技能学习困难点的男女生认识与对比分析

从调查统计可以看出:

1) 各相关指标中,相差最大的为 4%(音调),即认识上总体差异不大。

2) 男生对图形类的感到困难些,女生对抽象类的感到困难些。

(3) 造成学习困难的原因分析

限于篇幅,仅选取师生都认为最难的"凸透镜成像的规律及其简单应用"的相关统计与分析。

师生对比分析：

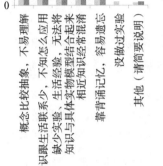

图5-1-5　凸透镜成像困难的原因师生对比

男女生对比分析：

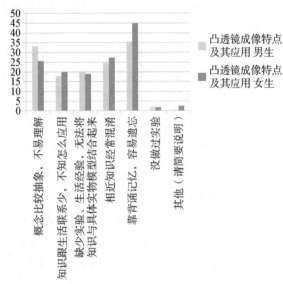

图5-1-6　凸透镜成像困难的原因男女生对比

在"凸透镜成像特点及其应用"中,师生所认为的困难原因并不完全相同,位于前三条的分别是：

教师：靠背诵记忆,容易遗忘；缺少实验、生活经验,无法将知识与具体模型联系起来；概念比较抽象,不易理解。

学生：靠背诵记忆,容易遗忘；概念比较抽象,不易理解；相近知识容易混淆。

在认为"凸透镜成像特点及其应用"困难的原因中,男女生想法基本一致。男生选择"概念比较抽象,不易理解"的比女生多。女生选择"背诵记忆,容易遗忘"的比男生多。

从上述统计分析来看,凸透镜成像特点及其应用,师生认为困难原因并不完全相同。学生应该有详细完整的实验体验,才能建立科学的凸透镜成像规律知识体系,而不是靠简单的背诵去记忆。凸透镜成像规律的应用是对此规律的更深层次理解,也是物理与生活的相结合的具体体现。靠教师课堂上讲解、学生课后练习,学生并不能区分相近知识,容易造成学习过程中的障碍点。

学业水平测试对学习调查,为制定或者调整区域测评框架提供了依据。一方面,是公平地对每个学生的学习情况进行检测；另一方面,是要促进学生的可持续发展。从我区初中物理学科的调查结果显示,无论是在三类知识点或是困难原因上,教师之间的男女差异不明显,但是教师与学生之间、不同性别的学生之间存在诸多差异,这为学习训练和测评的改进提供了依据。

3. 测试设计的依据

(1) 从学生角度出发,基于学情

学生的认知结构和表现规律与教师是有差异的,教师认为的难点对于学生来说未必是难点,而教师认为容易的知识点和技能对于学生来说可能是困难的。对于困难形成的原因也存在诸多差异,物理问卷调查结果显示了这些不同。在进行学习训练的编制前,有必要对学生的学情进行充分地调查研究分析,包括学生的认知预期,应用预期和策略预期。总之应从学生角度出发考虑,不能教师想当然,从而提高学习训练、测评的效果。

(2) 关注个体差异,注重均衡

从调查结果我们可以看出:男生、女生在对学习困难知识点的选取上有些差异;在一些知识点的困难原因的认知上,也存在明显不同。从分析结果看,男生在应用和实践能力、思维的广度和深度、对数据的敏感度等方面强于女生;而女生在记忆的习惯、表述能力、知识与具体模型的结合能力等方面强于男生。

物理学科的学习训练与测评在知识点的选取上,除了考虑知识点的覆盖率,也应充分考虑这些差异来设置学习训练与测评,让学习训练与测评更全面、更公正,便于促进男生女生的均衡发展。

4. 测评框架的调整

前面的测评框架是以双向细目表的形式体现,是二维的:一维是学习内容,另一维是学习水平。基于学习分析的测评框架是三维的:分别是学习内容、学习水平和学习者。学习者是多元的,因而测评的呈现方式(答题要求)也应该是多元的。建立学科的基于学习者的测评框架,目的是在清晰反映发展要求的同时,也充分支持个性化学习。

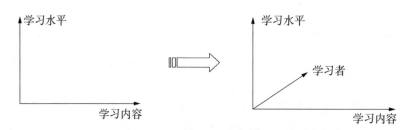

图 5-1-7 二维测评框架到三维测评框架的转变

表 5-1-5 区域初二物理期末测试的双向细目(答题要求)

内容	知识点	课时	预设	水平	答题要求	选择	填空	作图	计算	实验	分值	占总分比例
声	声音的产生和传播	1	1	A	图形		1				1	
	乐音 噪声	3	2	A	归纳		1				1	
光	光的反射	1	2	B							0	
	平面镜成像(学生实验)	1	2	B	图形、比较			3			3	
	光的折射	1	1	A	表述	2					2	
	凸透镜成像(学生实验)	2	2	B	操作、分析					4	4	
	光的色散	1	1	A	描述		1				1	

续表

内容	知识点	课时	预设	水平	答题要求	选择	填空	作图	计算	实验	分值	占总分比例
运动和力	机械运动 参照物	1	1	A	描述		1				1	
	匀速直线运动、速度	1	1	A							0	
	路程—时间图像	2	4	B	图形、分析	2					2	
	力 力的图示	1	2	B	图形		1	3			4	
	学生实验：弹簧测力计测力	1	1	B							0	
	重力	1	2	B	公式计算				2		2	
	合力、力合成	1	2	B	联系实际	2					2	
	二力平衡条件	1	2	B	解释	2					2	
	学实：探究二力平衡的条件	1	1	B	操作、分析与归纳			2			2	
	摩擦力	1	1	A	描述					2	2	
	牛顿第一定律、惯性	2	2	B	解释、解决问题		1				1	
机械和功	杠杆、杠杆的平衡条件（学实）	3	10.5	B	操作、分析	2	4		8	2	16	
	滑轮	1	3.5	B	分析、判断	1					1	
	功和功率	2	7	B	阐述含义、公式计算		3		5		8	
	动能 势能	2	3.5	A	联系生活	5					5	
	动力与势能的转化	1	1.75	A	联系生活	2					2	
热与能	温度、温标	2	7	B	含义	2				5	7	
	分子动理论	1	1.75	A	含义、举例	2					2	
	热量	2	7	B	含义				4	2	6	
	比热容	1	3.5	B	计算、解释	2	1				3	
	改变内能的两种方式	1	1.75	A	举例、解释		2				2	
	热机	1	1.75	A	知道		3				3	
密度	质量	1	1.75	A							0	
	密度	2	10.5	C	计算、应用	2	3		6		11	
	探究质量与体积的关系	1	3.5	B	设计、归纳						0	
	测定物质的密度	1	5.25	C	操作、归纳					4	4	

135

续 表

内容	知识点	课时	预设	水平	答题要求	选择	填空	作图	计算	实验	分值	占总分比例
	方法										0	
全卷	初二上、下学期以及初三密度											
			100			20	28	8	25	19	100	
	上学期课时	23	30							实际分值	30	
	下学期课时	22	70							实际分值	70	

指向并促进学生发展的测评框架建构,关键是建立起内容完备并分层细化,能引导测评方案的精准编制为关键特征的检测操作标准。同时也为测评框架的持续优化,建立起符合科学规范,具备反馈与调节功能,并易于操作的运行机制。其主要架构如下图所示:

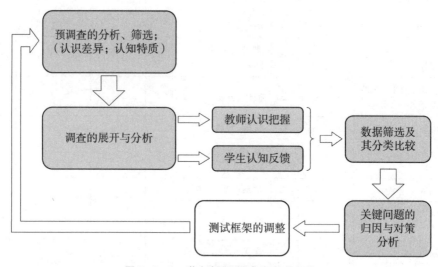

图 5-1-8 学生发展测评框架细化架构

三、测评框架的具体设计:以政治学科为例

测评框架的建立,不但要满足检测与评估等基本的功能性要求,还要清晰体现对学科育人内涵的持续挖掘。反映评价指标的先期引导,呈现评价结果的跟踪反馈,以及持续促进教学的品质提升等发展性特征。因此需要细化落实测评方案设计与标准的制定,测评工具开发与方法的选择,测评操作流程管理和结果的应用。本案例所呈现的是:在学科水平测试方案设计中,有关操作指标的梳理与设定过程。

【案例5-1-2】 高中政治学科的学生学业水平发展测评框架的设计[①]

考试评价的信度与效度不仅与试题的质量有关,而且与考试后对学生的学习表现的相关要素的科学分析的程度有关。我们以2017学年第一学期区高三学业水平等级考试质量监控考试为例,谈谈区域学科学业水平测试及其框架设计的基本流程。

(一)促进学生发展的测试:明确检测及其评价的基本原则

高中政治学科是一门以传授、学习和体验、理解有关政治行为、政治体制以及政治相关领域知识内容为主的社会科学学科。在其教学与体验中,应以"引导全面发展"与"鼓励创新思维"为核心,恪守并坚持:旗帜鲜明的方向性、从实际出发的教学、授业与传道相结合、理论与实践相结合、深化师生民主合作等原则。在考查与测评中,则应遵循以下几方面原则:

1. 思想性原则

思想政治学科是学校德育的主渠道,是显性的德育课程,应坚持以立德树人为根本任务,在考试评价中首先要秉承思想性原则。要通过考试引导学生关注国内外的热点问题,了解党和国家的路线方针政策,了解国家改革开放取得的巨大成就,坚持四个自信。

2. 公平性原则

首先,做好试题的保密工作,其次,让每一个学校了解考试的范围、形式。如在高三第一轮复习中,不同的学校可能会有不同的策略,可能会出现教学进度不一致的现象,所以要让教师预先清晰考试的范围,以便能在充分理解的基础上自觉按照统一要求完成复习。

3. 科学性原则

科学性原则是指在测评活动过程中,要以科学思想为指导,以科学的基础理论、方法论为依托。坚持实事求是,坚持实践检验,克服随意性和盲目性。规范把握考试的范围,不超纲;准确设定考试的难易度,不出偏题怪题。

(二)指向学生发展的测试:明确评定与诊断的内容与目标

组织一场较高水准的纸笔考试,首先要明确考试的性质与目的。考试的性质不同,则考试的内容、难易度、试题构成、时间等都会有所不同。高中政治学科学业水平考试,包括"合格考试"和"等级考试"两种类型。考试的目的,一方面是测验学生考试的综合表现情况,为学生的自我认识与反思、调整提供参考,另一方面是提供区、校学科的教育教学具体情况,也由此来帮助在教育研究与教学管理等方面进行诊断,发现存在的问题,挖掘经验,提出改进意见,以便于教师和学生更好地进行决策规划和行为的改进。为保证评价的准确、可靠,在样本选取上尽可能做到对全区学校、班级的全覆盖。

例如:高三第一学期期末区教学质量测试,就是高三思想政治学科的学业水平等级考试。它是对选科的学生进行的一次调研测试,考试按照等级考试的要求和考试形式进行命题。**在测评**

[①] 本案例由上海市闵行区教育学院陈春辉提供。

框架的具体设计中,将考核操作的执行标准与具体检测点解析如下:

表 5-1-6 考核操作的执行标准与具体检测点解析

题号	题型	测量目标	行为目标	内容领域	内容主题	知识内容	知识深度	情境	满分
1	单项选择题	A	运用经济、哲学、政治的基本概念、原理解释社会现象产生的原因,预测社会现象的发展趋势或可能结果	政治学	人民政权人民当家	人民军队是我国政权的主要成分	B	简单情境	3
2…			……						
20		B	运用经济、哲学、政治的基本概念、原理说明或辨认社会现象	政治学	国家机构服务人民	人大代表是人民权力的受托者	B	一般情境	3
21(1)	材料分析题	B	根据规定的内容领域,以图文信息转换的方式描述社会现象,并做出概括、推断	经济常识				复杂情况	4
21(2)		C	运用经济、哲学、政治的基本原理和方法,提出解决经济、政治、文化等社会实际问题的方案和思路,并说明理由	政治常识	人民政权人民当家	我国的基本国家职能	C		2
		C	运用经济、哲学、政治的基本原理和方法,提出解决经济、政治、文化等社会实际问题的方案和思路,并说明理由	政治常识	国家机构服务人民	建设人民满意的服务政府	B		6
21(3)		C	运用经济、哲学、政治的基本原理评析社会现象,作出正确的价值判断和行为选择,在社会实践活动中提升道路自信、理论自信、制度自信	哲学常识	分析矛盾辩证思维	运用矛盾分析法分析和处理问题	C		8
22	论述题	C	综合运用经济、哲学、政治的基本概念、原理和方法,论证相关观点。	经济常识	经济制度社会保障	坚持公有制经济的主体地位,促进非公有制经济的发展	B	复杂情境	4
		C	综合运用经济、哲学、政治的基本概念、原理和方法,论证相关观点。	经济常识	经济制度社会保障	分配领域效率和公平的关系	B		4
		C	综合运用经济、哲学、政治的基本概念、原理和方法,论证相关观点。	经济常识	市场调节宏观调控	市场运作的机制	B		4

续 表

题号	题型	测量目标	行为目标	内容领域	内容主题	知识内容	知识深度	情境	满分
		C	综合运用经济、哲学、政治的基本概念、原理和方法,论证相关观点。	经济常识	对外开放合作共赢	完善开放型经济新体系	C		4
		C	综合运用经济、哲学、政治的基本概念、原理和方法,论证相关观点。	经济常识	发展经济改善生活	生产的基本要素	B		
		A	列举反映经济、哲学、政治的基本概念、原理的社会现象,并说明两者一致性						4

(三) 解读学生发展的测试:明确评价的依据与执行的标准

考试以《上海市中学思想品德和思想政治课程标准(征求意见稿)》调整意见为依据。课程标准明确指出:思想品德和思想政治课程是对中学生比较系统地进行公民品德教育和马克思主义常识教育的基础课程。其基本任务是:根据中学生的年龄特点,由浅入深地进行公民品德教育、马克思主义基本观点教育和有关社会科学的基础知识教育;引导学生在经历课堂学习和社会实践活动的过程中,逐步提高用正确的观点和方法观察、分析现实问题的能力,以及参与社会生活的实践能力;帮助学生拓展国际视野,宏扬民族精神,树立建设中国社会主义的共同理想,逐步形成良好的思想品德和正确的世界观、人生观、价值观,为他们自主、自立、自强的终身发展奠定基础。

随着学科教育教学改革的发展,学科评价从知识立意转向能力立意,再到聚焦学生的学科核心素养的转向。学科知识、学科能力、学科情境,构成了考试命题的三维框架,学科知识即课程标准规定的学生要参加等级考试必须掌握的马克思主义经济学、政治学和哲学的基础知识和拓展知识;学科能力即课程标准规定的高中学生完成学业参加等级考试应该要达到的能力要求,包括三个层次:A(识记与辨识)、B(理解与阐释)及C(综合与评价);情境是为学生运用学科知识和能力,完成一定的学科任务而提供的若干条件的综合,情境的复杂程度和结构化程度直接影响到试题的难度。根据学科特点和学生年龄特点,我们在命题中设置了简单情境、一般情境和复杂情境三种层次。相应的命题,力图考察学生在不同复杂程度和结构化程度的情境下,运用学科知识和学科技能,完成所设计的学科任务中的表现情况,进而了解学生的学科素养。

四、测评框架的具体设计:以生命科学学科为例

在学生学业发展水平测评框架设计中,需要依据学科育人的发展目标与取向,确立测评的关键要素与操作执行标准,使评价能够在应有的维度与覆盖层面上展开,并由此进一步聚焦发展学科思维的具体素养要求,形成精准有序的教育教学路径与方法选择的学科操作方案,推进有标准的教学与诊断。

【案例 5-1-3】 生命科学学科的学生学业发展水平测评框架的设计①

学校教育的目的是遵循国家与社会对人才的要求,满足学生当下发展需要和为学生未来的人生做准备。与掌握"足够"的知识相比,促进学生的理性思维发展是实现学校教育目的更有效的途径。为此,《普通高中生物学课程标准》(2017 年版)中明确提出了包含科学思维在内的生物学核心素养。

(一)学科考核的发展性导向——基于教育教学的现实需求

2017 年上海市生命科学学业水平考试评价会上,有专家集中反馈了从阅卷中反映出来的 5 个的问题:学生学科基础知识不扎实,对生命科学原理理解不到位,信息提取和处理能力欠缺,思维比较局限和固化,以及系统性表达思维能力的欠缺等。其中最后一项有关思维表达的能力,与前 4 个问题所反映的能力都有关且更综合。这意味着:作为学习的一种高端能力,思维表达能力可以成为学生学科素养提升的一个主要抓手。对学生思维表达能力的研究,不仅是等级考教学所需,更是培养学生学科素养的诉求,是学科育人价值的关键所在和学科育人结果的重要体现。由此,我们立足本课题的研究,以区域学科水平测试为反馈工具,探讨学生思维表达能力提升的途径和方法。

(二)思维引导的学理与认识——路径与方法选择及其依据

1. 聚焦能力发展,清晰思维和知识的关系

库恩指出:科学思维是获取知识的过程,包括所有为了获取更多知识而进行的有目的的思维过程。可见知识与思维不可分割,知识的获得离不开思维,思维需要以已有的知识为基础才能获得新的知识。知识和思维的关系可以用图 5-1-9 所示的螺旋模型来表述,中间的思维柱由下至上表示思维的灵活性、层次和深度逐渐提升的过程,带箭头的螺旋线表示知识螺旋增加的过程。若知识 1 为已有知识,通过思维活动有效加工后产生更高水平的知识 2。高水平的知识 2 比知识 1 的内容更丰富、结构性更强。从知识 2 到 3 也是,依次类推,每一次螺旋上升均可得到更为庞大、结构更优化的知识体系。但任何一次螺旋上升都需要原有的知识发挥作用。通常"原有知识"丰富度不够或结构性不良,将增加运用科学思维达到更高知识水平的难度。在考试情境中,要实现科学思维过程的正确表达,学生需要有一定水平的知识体系。若相关的"已有"的知识体系不良,则必将影响思维表达的结果的呈现。

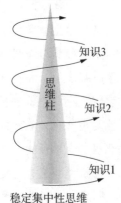

图 5-1-9 知识和思维关系的螺旋模型

---

① 本案例由上海市闵行区教育学院戴赟提供。

纵观2017年之前生命科学学科高考考纲的考试目标和《普通高中生物学课程标准》(2017年版)所述的学科素养[3]以及PISA测试的科学素养评估框架中关于科学能力的表述,都同时包含知识和思维两个方面,且高度融合,体现出科学思维和知识密不可分的关系。

(2) 透析解题过程,准确反映学生的思维与表达

思维表达的试题在高中生命科学考试中,并不是一个新鲜的事物。生命科学高考中也有一定比例的思维表达试题,只不过在总分150分中相对占比没有现在等级考100分总分中的占比大。根据已有的教学和解题经验,还原学生思维表达题的解题过程,试将其解题环节、步骤和主要的影响因素梳理如表5-1-7。

表5-1-7 学生思维表达题的一般解题过程和相关的影响因素

解题环节	解题步骤	主要影响因素
弄清问题	读题干,通过所给的信息(文字、图、表等)**弄清问题**	审题能力/获取有效信息的能力
寻求解决	运用已有的知识和策略,建立由题干获取的信息与问题间的联结,**寻求解决** (当问题难与原认知结构建立直接联系时,应能采用各种有效的策略,通过分析综合,提出解题的各种假设,最后确定解题方案)	原有知识结构与题干和问题的联结点、整合能力 原有的解题策略与试题问题解决策略之间的联结点、迁移能力
解决问题	根据所给的问题,通过分析、判断、计算等加以逐步解答,最后**解决问题**	描述、分析、判断、解释、预测或计算等思维能力
表达思维	用学科术语或图、表准确**表达思维过程**	完整、科学表达思维的能力

解题过程中,表5-1-7中任何一个环节出现问题,都将导致学生无法获得满分,甚至无法得分。

(三) 考核的目标与要求解读——促成有标准的教学与诊断

1. 学生思维表达能力组成和水平分组

根据表5-1-7分析,可以从知识和思维两个方面对学生的思维表达能力组成和水平进行分组,结果如图5-1-10所示。其中A为知识,B为科学思维,E为思维表达。B和E均属于非知识类的思维方面。科学思维B又分为B1～B3三个递进的能力水平,根据《普通高中生物学课程标准》(2017年版)中对科学思维的水平划分思维表达能力E可分为E1～E4四个表现水平。借助该思维表达能力组成和水平分组图,可以对学生解答思维表达题时出现的问题进行一一对应的原因分析,以有针对性地诊断学生的思维表达能力。

2. 学生思维表达能力测评框架的设计

(1) 学生思维表达能力组成的要素分析

思维表达类试题往往承载着一定的学科知识,这些知识以及与这些知识相联系的其他相关

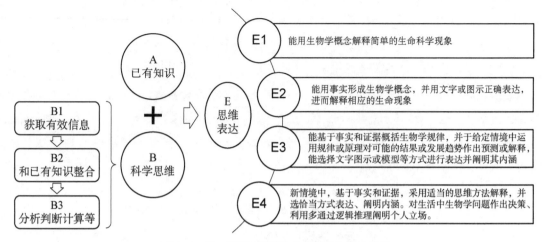

图 5-1-10 学生思维表达能力构成和水平分组

学科知识构成一定大小的知识结构,即与试题有关的"原有知识结构"。原有知识结构的构成情况,包括其内部的组织性、整体性、组织性、丰富性等的情况都将影响到学生能否就题干的各种信息正确联系到有助正确解题的相关知识。没有相关的知识,即使思维能力再强,也只能落入"巧妇难为无米之炊"的困境。

思维类试题的解答过程起始于识别、弄清问题,然后才是运用思维能力解决问题的过程。解题过程中所涉及的"从文字、图、表等中获取有效信息的能力"(B1)、"将获取的信息和已有知识整合的能力"(B2)和"对生命现象或事实进行分析判断的能力/运用生命科学原理对数据进行计算能力"(B3)是单向推进的,也是解答出错时问题逐级追因和解决的顺序。

思维类试题解答的最大特点就是需要通过一定量的文字表述问题解决的思维过程,从"能用生物学概念解释简单的生命科学现象"(E1)、"能用事实形成生物学概念,并用文字或图示正确表达,进而解释相应的生命现象"(E2)、"能基于事实和证据概括生物学规律,并运用规律或原理对可能的结果或发展趋势作出预测或解释,能选择文字、图示或模型等方式进行表达并阐明其内涵"(E3)、到"新情境中,基于事实和证据,采用适当的思维方法解释规律或机制,并选用恰当的方式表达、阐明其内涵。对生活中的生物学问题作出决策、利用多个相关生物学大概念或原理,通过逻辑推理阐明个人立场"(E4)……依次在难度和复杂度上有明显的提升。

(2) 学生思维表达能力测评框架的设计

根据前面的分析和描述,学生思维表达能力测评框架由 4 个相互关联的部分组成,包括试题情境,学生需要使用的思维能力,涉及的知识和学生的思维表达能力。四个部分的组成及相互关系以图 5-1-11 表示:

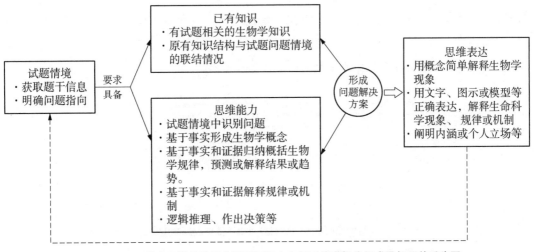

图 5-1-11 学生思维表达能力测评框架 4 个相互关联部分组成及相互关系稳固

3. 基于学生思维表达能力测评框架的教与学的诊断

以2017学年第一学期质量调研考试试卷中基因工程①题(表5-2-2)的作答情况分析,设问是"图12表示基因工程中的_____(步骤)",而题干中给出了图12的说明"图12是科学家用转基因(大鼠生长激素基因)方法培育'巨型小鼠'过程中的一个步骤",提示图12是基因工程的有关步骤,同时试题提供的图12显示了一个含雌性原核和雄性原核的受精卵、一根固定受精卵的负压固定管、一个显微注射针和一段重组DNA分子。

学生作答本题时,需在通读题干所有信息(文字、图、表等)的基础上,聚焦设问弄清问题指向是要利用图12的有关信息判断相关过程属于基因工程的哪一个步骤。然后再联系已有的关于基因工程4个步骤的知识,确认图12所示过程是其中的第3步,并完整地用学科术语准确表达该步骤是"重组DNA分子导入受体细胞"。其中任何一个环节出错,都可能导致学生无法获得满分甚至不得分,如下所述的几种情况:①写"与细胞结合、融合、植入"等与基因工程无关的内容,在"获取信息"或"联系已有知识"等环节出错,既有知识也思维方面的问题。②写"导入目的基因"的学生既未捕获到图12"重组DNA"的文字信息又未能联系到或本来就无关于基因工程第3步骤的正确描述的知识,如果学生能联系到"导入目的基因进入受体细胞会被核酸酶分解"的事实性知识也有助于获得正确的答案。其中可能存在"获取信息"的问题,相关的知识也未能发挥作用。③写导入"受体"的学生,混淆了调节系统中各类信息物质对应的"受体"和基因工程中的"受体细胞",也属于未能与已有的知识建立正确的联系。④只写"重组DNA"的学生已经获取了图12中"重组DNA"的信息,但未能结合已有的关于基因工程步骤中的"导入"、"受体细胞"两个关键词而造成出错。⑤只写"导入受体细胞"或"导入重组DNA"的学生都是未能完整表达。

以此类推,运用学生思维表达能力的测评框架,我们可以对每个学生在思维表达题中的非满分作答准确地进行有关错误成因的归类。教师据此统计班级的作答情况就可以提供最精准的学情,不仅有利于该试题有效讲评,还能基于从中发现的"教与学"的问题设计教学改进的方法和策略。

4. 指向优化更新的学科能力水平提升的测试操作方案设计

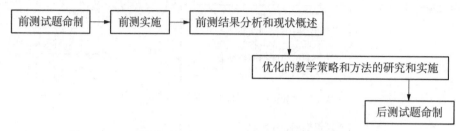

图 5-1-12 指向优化更新的学科能力水平提升的测试操作方案设计

第二节 基于实践的纸笔测试命题

学科学业测试的基本任务,就是获取学习者的知识素养与能力水平的信息。需要借助专门的测试工具(如测验试卷等),并运用合理的检测方法,获得被测对象有关的信息,进而通过必要的信息分析与数据处理。在本项目的研究设定中,还需要将测试的结果,纳入信息处理库中,进行综合处理和评估。

本单元中的"命题",主要涵义为"试题编制",即要依据学科学业水平检测的规范,对照相关执行方案与操作标准,来编制考试的题目,包括:选择试题类型、编制测验试题、拟定考查要求、明确评价标准、组织审核评定等环节。

一、纸笔测试试题的设计与编制:以语文学科为例①

在学业水平测试中,以试题的编拟和命制为其关键环节。具体到各学科和各类试题,应体现课程要旨、挖掘育人价值,根据核心素养的培育及促成学习能力持续发展的要求,拟定出更详细的编制要求与操作方案,以保障试题命制的精准性。现以高中语文"形象思维能力与素养"模块的命题为例进行探讨。

【案例 5-2-1】 面向选科生的高三语文命题

(一)高度突出思辨与逻辑的试题命制现状、问题与背景

1. 学界背景

近些年,语文教学中强调"逻辑思维"、"思辨性"的风气日炽,动辄"思辨"、"逻辑",在中学语

---

① 本案例由上海市闵行区教育学院朱诵玉提供。

文教学中业刮起一股"理性思辨"风。各种关于思辨的研究、阐释及各种实践课例等,层出不穷。同时,在大型命题中,如高考命题,也得到了鲜明的强化。请看2018年上海高考卷第4题:

下列选项中推理的过程与第⑤段划线部分相同的一项是(　　)。

A. 他只要是选手,就会进入赛场;现在他是选手,所以,他会进入赛场。

B. 他只要是选手,就会进入赛场;现在他没进入赛场,所以,他不是选手。

C. 他只有在生病的时候才会缺席;现在他没缺席,所以,他没生病。

D. 他只有在生病的时候才会缺席;现在他缺席了,所以,他生病了。

【附文章第⑤段划线部分:如果人真的是情感的动物,那么一旦受到外部环境的刺激,就应不加控制地将情感表达出来,可是,被师长责备时,有多少人会回嘴或怒目以对?对于上司或面试的主考官,有多少人会直接宣泄心中不满的情绪?大概不多,除非打定"此处不留人"的主意!可见,人并非情感的动物。】

这道题当然可以看作是关联词语的使用,但是,很显然,命题者更多的是想考查逻辑思维。在高考这样权威性的考试中考查这样的内容,可见逻辑思维已经被提到一个怎样的高度。

确实,逻辑思维、思辨性对于人尤其是逐渐走向成年的中学生来说,是非常重要的,对于语文学习尤其是语言学习与运用也是很重要的。但它不是唯一的,形象思维在中学阶段的学习中也很重要。且不说数理化学科的空间想象需要形象思维,即使是语文学科中特别是文学作品的欣赏,也是离不开形象思维的。然而,现实情况却不容乐观。形象思维在语文教学中几乎不被提及,中学生尤其是高中生的形象思维也几乎得不到有意识、有目的的训练。

2. 学生背景

就目前的实际情况来看,中学生甚至连最基本的形象感也是缺乏的。在一次学业质量监测中,我们命制了这样一道题:

过华清宫绝句

[唐]杜牧

长安回望绣成堆,山顶千门次第开。

一骑红尘妃子笑,无人知是荔枝来。

这首诗的画面感很强,试作分析。

我们选择的文本就是直接来自高中课本当学期的《南州六月荔枝丹》的引用诗句,并且课下有详细注释,一是考虑到教考一致,二是给学生熟悉感。这首诗非常有画面感,要阅读本诗,就需要展开想象,调动形象思维。

我们希望学生能按照诗歌的描写层次展开有序想象,进而理解诗歌。我们给出的参考答案是:第一句整体写华清宫周围的秀丽景色;(1分)第二句(拉近镜头)写华清宫宫门依次打开,动态感十足;(1分)三、四句具体写"一骑"、"红尘"、"妃子笑"、"荔枝"(对比中含蓄地表达了讽刺的意味);【答"一骑红尘"也可,但和"妃子笑"都必须答出才得分】(1分)全诗由整体到局部,由远及近;【答一点即可】(1分)富有层次,画面感很强。"富有层次"必须答出才得分】(1分)

然而,这道题共5分,最后均分0.93。错误的地方很多,如简单翻译诗句,不作分析,不经审题直接分析诗的情感主旨,对"绣成堆"、"山顶千门"、"一骑红尘"、"妃子"等内容的理解有误等。但错得最多的是:基本无人关注画面的层次感和动态感。抛开其他因素不说,单就"画面感"这一点来看,已经很能说明问题了。学生形象思维的缺失,严重影响了语文的学习,尤其是文学作品的赏析,当然也包括社科类文章的阅读和写作等。

3. 课标背景

形象思维在中学阶段要不要培养呢?

这其实不是一个问题。《普通高中语文课程标准》(2017年版)在界定语文学科核心素养的时候,专门提到了"思维发展与提升",其中是这样表述的:

> 思维发展与能力提升是指学生在语文学习过程中,通过语言运用,获得直觉思维、形象思维、逻辑思维、辩证思维和创造思维的发展,促进深刻性、敏捷性、灵活性、批判性和独创性等思维品质的提升。

由此可见,新课标期望学生发展的不仅仅是逻辑思维与辩证思维,还有直觉思维、形象思维和创造思维等。根据《普通心理学》对思维的分类,课标对思维的提法是有交叉的,"课标"之所以这样提,主要是为了突出这几种思维在中学阶段语文教学中的重要性。这表明国家层面("课标"代表着国家意志)对形象思维已开始重视。然而事实是:形象思维往往被忽视了。从学界忽视到教师忽视,其影响巨大且深远。从现实情况来看,想象力的缺乏可部分归结为形象思维的缺失。

(二) 有关形象思维范畴的学科试题设计思路与实例考察

采取"以命题引领教学"的策略,进行区域性校正。通过梳理资源、建立指标,促使教师在教学中重视形象思维,从而提升学生的形象思维素养。在命题中,我们选择提取形象思维的内容,在与相关要素有机融合的情境中进行引导。

例1 (2011年浙江高考题)赏析画线部分的景物描写。

【文中划线部分为:四周是一片大草原,光秃秃的,一轮圆月冷冷地照在停着第9车厢的备用道上。】

【参考答案】①"光秃秃"的大草原、"冷冷"的圆月渲染了凄清、空旷、荒芜的氛围;②烘托了人物的无助感;③以月之"圆"显人物心情、事情结局之"残",与结尾点明的已成泡影的旅游构成了对照。

这道题从评价的角度来看,检测的是学生语言的赏析,但是,其内在却是涉及到了形象思维。如何赏析这个句子?参考答案里也给出了,要抓住"光秃秃""冷冷""圆"等词语,而这些词语本身就具有形象色彩,要想赏析得好,就需要一定的形象思维。

例2 (2015年上海高考题)文学类现代文阅读中四个题目就有三个涉及到形象思维,这里选两题作分析。

1. 请紧扣"蹒跚"一词,赏析第⑭段画线句。
2. 根据作品内容,进行想象,为本文续写结尾(限45字以内)。

【参考答案】

1. 运用比拟和通感的手法,变听觉为视觉,化无形为有形。用步履的缓慢摇摆表现出声音在"我"心头久久萦绕,对"我"触动很大,也与句中"苍老"一词相一致。

2. 评分量表

表 5-2-1 评分量表

分值	整体印象	等级描述	答案示例
4分	优秀	想象丰富,合乎作品内在情理;起到结尾作用,语言有意蕴。	轻轻将那张已经揉皱并被雪水泅湿的纸条撕碎,然后回转身,慢慢朝火车站方向走去。
3分	良好	想象合乎作品内在情理;有结尾作用;语言通顺。	(1) 将那张记录着怨恨的纸条扔进了垃圾箱,然后向火车站走去。 (2) 敲开了门……午夜的月台上,她向我挥着手,隐没在漫天雪花中。
2分	中等	想象基本合乎作品内在情理,结尾作用不明显;语言较通顺。	(1) 想了想,转身走了。 (2) 敲开门,看着她诧异又有些许不安的眼神,我告诉了她我的来意,不再愤恨,畅谈后愉快启程。
1分	较差	想象与作品内在情理不一致。	(1) 但此时的我却已失去了再向她质问的兴趣了,这一场雪早就将这之前的怨气都吹得烟消云散了。 (2) 想来想去,还是觉得应该讨伐一番。但是,我又想起了老妇人的话。怎么办呢?

第1题的参考答案中已经给出了"化无形为有形",说明,从考查的角度来看,已经注意到形象思维了。从第2题的评分量表的表述来看,也很明显是在强调形象思维,如"想象丰富"、"想象合乎作品内在情理"、"想象基本合乎作品内在情理"、"想象与作品内在情理不一致"等,都是以想象合不合理为评判标准。如何才能做到想象合理呢?当然需要的是运用形象思维!在这里,形象思维成了评判的标准。

例3 (2018年上海高考题)

从军行

崔国辅

塞北胡霜下,营州索兵救。

夜里偷行道,将军马亦瘦。

刀光照塞月,阵色明如昼。

传闻贼满山,已共前锋斗。

扣住"传闻"两字,赏析"传闻贼满山,已共前锋斗"两句。

【参考答案】"传闻贼满山,已共前锋斗"两句写行军途中得到消息,说贼兵人多势众,已与我军前锋交战。"传闻"二字,点出这些消息的来源,两句以听闻的方式侧面虚写,让人感受到行军者听到消息时紧张、担忧、关切的复杂情感,很有感染力。

从所举实例可以看出现有命题中形象思维的基本呈现情况:1.在各类文学性作品中呈现较多,尤其是古诗词阅读;2.命制的方式既注意整体,也考查局部,整体的如分析"画面感",局部的如赏析词句等;3.这些问题的背后是指向形象思维的,问题的解答必须用到形象思维,从所列的答案也能看出来。

由此,我们可以看出,在大规模的命题测试中,形象思维是得到重视的。然而,在中学课堂中又很少有人自觉地提"形象思维"这个词,在实践中,学生的形象思维能力又的的确确是比较薄弱。这真是一个奇怪的现象!

也正因如此,我们设想,将一般性考试的命题和大规模考试的命题对接,通过持续不断的命题评价引导来对形象思维的教与学加以强化,具体如下:

首先,按照文体特点将文学类文本进行分类,筛选可以进行有关形象思维考查的命题点。主要有古诗词、现代散文小说,其中所涉及的主要表现在:词句赏析、表现手法运用、艺术形象评价及意象意境赏析等。

其次,就是梳理非文学性文本和写作中的有关形象思维的命题考查。这个相对较为复杂,此处暂不探讨。

(三) 促进形象思维的培养的教研取向与教学行动及结果

有高考这样大规模命题测试中进行形象思维考查的实际,以及我们在区域内的大规模命题中的试验,经如上思考,我们用三年时间,持续以命题方式来促进形象思维的培养。我们选择了一个较小而适切的切入口——古诗词,来进行命题实验。详细说明如下。

例1(采自"高一全区质量监测")

咏史

左思

皓天舒白日,灵景耀神州。

列宅紫宫里,飞宇若云浮。

峨峨高门内,蔼蔼皆王侯。

自非攀龙客,何为欻来游?

被褐出阊阖,高步追许由。

振衣千仞冈,濯足万里流。

我们的设想是：选择这首诗是因为沪版教材高一上有左思的另一首《咏史》(郁郁涧底松)，两诗无论是在思想上、手法上都有相似处。且本诗描摹生动，富有画面感，便于检测学生的形象思维。

我们命制的题目是：请结合全诗赏析"振衣千仞冈，濯足万里流"两句。这两句的画面感很强，需要用到想象，"振衣""濯足"是两个动作，"千仞冈""万里流"是两个画面(场景)。

我们给出的参考答案是：这两句意思是到千仞高岗上抖抖衣服上的灰尘，到万里长河中洗去脚上的污垢；表明诗人对门阀统治的强烈反抗[不满]，以及高洁傲然的情怀；"振衣""濯足"这样的小动作和"千仞冈""万里流"这样的大事物搭配，反差中显得豪迈高亢、雄健劲挺[答"豪迈大气"之类亦可]。

例2 （采自"高二全区质量监测"）

雁儿落过得胜令·送别

刘时中

和风闹燕莺，丽日明桃杏。长江一线平，暮雨千山静。载酒送君行，折柳系离情。梦里思梁苑，花时别渭城。长亭，咫尺人孤另；愁听，阳关第四声。

我们的设想是：沪版教材高二有词、曲两个单元，从内容上保持一致；并且，这首曲子在写景上很有特色，画面丰富，便于考查形象思维。

我们命制的题目是：请赏析"和风闹燕莺，丽日明桃杏"一句中"闹"与"明"两字的妙处。整首曲子的画面很多，这两句描写最直接，最具画面感，"闹"与"明"两个字又处在两句的关键处。

我们给的参考答案是："闹"，喧闹、热闹，和风送来莺啼燕语，写出了春天的欢腾热闹之境；"明"，明亮、明媚，写出了阳光照耀之下，桃杏艳丽的光彩，鲜艳明媚。

例3 （采自"全区高三一模"）

送孙十尉温县

钱起

飞花落絮满河桥，千里伤心送客遥。
不惜芸香染黄绶，惟怜鸿羽下青霄。
云衢有志终骧首，吏道无媒且折腰。
急管繁弦催一醉，颍阳不驻引征镳。

我们的设想是：高三已经到了中学的最后阶段，思想认识、学习能力都达到较高的水平，应该可以赏析难度较大的诗词了；与此同时，经过高一高二的两年训练，应该可以从整体的角度赏析诗词。

所以，我们命制的题目是：本诗是怎样抒写临别情感的？请结合具体内容加以赏析。"怎样抒写临别情感"，就涉及到整体把握，梳理好整首诗的思路，还原当时的送别场景，然后应该考虑到诗歌前半部分的景物描写。

我们给的参考答案是：首句描摹暮春之景来渲染离别的情绪，第二句以"伤心"二字直抒胸臆,写送别的难舍;三、四句以借代、比喻等手法感叹孙十的怀才不遇(空有才华却志向不得伸展,带有为其不平之意);五、六句直接表达勉励和劝慰之情;最后两句写乐声的急迫和夕阳落下,渲染不舍离别又不得不离别的矛盾心情;全诗情景交融,表达了深沉的离别之情。

以上选取分别是高一、高二、高三三年的具有代表性的大规模命题中有关形象思维的题目。三道题都要运用想象,调动形象思维来解答。从数据分析来看,三年来,学生的形象思维在有意识的持续引导与培养下,是有所提高的。

(四)依托系统、序列、规范命题的教研引导经验与总结

形象思维在中学阶段的教学中尚未引起足够重视,但又确实是很重要的。面对这种情况,针对中学语文教学中形象思维考查缺位的问题,围绕中学生尤其是高中生的形象思维不足与对应练习缺失的现状,我们利用优化命题评价的方式,来强化形象思维的训练,在命题中有意识地加以引导。通过系统、序列与规范的命题,可以形成鲜明与清晰教学导向与学习引领,有助于纠正教学偏差、完善学习评价。基本思路总结如下图:

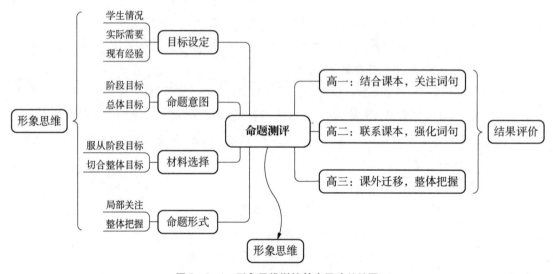

图5-2-1 形象思维训练基本思路总结图

这种模式也可以应用到更多类型与内容的命题上,如其他文学类文本的散文、小说、文言文,以及非文学类文本及写作。可以根据不同情况进行有针对性的调整。

二、纸笔测试试题的设计与编制:以政治学科为例

编制学期调研试卷,应兼顾基础知识、专项能力、综合应用、拓展学习与素养提升等方面的要求,打破以现行教材所涉及的内容为考试范围的局限,努力体现新课程、新课标的基本理念,注重联系社会与生活的实际,培育核心素养,落实素质教育,为课程和教学的持续、深化改革起到牵引与促进作用。

【案例 5-2-2】 面向选科生的高三政治命题①

(一) 明确命题的基本指导思想

在准确把握课程标准和教学基本要求的基础上,科学命题是纸笔考试重要的环节。按照教育部和国家对学业水平等级考试的要求,我们在命题过程中,坚持以下原则:

1. 要筑牢基础性

考查学生必备知识和关键能力;(可通过知识表单＜列表、清单、要目＞和思维导图的引领,来精准梳理、优化导引)

2. 要体现综合性

体现学生综合素质和学科素养;(多视角的阐释、归纳、提炼,并总结范型规律、编制典型题例、形成类型序列)

3. 要突出应用性

注重理论密切联系实际;(发展从学科情境到复杂社会情境中的学习应对)

4. 要走向探究性和开放性

考查学生的创新意识和创新能力。(聚焦任务目标,引入多样化、多渠道、多形态的工具、平台与资源,形成合作交流,促进思辨实践,应对问题挑战)

(二) 确定考试的模型

以《上海市思想政治学科课程标准》和《上海市思想政治学科教学基本要求》为依据,首先确定考试的内容和难度。

区高三等级考试质量监控考试命题,首先是要与上海市学科等级考试的试题取向相一致。即区的等级考命题应严格按照市等级考命题方式进行。通过分析市等级考的题型构成、知识分布和能力目标,并以此为标准,我们制定试卷细目表,再根据细目表着手命题。

区高三等级考试质量监控考试命题,还要能体现上海市教委发表的考试说明提出的学科命题要求。如 2017 年考试说明中指出:

> 本次测试按照等级考试的要求,等级性考试以《教学基本要求》中高中基础性课程和拓展型课程学习内容为依据,命题要加强与社会实际和学生生活的联系,关注学生科学素养和人文素养的培育,注重考查学科教学目标的达成情况,特别注重考查学生在具体情境中综合运用学科知识所学知识分析和解决问题的能力,杜绝偏题和怪题。命题体现学科特点,着眼于学科的基础知识和基本技能的考核,既突出重点,又注意覆盖面,贴近学生学习和生活实际,重视考查学生综合运用所学知识分析和解决问题能力,有助于培养学生创新精神和实践能力。

---

① 本案例由上海市闵行区教育学院陈春辉提供。

1. 情境创设

思想政治学科等级考试题目主要由"情境材料、学科知识、认知能力"三部分构成。在制定双向细目表，确定考察的学科知识和能力水平后，重要的是收集与之相匹配的情境材料，以及对情境材料进行加工处理。情境材料涵盖面广，涉及到一段时间内的国内外发生的重大政治、经济、文化、社会、体育、军事等当下时政热点话题。情境材料的复杂程度也影响到试题的难易度，相对的能力要求也会有很大差异。不同能级要求的试题应该要有不同复杂程度的情境与之相匹配。

2. 问题设计

问题设计是命题的重要环节，要聚焦考察的知识，并依托情境，给学生提供预设的问题指向和答题方向。

例：2018年我国第五次修改宪法。过程如下：

中共中央2017年12月15日在中南海召开党外人士座谈会，就中共中央关于修改宪法部分内容的建议听取各民主党派中央、全国工商联负责人和无党派人士代表的意见和建议。

中国共产党第十九届二中全会2018年1月18日至19日在京召开，会议审议通过了《中共中央关于修改宪法部分内容的建议》。

2018年1月26日，中共中央向全国人大常委会提出《中国共产党中央委员会关于修改宪法部分内容的建议》。

2018年1月30日，十二届全国人大常委会第三十二次会议决定将全国人大常委会关于提请审议宪法修正案草案的议案提请十三届全国人大一次会议审议。

2018年3月5日至20日召开的第十三届全国人民代表大会第一次会议审议通过了《中华人民共和国宪法修正案》。

（1）结合材料，中国共产党、民主党派、全国人大常委会和全国人大在宪法修改过程中各自发挥了怎样的作用？发挥这样作用的依据是什么？

（2）结合材料分析：我党是如何落实依法治国基本方略的。

知识	情境	学科能力	水平
依法治国是党领导人民治理国家的基本方略 全国人民代表大会党的领导方式是我国最高国家权力机关	复杂情境	解释与论证	3

例：宪法是国家的根本大法。1982年宪法制定至今在党中央的领导下，经过了1988年、1993年、1999年、2004和2018年五次修改。这五次的宪法修改，可以用一个词来概括，就是："始终与改革开放同步。"五次修改的内容很多。每次修改可以分别用一个词来概括：1988年"土地租

赁",1993年"市场经济",1999年"依法治国",2004年"人权保障"和2018年"生态文明"。

用物质与意识的辩证关系的原理分析五次修改宪法的原因。

知识	情境	学科任务	水平
物质与意识的辩证关系	挑战性复杂情境	解释与论证	4

上列题目,都是以党和国家修改宪法,实施依法治国作为的情境材料,但是由于每个题目的情境材料要素的数量不同,要素之间的关联程度不同等,导致情境的复杂程度有着明显的差别。而不同复杂程度的情境材料的创设,与试题的难易度呈正相关关系,所以要根据命题前确定的试题所考查的能力与水平要求,选择和设计情境。

3. 制定评分细则

评分细则与传统的参考答案不同,传统的参考答案是唯一的,重点关注的是学生知识的识记与运用程度。评分细则的答案相对多元,更多的关注学生的学科能力和素养,关注学生的学科思维过程和学生表达的完整性和逻辑性。

我们以如下试题为例:

十余年来,中国快递业快速发展,快递量增长30倍,民营快递企业高速成长。

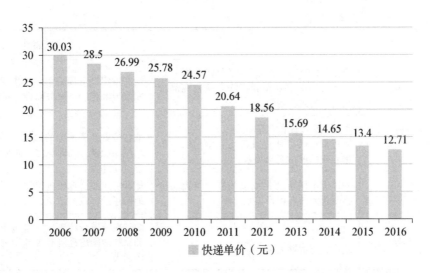

(1) 运用市场运作机制的相关知识,分析产生上图所反映的经济现象的原因。(10分)

(2) 近期,不少快递企业和电商平台纷纷试水绿色物流。比如,某企业推出共享快递盒,得到众多网友点赞。但也有人说:"当前我国快递业务量巨大,要想普及共享快递盒,很难做到。"运用前进性与曲折性辩证统一的原理,简要评析上述观点。(10分)

本题第一小题考察的知识是市场运作的机制,能级水平是B,测量目标是根据规定的内容领域,以图文信息转换的方式描述社会现象,并做出概括、推断;运用经济、哲学、政治的基本概念、原理解释社会现象产生的原因、预测社会现象的发展趋势或可能结果。本题学生需要完成两个思维过程:第一步,读图,准确全面概况图表反映的现象;第二步,准确运用指定知识,解释现象产生的原因。本题考察要点:一个是学生对经济图表信息的准确、全面提取;另一个是准确把握知识,根据所学的知识建立起经济现象之间的因果联系,表达要完整,逻辑一贯。

根据以上的分析,我们提供答案示例和评分细则:

答案示例:
上图说明10年来快递单价呈下降趋势,不过趋势有所放缓。(2分)

价格机制、供求机制和竞争机制是市场运作的三大机制,三者之间相互作用、相互影响。(2分)从材料中看到,10年来,快递业快速发展,快递数量快速增长,单位成本下降,导致快递单价不断下降;同时快递公司不断增加,竞争加剧,促进快递公司不断地改进技术、改善管理、降低成本,导致快递单价不断下降。(6分)

评分细则

评分观察的行为特征:能在特定经济现象的语境中,准确、连贯和完整地阐述有关经济知识之间的内在逻辑。

分值	等级描述	分数解释
9~10分	全面、准确概括图表反映的经济现象 阐述市场供求变化和市场竞争与商品价格变化的内在逻辑关系。	能在特定经济现象的语境中,准确、连贯和完整地阐述经济有关知识之间内在逻辑
5~8分	概括图表反映的经济现象 阐述市场供求变化或市场竞争与商品价格变化的内在逻辑关系。	能在特定经济现象的语境中,较准确、连贯地阐述经济有关知识之间大部分内在逻辑
1~4分	阐述市场供求变化或市场竞争与商品价格变化的内在逻辑关系。	能在特定经济现象的语境中,较准确、连贯地阐述经济有关知识之间部分内在逻辑
0分	没有应答 或应答与试题无关	缺乏在特定经济现象的语境中,准确、连贯和完整地阐述经济有关知识之间内在逻辑的能力

三、纸笔测试试题的设计与编制:以生命科学学科为例

学业发展水平的测试,是进行学业分析与学习指导的依据。即通过相关测试,围绕学科的专业知识与科学思想、方法等关键内容,来反映学生的学习进程及掌握程度,预判其能力倾向及发展取向等状况。引导学生:遵循学科育人的思想理念,明确学习目标与努力方向,了解各环节的

基础要求与能力发展的关键点,以及指向未来需求的素养培育与储备。

【案例 5-2-3】 生命科学学科的学生学业发展水平测试命题①

(一) 命题要求的解读

试题命制以《上海市中学生命科学课程标准》(试行稿)和《上海市高中生命科学学科教学基本要求》(实验本)为依据,难度和要求与学科学业水平等级性考试一致。

(二) 试题命制的流程

准备阶段	研究课标、学科教学基本要求和教材,研究上海市学业水平等级性考试的命题理念、特点和趋势,开展前期的讨论和交流。
编制阶段	将准备阶段的研究成果概述成具体的命题要求并进行试题命制。
修改阶段	组建区域专家团进行区级封闭式磨题,根据命题要求调整和修改试题的题干内容、设问方式、参考答案等。
定稿	形成测试题、评分标准,订正排版印刷中的问题,做好正式测验的一切准备。

(三) 前测后测的安排

根据研究需要,以"基因工程"和"光合作用"两个专题的试题作为研究试题,试题取样具体如下表所示,相关试题序号分别定义为基因工程①题、基因工程②题、光合作用①题、光合作用②题。

表 5-2-2 学生思维表达能力研究取样的试题

试卷	试题	参考答案	试题序号
闵行区 2017 学年第一学期质量调研考试生命科学试卷(高二、高三年级)[前测题]	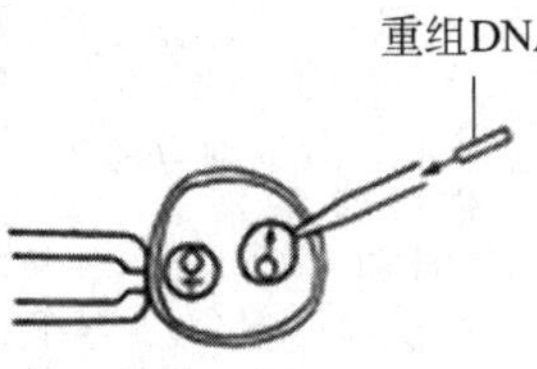 图 12 (四)生物工程(11 分) 36.图 12 表示基因工程中的_____(步骤)(2 分)	重组 DNA 分子导入受体细胞	基因工程①题

---

① 本案例由上海市闵行区教育学院戴赟提供。

试卷	试题	参考答案	试题序号
	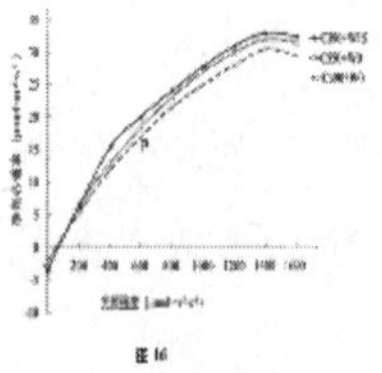 **图16** (五)光合作用(12分) 43.有资料显示：未来东北地区将受到大气CO_2浓度升高至550 μmol/mol和降水量增加15%的共同影响,某同学根据图16数据判断这两种因素的共同作用将在更大程度上促进玉米的产量提高。写出该判断的合理和不足,并修正不足之处。(4分)	据图16显示这两种因素单独作用都在一定的光照强度下能提高净光合速率,所以,它们单独作用都能促进玉米有机物的积累(1分),从而促进产量的提高。据此可以预估两个因素共同作用可以更好地提高玉米产量(1分)。但是作为判断得出的结论,还缺乏数据支持(1分),应增设"C550+W15"(即CO_2浓度为550 μmol/mol和降水增加15%)的组(1分),进行实验,再对结果做分析和判断	光合作用①题
闵行区2017学年第二学期质量调研考试生命科学试卷(高二、高三年级)[后测题]	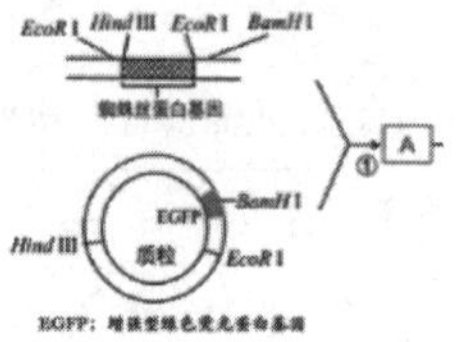 (四)生物工程(12分) 35.过程①表示基因工程中的_____(步骤)(1分)。	目的基因与运载体重组	基因工程②题
	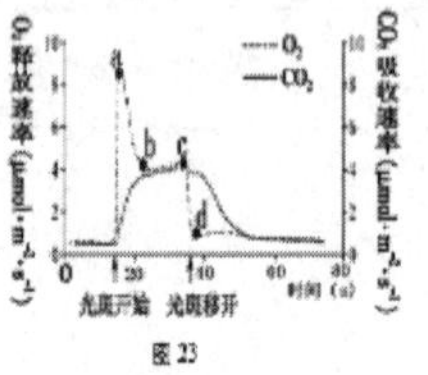 **图23** (五)光合作用(12分) 43.当光斑移开时,O_2的释放速率立刻下降而CO_2吸收速率却延续了一段时间才逐渐下降,其原因是_____。(3分)	光斑移开时,光照强度迅速减弱,光反应中水光解产生O_2的速率也立刻下降(1分)。而此时,由于"光斑"照射时积累了一定量的NADPH和ATP(1分),使暗反应能持续一段时间(1分),暗反应CO_2的吸收速率也能持续了一段时间才下降。	光合作用②题

其中,基因工程的研究试题①、②的考点均为基因工程的过程,解题时均需整合题干中的信息和学生已有的知识进行识别和判断,所涉及的思维表述能力水平达到E1。解答光合作用的研究试题①、②时,也需要根据题意整合已有的知识进行分析、判断、解释和评价等,其中试题①的思维表达能力水平达到E3,试题②的思维表达能力水平达到E4。

取区内某市示范性高中的一个自然班级的全体38位学生为样本作为研究对象(班级群体在全区处于中偏上水平)。研究设计如下表5-2-3所示,其中光合作用的教学策略和方法经过优化为实验组,基因工程的未经优化为对照组。研究假设是:基因工程的①题和②题测试结果为:学生的思维表达能力表现没有差异;光合作用的①题和②题测试结果为:学生的思维表达能力表现有提升。

表5-2-3 前后测研究设计

	教学策略的未经优化 (满分所需的思维表达能力组成和水平分组)	教学策略的经优化 (满分所需的思维表达能力组成和水平分组)
前测	2017学年第一学期质量调研考试:基因工程①题 (A; B1、B2、B3; E1)	2017学年第一学期质量调研考试:光合作用①题 (A; B1、B2、B3; E3)
后测	2017学年第二学期质量调研考试:基因工程②题 (A; B1、B2、B3; E1)	2017学年第二学期质量调研考试:光合作用②题 (A; B1、B2、B3; E4)

前后测的试题均于区统一时间闭卷考试施测,第二天集中全区教师集体网上阅卷,然后卷后抽样校对研究试题进行二次阅卷,统计数据并进行数据分析。统计的数据包括得分情况、错误回答类型、错因的思维表达能力解构归因、人数等。

第三节 多维视角的数据挖掘技术

研制测评框架、进行命题和组卷、区校合作具体施测等,都是采集学生学业质量数据(或证据)的必备过程。但是,有了数据(或证据),如何根据评价目标、数据类型、处理容量等进行数据分析,这是实践中需要重点探索的内容和需要着力突破的问题。本节以某次初三区域数学学业质量评价为例,具体阐述我们是如何进行数据分析和挖掘的。[①]

一、测试背景与分析目标

(一)目标与现状

教育质量的形成涉及诸多关键环节,除外部的支持保障条件外,提升质量首先应关注教学过程。但是,目前普遍存在的统考统测和以追求中考、高考升学率为导向的教学、考试,偏离了课程

---

① 本案例由上海市闵行区教育学院巢晖提供。

改革的方向和课程标准的基本要求,考试命题依赖个人经验,缺乏对教育测量学的深入研究;考试结果用于排名、甄别和选拔,加剧了竞争。这种压力,有碍于中小学生形成发自内心的求知欲,也很难帮助学生形成对学校的归属感。过重的学习压力,不仅使学生的睡眠时间得不到保证,近视率不断增长,而且导致学生产生焦虑,严重地影响身心健康。

初三是初中阶段的关键学年,升学的迫近给师生带来了更大的紧张感和焦虑感。这时的学业质量评价更需要引导教师和学生理性认识、客观看待教师教学和学生学业的成就和问题,更要从师生身心健康、教育生态环境的视角,整体认知学生的成长和学业质量。

数学是一门历史悠久的工具学科和核心学科,知识体系清晰,学业水平测评积淀丰富。长期以来,师生一直非常重视数学的"教与学"。进入初三,聚焦数学知识和能力的相对评价、绝对评价、相关因素等,对这些方面的全面诊断和分析,有利于师生更全面地认知自我,调整策略,迎接中考。

(二) 过程与方法

本次评价在 2019 年 1 月进行,采取组合评价的方式进行。随机抽取 25 所初中参加学业水平测试和问卷调查。参加评价学生总数为 7813 人。回收有效问卷 7394 份。

1. **学业水平基本分析**

借助区域信息化学业质量评价智能系统的数据平台,学生的每科总分、小分等一系列与水平测试成绩相关的数据,包括学生的学籍、学校、班级等基本情况均自动录入数据平台。利用数据处理的基本方法对区域和学校的学业水平进行基本统计和基础分析,如百分等级、众数、中位数、标准差、标准误差、差异系数、方差、峰值、超均率、全距等。并利用合适的图表进行表达,以反映区域总体、学科总体和学校总体等情况。

2. **问卷情况基本分析**

(1) 问卷信度与效度分析

本次调研量表的信度为 0.948,KMO 值等于 0.972,达到因素分析的"极佳"的标准,说明量表各题之间存在共同因素。因子分析提取出 5 个因子,与理论量表结构基本吻合,说明本量表整体结构效度良好。

(3) 问卷指数框架分析

本次调研依据"绿色指标"共有五个一级指标:学习动力、学业负担、学习方式、教师教学方式、师生关系。某个指数的值越高,说明在这个评价指标方面的表现越好。先分析各学校的一级指标、二级指标的情况,了解其整体生态;然后再进行关联分析,以探究其影响因素。

3. **数据分析与挖掘思考**

本次评价以"学生"为中心,以学生背景数据、学业水平测试数据、绿色指标问卷数据等为基础,开展贯通学习过程与学习结果的全评价。拟运用 IRT、等级相关系数法、符号动力学原理、支持向量机模型等开展数据的分析和挖掘。具体包括:第一,基于学生个性化成长和发展预测的需要,运用 IRT 模型,实现对每一个学生的潜能测评;第二,基于学生学业发展影响因素的干预需要,结合绿色指标问卷数据,运用线性回归、决策树分析等方法,对学业水平的影响因素进行挖掘;第三,基于教师分层教学和学生改进学习的需要,运用聚类分析方法,从知识点、能力水平等多个角度进行数据挖掘,精准地找到学生学习的难点与不足;第四,基于学业质量评价的可持续发展,结合试题编制的框架、知识维度、能力维度、难度系数等数据,对试题本体进行评估。

二、挖掘思路与具体技术

(一) 关于学业水平分析的解析与说明

1. 整体分析

【数据分析说明】将成绩按照优良、及格、低分分成3个成绩段,制作柱状图表。同时,将各学校的成绩换算成标准分,作出排位图,如图5-3-1所示。从图中可以看出学科差异和学校整体情况。为进一步了解数学学科情况,以区平均值为基准,计算其相对水平,见图5-3-2。

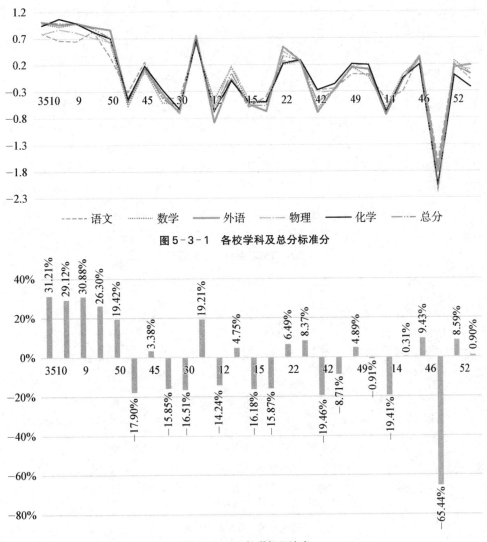

图5-3-1 各校学科及总分标准分

图5-3-2 数学超区均率

【数据分析效果】这可以从整体的角度观察学校的数学学科水平与区域数学学科总体平均水平的差异。包括数学学科的正负效应是否拉平;哪些学校处于领先水平、哪些学校水平相对较低、哪些学校滞后较大等。再结合其他学科的情况加以综合分析,特别是各门学科都与相邻的学校拉开较大差距的学校,可以准确判别。

2. 知识和能力的分项分析

【数据分析说明】在区域性测试的命题过程中,严格要求命题团队进行双向细目表的编制。对编制的每一道试题都进行知识维度、能力维度等方面的区分,并加以标注、输入系统。在水平测试之后,通过数据、图表分析,可以清晰地反映各测试学科在知识维度与能力维度方面的差异,以便各科在后续的教学过程中,根据不同学科的知识与能力方面的优势与不足,加以保持或补救。比如在本次数据分析过程中,数学知识维度、数学能力维度,如图5-3-3、5-3-4所示。

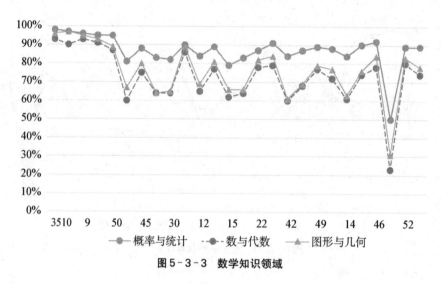

图5-3-3 数学知识领域

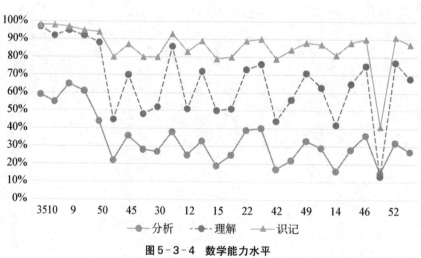

图5-3-4 数学能力水平

【数据分析效果】总体来说,"概率与统计"、"数与代数"、"图形与几何"的平均得分率较为一致且学校间差异较大。所有学校在"识记"层次的得分率较高,且较为接近。但在数学"分析"能力上有很大的不足。教师应当适当地改变教学方式,以在教学中不断提升学生的分析问题及解决问题的能力。

【数据分析说明】为了进一步了解学生间在知识上的差异,我们进一步通过聚类分析找到学生的共同特征和差异表现。如图5-3-5。

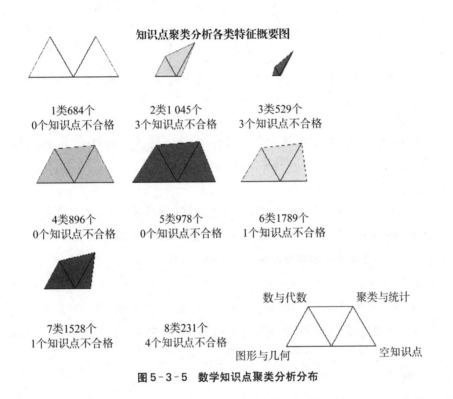

图5-3-5 数学知识点聚类分析分布

【数据分析说明】根据此分析结果,可以把学生分为7类。其中,第2类中,3个知识点不合格有1045人,最弱的是数与代数;第3类中,3个知识点不合格有529人,最弱的是数与代数,图形与几何相对较弱。在人数相对集中的这两类学生中,其共同点是均在数与代数中不合格,而且成为了影响知识模块不合格率的最突出的一项。所以,数学老师需要强化代数运算的教学实践和研究。

3. 校际均衡度分析

【数据分析说明】引入均衡度分析,以便于教育决策者与各学科教研员及时、准确地选择重点关注学校与学科。在均衡度分析过程中,我们通过区域信息化学业质量评价智能系统的数据平台,能够便捷地采集到各学校数学平均分与标准差数据,利用该数据表征学业成绩,形成散点图,如图5-3-6。

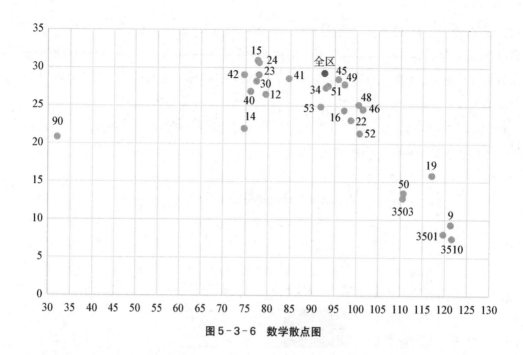

图 5-3-6 数学散点图

【数据分析效果】借助坐标系的四个象限将学校分成四类群组,从中可以看出区域数学学业质量的趋势和特征,明确了教育决策者与数学教研员重点关注的对象和领域。

(二) 关于学习状态分析的解析与说明

1. 指数分析

在得到学习动力指数、学习负担指数、学习方式指数、师生关系指数、教学方式指数列表之后,我们一般通过列表与图表的形式呈现每所学校的具体结果。根据指数情况,发现典型题项,以引入细化分析。

2. 相关分析

【数据分析说明】本次调研问卷 5 项指标与学业成绩共 6 个变量,他们之间是否存在相关性?相关性强弱如何?彼此之间如何相互影响?我们通过相关的数据模型,结合问卷结果与学业成绩数据,开展相关度分析。

【数据分析效果】通过分析,我们发现教师的教学方式与师生关系呈显著正相关($r=0.81$)。学习负担指数、学习方式指数与学习成绩呈弱正相关,其他指数与学习成绩呈负弱相关。也就是说,学习负担指数、复习方法指数越高,即学业压力越小、复习方法得当,将有助于学业成绩的提升。

而学习负担指数与其他指数之间的关系非线性关系,呈曲线关系,有拐点存在,也就是说,学习负担其他指数之间都有先升后降的关系,即过量的学习负担不仅影响学生的学习动力和学习方式,对教师的教学、师生关系乃至学校的校园文化都有负面作用。学习负担无助于学业水平提升,相反,二者呈负相关关系。因此,保证学生应有的睡眠时间,提升作业的质量,减少学习压力与考试焦虑,对学生的学业提升与身心成长,都会有所助益。

(三) 关于影响因素分析的解析与说明

1. 学业相关因素的分析

【数据分析说明】回归分析的特点是有函数关系的相关分析,主要探索影响因变量,有哪些自变量以及自变量如何影响因变量。下面是以数学学业成绩为因变量,以问卷的指标为自变量的关系分析。

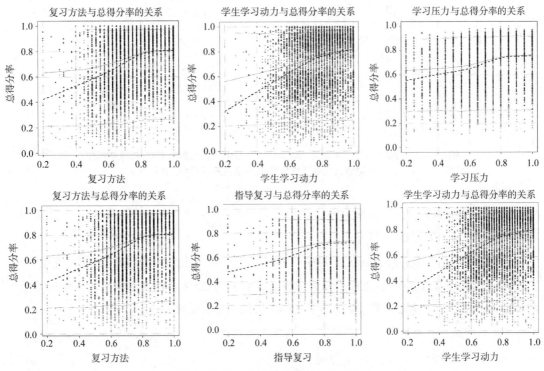

图 5-3-7 学习成绩与影响因素相关图

【数据分析效果】从图 5-3-7 可以发现,学生的学习动力、复习方法、教师的复习指导以及学业压力都与学业成绩呈正相关,尤其是学习动力与复习方法的两个因素,对于成绩中等学生有较为显著的积极影响,甚至对后进生也有一定程度的积极的影响,相关分析的结果与决策树分析的结论可相互印证。

其中学业压力指数越高,表示学生的压力越小,学业压力与学业成绩的正相关,表示学生的学业压力越小,学业水平越高。结合决策树的分析结果,学业压力已成为影响中等学生各科学习的首要因素,因此,帮助学生适度减压,是保证学生学业成绩以及心理健康的重要议题。

2. 学业关键因素的分析

【数据分析说明】影响学业成绩的因素是多样的,那么在这些因素中各非智力因素的影响程度怎样,有没有最关键的因素?为此,我们通过决策树模型寻找影响数学学业成绩的重要非智力因素,如图 5-3-8。

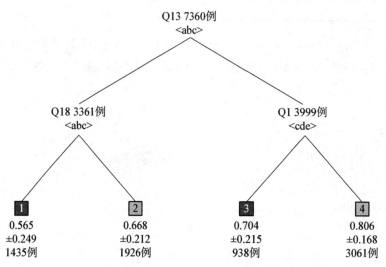

图 5-3-8 2019-01-14_教学_2018—2019 初中三年级期末考试-总得分率与基本信息以及问卷各因素相关关系决策树模型：全体学生

【数据分析效果】由此可见,影响数学学业的最关键因素是学习负担(学习压力),其次是学习动力(学习自信)和学习方式(复习方法)。

这种影响对不同水平的学生有差异吗？为此,我们还把学生分为不同类型(如绩优生、中等生、后进生),运用决策树模型,进行了分类分析。我们发现,影响不同群组学生的关键因素是有差异的,如图 5-3-9 为影响后进生数学学习的关键因素分析结果。

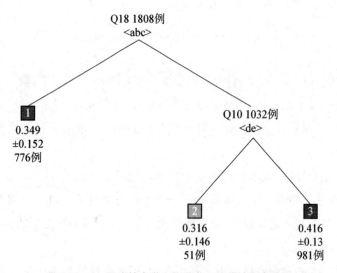

图 5-3-9 影响某类学生数学学习的关键因素分析

(四)关于学生数学潜能预测的解析与说明

1. 学生潜能与知识点

【数据分析说明】基于学业质量评价对学生未来发展方向进行预测,这是学习分析的重要功能。但是,学生的学业水平是否等同于学生的数学潜能?数学潜能能否分析和挖掘?由此,我们借助 IRT,探索了对学生潜能的分析和预测。图 5-3-10 是学生数学某方面潜能和某知识模块得分之间的关系。

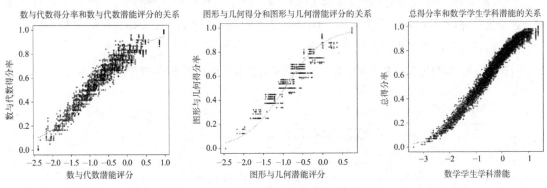

图 5-3-10 学生数学潜能与得分间的关系

【数据分析效果】可以发现,分数和潜能是非线性关系,非常符合 IRT 的预期。从图 5-3-10 的第 1、2 图发现,"数与代数"明显比"图形与几何"需要更多的潜能才能取得更高的得分,学生对"图形与几何"相关内容的学习相对轻松。从而提示从教学的角度需要加强对"数与代数"方面的教学。

从第 3 张图:总得分率和数学学科学生潜能关系图来看,对于高分学生,提高一点分数,就需要更多的能力提高。并且从图形中可以发现,以 80 分作为分界点,要获得 80 分以上的成绩,需要提高更多的学习潜能。因此,这个分数段是目前学生需要突破的瓶颈。同时也对教学需要关注的人群给予了明确的方向。

2. 学生潜能与知识能力目标

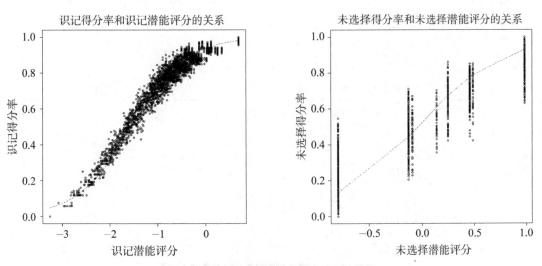

图 5-3-11 学生数学潜能与得分间的关系

【数据分析效果】由图 5-3-11 可知,"识记得分率与潜能关系"相比"能力得分率与潜能关系"明显坡度陡,说明能力稍微增长,识记得分率会迅速升高。即以"识记"这一类别为抓手,可以相对快速地提高得分率;但是"能力"得分率的提高,需要提高学生潜能值很大,需要循序渐进,并不能一蹴而就。

(五)关于数学试题分析的解析与说明

1. 试题整体分析

学业质量评价结果的准确性与评价工具的科学性之间具有高度正相关。所以,一张难度适宜、区分度良好的试卷,是保障学业水平测试有效性的重要因素之一。因此,我们一般还会对试卷本体进行分析,以提高测评工具的科学性。

【数据分析说明】我们对本次评价数学试题利用聚类分析分成了 5 类(聚类算法),见图 5-3-12。

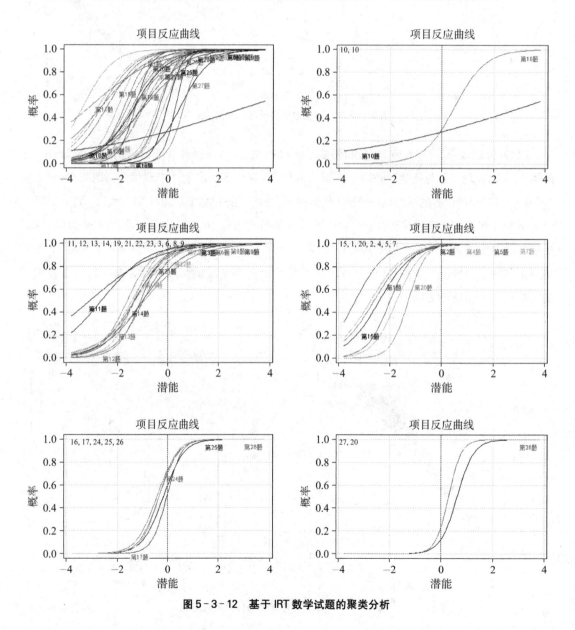

图 5-3-12 基于 IRT 数学试题的聚类分析

其中,第 1 张图是所有试题的总图,随后 5 个图是根据难度系数与区分度系数分成的 5 类,其中每一类是在难度和区分度上最相似的。从试题设计来说非常有价值,一类题可以相互参考锚题,并作为将来命题的依据。

从该科目的聚类分析可以发现:右上角的第 2 张图中第 10、18 两道题并不理想,无论从区分度还是难度看,都没有达到预设的目标,需要在今后的命题中加以改进;相对而言,左下角的第 5 张图,这 5 道题的 IRT 曲线几乎趋于一致,题目的测试性能非常相似,说明预设与实际情况非常吻合,起到了很好的测试效果。

2. 试题分类分析

学生潜能与试题难度等可以相互推测。即:若明确了潜能所在,则可以分析试题难度及区分度;反之,则可能根据试题难度、区分度等预测学生潜能。一方面,对学生发展进行预测;另一方面,对试题质量进行鉴定。根据上面聚类分析和学生潜能,我们把试题分成三大类,然后对每一类试题进行了细化、对比分析。

(1) 基本题

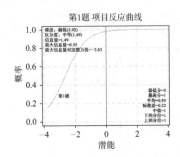 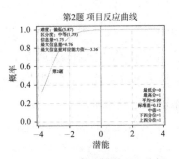 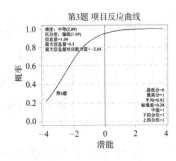

图 5-3-13 基本题的 IRT 分析

从基本题的角度来看,第 1、2 题的难度适合,区分度适合;但第 3 题明显偏难且区分度偏低。由此可见,这次数学命题的基本题需要适度调整。

(2) 中等题

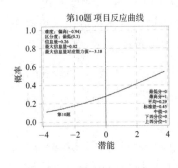 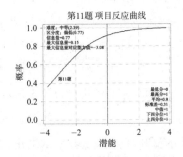 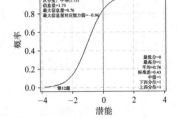

图 5-3-14 中等题的 IRT 分析

对于中等题而言,很明显第 10 题难度偏高,由此造成了得分率过低,并且区分度也偏低,这说明此题欠佳。第 11 题难度中等,但是区分度偏低。第 12 题难度中等,区分度中等,对于一道中等题来说就非常的合适。

(3) 压轴题

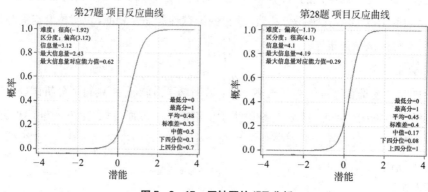

图 5-3-15 压轴题的 IRT 分析

从潜能分析来看,以上两道压轴题的难度都很高,区分度也很高。图形分析表明:在细节上 27 题难度为"很高",28 题难度为"偏高"。从压轴题的位置来看,相比较而言,27 题偏难,相反,28 题相对 27 题来说又容易了一些。那么可以发现:从命题的角度来讲,这两道压轴题的位置应该交换一下,从难度和梯度的角度来讲就更为合理。

三、实践反思与拓展延伸

为了更精准地反映学生学习状况、教师教学状况,已经不能仅限于单一的分析学业水平测试的成绩。学生学习是一个多因素相关的复杂生态系统,在学生成长过程中,学业质量的评价都是为了促进学生更好的发展。所以,需要改变传统的学业质量评价习惯,从单一的学科学业水平的考试走向基于多因素挖掘的学业质量评价。

在基本分析的基础上,我们通过学业水平和背景问卷的关联分析、IRT 学生潜能分析、IRT 试卷分析、聚类分析等,能够更具深度地探寻影响学业质量的因素,不同的主体都可以用更趋于科学的方法助推学生发展,也为学生自我导向学习、学习预警和自我评估提供支持。

实践表明:收集和采集学生学习过程中产生的一系列数据,通过学习分析技术,可以进行多维视角的数据分析和挖掘。这一分析和挖掘的结果可以给区域决策者、学校专业领导者、学科教师、学生与家长更多的信息。

当然,未来随着数据采集技术的提升、数据挖掘技术的进化、学生学习规律的深化研究等,我们还可以获得学生更多数量、更多类型的学业数据,还可以在学业质量评价中探索和应用更科学、更智能的学习分析模型和学习分析技术应用方式。

第四节 学业水平测试的反馈应用

把反馈作为测试流程中的重要一环,也是发挥与挖掘测试价值的关键手段。对学业水平测试结果的反馈应用,不仅仅是简单地告知测评分数,也不仅仅是反映受测者的学习缺陷与不足。遵循评价活动的参与性、测评反馈的融通性、结果引用的激励性、测评结论的对照性和评价结果的保密性原则,运用科学严谨的数据处理,客观呈现、有序分析与逐层解读,帮助学生了解自我、扬长避短。

一、学科专项式反馈:以数学学科为例

学业质量评价反馈既可以是一次一反馈,也可以是多次后进行集中反馈;既可以是测试内容的全反馈,也可以是择其重点进行反馈。这主要根据评价的需求和功能进行选择。本部分以数学学科学业质量评价中"阅读能力"为核心内容,呈现及阐释学科专项式反馈的方法和过程。

【案例5-4-1】 有关影响初中生数学阅读能力的问题追索与原因分析[①]

(一)问题的提出

从2000年起,每三年举行一次的PISA(Program for International Student Assessment)考试,对象是15岁学生,主要分为3个领域:阅读素养、数学素养及科学素养。我国在2015年组织了"二省二市"(上海、北京、江苏、广东)的参评。结果如下表:

表5-4-1 PISA2015 平均分

排名	数学素养	分数	阅读素养	分数	科学素养	分数
1	新加坡	564	新加坡	535	新加坡	556
2	中国香港	548	中国香港	527	日本	538
3	中国澳门	544	加拿大	527	爱沙尼亚	534
6	中国大陆	531	爱沙尼亚	519	中国澳门	529
10					中国大陆	518
…	美国	470	美国	497	美国	496
…			中国大陆	494		

---

① 本案例由上海市闵行区教育学院孙静贤提供。

比较可见,阅读能力发展的滞后,是影响中国大陆总体PISA评估水平的重要原因。而这里所反映的"阅读能力"的内容与内涵,不仅仅是在普通的文字阅读方面,还包括从文字、图片、符号、公式、图表等材料中获取信息,认识世界,发展思维,并获得审美体验的过程。

长期的一线教学经验也揭示与印证着:造成一些学生对学习感到困难的因素之一,正是在阅读能力方面的欠缺,包括有关识读、辨析和理解,特别是数学阅读中所表现出的无助感。

(二) 初中生数学阅读能力薄弱的原因分析

"能够运用所学的知识解决实际问题"是我国九年制义务教育数学教学大纲规定的初中数学教学目的之一。但是,许多学生非常害怕应用题。为什么呢?通过问卷调查和多次学生的错题分析,归纳得出其主要原因有以下几点:

1. 无法读懂题目的内容与含义,语言文字分析能力薄弱

数学应用题、开放型题的特点是内容鲜活,阅读量较大,注重检测数学阅读能力。由于不少学生存在识读、理解欠缺问题,导致学习上的失利。

同时,语言文字的分析能力欠缺也是原因之一。在文字阅读时,不少学生表现出相对缺乏对一些语句中隐含的条件和潜在意义的理解能力。

例如,题目给出这样一些信息:"某学生由家到校上课,他先以4千米/时的速度步行了全程的一半后,再搭上速度为20千米/时的顺路班车,所以比原来需要的时间早到了一小时,问:从他家到学校的距离是多少千米?"初读此题,会感觉无法找出等量关系,但再仔细审题,分析语句,就会发现题目中的相等关系是:因为他搭了车,所以:"他实际由家到学校的时间"="他如果全程步行到校所用的时间"—"1小时"。但是,对于那些语言文字分析能力较薄弱的学生,则可能成为难以逾越的理解上的"鸿沟"。

2. 生活积累不足,对应用题中涉及的常识问题缺乏了解

荷兰数学教育家汉斯·弗赖登塔尔认为:"数学来源于现实,存在于现实,并且应用于现实,教学过程应该是帮助学生把现实问题转化为数学问题的过程。"学习与生活的相对脱离,造成学生现实情境的积累较少,对应用题中涉及的生活常识问题没有认识,以致无法理解题目,甚至闹出结果与题目完全不符的笑话。

3. 解决实际问题的能力弱,影响了数学建模能力的发展

数学应用题是以问题的实际原型,即以"实际模型"为基础的,是把实际问题经过抽象转化,构建数学模型。而许多学生却只注重于题目中的文字来找问题中的关系,而没有注意与实际模型的联系,只局限于"分析题意,列出方程"上,不注重领会题目中有关语句的真正含义,忽视实际模型中隐含的内在联系。

4. 教师的观念滞后，权威色彩浓，导致学生的依赖心理

多少年来，教育工作者潜意识中热衷于家长式的、权威色彩的讲授模式，认为教师讲、学生听，天经地义，轻视学生的主体地位；习惯于包打天下，缺乏对学生课前、课中、课后读书的引导。这也直接导致了学生阅读能力差、分析能力差等诸多弊端。

为帮助学生克服依赖心理，打破"学习新知识，要等教师来讲，不懂的问题，要等教师来解决"的学习怪圈，让教师跳出"逐题分析"的恶性循环，亟须探寻出适合数学"教与学"的符号化语言学习引导范式。

(三) 提高初中生数学阅读能力的策略和方法

应用题是初中数学教学中的重点，也是教学中的难点。然而怎样使初中学生从小学的列算式解应用题过渡到初中的列方程解应用题，使其从入门到得心应手地应答并解决应用题，将是每一位学生和教师所渴望的事。

1. 聚焦阅读兴趣培养，提高查阅、审读的意识，养成阅读习惯

阅读是人们获取知识、信息的最重要的途径之一。著名数学家华罗庚在《要学会自学》一书中写道："学会读书与学得必要的专业知识是同等重要的。"

初中阶段，教师要在学科文本阅读上进行长期、耐心的引导：一是通过典型事例或现身说法进行激励，二是坚持不以讲解替代学生看书，三是展示文本阅读的过程与方法。

2. 着重培养识读能力和对语言文字的分析能力，突破审题大关

"审题"是解决应用题的最主要的环节之一，也是难点之一，而审题的关键就是阅读。为了提高学生的阅读能力和语言文字分析能力，突破应用题的审题大关，根据应用题的不同特点，我们把应用题的阅读方式主要分为三类，即：略读、跳读和精读。

(1) 略读："删繁就简"的阅读

这是一种快速的、带着某种目的，力图快速了解想了解问题的阅读。

例如此题的叙述："一双皮鞋，按成本加五成作为售价，后因季节性原因，按售价的七五折降低价格出售，降低后的新价格是每双63元。问这双皮鞋每双的成本是多少元？按降低以后的新价格每双还可以赚几元？"可以略读成："一双皮鞋，成本加五成是售价，再打七五折后每双63元。问这双皮鞋每双的成本是多少元？"这样，学生就可以很快地列出方程：$(1+50\%) \cdot x \cdot 75\% = 63$，问题就变得简单易懂了。

略读速度快而且效率高，广泛应用于分析应用题的初级阶段。同时这一阶段与过程必不可少，它能为深入理解题目作出铺垫。

(2) 跳读："重构顺序"的阅读

这是一种在基本理解题意的基础上，进行整理归类性的阅读。目的是要深入理解数量之间的关系。通过跳读的整理，疏通逻辑关系，使得题目更易理解，帮助学生建构思路。

(3) 精读:"提纲挈领"的阅读

学生通过咬文嚼字地仔细研读,逐字逐句地反复琢磨,深入细致地研究,从而理清脉络,抓住重点,同时提高学生的语言文字分析能力。

例如此题干的表述:"挖一个圆柱形的游泳池,底面直径20米,深2米,现在它的四周和底部抹上水泥,抹水泥的面积是多少平方米?"这种题目要求学生有一定的空间观念,为帮助学生审题,必须通过精读,并作出以下的符号标记:在"圆柱形"下用直线表示,在"四周和底部"下用点表示,在"抹水泥的面积"下用曲线表示。这样学生就弄清了是什么形体,要求的是一个侧面积、一个底面积。这样学生就不会盲目地硬套公式了。

精读的作用最大,特别是对那些比较粗心,不愿多思考的同学,通过经常性的训练,能够逐步培养他们分析能力和解决问题的能力。

这三种阅读方法,并不是孤立的,在实际应用中会同时运用,交错运用,重复运用。学生如果能熟练地运用这几种方法去阅读应用题,解决应用题的话,就能顺利地突破审题大关,最终形成阅读和解决实际问题的综合能力。

3. 提供分析与抽象并以模型化解决的学习情境,发展建模思想

所谓数学建模,就是把现实世界中的实际问题加以提炼,抽象为数学模型,求出模型的解,验证模型的合理性,并用该数学模型所提供的解答来解释现实问题。

例如此题:A 市和 B 市分别有某种机器 12 台和 6 台,现决定支援 C 市 10 台,D 市 8 台。已知从 A 市调运一台机器到 C 市和 D 市的运费分别为 400 元和 800 元,从 B 市调运一台机器到 C 市和 D 市的运费分别为 300 元和 500 元。若要求总运费不超过 9 000 元,问:共有几种调运方案? 其中最低费用是多少元?

分析:本题是物资调配问题,并具有一定的难度。如果读题、审题后感到有困难,学生可以在自己的脑子里建立一个数学模型,把实际模型抽象到地图上来理解题目,并用笔在纸上画出 A、B、C、D 表示四个城市正在进行的物资调配的情景,如果没有通过这样的一个模型,学生可能就没那么简单地解出这个问题。

解答建议如下:

设 A 市运 x 台到 C 市,则 A 市运 $(12-x)$ 台到 D 市,B 市运 $(10-x)$ 台到 C 市,B 市运 $[6-(10-x)]$ 台到 D 市,由题意则可列出不等式:$400x+800(12-x)+300(10-x)+500[6-(10-x)] \leqslant 9\,000$。解得 $x=8,9,10$,共三种方案。其中当 $x=10$ 时运费最低为 8 600 元。

数学建模思想的教学渗透顺应了当前素质教育和新课程标准教学改革的趋势,让学生"在实

践应用中逐步积累发现、叙述、总结数学规律的经验,知道一些基本的数学模型,初步形成数学建模能力,能解决一些简单的实际问题",也同时指向应用题读题能力的培养。

(四) 培养初中生数学阅读能力的实验结果

1. 解题能力提高了,学习水平有了显著的进步

为了检测教学的有效性,我们在2018届初中生的五次绿色指标质量监控纸笔性测试中增加了应用阅读题,并进行了跟踪指导和检测,相关内容与结果分析如下:

表 5-4-2　2018 届初中学生的五次考试对比

测试时间	标准差	得分率
2014 学年六年级第一学期期末	3.815 0	0.5
2015 学年七年级第二学期期末	3.100 9	0.61
2016 学年八年级第二学期期末	2.768 0	0.75
2017 学年九年级第一学期期末	2.955 4	0.77
2017 学年九年级第二学期期末	1.580 5	0.78

由表 5-4-2 可以看出:标准差在缩小,得分率在提高。可见,由于学业水平测试的指向性,使得教师在教学时渗透了数学阅读教学,使得相对应的阅读题的成绩有显著提高。

七宝三中是我们的跟踪学校,从他们五次考试的跟踪数据可以看出:应用题板块有明显的提升。具体情况如下图:

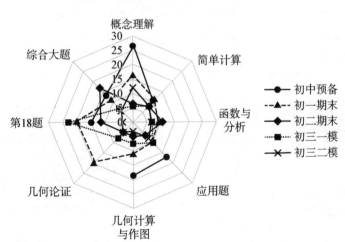

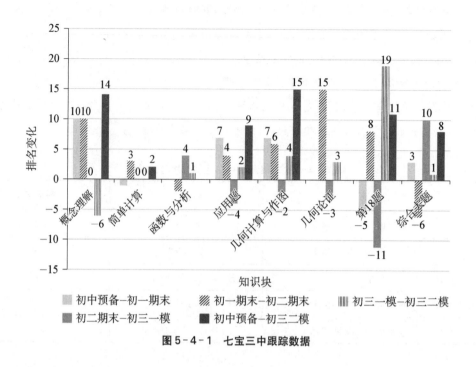

图 5-4-1 七宝三中跟踪数据

2. 学生看到应用题不怵了，学习的兴趣提升了

众所周知，兴趣是最好的学习内驱动力。研究后期，我们对全区各校在六年级和九年级进行了绿色指标问卷调查，其中"学生是否对学习应用题有兴趣"一题回答结果见表5-4-3。

表 5-4-3 学生学习数学兴趣比较

	有兴趣	一般	无兴趣	合计
六年级	2 178	2 736	1 210	6 124
九年级	4 289	1 674	161	6 124

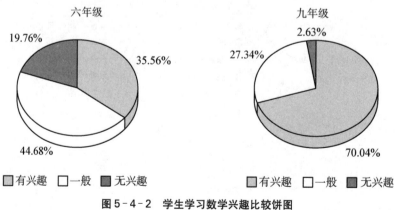

图 5-4-2 学生学习数学兴趣比较饼图

可见通过四年的教学引导,学生对数学学科的兴趣明显增加。这进一步说明了培养初中生数学应用题读题能力的现实意义。

(五) 尚需继续研究的几个问题

1. 进一步开发数学应用题的育人资源:

数学是一门基础性工具学科,与现实生活紧密相联。随着人类社会文明的发展、未来科学将越来越数学化,社会信息也将越来越数学化。因此对应的学科资源也有待于进一步重整与开发。

2. 培养读题能力与发展数学阅读能力

读懂"自然界这本用数学语言写成的伟大的书"已成为发展目标。因此培养初中生数学应用题的读题能力,并将其深化到数学阅读能力的促进才是最终目的,也是进一步研究的方向。

3. 探索学科素养培育与持续提升路径

为迎接高度发展的未来社会,面对瞬息万变的事物,决定了人们不仅要有基础知识的功底,更需要有较强的能力从事终身学习,以随时调整自己来适应社会的发展变化,这也是学科教育教学变革实践所追求的目标。

4. 优化阅读素养的品质与自觉的养成

阅读是自学的主要形式与核心能力。因此,"学会阅读"就成为能力提升的重头戏。正如前人所说的:"教是为了不教"、"授人以鱼,不如授人以渔"。但是要做到这一点,还需要跨学科与学科融通的多方努力。

二、学科综合性反馈:以政治学科为例

指向发展和改进的学业质量评价,其反馈对象主要是学业主体及其相关因素。所以,区域学业质量评价主要的反馈对象是该学科的任教教师、教学行政管理者和业务管理者。本部分以高三政治学科为例,阐述区级学科综合性反馈的内容和形式。

【案例5-4-2】 高三政治学科区学业水平质量监控(等级考试)的检测与反馈[①]

促进评价范式的变革,须正确处理教学与考试评价的关系。通过引入评价的综合赋分等机制,以适应考试内容拓展、评价标准更新和检测方式方法的多样性的变化。应循序渐进,逐项试点,稳步推进,使学校的教学与评价反馈节奏清晰、秩序井然,处于常态调整、模块优化的进程中。

高中政治区质量监控考试,一般由客观题和主观题两个部分构成。客观题通过扫描由阅卷系统进行裁定,自动生成成绩数据;主观题由各校选派学科教师,在统一时间、地点,参与区网络阅卷,阅卷系统根据教师打分的结果进行统筹而生成成绩。最后,系统将客观题和主观题的数据进行整合,对全区考试进行统计,自动生成考试成绩分析报告。

---

① 本案例由上海市闵行区教育学院陈春辉提供。

(一)运用质量分析系统提供的数据,对各校学科教学情况进行诊断分析

1. 依据成绩分析报告进行全区学科教学情况整体排查与问题诊断

(1) 高三政治等级考试区质量监控的相关分析数据(2017学年第一学期报告)

① 考试基本情况

表 5-4-4 考试基本情况

应考人数	实考人数	缺考人数	平均分	最高分	最低分	优良率	及格率	低分率
1 215	1 142	73	54.32	87	21	1.49%	36.78%	13.05%

② 各校得分情况

表 5-4-5 各校得分情况

学校	实考人数	平均分	区排名	最高分	最低分	优良率	及格率	低分率
E	31	60	5	79	49	0%	61.29%	0%
B	13	69.23	2	83	56	7.69%	92.31%	0%
F	113	59.51	6	82	35	0.88%	55.75%	3.54%
G	88	60.15	4	80	38	1.14%	59.09%	1.14%
H	53	47.75	12	70	24	0%	11.32%	16.98%
D	113	48.88	10	75	21	0%	14.16%	17.7%
I	10	45.90	16	60	23	0%	10%	30%
J	29	57.03	8	76	34	0%	44.83%	6.9%
K	28	46.89	14	67	34	0%	7.14%	39.29%
L	171	64.53	3	84	31	4.09%	76.02%	1.17%
M	42	49.71	9	68	26	0%	11.9%	9.52%
N	76	40.76	17	58	24	0%	0%	43.42%
A	65	69.97	1	87	50	10.77%	90.77%	0%
O	112	46.83	15	67	22	0%	8.93%	22.32%
C	70	48.66	11	71	22	0%	14.29%	14.29%
P	12	36.58	18	46	29	0%	0%	66.67%
Q	38	59.26	7	76	45	0%	44.74%	0%
R	78	47.06	13	67	27	0%	6.41%	21.79%
全区	1 142	54.32		87	21	1.49%	36.78%	13.05%

③ 测试分值、等第的分布情况

表 5-4-6 测试分值等第分布

学校	前1/4(大于0.75)		0.5~0.75		0.25~0.5		后1/4(小于0.25)	
	人数	比例	人数	比例	人数	比例	人数	比例
E	0	0%	3	30%	4	40%	3	30%
F	35	39.77%	34	38.64%	15	17.05%	4	4.55%
C	8	11.43%	12	17.14%	26	37.14%	24	34.29%
G	9	29.03%	15	48.39%	7	22.58%	0	0%
A	56	86.15%	6	9.23%	3	4.62%	0	0%
H	47	41.59%	33	29.2%	21	18.58%	12	10.62%
B	10	76.92%	3	23.08%	0	0%	0	0%
I	0	0%	0	0%	2	16.67%	10	83.33%
D	9	7.96%	28	24.78%	36	31.86%	40	35.4%
G	1	3.57%	8	28.57%	7	25%	12	42.86%
K	13	34.21%	16	42.11%	9	23.68%	0	0%
L	3	7.14%	10	23.81%	18	42.86%	11	26.19%
M	5	4.46%	29	25.89%	32	28.57%	46	41.07%
N	8	27.59%	12	41.38%	6	20.69%	3	10.34%
O	0	0%	5	6.58%	24	31.58%	47	61.84%
P	4	7.55%	6	11.32%	25	47.17%	18	33.96%
Q	1	1.28%	16	20.51%	32	41.03%	29	37.18%
R	106	61.99%	44	25.73%	18	10.53%	3	1.75%

④ 知识块的答题正确率情况

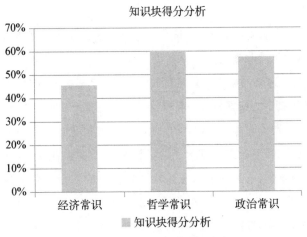

图 5-4-3 知识块答题正确率

⑤ 能力水平与学习发展的情况

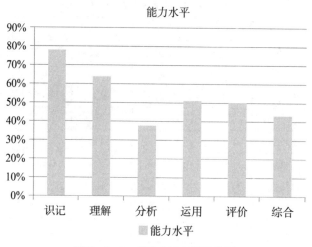

图 5-4-4 能力水平与学习发展

(2) 数据所反映的学习状况与联系具体的教学解释(2017学年第一学期报告)

从知识块得分情况来看,得分最高的是哲学常识,最低的是经济常识,这与教师平时的经验反差很大。一般认为:哲学常识比较抽象,学生不容易理解,而且内容多、教学时间比较短,所以学生掌握得会比较差,而经济常识与学生的生活经验关联度比较高,学生有较多的体验,相对来说学习时间长、内容比较少,所以学生应该掌握得比较好。最终考试结果却与教师的经验认识相反,这也提醒教师在教学中,要多研究学生,真正了解学生的实际学习情况,准确把握学生的学科知识的学习情况,安排教学的重点和方向。从不同能级学生得分情况看,学生得分率总体随着能级升高而下降,得分率较高的是识记和理解,得分率较低的是分析和评价,其中分析类的题目得分率最低,说明学生总体的学习能力偏低,尤其是高阶思维能力较差,这一部分在试卷中的比重较大,得分情况直接影响学生的等第。校际之间,分析、评价和综合能级的得分差距较大,高端学校的得分远高于其他学校。

根据对全区学科考试相关数据的分析,我们归纳梳理学科教学中存在的一些典型问题,对教师们改进教学提出相应的意见和建议。

主要问题:首先,相当部分同学基础知识比较薄弱,知识掌握不准确、不完整,甚至没有知识基础,出现了在答题过程中不能根据题目的要求准确得调用知识,完整呈现知识的问题。有相当部分同学完全用口语化的形式作答。其次,同学对教学内容的整体框架不熟悉,张冠李戴的现象比较严重,甚至经济、政治、哲学等宏观概念还没搞清楚。应答能力欠缺,审题不到位,无法把握问题的指向,问题的范围限制,也无法准确提炼试题的关键信息。答题不够规范,没有按照试题的基本要求答题,"技术分"丢分较多。答题过程中知识与材料之间不能形成有效的关联,不能真正体现用所学知识分析、解决问题。

建议：夯实基础知识，帮助学生提高知识的准确性，包括整体的逻辑框架、知识点所属的知识范围，核心概念的内涵、建立概念之间的关联等。引导学生关注知识的完整性，比如原理与方法，前后知识的联系等。指导学生分析思维的过程，能够使学生了解自己的逻辑推理过程并准确地表达。加强对学生专项能力的训练和指导，比如审题的基本步骤、重点、方法等。强化答题规范，"技术分"不能丢。

2. 以数据的纵横比较分析，帮助学校准确定位与寻找教学突破口

以上述数据中的A、B、C、D四个学校为例，其中A、B两校同为市实验性示范性学校，在学科考试中居于第一梯队，学科成绩明显高于其他学校；C、D属于区实验性示范性学校，但是从学生入学成绩来看，处于区中游，学科成绩在第二、第三梯队之间。通过比较分析我们更能准确地发现学校教学的优劣势所在，更好地提出教学建议。

（1）顺应与突破：学业水平发展视角的比较及分析

知识点的关注

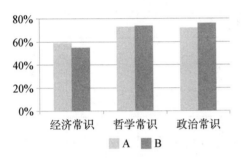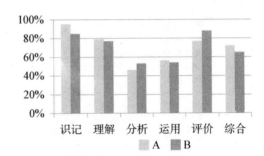

图 5-4-5 学业水平发展比较分析

（2）企稳与增长：超越分值的学习要素比较及分析

多角度的解析：有关知识块和知识点的比较

表 5-4-7 有关知识块比较

学校	前 1/4(大于 0.75)	0.5～0.75	0.25～0.5	后 1/4(小于 0.25)
C	11.43%	17.14%	37.14%	34.29%
D	7.96%	24.78%	31.86%	35.4%

表 5-4-8 有关知识点比较

序号	知识点	A	B
1	人民军队	97%	100%
2	人大代表与人民的关系	54%	62%

续 表

序号	知 识 点	A	B
3	国务院是我国最高国家行政机关	69%	85%
4	全国人大常委会是全国人大的常设机关	71%	77%
5	社会主义民主与社会主义法制的关系	100%	100%
6	"一国两制"方针的科学内涵	65%	49%
7	我国处理民族关系的原则	95%	85%
8	恩格尔系数的计算公式	94%	100%
9	税收在经济社会发展中的作用	71%	77%
10	劳动者依法享有的权利和必须履行的义务	46%	15%
11	宏观调控的主要目标和手段	42%	23%
12	生产与消费的辩证关系	100%	92%
13	哲学是关于世界观的学说,又是关于方法论的学说	82%	85%
14	物质和意识的辩证关系	86%	92%
15	矛盾的观点	70%	49%
16	量变与质变的辩证关系	100%	85%
17	实践的观点是辩证唯物主义认识论的首要的基本观点	88%	77%
18	人生的社会价值和自我价值及其辩证关系	77%	85%
19	矛盾普遍性与特殊性的辩证关系	58%	77%
20	弘扬中华优秀传统文化和民族精神	11%	8%
21	构成社会生产的基本要素及其在社会生产过程中的地位和作用	18%	31%
22	建设法治政府、责任政府、服务政府的基本要求	56%	66%
23	矛盾的观点	77%	88%
24	经济常识综合	72%	65%

通过图表对照,我们可以看出:对一个学校的学科教学的评价,我们不能简单地通过最终的成绩数值来判定,而是要分析成绩背后的相关要素与趋势,要从不同的维度进行深入精准分析,才能够更为准确地把握"教与学"的真实情况。

(二)指向教学源头的行动与反馈:科学把握课堂教学状况

1. 运用云录播平台积累的实例进行课堂观察

经过多年的努力,云录播平台累积了大量的学科课堂教学案例,所有学校、所有学科教师都有自己的课堂教学实录,这些案例为我们经常进行案例分析以及针对性的对某个学校、某个教师进行样本分析提供了资源。云录播平台自带的s-t数据采集功能和分析功能也方便了我们对课堂中教师的教学行为与学生的学习行为进行分析。T指教师的教学行为。在课堂教学中,教师的视觉、听觉的信息传递行为被定义为T行为,比如教师的示范、解说、板书、利用多媒体展示、提问、评价和反馈等行为;S指学生的学习行为。除了教师行为之外的所有行为都被定义为学生的学习行为,比如学生发言、做笔记、讨论、课堂练习等。云录播平台根据课堂教学中教师和学生的行为时间占比,归类为讲授型、对话型、练习型和混合型四种类型的教学模式。将S-T分析与教师课堂教学的内容、目标结合起来,对课堂教学进行观察,可以更为准确地了解教师与学生的行为表现。如果我们将之与学生的成绩表达关联起来分析,可以更准确地理解影响学生学科学习的相关因素。在S-T分析的基础上,我们对教师课堂教学进行切片分析,可以精确地把握教师教学的细节,帮助教师提炼教学的亮点,总结经验,发现问题,并针对性地提出改进意见。

2. 结合数据平台信息的课堂分析诊断与评价

以上述C校为例。根据考试成绩分析,我们看出该校本年级学生学科学习中,在识记、理解、分析等能力上表现较好,而运用、评价、综合等能力上表现相对较弱。为了更好地了解产生这个现象的原因,我们从云录播平台调用了这些学生的任课教师的一节课堂实录进行观察。本节课云录播平台S-T分析的结果如下:

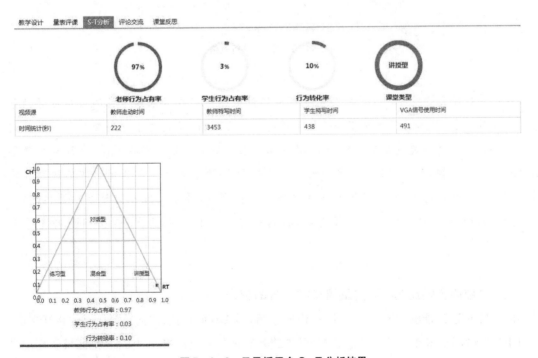

图5-4-6 云录播平台S-T分析结果

根据平台统计的时间数据,我们可以看出,本课教学中,该教教师行为占有率占比为97%,从教师占用时间看,本课是一个典型的以教师为主导的讲授型的课堂教学模式。如果再进一步分析教师和学生的时间分布,我们可以看出学生基本没有相对较长的自主学习的时间。很显然,这样的课堂对于快速地讲授知识具有一定的功效,但是对于学生的能力培养,特别是学生自主学习能力以及高阶思维的培养是不利的。通过与前面学生的考试成绩表达关联分析,我们可以看出:学生的学习成绩与教师的课堂教学有着直接的关联。教师要自觉地更新教学理念,真正的以学生发展为本,要注重培养学生的学习能力,在课堂教学中要给予足够的时间让学生自主学习、协作学习、要让学生交流、表达等。

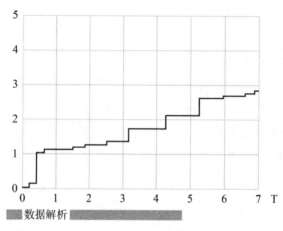

图 5-4-7　S-T 分析表格

我们对数字化评价系统反馈的学生考试成绩的数据分析和云录播平台的教师课堂教学行为的数据分析,不是为了给学校和学科教师进行定性分析,不是为了评判教师学科教学的优劣好坏。而是力图通过数据分析,给予教师提供基于数据实证的自我反思,发现自己教学过程中真实的问题,及时地调整自己的教学策略和方法,对自己的教学作出科学的决断和决策。在数据分析的基础上,我们要发现区域教学共性问题,提出一般性的教学意见和建议,也要给予每个学校和教师个性分析资料,针对每个教师的实际情况,提出相应的意见和建议。

三、学校综合性反馈:双向反馈和学报告的应用

借助双向反馈,能够发挥信息的共享、沟通作用,形成双向信任、双向监督。通过相互交流,达到相互理解,实现检测评价的信息共建,促进绩效管理的有效衔接。一方面,是区域管理层借由相应文本与交互机制,面向学校阐释结果与相应情况。另一方面,是学校向区域管理层反馈对测试的分析认识与优化改进设想等情况。

"一校一报告",是指围绕相关测评,形成针对性的专项文本,并以之为工具,在区域管理与学校、教师之间,围绕评价内容、考评指标、结果解释等方面,进行沟通、交流,以明确学科课程在相应阶段的教育教学实施取向、规范与对应的执行情况、达成效果。目的是统一认识、凝聚人心,形成区域评价管理的合力。

【案例5-4-3】 "双向评价反馈法"和"一校一报告"——以YA中学为例[①]

(一)实施的背景

提高教育教学质量的途径在于课堂教学的改革与创新,而提高教育教学质量的保证,在很大程度上取决于教学的过程管理。

教学评价反馈和评价反馈的目的在于客观评估"教与学"的现状,肯定成绩和有效的做法,找出问题并弄清产生的原因,制定出科学可行的改进措施。

考试结果是一大堆数据,只有采取科学的方法进行分析,才能从这些数据中找出规律,从而做出有效的教学决策,很多学校和老师在考试结束后对考试结果处理过于简单化,结果是使得本来能反映大量教学信息和学生个人信息的数据没有真正发挥作用,可以说是形成了教学质量监测成绩的浪费。

因此,闵行区长期以来都是以"一校一报告"的形式介入并指导学校的课堂改进。

(二)需求和问题

一般的评价反馈往往按照常规数据统计,按照平均分数段对各校、各班、各学科进行分析评价,这样的评价反馈不能把教学中存在的问题具体分析出来,只能进行表面的评价,如哪个学校、哪个班、哪个学科成绩好或不好,不能起到教学评价反馈的真正作用。我们的"一校一报告"是采用双向采集信息、双向评价反馈法,即教师分析、学生分析、知识块、能力层和学生层次的综合分析,以及学习环节和非智力因素的分析。各学科教研员把试卷中的题目按照知识分类统计,分析各层学生在各知识块中的得失比例,作出该项评价反馈。

实施"双向评价反馈",是把试题内容按记忆、理解、运用、分析等能力进行分类统计,各层次学生在各能力层次上的得失分比例,最后各学科教师进行双向质量分析,从中发现教学中存在的问题,然后按照教务处的要求,根据双向分析的数据进行教学自我评价总结,写出教学过程中存在的问题及产生问题的原因,制定出相应的改进措施。

下面就以我们闵行区YA中学的"一校一报告"为例。

(三)"一校一报告"

本份"一校一报告",是以参加2018年中考的学生为样本,通过2014届初中学生四年五次学业水平测试的阶段分析(2014学年初中预备第一学期期末阶段、2015学年初一第二学期期末阶段、2016学年初二第二学期期末阶段以及2017学年初三第一学期期末阶段、2017学年初三第二

---

① 本案例由上海市闵行区教育学院孙静贤提供。

学期期中阶段),说明区域整体、局部以及学校的有关学业数据。

1. 提供区层面及学校层面各科整体情况

表 5-4-9 提供区层面及学校层面各科整体情况

类别	语文	数学	英语	物理	化学	总分
全区	123.74	126.17	130.85	77.77	50.6	509.25
公办	121.71	121.73	126.96	75.77	49.41	495.73
民办	129.72	139.27	142.3	83.68	54.08	549.05
YA中学(公办)	118.81	118.12	124.51	73.82	48.16	483.43

从表中可以看出:该学校各科均处于区域同类学校平均水平以下,各科差距均在2—3分,有一定的潜质和上升空间。

2. 提供学校层面前25%、前60%、前85%的人数

以区初三实际参加考试的人群为分析人群,分析中考试的总分成绩(语数英物化)前25%、前60%、前85%本校的人数。

表 5-4-10 学校层面前20%、60%、85%人数

学校	前25%人数	前60%人数	前85%人数
YA中学	0	31	60

从表中可以看出:该学校前25%的学生为0,说明A档的学生缺失,即提示应从每个学生的个体情况分析出发,研究出针对个体学生的措施,以期提高优秀率。

3. 实施班级与学科分析

对于学生群体的分析反馈是以所有班级、所有学生的总体成绩为对象的分析反馈,对于考试的成绩的分析反馈,只有在参加群体总体成绩状况才有意义,因此对班级全体学生考试成绩结果进行分析反馈是考试结果分析反馈的重要内容。

为了这些数据有利于学校了解各班在各学科上的优势点薄弱点,也便于学校在今后的教学中有所改进。从这些图表中可以看出每个班级的优势学科和弱势学科,在班与班相同任课教师的情况下,可以分析出教师的教学质量,寻找出学校下一阶段教学改进的方向。

例如,从一个班级的图表可以看出班级学科间的不均衡。如下图:

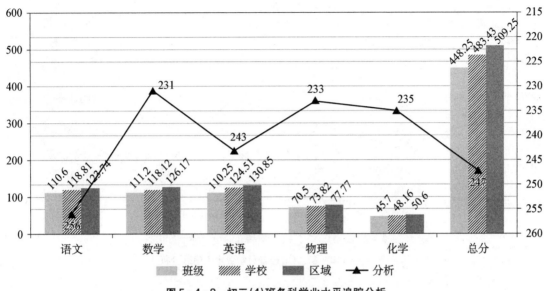

图 5-4-8 初三(4)班各科学业水平追踪分析

从图中可以看出：该班学生的某些学科很强，某些学科不弱，而某些学科却相对弱。可能有教师的因素，可能有学生的因素，也可能有其他的因素，但是至少可以给学校评估教师的教学情况提供了线索，可以结合深度调研分析来进一步诊断，筛查问题的症结，以期提高学校整体教学水平。

再如，从同一个教师任教的不同的班级也可以看出一点端倪。如下图所示：

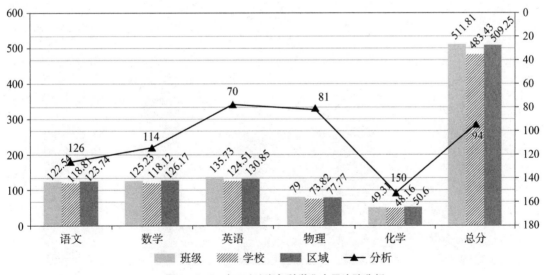

图 5-4-9 初三(1)班各科学业水平追踪分析

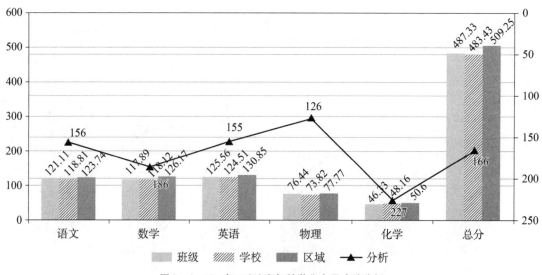

图 5-4-10 初三(6)班各科学业水平追踪分析

从图中可以看出：这两个班级虽然各科目情况不尽相同，但是某一学科都很弱，而这两个班又是同一位老师所教，那么这位老师的教学可能就值得引起学校领导的注意，然后通过调研的方式探索原因，以引导与督促其改进。

4. 用好追踪分析

对 2014 届初中学生四年五次学业水平考试追踪分析：

(1) 语文学科

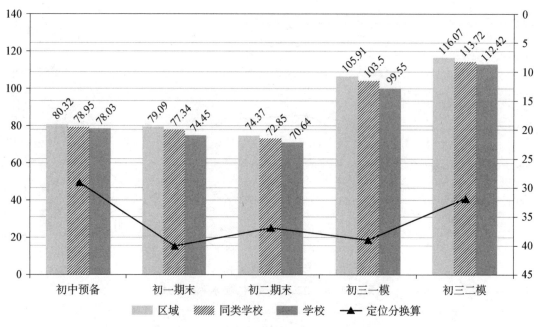

图 5-4-11 YA 中学语文学科学业水平追踪分析

从上图可见,该中学语文四年五次考试平均分:初中预备、初一期末、初二期末、初三一模、初三二模低于区及同类。显示排名整体呈现下降趋势,波动幅度较大。

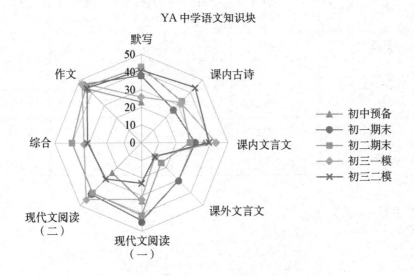

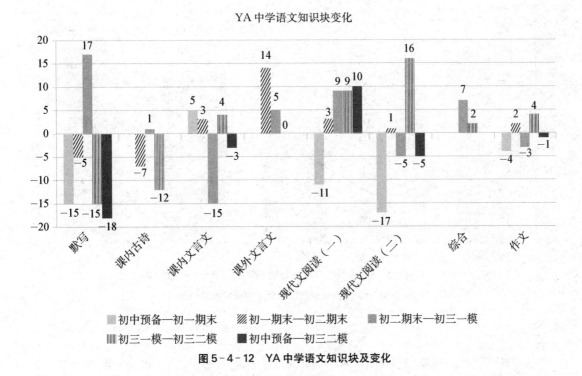

图 5-4-12 YA 中学语文知识块及变化

从上图可见该中学语文四年五次考试各知识块的排名情况。其中,默写在初二期末—初三一模排名进步明显,默写在初中预备—初三二模排名下降明显。具体各知识块的分数如下:

表 5-4-11 各知识块分数统计

考试	默写	课内古诗	课内文言文	课外文言文	现代文阅读(一)	现代文阅读(二)	综合	作文
初中预备	5.53		8.72		7.62	10.99		4.19
初一期末	9.41	3.49	5.07	4.97	8.34	11.7		31.47
初二期末	9.14	3.72	4.23	5.47	8.35	8.55	1.66	29.51
初三一模	14.15	2.58	6.21	5.21	10.1	10.7	6.11	44.51
初三二模	13.94	1.85	7.51	8.01	13.85	13.49	7.43	46.33

（2）数学学科

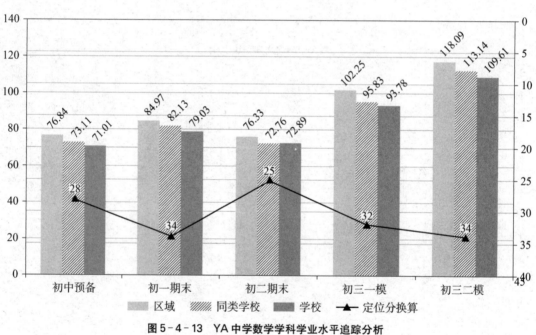

图 5-4-13 YA 中学数学学科学业水平追踪分析

从上图可见，该中学数学四年五次考试平均分：初中预备、初一期末、初三一模、初三二模低于区及同类；初二期末低于区、高于同类。排名整体呈现下降趋势，波动幅度较大。

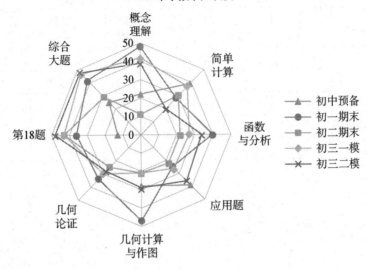

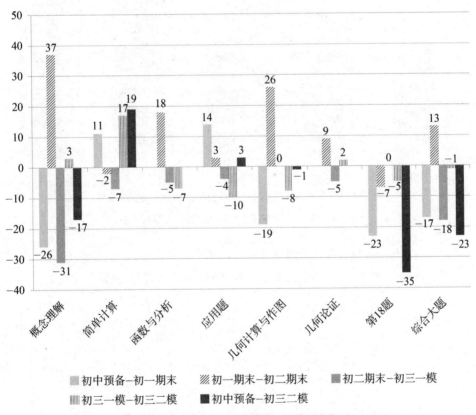

图 5-4-14 YA 中学数学知识块及变化

从上图可见,该中学数学四年五次考试各知识块的排名情况。其中概念理解在初一期末—初二期末排名进步明显,第18题在初中预备—初三二模排名下降明显。具体各知识块的分数如下:

189

表 5-4-12 各知识块分类统计

考试	概念理解	简单计算	函数与分析	应用题	几何计算与作图	几何论证	第18题	综合大题
初中预备	9.83	30.11		14.71	10.99		0.92	4.45
初一期末	5	28.61	12.88	4.62	8.16	12.08	0.73	5.88
初二期末	3.65	20.91	12.78	6.12	18.23	7.59	0.86	2.74
初三一模	4.66	11.45	24.18	10.73	31.37	10.92	0	0.48
初三二模	6.72	44.75	24.04	9.72	9.33	12.21	1.67	1.17

（3）英语学科

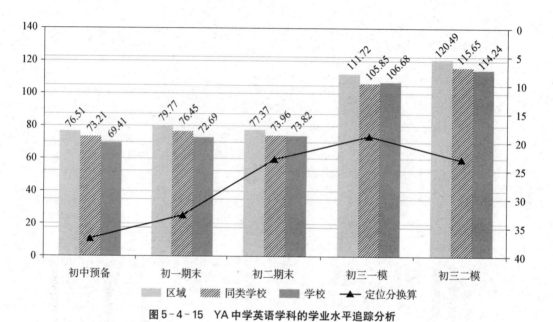

图 5-4-15 YA 中学英语学科的学业水平追踪分析

从上图可见，该中学英语四年五次考试平均分。其中初中预备、初一期末、初二期末、初三二模低于区、同类；初三一模低于区、高于同类。排名整体呈现上升趋势，波动幅度较大。

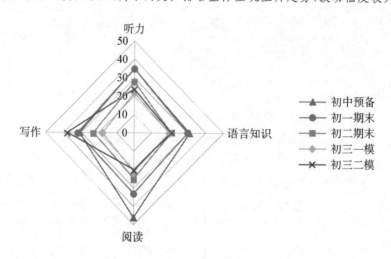

190

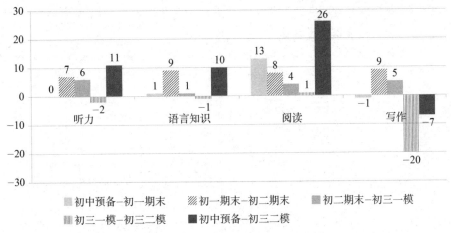

图 5-4-16 YA 中学英语知识块及变化

从上图可见该中学英语四年五次考试各知识块的排名情况。可见阅读在初中预备—初三二模排名进步明显,写作在初三一模—初三二模排名下降明显。具体各知识块的分数如下:

表 5-4-13 具体各知识块

考试	听力	语言知识	阅读	写作
初中预备	16.14	32.83	11.39	9.05
初一期末	15.33	32.22	15.75	9.39
初二期末	16.57	31.51	16.62	9.13
初三一模	24.55	42.82	27.42	11.9
初三二模	26.1	41.33	34.64	12.17

(4) 物理学科

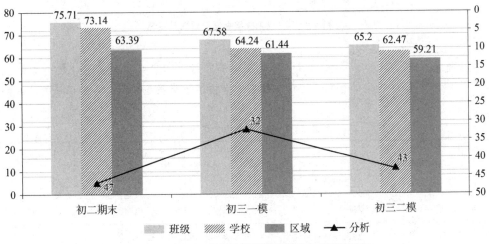

图 5-4-17 YA 中学物理学科的学业水平追踪分析

从上图可见,该中学物理两年三次考试平均分初二期末、初三一模、初三二模低于区、同类。排名整体呈现上升趋势,波动幅度较大。

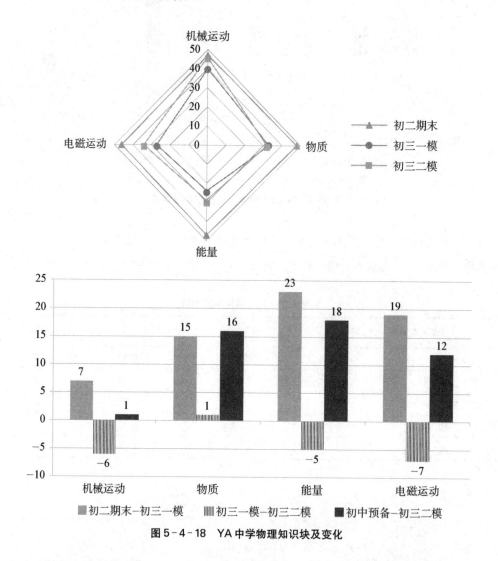

图 5-4-18　YA 中学物理知识块及变化

从上图可见,该中学物理两年三次考试各知识块的排名情况。可见能量在初二期末—初三一模排名进步明显,电磁运动在初三一模—初三二模排名下降明显。具体各知识块的分数如下:

表 5-4-14　具体各知识块分数

考试	机械运动	物质	能量	电磁运动
初二期末	23.2	11.12	21.86	7.2
初三一模	25.56	5.75	8.42	21.7
初三二模	24.26	3.54	8.32	23.08

（5）化学学科

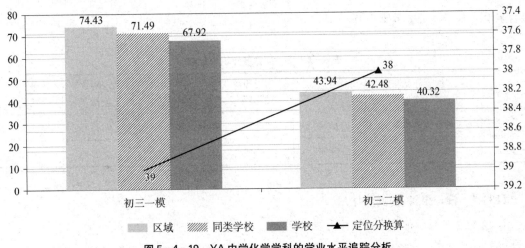

图 5-4-19 YA 中学化学学科的学业水平追踪分析

从上图可见，该中学化学一年两次考试平均分，初三一模、初三二模低于区、同类。排名整体呈现上升趋势。

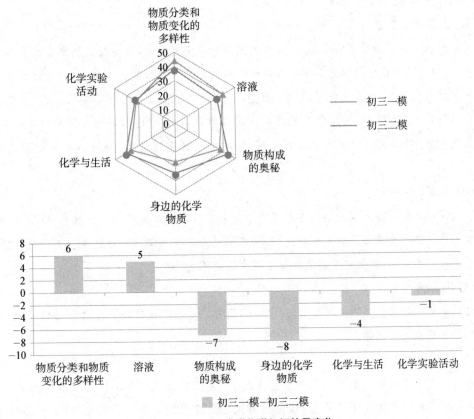

图 5-4-20 YA 中学化学知识块及变化

从上图可见该中学化学一年两次考试各知识块的排名情况。其中物质分类和物质变化的多样性在初三一模—初三二模排名进步明显，身边的化学物质在初三一模—初三二模排名下降明显。具体各知识块的分数如下表：

表 5-4-15 具体各知识块分数

考试	物质分类和物质变化的多样性	溶液	物质构成的奥秘	身边的化学物质	化学与生活	化学实验活动
初三一模	13.95	12.66	19.64	11.73	0.73	9.22
初三二模	11.9	3.78	8.49	4.57	2.29	9.29

（四）"一校一报告"的反馈作用

1. 有利于分析教师自己教学中存在的问题

通过区域质量监控反馈（一校一报告），可以发现一些教学中存在的问题。

（1）从均分数据看

如果学生的平均分低于正常值，或比平行的对比班级有较大差距，则应反思：是否是自己的课堂教学水平问题（如抓不住重点、表达不清、方法没有最优化等）；还是因为教学管理（如课堂纪律、辅导、作业布置、收交批改等）不到位。

（2）从差异系数看

可以分析所教班级学生的分化情况，如果差异系数明显偏大，就要注意反思自己是否对学困生关注不够，是否学困生的辅导工作没有做好。从历年来中招分数统计来看，我区初中学段学生存在一定的分化现象，尤其是物理、化学、数学、英语等学科。造成这种分化的原因，一是教师对学困生尚缺乏足够的关注，导致学生从思想上放弃学习；二是学生知识积累逐渐产生差异；三是能力产生差异，例如初三化学作为起始学科，有的学生只能得几分，这应该不是知识负积累造成的。

（3）从最高得分看

可以评估自己教学的全面性与命题要求和兄弟班级还有多大差距。一般来说，平行的班级，那些智力较好的学生发展基础是相等的，如果本班最高分与其他班有超过某一阈值的差距，在排除学生失误的前提下，就要注意自己教学中是否还有疏漏之处。

（4）从分数段来看

可以比较本班各个层面上学生的发展情况，还可以对比其他班级分数段分布情况，针对不同层次的学生分别查找问题。

（5）从得分变化看

通过比较分析每个学生历次的分数次第变化，可以看出学生各个阶段动态发展变化情况。教师可以把历次考试的成绩记录在案，前后对比每位学生的发展变化情况，不对外公开学生排名,但教师掌握有关情况还是有助于进行个别指导的。

2. 有利于分析学生学习中的问题

(1) 借助系统性与专项化的测评记录及整理

教师要把卷面上的典型情况一一记录,以便更好地发现学生答题中存在的问题。也可以在学生的卷面板块分析上,或者通过调查学生综合问题进行概括。这种卷面板块分析可以有两种方法,一种是总体分析,可以典型问题为条目,并将有关题目作为例子列在问题后面;另一种是主题分析,其中不同的题型诊断功能不尽相同。

(2) 注意多渠道的评价信息收集与分析比对

教师做问题分析不能局限于一次考试当中,发现问题也不能仅通过卷面情况进行判断,应根据我们提供的多次考试情况分析、教学经验、知识板块,并联系各方因素,充分挖掘分析,才能比较准确地找到学生学习和教师教学中存在的问题。

四、基于反馈的改进:以生命科学学科为例

依照新课程改革中的中学生命科学课程标准与核心素养培育的要求,以及学业水平考试与生命科学学科素养测量的相关理论,根据检测所反映的学生生命科学学业水平的现状,分析影响生命科学素养水平提升的关联与关键因素。从实践应用层面,以具体试题的应答情况与表现为切入点,对教师教学、学生学习的问题与优势进行解读阐释。

【案例5-4-4】 生命科学的学业水平测试反馈及其应用效[1]

以取样班级整体38人作为研究对象,在2017学年第一学期质量调研考试试卷中基因工程①题的作答情况分析,满分3分,平均得分率为0.684 2,21人获得满分,17人未得满分。对17人未获满分的答案从知识和思维两方面进行错因归类,结果如下表5-4-16所示:

表5-4-16 取样群体中基因工程①题的错因分析(满分3分)

错误回答类型	得分情况	错因的思维表达能力解构归因			人数(人)
		知识	思维		
			科学思维	思维表达	
目的基因导入受体细胞	1	A	B1		4
基因重组/细胞核移植/	0	A	B1		4
未作答	0	A	B1		2
导入重组基因	0	A	B1	E1	1

---

[1] 本案例由上海市闵行区教育学院戴赟提供。

续　表

错误回答类型	得分情况	错因的思维表达能力解构归因			人数（人）
		知识	思维		
			科学思维	思维表达	
导入受体细胞	1	A	B1	E1	1
将重组DNA分子导入受体基因/将重组质粒导入细胞内	1	A			2
导入重组质粒/导入重组DNA分子	1	A		E1	3
总计（个数）		17	12	5	17
占出错全体比例（%）		100	88.2（15人）		
占全班比例（%）		44.7	39.5（15人）		

（一）区域学科水平测试的试题用于评估学生思维表达能力的现状

从思维表达能力的知识和思维两个方面构成来看，15个未获满分的学生中，100%的学生出现知识（A）方面的问题，88.2%的学生出现思维（B和E）方面的问题。从全班看，44.7%的学生出现知识（A）方面的问题，39.5%的学生出现思维（B和E）方面的问题。

用同样方法分析光合作用①题的作答情况，满分4分，平均得分率为0.41，31人有扣分，其中90.3%的学生出现知识（A）方面的问题，100%的学生出现思维（B和E）方面的问题。从全班看，73.7%的学生出现知识（A）方面的问题，81.6%的学生出现思维（B和E）方面的问题。

可见，思维表述性试题在检测学生思维表达能力方面具有非常好的优势，同时根据错因分析的结果，要提高学生思维表达能力，教师既要注重夯实知识基础，又要有提高学生思维表达能力的教学策略和办法。

（二）区域学科水平测试的结果用于优化教学策略

根据前面学生思维表达能力的现状评估结果，以基础知识和基本技能的提升为突破口，设计了以"基于核心概念和主干知识，提升学生思维表达能力"为主题的教学研讨活动，期望由此提高实验组学生的思维表达能力。

1. 活动设计

（1）活动主题：等级考复习专题研讨——基于核心概念和主干知识，提升学生思维表达能力

（2）具体目标和要求：区域思维过程的系统性表达能力提升的教学展示和交流

（3）活动方式：课堂教学与研讨交流相结合，教学研讨与教师培训相结合

（4）基本流程：

2. 实施过程

与取样班级的授课教师沟通并统一认识,进行区校合作备课,确定项目:聚焦光合作用等级考专题复习。

(1) 试讲与第一次研讨

运用精选试题并进行灵活变式,用例题层层分析并引导。聚焦学生思维过程的系统性表达,以思维导图形式的板书,帮助学生建构起相关的解题技巧和步骤。

(2) 区研究课和区级研讨

以典型核心知识"光合作用"为突破点,本着人本主义和探究理念,以学生为主体,以错题为蓝本进行变式练习:学生自我构建光合作用模式图→小组合作研讨习题→梳理并形成解题思路→明确要素、逻辑表达与语句完整性。

(3) 活动成效

引入"基于核心概念和主干知识、提升学生思维表达能力"的教学策略,融通试题与教材资源的应用,实现了操作方法的落地与高效运作。

(三) 区域学科水平测试的结果用于观察教学优化的效果

严格根据研究设计施测,获得后测的试题错因分析结果,对比前测的数据,可以得到前后测期间不同处理的实验效果。

1. 关键因素的指标检测与比较

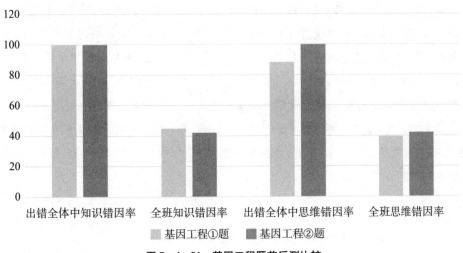

图 5-4-21 基因工程题前后测比较

2. 基于前后测比较的证据表征

表 5-4-17　光合作用题前后测错因分析结果比较

试题	平均得分率	错因分析			
		知识		思维	
		占出错全体比例(%)	占全班比例(%)	占出错全体比例(%)	占全班比例(%)
光合作用①题	0.41	90.3	73.7	100	81.6
光合作用②题	0.61	67.9	50.0	100	73.7

3. 知识与思维表达的关系界说

比较基因工程专题和光合作用专题的前后测结果，我们可以得出以下结论：

(1) 知识和思维表达是一个相互促进的关系，知识的获得可促进思维的进一步提升，而思维和表达的提升促进知识更加丰富和深化。

(2) 采用优化的教学策略有助于提高学生的思维表达能力。

(3) 采用优化的教学策略所获得的思维表达能力的提高，在不同专题之间未表现自然迁移现象。

在本章中，围绕立足学科的学业水平测试基本流程的建立，提供按阶段、分步骤的策划与运作样例，集中呈现了区域性测评及其发展中的配置方案确立与组织系统的支持。反映区域学科学业水平测试的精准、规范与持续优化，以及从组织决策的机制与干预治理的工具着眼，进行的规划调整与更新完善。

立足学科的学业水平测试基本流程，包括：对应"确立测评框架、编制测试命题、实施数据挖掘、深化反馈应用"的序列建构，进行调整更新与优化改进；对接区域信息化学业质量评价智能系统的数据平台，建立面向现实困境并主动应对的区域范式；围绕学校的资源配置瓶颈、教学的目标定位偏差、学生的自主发展障碍等问题，持续开发并融合运用"双向反馈""学情报告""追踪分析"等管理工具；着眼评价改革，通过信息整合，以"区域成绩分析报告"的形式集中呈现。以新兴技术的引入促进管理范式转型，并为课程及评价的迭代更新探寻新路径。

相关研究的开发，集中反映了教育公平的区域对策，即：树立正确的数据思想与信息意识，探索、提炼出行之有效的操作范式，全面、翔实并精准地提供符合学校教师与学生需求的、特色鲜明的解决方案。

第六章　学校过程性学业质量评价的实践探索

学校是教育理念的落地者和践行者,对学生真实学习过程的评价,评价的方式更加具体,评价的形式更为多元,学校可为的空间更广。学校过程性评价的功能主要是获取适宜学生学习的教学方法和改善教学。基于此,我们建设和完善各种信息化平台,伴随式采集学生学习过程性数据,如作业平台、数字教材等。我们开发观测工具,观测教学现场、分析课堂教学录像、采集学生课后学习行为数据、采集学生学习表现数据,并对这些数据加以分析和利用,挖掘学生过程性学业质量,提升"教与学"的针对性和有效性。

第一节　学业质量过程性评价的概论

有机体的根本特征是活动,活动表现为过程,过程则是构成有机体的各元素之间具有内在联系的、持续的创造过程,它表明一个有机体可以转化为另一个有机体,因而整个宇宙表现为一个生生不息的活动过程。现实世界就是一个过程,过程是由一系列事件组成的,事物的本质通过这些事件表现出来[①]。杜威则在"教育无目的"的理念中阐明了他的过程思想,他指出:"生活、生长和经验改造是循序渐进的积极的发展过程,教育目的就存在于这种过程之中,生长的目的是获得更多更好的生长,教育的目的就是获得更多更好的教育。"[②]其实,他的教育无目的,并非绝对意义上的无目的,而是指教育无预设的目的。因为教育的目的就在教育的过程之中,教育过程不是手段而是目的。在教育的理想状态中,"教育随时都是自己的报酬"。这里他所强调的,是教育要使学生成为教学活动的积极参与者,而不是漠不关心的旁观者。其实质,是强调教育要激发学生的学习动机,因为动机能激发新的学习需求,这样的学习动机正是教育所期待的,也就是教育所应得的"报酬"。英国教育哲学家彼得斯则认为:知识以及教育本身具有内在的价值,因而无需通过教育的结果来加以证明。这类活动有固有的完美标准,能够由这些标准而不是由于其导致的后果而被评价。上述各种观点的视角不同,但都对过程本身的价值给予充分的肯定。[③]

---

① [英]阿尔佛雷德·诺思·怀特海.过程与实在[M].北京:中国城市出版社,2003:译者序言第 30 页.
② 杜威著,王承绪译.民主主义与教育[M].北京:人民教育出版社,2001:19.
③ 吴维宁.过程性评价的理念和方法[J].课程·教材·教法,2006(6):18.

一、过程性评价述描

(一) 过程性评价的定义及内涵

过程性评价是在教育、教学活动的计划实施的过程中,为了解动态过程的效果,及时反馈信息,及时调节,使计划、方案不断完善,以便顺利达到预期的目的而进行的评价。它提倡的是学生通过课程活动获得发展的过程。评价方式具有多样性:可以用观察、交流、测验、实际操作、作品展示、自评与互评等多种方式。过程性评价是一个在学习过程中完成的对学习过程的价值进行判断的过程。

学生的学习过程是丰富多样的,不同的学生会有不同的学习经历,从而产生不同的学习结果。传统的目标导向的学业评价,将评价的目标框定在教育者认为重要的、十分有限的范围内,这种做法使得很多有价值的教育目标被忽视,评价导向的积极作用被削弱。过程性评价则将评价的视野投向学生的整个学习经验领域,认为凡是有价值的学习结果都应当得到肯定的评价,而不管这些学习结果是否在预定的目标范围内。其结果是,学生的学习积极性大大提高,学习经验的丰富性大大增强,这正是现代教学所期待的最终目标。

(二) 过程性学业质量评价的必要性

伴随着"过程性"、"生成性"评价的呼声,对于学生学业质量的评价已然成为了整个教育学界关注的焦点。过程性评价可以对教学情境做出及时反应,有效地实现评价的反馈调节功能,使教学适应于每个学生的学习状况,达到教学目标。然而,"过程性评价"的呼吁延续多年,对于学习的评测仍旧屡遭诟病。究其原因,很多人简单地将学生的测验、作业等散乱的信息作为过程性评测的主要来源,这些数据在一定程度上反映了学生的学习与结果,但是却未必能准确描绘学生的学习过程。

实则,不论是以何种方式对学生的学业质量进行观测,我们要达到的目的大致都是一样的,就是刻画学习者的学习画像,希望给予学习者一个客观的评价。早期教学评价中,对于学习的考量仍然还是根据传统方式下的终结性考核"盖棺定论"。尽管也有着数据的支撑,但是这些数据几乎都关注于学生的最终测试,收集来的些许数据也都是零散的,我们只能从最终的节点处窥探学生学习的结果,而对于过程我们只能有一个相对主观的推断,并不能完整地呈现学习的全貌[①]。而学习的过程是一个不断获取认知的过程,认知的转变涉及的要素远远不是一个固化的分数所能解释的。因而人们开始寻求更为全面的证据来解释学生的学习。

教育领域面临着深化教育综合改革的考验,就不得不转变既往思维,将数据作为为教学提供服务的依据和凭证。伴随着人们对于教育数据的认知不断加深,教学过程之中所产生的数据出现了关联和逻辑,利用相应的分析技术手段我们可以抽取并刻画出学生的学习过程。近年来,伴

---

① 顾晓清,舒航.信息技术的作用发生了吗?——用学习分析技术刻画学习行为印记[J].现代远程教育研究,2017(10):42.

随着学习分析技术的发展,对于学习行为数据的需求不断得到重视。利用学习分析技术可以对学生的学习行为进行关照和审视,以倒溯方式考察影响行为产生的需要、动机等因素,以及行为所携带的目的、个性、环境等元素,从而加以利用以优化学习过程及其发生的环境[①]。

基于此,立足于学生学习的过程性状态,从学习历程之中获取对于学习者学业质量评价的新视角,以学习分析技术再现学习的过程,进而从数据支持的角度对学生的学业质量进行评价。

二、非智力因素与学生学业成绩

大数据时代的到来,可用数据量与日俱增,日益成熟的技术和精细的可视化分析表征设计,学习分析技术开始广泛应用于教育教学过程,用以全面客观地评价学习者的学习表现,针对性地进行实时的学习反馈。以客观数据为支撑,探索非智力因素与学业成绩的关系,改进学习者的学业表现,为改进学生学业质量评价提供了新思路。

刘海燕等人(2011)采用决策树分类算法对学生学业成绩数据进行挖掘分析,找出不同考核方式下影响学生学业成绩的主要因素[②];姜强等人(2015)采用 NBC 算法和设定条件的学习风格量表对学生的学习风格进行预测[③];Natek 等人(2013)使用 Weka 数据挖掘工具中的决策树算法探讨了学习者基本信息、学习类型(全日制与在职)、学习活动、平时成绩对学习成绩的预测[④];赵慧琼等人(2018)采用二元回归算法挖掘分析得到学习行为与学业成绩间的关系[⑤]。Obarra 等人(2014)认为学习分析技术能够有效地改善学习方法和路径;Siemens(2013)认为学习过程中记录的诸如在线学习视频点击量、登录时长、页面跳转序列等过程性行为数据,为实现教育决策提供了可能;Verbert(2012)借助学生自我报告和 e-tutorial 系统中提取的学习行为数据,构建学习者模型,进行个性化的资源推荐,实现因人而异的教学方法;Lourens 等人(2016)利用学习者的历史数据(如交互数据、家庭背景信息等)预测辍学的概率,同时根据学习者登录学习管理系统的时长和观看视频时长、参与活动和完成测试题目的数据,建构学习者模型,进而推测其通过率并采取相应的干预措施,以提高学习者的学业表现。以下,我们探讨课堂学习中的学生状态。

(一)课堂中的学习状态分析

一些学者把学习行为与其他因素联系起来研究。比如:伯利纳和蒂奇诺夫(Berliner & Ticheiioff,1976)通过观察学生的课堂学习行为,探讨了学生的学习行为和学习效果的变化关系,分析了教学行为、学习行为和学习效果的相关性。杜勃鲁(E. H. Durbrow,2000)认为学生的家庭

---

① 顾晓清,舒航.信息技术的作用发生了吗?——用学习分析技术刻画学习行为印记[J].现代远程教育研究,2017(10):42.
② 刘海燕.实施有效的课堂教学[J].黑河教育,2010(3):32.
③ 姜强.基于大数据的个性化自适应在线学习分析模型及实现[J].中国电化教育,2015(1):53.
④ Natek. Improving knowledge management by integrating hei process and data models[J]. ProQuest, 2013(81-86).
⑤ 赵慧琼.基于学习分析的在线学习绩效预警因素与干预研究[D].上海:华东师范大学,2018.

背景、注意、焦虑、认知能力和学习行为会对学习成绩有影响。结果表示，焦虑、注意以及学习行为对成绩的影响是32%—35%，认知能力和家庭背景对成绩的影响是11%—14%[①]。因此，教师可以通过降低学生的焦虑感，改善学生的学习行为来提高学生的学习成绩。

案例6-1-1　语文课堂学习行为对学业成绩的影响[②]

※**研究背景**：闵行区纪王学校以语文阅读课堂为研究背景，采用课堂观察和访谈等方法对学生课堂行为进行记录、分析和研究，通过对学习行为的多元相关性数据分析，探索目前语文课堂中学生学习行为对学业成绩影响的问题。

※**研究目的**：了解不同年级学生语文课堂学习行为差异性以及与学业成绩的相关性。

※**研究对象**：四至七年级学生496人

※**数据来源**：语文课堂学习行为、区域学业水平测试成绩。即四至七年级语文阅读课上学生学习行为评价量化分值、四至七年级三次区域联考学业成绩。

※**采集方法**：梳理学生学习行为的相关文献资料，通过教师课堂观察、学生互评、教师课后追思记录及学业质量平台上的测评数据，了解影响语文学业成绩的课堂语文学习行为，依托学校陶乐体验课堂目标，逐步确立语文课堂学习行为数据采集指标：提问、回答、倾听、练习、笔记、讨论、朗读、阅读习惯等，并通过赋分法(5分)进行记录。

※**数据呈现**：

1. 四年级各行为与成绩变化相关性分析

表6-1-1　四年级三次行为数据采集各行为与成绩变化相关性

		提问	回答	倾听	练习	笔记	讨论	朗读	阅读习惯
学业成绩	Pearson相关性	.577**	.580**	.608**	.690**	.659**	.647**	.675**	.702**
	显著性(双尾)	.000	.000	.000	.000	.000	.000	.000	.000
	N	150	150	150	150	150	150	150	150

**．在置信度(双测)为0.01时，相关性是显著的。

分析：表6-1-1是四年级学生三次行为数据采集的各行为与学业成绩变化的相关性，从表中可以看出学业成绩变化与提问、回答、倾听、笔记、练习、讨论、朗读、阅读习惯等行为显著相关（P值均小于0.01），且学业成绩变化与诸行为均呈显著正相关关系。表中，Pearson相关系数越大表明相关性越强。

[①] 尚晋.中美课堂有效教学行为研究的比较分析[J].课程教育研究，2014(8)：37.
[②] 本案例由本项目子项目组上海市闵行区纪王学校提供，负责人为祝庆。

2. 五年级各行为与成绩变化相关性分析

表6-1-2　五年级三次行为数据采集各行为与成绩变化相关性

		提问	回答	倾听	练习	笔记	讨论	朗读	阅读习惯
学业成绩	Pearson 相关性	.419**	.427**	.522**	.419**	.455**	.429**	.343**	.435**
	显著性(双尾)	.000	.000	.000	.000	.000	.000	.000	.000
	N	183	183	183	183	183	183	183	183

**.在置信度(双测)为0.01时,相关性是显著的。

分析: 表6-1-2是五年级学生三次行为数据采集的各行为与学业成绩变化的相关性,从表中可以看出学业成绩变化与提问、回答、倾听、笔记、练习、讨论、朗读、阅读习惯等行为显著相关(P值均小于0.01),且学业成绩变化与诸行为均呈显著正相关关系。表中,Pearson 相关系数越大表明相关性越强。

3. 六年级各行为与成绩变化相关性分析

表6-1-3　六年级三次行为数据采集各行为与成绩变化相关性

		提问	回答	倾听	练习	笔记	讨论	朗读	阅读习惯
学业成绩	Pearson 相关性	-.032	.196	.631**	.143	.614**	.754**	.734**	.613**
	显著性(双尾)	.789	.096	.000	.226	.000	.000	.000	.000
	N	73	73	73	73	73	73	73	73

**.在置信度(双测)为0.01时,相关性是显著的。

分析: 表6-1-3是六年级学生三次行为数据采集的各行为与学业成绩变化的相关性,从表中可以看出学业成绩变化与倾听、笔记、讨论、朗读、阅读习惯等行为显著相关(P值均小于0.01),学业成绩变化与提问、回答、练习等行为无显著相关关系(P值均大于0.05)。表中,Pearson 相关系数越大表明相关性越强。

4. 七年级各行为与成绩变化相关性分析

表6-1-4　七年级三次行为数据采集各行为与成绩变化相关性

		提问	回答	倾听	练习	笔记	讨论	朗读	阅读习惯
学业成绩	Pearson 相关性	.504**	.736**	.779**	.825**	.652**	.657**	.621**	.688**
	显著性(双尾)	.000	.000	.000	.000	.000	.000	.000	.000
	N	53	53	53	53	53	53	53	53

**.在置信度(双测)为0.01时,相关性是显著的

分析: 表6-1-4是七年级学生三次行为数据采集的各行为与学业成绩变化的相关性,从表

中可以看出学业成绩变化与提问、回答、倾听、笔记、练习、讨论、朗读、阅读习惯等行为显著相关（p值均小于0.01），且学业成绩变化与诸行为均呈显著正相关关系。表中，Pearson相关系数越大表明相关性越强。

※结果分析

1. 大数据的应用，将传统经验式评价转变为基于大数据的过程性评价

将采集的数据汇总到学校智慧校园平台上可以发现，平台后台技术自动生成了各类学生、班级、年级语文学习状态图表，使学生的学习状态可视化，为教师的教和学生的学提供了后续改进的科学依据。

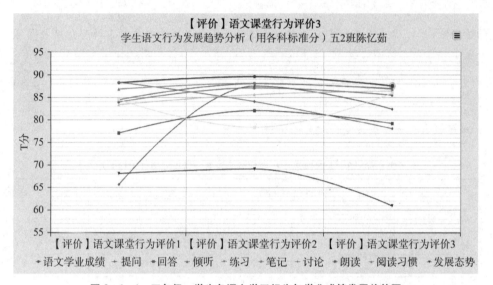

图6-1-1 五年级一学生各语文学习行为与学业成绩发展趋势图

分析：图6-1-1是五年级一学生三阶段学业成绩与八项学习行为的发展趋势图以及显示了八项行为与她学业成绩相关联的强弱状态。

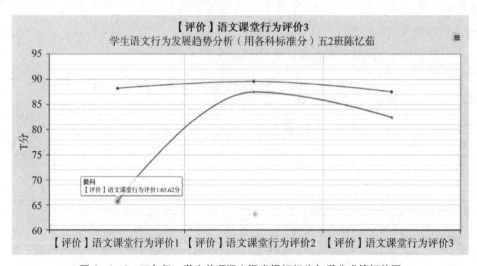

图6-1-2 五年级一学生单项语文课堂提问行为与学业成绩相关图

分析： 图 6-1-2 是五年级一学生单项学习行为"提问"与学业成绩的相关图。

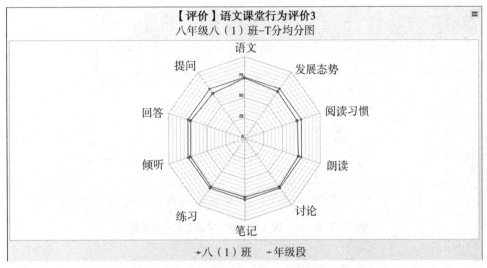

图 6-1-3　八 1 班第三次语文学习行为状态与学业成绩的均衡图

分析： 图 6-1-3 是八年级 1 班（原七 1 班）第三次各语文学习行为、学业成绩在年级中的水平状态。

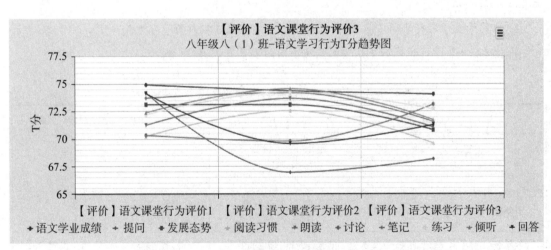

图 6-1-4　八 1 各语文学习行为与学业成绩发展趋势图

分析：图6-1-4是八年级1班(原七1班)三阶段学业成绩与八项学习行为的发展趋势图以及显示了八项行为与学业成绩相关联的强弱状态。

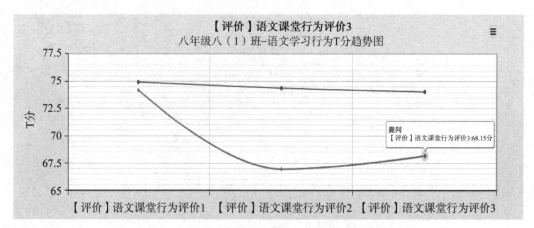

图6-1-5 八1课堂提问行为与学业成绩相关图

分析：图6-1-5是八年级1班(原七1班)单项学习行为"提问"与学业成绩的相关图。

海量的语文课堂学习行为信息数据中蕴含着学生的隐性语文学习特征,揭示了学生对语文学科的理解程度,通过对数据的追踪和解析,可以探求学生的学习状态,帮助教师及时调整授课内容和方式。大数据改变了教师课堂教学评价观,将传统的单一的经验式评价转变为基于教育大数据的过程式评价,在课堂教学过程中,更多的学习过程信息将会被捕捉、分析,促进教师及时掌握学生的学习动态并加强与学生的互动与了解,促进更科学的学习行为评价,从而有效地激发学生学习动力。

2. 不同学生学习行为的不同偏好,可推论不同学生偏好不同的学习方式

我们发现学生学习行为的不同偏好呈现不同的学习方式,如下图：

表6-1-5 语文学习行为偏好显著性统计(差异性均值)

	(3.8,4.5)	(3.0,3.8)	(2.5,3.0)	(2.0,2.5)
四年级		笔记、朗读、倾听 练习、讨论(阅读习惯) 回答	提问	
五年级		倾听、朗读、阅读习惯、 笔记、练习	回答、提问 (讨论)	
六年级	笔记,倾听	朗读、阅读习惯、讨论	回答、练习	提问
七年级	笔记,倾听	朗读、练习、阅读习惯、 讨论	回答	提问

同时我们也发现学生学习行为不同偏好是由不同年级语文教材学习内容所决定的,如五年级学生质疑行为表现最好,这和五年级语文教材单元重点目标训练学生质疑解疑能力密切相关。同样,学生学习行为的不同偏好与不同年级教师不同的教学风格也是密不可分的,小学低段四年级、中学低段六年级学生课堂倾听表现较好,说明教师很注重课堂倾听学习行为的培养;四年级、七年级学生练习行为表现较好,确实这两个年级教师语文教学较擅长语言文字训练策略。可见,通过大数据分析,改进教师课堂教学策略是提高学生学习行为效度的有效途径。

3. 大数据分析中,各年级学业成绩均与各学习行为呈显著正向关系

根据数据分析,发现各年级语文课堂学习行为与学习成绩相关有相一致的维度,也有各自的特质,如下表:

表6-1-6 语文课堂学习行为与学业成绩相关维度

各 年 级	共 性	个 性
四年级	倾听 阅读习惯	朗读、练习
五年级		笔记、讨论
六年级		朗读、讨论
七年级		练习、回答

其中倾听、阅读习惯等行为是普遍相关性较强的学习行为。除去倾听、阅读习惯等行为之外,不同年级相关性较强的一些行为也各不相同,四年级相关性较强的行为为朗读、练习等,五年级相关性较强的行为为笔记、讨论等,六年级相关性较强的行为为朗读、讨论等,七年级相关性较强的行为为练习、回答等。

案例6-1-2 学生课堂参与度、思考度、专注度的分析[①]

※**研究背景**:学生课堂的参与度、思考度、专注度是非智力因素重要组成部分,直接影响学生对知识点的掌握程度以及举一反三的应用能力。

※**研究目的**:采集学生和教师的课堂参与度、思考度和专注度的信息,分析课堂状态,总结课堂问题。

※**研究对象**:一年级一个班级学生及老师

※**数据来源**:

(1) 参与度:面部表情丰富程度。计算值是:$(AU12+AU06+AU25)/13$

(2) 思考度:疑惑和思考的表现是鼻子皱起、嘴唇皱起、眉毛向下皱起。

计算值是:$((AU15+AU17)/12+AU04/5+AU09/4)/3$

[①] 案例由本项目子项目组上海中医药大学附属蔷薇小学提供,负责人为沈珺。

（3）专注度：眼睛比平时睁大、眉毛向上扬起。计算值是：（(AU01＋AU02)/2＋AU05/3)/2

公式说明：例如参与度，是将几个 AU 值经过计算得出。之所以进行各种加法和除法运算，原因有二：各 AU 的权重不同，在思考度中 AU09 权重大，所以除以 4.；其次，将数值进行规范化，这样参与度、专注度等就可以放在同一个图表中进行展示和比较，以便看出趋势。

※数据采集：

表 6-1-7　课堂观察采集的基本数据

维度	视角	指标	数据值	常模	备注
学生分析	姿态评估	举手	382	——	单位：人次
		站立	58	——	单位：人次
		坐姿不端	1	——	单位：人次
		打哈欠	18	——	单位：人次
教师分析	姿态评估	朝向学生	84％	——	单位：百分比
		朝向黑板	16％	——	单位：百分比
		走动状态	6％	——	单位：百分比
		静止状态	94％	——	单位：百分比
	音量评估	音量过高	3％	——	单位：百分比
		音量适中	97％	——	单位：百分比
		音量过低	0％	——	单位：百分比
	语速评估	语速过快	5％	——	单位：百分比
		语速适中	85％	——	单位：百分比
		语速过慢	11％	——	单位：百分比

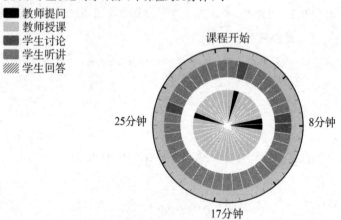

注：提问和授课是教师状态指标，讨论、听讲和回答是学生状态指标；时间间隔：一分钟

图 6-1-6　教师和学生状态时序环图

教师行为数据分析：

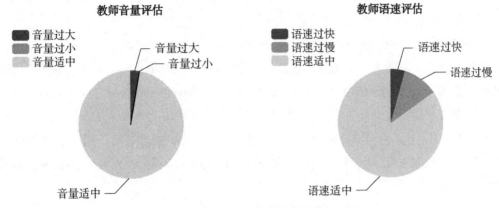

图 6-1-7　教师行为分析图

课堂氛围整体初步评估：

| 活跃 ✓ | 适中 ✗ | 沉闷 ✗ |

※**分析改进：**

通过对课堂教学的研究，可以分析出课堂教学中存在的优缺点，以及对应的整改措施。本次课堂评估下来为优秀，不仅学生课堂上表现积极，同时老师也能在教学过程有效控制自己的言行来保持和学生的互动。具体如下：

课堂优点：

● 同学们整堂课能够踊跃地回答问题，全程举手共 382 次。课堂互动氛围良好，学生也较好地掌握了课堂知识；

● 良好的师生互动，问题频率和难度设置合理，体现学生能掌握课堂内容；

● 学生们上课精力旺盛，坐姿不端情况仅出现 1 次，课堂气氛融洽，内容生动有趣，有助于激发学生们的学习热情；

● 教师面朝学生时间充足，基本占据总课程时长的 84%，有利于老师拉近学生之间的关系，活跃课堂气氛，从而激发学生的积极性；

● 老师能够有意识控制适当音量，在 97% 时间内都保持音量适中，使得学生在听清课堂内容的同时，老师也能有效地保护嗓子；

● 老师能够有效地保持语速，在 85% 的时间内都能保持最适当的语速，使得学生能有效接受课堂内容。同时，老师也能保持比较高的教学效率。

课堂问题：

● 教师走动时间太短，仅占总课程时长的6%，无法有效地了解每个学生的上课情况，无法激发学生热情与参与活动的激情。

【案例小结】纪王学校和蔷薇小学两个案例，都是基于学生学习状态的学习分析，前者为人工数据采集，后者为计算机人工智能数据采集。前者研究了课堂中各种学习行为与语文学习成绩的关系，进而基于研究，结合学生年龄特点、课堂学习内容梳理各年级不同语文学习行为培养的目标，有序稳步培养学生良好的语文学习行为习惯。蔷薇小学是上海市教育信息化标杆学校，在教育信息化方面走在上海乃至全国的前列。通过计算机视觉的面部表情识别，可以判断孩子在课堂上的参与度、思考度、参与度，从而从学生的视角思考教学设计，改进教学设计，从而提升课堂效率。

（二）学习意识、行为与学业成绩关系研究

本小节讨论学生的学习意识、学习行为投入以及学业质量之间的关系，学习意识因素包括学习方式、学习能力和学习习惯，行为因素包括多次答题的平均时长，学业则为课前与课后答题正确数，学生课前预习阶段的学习行为与学业表现之间存在着显著的相关性。

案例6-1-3 学习意识与学业成绩的关系研究[①]

※**研究背景：**意识因素包括学习方式、学习能力、学习习惯，行为因素包括多次答题的平均时长，学业则为课前与课后答题正确数。学生课前预习阶段的学习行为与学业表现之间存在着显著的相关性，而当我们把意识层面的因素纳入测量时，得出学习意识与学习行为投入之间的相关关系。

※**研究目的：**为了深度分析学生基于电子书包的学习行为与学习成效，对学生的学习意识、学习行为投入以及学业质量之间的关系进行深度挖掘。

※**研究对象：**12名学生

※**数据分析：**上海市实验学校西校经过几年的实践探索，研究表明：意识因素与行为之间存在着显著的相关性，$r=-0.37$，$p=0.034$，说明学习方法与学习行为之间在0.05水平上呈显著相关，学生在学习意识（即学习方法）上表现的越好，那么他们所需花费的答题时间就越短，而学习意识与学业表现之间不存在相关性（见表6-1-8）。

表6-1-8 学习意识与学习行为相关性

		学习意识	学习行为
学习意识	Pearson 相关性	1	−.370*
	显著性（双侧）		.034
	N	33	33

---

① 案例由本项目子项目组上海市实验学校西校提供，负责人为章志强。

续 表

		学习意识	学习行为
学习行为	Pearson 相关性	-.370*	1
	显著性（双侧）	.034	
	N	33	33

*. 在0.05水平（双侧）上显著相关。

表6-1-9 学习意识与学业表现相关性

		学习意识	学业表现
学习意识	Pearson 相关性	1	.203
	显著性（双侧）		.258
	N	33	33
学业表现	Pearson 相关性	.203	1
	显著性（双侧）	.258	
	N	33	33

从表6-1-8、6-1-9可以看出,学生的学习意识（即学习方法）与学业表现之间并不存在相关性。

为了获得更为细致的学业表现因素模型,我们把所有的指标细化,并将学生的人格、心理健康等指标纳入验证范围,得出如下表所示的分析结果：

表6-1-10 指标细化因素相关性

		学习行为	学习方法	学习能力	学习习惯	学生人格	心理健康
学习行为	Pearson 相关性	1	-.253	-.479**	-.326	.231	.116
学习方法	Pearson 相关性		1	.750**	.854**	.155	-.536**
学习能力	Pearson 相关性			1	.835**	.094	-.505**
学习习惯	Pearson 相关性				1	.236	-.447**
学生人格	Pearson 相关性					1	-.281
心理健康	Pearson 相关性						1

根据上表6-1-10我们可以发现：学生的人格因素并不会影响学生的学习行为与学业表现,而心理健康则与学生的学习方式、学习能力、学习习惯有着显著的相关性,学习能力与学习习惯则会显著影响学生的学习行为表现。由此我们可以得出整个模型的结构,如下图所示：

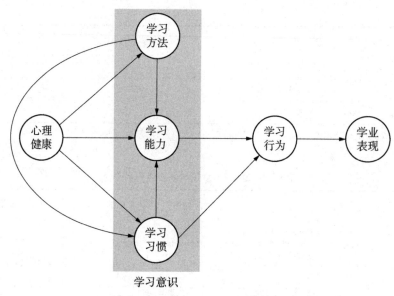

图6-1-8 "意识—行为—学业"因素模型图

在此模型之中,心理健康直接引起学生学习意识的变化,意识层面的表现将直接引起学生学习行为的发生,而行为将导致学生学习表现的成效,意识层面的因素间接影响了学生的学业表现。为了便于对数据进行解释,基于此模型,把学生的各项指标表现情况进行可视化呈现(雷达图)。由于各项指标上的取值范围与标准的不一致,我们对学生的各项指标成绩进行了标准化处理,之后,借助可视化工具进行绘图。从中选取了五名学生作为个案进行评述(如图6-1-9所示)。

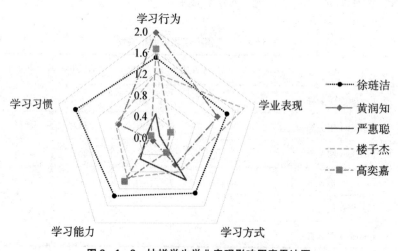

图6-1-9 抽样学生学业表现影响因素雷达图

从图6-1-9中可以发现:徐琏洁同学在学习习惯、学习能力、学习方式等方面的表现均排在前列,而其在学习行为的表现上处于中等位置。黄润知同学在学习能力、学习习惯上表现比较弱,而其在学习行为表现上却是最好的。严惠聪同学整体上都表现得比较弱。楼子杰尽管在学习习惯上表现不突出,但是其学业表现维度最好,说明该学生比较聪慧。高奕嘉拥有较高的学习能力,因而他在学习行为上表现得也很突出。但是由于其学习习惯和学习方式都比较弱,导致其最终在学业表现上也很不理想。

【案例小结】上海市实验学校西校经过几年的实践研究了学习意识与学业成绩、学业表现之间的关系,研究表明学生的学习方法、学习能力、学习习惯影响着学业成绩,我们可以从改变学习方法、提高学习能力、培养学习习惯等方面去提升学生的学业成绩。

(三) 学习动机、策略与学业成绩关系研究

学习动机是指推动人们进行学习活动的内部动因。[①] 学习策略(learning strategies),就是学习者为了提高学习的效果和效率,有目的、有意识地制定的有关学习过程的复杂方案。学习动机、学习策略与学业成绩之间存在着相关性。以下以阅读动机和阅读策略为例进行说明:

案例6-1-4 基于阅读行为分析的小学生阅读能力评价[②]

※**研究背景:**闵行区罗阳小学借助信息技术的优势,组织开展了基于阅读行为分析的小学生阅读能力评价实践研究,立足于学生的阅读行为,从阅读动机、阅读策略等方面去思考对学生阅读能力的评价。从2017年3月到2017年10月对学生的阅读行为进行了记录和分析。

※**研究目的:**对三年级到五年级处于阅读关键期的学生进行阅读行为的分析,结合标准化阅读材料的题目测试,对其阅读能力的框架进行分析与诊断。从而让学生了解自身的阅读理解能力状况,也便于老师更好地引导学生进行更有质量和深度的阅读。

※**研究对象:**2014级4班全体学生

※**研究方法:**实证性研究,采取线上问卷的方式,利用在线测评数据采集及分析技术对数据进行分析和报告反馈,研究学生阅读行为。

※**研究结论:**

1. 阅读动机与阅读能力关系

表6-1-11 阅读动机与阅读能力之间的相关性分析

		动机
	Pearson 相关性	.258**
能力	显著性(双侧)	.008
	N	105

**.在.01水平(双侧)上显著相关。

[①] 林崇德.心理学大辞典(下卷)[M].上海:上海教育出版社,2003:137—139.
[②] 案例由本项目子项目组闵行区罗阳小学夏林提供。

表 6-1-11 反映的是学生阅读动机与阅读能力之间的双变量相关分析,由此分析结果可以看出,阅读能力与阅读动机之间呈显著相关($p<0.01$)。

2. 阅读策略与阅读能力关系

表 6-1-12 阅读策略与阅读能力之间的相关性分析

		风格
能力	Pearson 相关性	.218*
	显著性(双侧)	.026
	N	105

**.在 0.05 水平(双侧)上显著相关。

表 6-1-12 反映的是学生阅读策略与阅读能力之间的双变量相关分析,由此分析结果可以看出,阅读能力与阅读策略之间呈显著相关($p<0.05$)。

【案例小结】阅读能力是人发展中一项很重要的能力,也是小学阶段培养的核心能力之一,罗阳小学的研究表明:阅读能力和学生的一些非智力因素有关,如:动机和策略。老师要注意激发学生的阅读动机,指导阅读策略,从而最终提升学生的阅读能力。

第二节 学生课堂学习中的问题捕捉

教育教学中的问题无处不在,能够捕捉到真正有价值并且能够解决的问题非常重要,需要主观和客观条件。信息技术的广泛应用,使伴随式数据采集、结构化的数据处理成为可能,也为教育教学中问题的发现和捕捉提供了便利。我们需要基于需求开发工具,利用工具去采集和分析数据,基于客观证据,进行干预,改进教学。

一、基于评价需求的工具开发与应用

近年来,随着云技术、大数据技术的广泛使用,反映学生学习过程、结果的一系列数据将被有效利用,并成为教育评价的判据,这就是学习分析技术。这一技术实现了大规模数据处理和应用,让教育管理者的管理与决策改进、教师的教学行为改进和学生的成长方式改进有了实证支撑。特别是对于学生而言,学习分析技术的运用便于通过数据的积累和分析更好地发现学生的学习问题,并给予针对性的建议和干预,从而成为教育促进学生成长的更有效方式。在这样的情况下,利用数据的分析可以准确呈现不同学习要素之间的内在联系,可以对学生的学习过程和结果进行全方位的解读,在此基础上能够准确把握每一个学生面临的特殊问题进而进行针对性的教学干预。基于评价需求的工具开发是第一步。

案例 6-2-1 运用运动手环对四年级学生进行肥胖干预[①]

※**研究背景**：近年来上海学生的肥胖率已超过20%，2014年上海约有20%的学生跑不完1 500米。学生体质健康水平正在逐年下降，这已成为教育者和全社会都亟需反思和直面的问题。闵行区平南小学学生也面临同样问题，四年级学生体重指数中肥胖率为8.51%，区域四年级平均肥胖率为8.3%，肥胖率高于全区肥胖率。学生的肥胖带来的最严重的问题是体质健康抽测的各项指标差强人意。具体见下表：

表6-2-1 体质健康抽测指标

项目	2013年		2014年	
	优良率	及格率	优良率	及格率
综合评价	69.8	98.1	68.3	96.7
肺活量/体重	29.6	81.6	19.6	65.9
耐力	56.1	92.9	46.9	93.9
柔韧、力量	53.9	93.2	55.2	94.1
速度、灵巧	70.5	95.2	66.5	94.2

研究中，我们认为体能训练是学校干预学生肥胖的主要措施之一。然而传统体育课堂教学中对学生体质干预的有效性和科学性却受到种种限制，如教师依靠传统化的观察法无法全面掌握全班每个个体的运动数据；传统授课模式无法为每个学生制订个性化的运动及监控方案；传统数据采集方式（搭脉搏）无法实现准确及时获取运动数据，也需要额外的人力进行支持且会打断正常教学节奏；监测的数据无法积累、推广、常态化等。

※**研究目的**：在此背景之下，为了提高每一个学生体质健康水平，培养学生具有良好的健身习惯和运动理念，平南小学开始借助信息化手段来完善体育课堂上对学生进行体质监测和评价的方法。

※**数据来源**：借助于穿戴智能设备，通过大数据分析形成的个别化模型和方法，运用"互联网+"的思路充分体现数据的外溢效应，有效地解决相关的瓶颈问题。初步研究成功的手环具有以下功能：

- **数据监控**

教师可便捷地监控学生运动数据，在数据的辅助下实现对每个学生的实时关注并接受各类系统提醒。

- **预警提醒**

预警包括学生运动强度过大提醒、运动过量提醒、环节延迟提醒、静止讲授提醒等，如：蓝色

[①] 案例由本项目子项目组闵行区平南小学蔡丹萍提供。

代表学生正常适中的运动心率,体育课中的各种活动安全无风险;绿色代表个别学生的运动心率较低,需要教师关注并分析造成的根本原因,并及时调整教学方式;红色代表学生运动心率过快,这时手环会发出警报声提醒教师关注该学生的身体异样,做到预防为先。

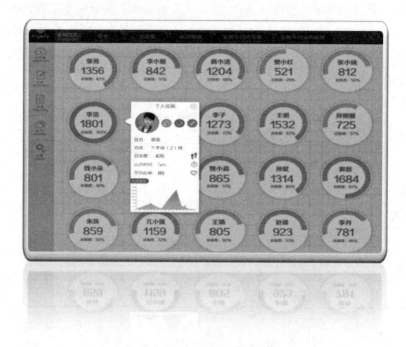

图6-2-1 手环预警系统

结合学校积累的相关数据分析,我们参考了有关文件的提议,设定小学生体育课的运动密度宜在30%~50%。

- 肥胖学生:运动密度>34.0%
- 超重学生:运动密度>32.0%
- 正常学生:运动密度>30.0%

案例6-2-2 指向个性发展的学生数学学业质量评价调研工具的选择和开发[①]

※**研究背景**:学习状态侧重于学习的质量、学习的心态。通过对指标进行的操作性细化,我们进一步将其"转译"和分解为:学习进程的时间与分配,学习内容的难度与数量,学习结果的准确率与学习方法,学习成效的自我感觉与满意度。综合这四个维度来衡量不同学习水平的学生课堂学习的执行度,从而对学习过程进行及时的质量监控,为课堂干预提供依据。传统评价较多重视分析学生群体数据,如班级均分、优秀率、合格率等,忽视分析学生个体的数据,如学生错题的原因是由于不会方法还是因为粗心导致?学生成绩不理想是学习能力差还是学习听课易分心

---

① 案例由本项目子项目组上海市实验学校西校提供,负责人为章志强。

造成的?忽视学生的个别化数据,使得教育干预缺少针对性,从而使得教育效果大打折扣。学习过程和学习动机对学生学业有十分重要的影响。因此选择学生的学习动机、人格特征、课堂学习专注度、错题原因进行学生学习的个别化数据采集与分析。

※**研究对象**:分层选取八年级两个班级学生,一共12位学生作为研究的个体。这些学生从学业成绩的评价、知识的接受度、课堂表现等方面在班级中具有很强的代表性,均为同一数学老师任教,该老师比较了解学生在数学课的表现。样本学生男生6名,女生6名,平均年龄13岁。

※**研究工具**:中学生学习动机量表(MSMT)用于了解中学生在学习动机、学习兴趣、学习目标的制定上是否存在困扰。它包括4个分量表:1)动机过弱,用来测查中学生的学习动机是否太弱;2)动机过强,用来测查中学生的学习动机是否太强;3)学习兴趣,用来测查学习兴趣是否存在困扰;4)学习目标,用来测查学习目标是否存在困扰。

儿童十四种人格因素问卷(CPQ)测试题目是由华东师范大学祝蓓里、卢寄萍主持修订的《儿童十四种人格因素问卷》,测验内容包括乐群性、聪慧性、稳定性、兴奋性、恃强性、轻松性等共十四种人格因素。能够对被试人格的十四种不同因素的组合作出综合性的了解,从而全面地评价儿童的人格。

案例6-2-3 基于小学英语学科学生口语表达能力评价的改进[①]

※**研究背景**:当前小学英语学科偏重知识传递、书面表达,忽视学生口语能力锻炼的教学问题与过于依赖纸笔测验的评价单一性、失真性问题,闵行区花园学校在立足学校学科优势和教学实践的基础上,借助现代信息技术,以作业方式的变革为突破口,探索了英语学科数字化作业中学生口语表达能力的评价策略与教学改进方式。

※**研究目的**:开展评价指标的设计及评价工具的研制,探索英语学科数字化作业中学生口语表达能力的评价策略与教学改进方式。

※**测评指标及工具**:

表6-2-2 低年级英语口语表达能力学业成果评价指标和维度

评价指标	口语表达评价观测点			
表达准确度	语音正确	语调正确	词汇正确	句法正确
表达流畅度	口齿清晰	语速适中	停顿正确	不读破句
表达适宜度	语境匹配	语量适中	语言丰富	情感适当

[①] 案例由本项目子项目组闵行区花园学校顾怡婕老师提供。

评价维度	评价标准		
	A(90—100)	B(80—89)	C(60—79)
准确度	语音、语调正确,词汇、句法无错误。	语音、语调基本正确,词汇、句法有1—2处错误。	语音语调欠缺,词句有3处以上错误。
流畅度	口齿清晰,语速适中并注意正确的停顿。	口齿较清晰,语速快慢不均匀,能注意停顿。	口齿含糊,语速过快或过慢且无停顿,有破句。
适宜度	表达内容与语境匹配,语意连贯,语言丰富而生动。	表达内容与语境匹配,语言较丰富,语量较适中,表达不够生动。	表达内容与语境欠匹配,语量不够,情感不够。

表6-2-3 低年级英语口语表达能力学习习惯评价指标

评价维度	评价指标	主要观测点	评价标准		
			A	B	C
倾听	听老师 1. 专注地听 2. 正确理解 3. 关注内容	1. 是否专注、用心听取老师的课堂用语和指令 2. 能说出听的是什么 3. 是否关注老师的语音语调、关注知识内涵	专注、用心倾听老师和同学的指令和发言,能做出正确反馈和反应。	倾听较认真,能大概说出听到的内容,能简单指出同学发言中的问题。	倾听时走神,不清楚所听内容,不能做出及时、正确的反馈。
	听同学 1. 专注地听 2. 正确理解 3. 关注内容	1. 是否专注、用心听取同学的发言 2. 能说出听的是什么 3. 是否关注同学发言的语音语调及正确率			
表达	1. 准确度 2. 流畅度 3. 适宜度	1. 在了解活动任务要求的前提下,积极发言,主动用英语正确表达 2. 完成朗读、模仿等任务时做到完整和流畅 3. 对同学发言的不足能进行及时的补充和修正	积极主动,朗读、模仿时语音语调正确、语言生动,英语表达时词汇、句式丰富,语意连贯,意思明确。	比较积极,朗读、模仿时语音语调较正确,说话训练语意基本连贯,有一些语言错误,但不影响意思表达。	不够主动,朗读、模仿时语音语调欠缺,说话训练语句单调,不够流畅,错误较多,词不达意。
合作	1. 参与度 2. 思考性 3. 有效性	1. 积极参与合作学习,有交流的愿望 2. 合作学习中有秩序、有思考,能照顾同伴的学习需要,进行有效合作 3. 在合作学习中能帮助同伴解决问题,或在同伴的帮助下解决自己的问题	积极主动,合作中有领导意识,通过合作有效完成任务。	是活动中的参与者,能和同伴一起思考来解决问题。	参与活动比较被动,不能通过合作解决问题。
综合等第					

表6-2-4 低年级英语口语表达能力学习兴趣调查表

内　　容	在□内打√		
1. 当你在迪士尼乐园遇上外国友人,你会主动打招呼吗?	是□		否□
2. 看卡通电影时,你喜欢看中文字幕的还是英文字幕的?	中文字幕□		英文字幕□
3. 这学期艺术节中有一个英语话剧需要你的参演,让你自己选择角色,你会选择不说话的小树,一只仅有3句台词的小鸟,还是会选择台词最多的小朋友?	小树□	小动物□	小朋友□

【案例小结】在基于需求的工具开发和选择上,学校进行了一系列的实践,本小节涉及到平南小学、实验西校、花园学校三个案例。

平南小学根据实时性记录和干预的需求,选择了穿戴性工具运动手环。通过可穿戴技术和大数据分析方法的结合,运用预警系统及时捕捉学生体质健康方面的问题,从"互联网＋"的视角推动课堂教育转型;通过实时监测学生运动负荷、科学设定课堂环节、合理调节课堂节奏以及准确干预重点对象,来优化体育课课堂教学;通过数据整合平台和数据分析平台,多源汇聚学生体质健康数据,构成个体差异化的学生体质监控和干预模型;通过数据积累和沉淀,挖掘出一套基于数据实证的课堂评价模式,从数据角度构造体育课堂常模,推动课堂教学评价的变革。

实验西校选择的工具是成熟性量表,通过对现有的国际认可度较高的量表进行部分修订而成。该量表权威性高,通过测试,能够准确地捕捉到目前孩子在学习动机、学习兴趣等方面的问题,与人格特征相结合,找到研究点。

花园学校自主开发量表,制定了低年级英语口语表达能力学业成果评价指标,即表达准确性、表达流畅度、表达适宜性,并找出能够观察、检测到的点。从倾听、表达、合作三个方面考虑制定了低年级英语口语表达能力学习习惯的评价指标、学习兴趣的调查表,从这些工具中能够真实地评价孩子的状态和能力。

二、基于观察和记录的数据采集

工具开发后,就要应用于教学和实践之中,数据采集需要一定的条件,有的是基于人为观察记录的数据采集,有的则是计算机记录的学生行为数据,无论何种数据,都可以作为我们问题分析、问题解决的基础数据。

案例6-2-4 基于学习分析的小学品社学科表现性评价的实践研究[①]

※**研究背景:** 三年级学生需要了解个人生活、家庭生活、社会公共生活的一些基本常识和道德;初步了解多种社会机构、公共设施及其功能,初步了解人与社会的依存关系,知道一些与生活有关的法律常识。

---

① 案例由本项目子项目组上海市黄浦一中心世博小学提供,负责人为王燕。

※**研究目的**：通过观察和问答，在平台上进行记录，设计了三年级学生参与社会公共生活能力的调查。

※**研究工具**：

表 6-2-5　三年级学生参与社会公共生活能力的调查表

评价领域	活动名称	观察点（数据采集点）
公共生活的熟悉度	《我是小小调查家——家庭周边购物场所》	1. 能罗列出购物场所。 2. 能收集到商店的商品种类。 3. 能知道商场营业时间。 4. 能知道商店所提供的服务。
	《我是小小发现家——寻找公共设施》	1. 能分别从学校、小区、街道上等范围罗列出公共设施名称。 2. 能分别从学校、小区、街道上等范围说出公共设施的用途。
公共生活的认同度	《我是小小名侦探——寻找哭泣的公共设施》	1. 能罗列出被破坏的公共设施。 2. 能说出公共设施被破坏或占用的原因。 3. 能根据所看到的被破坏的公共设施表达出痛心、可惜等正确的感受。 4. 能提出保护计策。
	《我是环保小卫士——实施垃圾分类》	1. 知道如何正确实施垃圾分类的方法。 2. 能意识到垃圾分类是一件十分重要的事情。 3. 能把剩菜剩饭、过期食品等扔进厨余垃圾箱。 4. 能把电池、油漆桶等扔进有害垃圾箱。 5. 能把废旧毛巾、废旧衣服等扔进废旧衣物箱。 6. 能把玻璃瓶罐等扔进玻璃箱。
公共秩序的遵守度	《文明购物小行动》	1. 随手放好翻动时掉落的物品。 2. 付款时能做到有耐心地等待。 3. 若损坏物品，能主动赔偿不小心损坏的物品。 4. 能做到把不需要的物品放回原处。 5. 能做到合理大方地拒绝推销员向你推销你暂时不需要的商品。 6. 在挑选商品时，能做到轻拿轻放。 7. 在商店试吃时，能做到把垃圾主动扔到垃圾桶。 8. 当找不到商品时，能做到用礼貌用语询问店员。
	《文明使用小行动》	公厕： 1. 能做到等候上厕所时排队。 2. 上完厕所及时冲水。 3. 弄脏便池及时清洗。 4. 轻开关厕所门。 5. 洗完手关水龙头。 健身器材： 1. 使用器材前看使用说明。 2. 按照使用说明使用器材。 3. 不和不满 5 岁的儿童一起使用器材。 4. 发现器材有损坏及时告知管理人员。 公交车站： 5. 不把重物压在公交站的座椅上。 6. 不用力敲打公交站的广告玻璃。 7. 不在公交站牌上贴广告纸或乱涂乱画。

【**案例小结**】本案例中要了解三年级学生公共生活的熟悉度、公共生活的认同度、公众秩序的遵守度,研究者通过设计,从这几个方面分别对学生行为进行观察、跟踪记录,将评价点细化、量化,采集数据,从而对学生的这几个方面进行评价评估。

案例6-2-5 基于阅读行为分析的小学生阅读能力评价研究[①]

※**研究背景**:阅读对学生思维发展,语文素养的提高有着重要的意义。基于此,国家基础课程语文学科课程标准规定小学六年除了阅读六年十二本语文教材外,课外阅读不低于145万字。缺少阅读动力、阅读能力及阅读兴趣,学生们的阅读无法开展有深度的主题性阅读,个体的语言素质的提升受到了极大的阻碍。

在这样的背景下,罗阳小学借助信息技术的优势,组织开展了基于阅读行为分析的小学生阅读能力评价实践研究。

※**研究目的**:试图通过本课的实践研究,立足于学生的阅读行为,从阅读动机、阅读策略、阅读习惯三个方面去思考对学生阅读能力的评价。

※**研究对象**:2014级全班学生

※**数据采集**:

1. 线上数据来源

阅读频率每天使用、每次阅读持续时间、每次阅读持续时间、书籍来源、阅读习惯和态度问卷测量、阅读行为、阅读主题(类型)等,总结见下表:

表6-2-6 数据描述

	功能需求	描述
量化统计	阅读频率	显示该节课中每个人的阅读时间,并算出该节课全班的平均阅读时间
	阅读数量	显示该节课中每人读了几篇,并算出该节课全班平均读了几篇
	阅读主题	按照既定的主题,查看阅读哪些主题
	阅读篇目	显示该节课每个人都读的内容
质性研究	行为统计	批注、划线、分享、收藏等等
	阅读方式	记录阅读的目的和阅读方法的数据
	批注和评论内容	对文章中感兴趣的文字记性记录和批注,分享评论的内容进行内容分析

2. Aischool学习平台

Aischool学习平台覆盖学校、老师、学生、家长全流程教学和学习过程,是完整的教学和学习平台。该平台不仅提供了大量其他的优质教育资源,为学生和老师的资源学习提供了有力支

---

① 案例由本项目子项目组上海市闵行区罗阳小学夏林提供。

撑,而且具有非常好的开放性。

3. 超星校园阅读系统

超星校园阅读系统集海内外儿童阅读专家和优秀一线教师的智慧,通过先进的教育技术支撑,为青少年提供"大屏终端、PC平台和移动端三位一体,数字图书数借阅机、超星校园阅读平台、校园阅读系统移动端、超星墨水屏阅读器四屏联动"的多终端阅读解决方案,为青少年的阅读保驾护航。超星校园阅读系统可以满足学生在首页中在线搜索经典阅读、学科阅读、主题阅读等内容,获取相应的阅读文本,进而可以支持学生查询个人阅读记录、个人阅读测评任务完成情况,书写个人读后感与阅读报告,为了便于学生管理自身的阅读进程,平台还支持学生获取任务、任务的完成进展、教师评分反馈等信息,查询个人等级、最近阅读、个人任务、个人读后感和阅读报告,同时,系统根据个人阅读喜好进行推送"个性推荐"资源,满足学生后续学习的需要。

综上所述:依据线上和线下两个数据收集途径,通过结构化和半结构化的数据对学习者的阅读行为及相关数据进行多角度的归档和建模,研究拟设计的分析框架如图:

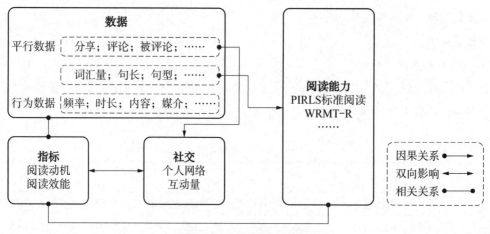

图6-2-2 研究分析框架

该框架整合移动设备平台上的记录数据(包括学习者依托于平台的社交互动数据和表达能力方面的数据),这里引进表达能力的考评标准,作为阅读能力测试的互证,阅读成效和表达能力存在内在相关性,考虑到学习者属于低年龄群体,掌握的词汇量和句型有限,阅读的效果基本能够直观地体现在表达方面;在分析和评价方面引入了阅读指标,社交和阅读能力三个分析模块,该框架的设计目的主要聚焦于在数字化时代小学生阅读环境的系统性,通过平台社交、班级互动等方式,大致覆盖了小学生阅读的情景,其中数据自身就具备异构性和多源性,通过将数据、分析工具和环境连接在一起,能够形成一个监测内部互动环节的闭合系统,有利于找到影响学习者阅读的重要因素,为后期的优化和干预做好铺垫。

【案例小结】本研究中的数据采集是多元的,有计算机和人工采集两种方式,AISCHOOL平台,超星系统、教师记录等。以多媒体学习和社交学习理论为基础,针对1:1数字化阅读环境中学习者的阅读行为,结合数据分析和诊断测评方法得出学生阅读能力的关键性指标,通过课外阅读指导策略和教学干预,为学生提供个性化阅读干预,定制个性化阅读内容与方式,形成个性化阅读体系。真正意义上实现基于阅读大数据下对学生阅读的精准指导,实现数据的精加工与增值,实现学生阅读能力的提升。

三、基于分析和统计的数据处理

数据处理是对数据进行分析和加工的技术过程,数据处理可以从大量的、可能是杂乱无章的、难以理解的数据中抽取并推导出对教育教学有价值、有意义的数据,从而服务于教学。在处理采集到的数据上,方法也是多元的,有相关性分析、有聚类分析。

案例6-2-6 基于阅读行为分析的小学生阅读能力评价研究[①]

※**数据分析**:

1. 学生阅读能力的相关指标整体趋势分析

(1) 阅读心理与阅读能力关系

为分析学生阅读心理与阅读能力之间的相关性,以问卷数据中代表阅读动机、阅读风格的题目的总分来分别表示阅读动机和风格,以学生答题得分的平均值来表示阅读能力,对其分析与讨论如下:

表6-2-7 阅读动机与阅读能力之间的相关性分析

		动机
能力	Pearson 相关性	.258**
	显著性(双侧)	.008
	N	105

**.在.01水平(双侧)上显著相关。

表6-2-7反映的是学生阅读动机与阅读能力之间的双变量相关分析,由此分析结果可以看出,阅读能力与阅读动机之间呈显著相关($p<0.01$)。

表6-2-8 阅读风格与阅读能力之间的相关性分析

		风格
能力	Pearson 相关性	.218*
	显著性(双侧)	.026
	N	105

**.在0.05水平(双侧)上显著相关。

[①] 案例由本项目子项目组上海市闵行区罗阳小学提供,负责人为王笑慰。

表6-2-8反映的是学生阅读风格与阅读能力之间的双变量相关分析,由此分析结果可以看出,阅读能力与阅读风格之间呈显著相关($p<0.05$)。

(2) 阅读时长与阅读能力关系

该部分主要分析学生阅读时长与测试成绩(能力)的相关性,主要由平均时长与测试平均分刻画。平均时长即为每学生阅读时长的平均值,测试平均分为每学生测评得分平均值。数据来源:超星时长数据与超星测评数据。

表6-2-9 阅读时长与阅读能力之间的相关性分析

相关性		测评平均分	平均时长
测评平均分	Pearson 相关性	1	−.076
	显著性(双尾)		.460
	N	109	96
平均时长	Pearson 相关性	−.076	1
	显著性(双尾)	.460	
	N	96	96

从表6-2-9中可得:显著性大于0.05,则学生阅读时长与测试成绩(能力)的无显著相关性。

(3) 阅读数量与阅读能力关系

该部分主要分析学生阅读数量与测试成绩(能力)的相关性,主要由阅读总量与测试平均分刻画。阅读总量即为各学生阅读总量,测试平均分为每学生测评得分平均值。数据来源:超星时长数据、超星读后感数据、超星测评数据与图书馆借阅数据。

表6-2-10 阅读数量与阅读能力之间的相关性分析

相关性		测评平均分	阅读总量
测评平均分	Pearson 相关性	1	−.213*
	显著性(双尾)		.026
	N	109	109
阅读总量	Pearson 相关性	−.213*	1
	显著性(双尾)	.026	
	N	109	124

* 在置信度(双测)为0.05时,相关性是显著的。

从表6-2-10中可得：显著性小于0.05，则学生阅读总量与测试成绩（能力）有显著相关性。

（4）阅读兴趣聚类分析

为了探索学生阅读的兴趣，我们从在线阅读平台中学生所选择的图书类型数据出发，结合学校图书馆借阅图书类型数据，对学生的阅读兴趣进行了可视化聚类处理，利用可视化词云工具得出学生阅读兴趣聚类词云图。

图6-2-3 学生阅读兴趣词云

图6-2-3中的词云密集程度表明：四个班级的学生阅读兴趣最高的是综合性图书，其次是文学类、精品推荐类，其次是小说故事类、工业技术类、科学益智类、名著阅读类。反映出学生的阅读兴趣比较广泛。

2. 学生阅读能力的相关指标差异性分析

（1）阅读时长的差异

为了确定各个班级之间阅读时长方面存在的差异性，我们从超星阅读平台中所记录的阅读时长数据进行差异性分析获取相应的分析结果。

表6-2-11 四年级1班 vs 四年级5班阅读时长分析表

		F	显著性	t	自由度	显著性（双尾）	平均差	标准误差差值
时长	已假设方差齐性	1.597	.214	.357	40	.723	85.696 26	240.108 81
	未假设方差齐性			.361	39.136	.720	85.696 26	237.270 02

根据表6-2-11列文方差相等性检验结果，显著性大于0.05，说明满足方差齐性。当假设方

差齐性时,显著性大于 0.05,则四年级 1 班和四年级 5 班的阅读时长无差异。

表 6-2-12　三年级 2 班 vs 三年级 4 班阅读时长分析表

		F	显著性	t	自由度	显著性（双尾）	平均差	标准误差差值
时长	已假设方差齐性	16.301	.000	−3.024	52	.004	−2 260.172 34	747.346 95
	未假设方差齐性			−2.956	35.894	.005	−2 260.172 34	764.710 80

根据表 6-2-12 列文方差相等性检验结果,显著性小于 0.05,说明不满足方差齐性。当未假设方差齐性时,显著性小于 0.05,则三年级 2 班和三年级 4 班的阅读时长有显著差异。

(2) 阅读数量的差异

为了确定各个班级之间阅读数量方面存在的差异性,我们从超星阅读平台中所记录的阅读数量数据进行差异性分析,获取相应的分析结果。

表 6-2-13　四年级 1 班 VS 四年级 5 班阅读数量分析表

		F	显著性	t	自由度	显著性（双尾）	平均差	标准误差差值
阅读数量	已假设方差齐性	7.150	.010	−.500	61	.619	−.935 19	1.870 31
	未假设方差齐性			−.521	61.000	.604	−.935 19	1.794 95

根据表 6-2-13 列文方差相等性检验结果,显著性小于 0.05,说明不满足方差齐性。当未假设方差齐性时,显著性大于 0.05,则四年级 1 班和四年级 5 班的阅读数量无差异。

表 6-2-14　三年级 2 班 VS 三年级 4 班阅读数量分析表

		F	显著性	t	自由度	显著性（双尾）	平均差	标准误差差值
阅读数量	已假设方差齐性	4.336	.042	4.830	59	.000	11.142 24	2.306 91
	未假设方差齐性			4.979	46.169	.000	11.142 24	2.237 69

根据表 6-2-14 列文方差相等性检验结果,显著性小于 0.05,说明不满足方差齐性。当未假设方差齐性时,显著性小于 0.05,则三年级 4 班和三年级 2 班的阅读数量有明显差异。

(3) 学习动机与教学方式的差异

由于要比较 2013 级 1 班、2013 级 5 班、2014 级 2 班、2014 级 4 班四个班级学习动机与教学方式的差异性,故采用能同时对两个以上的样本平均数差异进行检验的方法,即单因素方差分析。分析和讨论结果如下。

表 6-2-15 各班学习动机与教学方式的描述性统计

		N	均值	标准差	标准误
1		26	4.143 0	.561 87	.110 19
2		21	3.993 3	.616 86	.134 61
4		23	4.094 8	.534 67	.111 49
5		21	3.913 9	.655 66	.143 08
总数		91	4.043 4	.587 96	.061 64
模型	固定效应			.591 02	.061 96
	随机效应				.061 96a

表 6-2-16 单因素方差分析结果

	平方和	df	均方	F	显著性
组间	.723	3	.241	.690	.560
组内	30.390	87	349		
总数	31.113	90			

表 6-2-17 各班学习动机与教学方式的事后比较

(I)班级	(J)班级	均值差(I-J)	标准误	显著性	95%置信区间 下限	95%置信区间 上限
1	2	.149 71	.173 40	.390	-.194 9	.494 4
	4	.048 24	.169 18	.776	-.288 0	.384 5
	5	.229 08	.173 40	.190	-.115 6	.573 7
2	1	-.149 71	.173 40	.390	-.494 4	.194 9
	4	-.101 48	.178 38	.571	-.456 0	.253 1
	5	.079 37	.182 39	.665	-.283 2	.441 9
4	1	-.048 24	.169 18	.776	-.384 5	.288 0
	2	.101 48	.178 38	.571	-.253 1	.456 0
	5	.180 84	.178 38	.314	-.173 7	.535 4
5	1	-.229 08	.173 40	.190	-.573 7	.115 6
	2	-.079 37	.182 39	.665	-.441 9	.283 2
	4	-.180 84	.178 38	.314	-.535 4	.173 7

可知,2013级1班、2013级5班、2014级2班、2014级4班的平均数分别为4.143 0、3.993 3、4.094 8、3.913 9。由表12单因素方差分析结果可知,F=0.690,p=0.560>0.05,因此,上述四

个班级学生的阅读动机与教学方式并无显著差异。

(4) 阅读态度与行为的差异

由于要比较2013级1班、2013级5班、2014级2班、2014级4班四个班级学生阅读态度与行为的差异性,故采用能同时对两个以上的样本平均数差异进行检验的方法,即单因素方差分析。分析和讨论结果如下。

表6-2-18 各班阅读态度与行为的描述性统计

		N	均值	标准差	标准误
1		35	2.406 1	.407 86	.068 94
2		28	2.410 7	.341 66	.064 57
4		34	2.542 0	.264 28	.045 32
5		31	2.396 3	.356 95	.064 11
总数		128	2.440 8	.348 36	.030 79
模型	固定效应			.347 05	.030 67
	随机效应				.035 29

表6-2-19 单因素方差分析结果

	平方和	df	均方	F	显著性
组间	.477	3	.159	1.320	.271
组内	14.935	124	.120		
总数	15.412	127			

表6-2-20 各班阅读态度与行为的事后比较

(I)班级	(J)班级	均值差(I−J)	标准误	显著性	95%置信区间 下限	95%置信区间 上限
1	2	−.004 59	.087 99	.958	−.178 8	.169 6
	4	−.135 89	.083 57	.106	−.301 3	.029 5
	5	.009 81	.085 59	.909	−.159 6	.179 2
2	1	.004 59	.087 99	.958	−.169 6	.178 8
	4	−.131 30	.088 57	.141	−.306 6	.044 0
	5	.014 40	.090 48	.874	−.164 7	.193 5
4	1	.135 89	.083 57	.106	−.029 5	.301 3
	2	.131 30	.088 57	.141	−.044 0	.306 6
	5	.145 70	.086 18	.093	−.024 9	.316 3

续 表

(I)班级	(J)班级	均值差(I−J)	标准误	显著性	95%置信区间	
					下限	上限
5	1	−.009 81	.085 59	.909	−.179 2	.159 6
	2	−.014 40	.090 48	.874	−.193 5	.164 7
	4	−.145 70	.086 18	.093	−.316 3	.024 9

可知,2013级1班、2013级5班、2014级2班、2014级4班的平均数分别为2.406 1、2.410 7、2.542 0、2.396 3。由表15单因素方差分析结果可知,F=1.320,p=0.271＞0.05,因此,上述四个班级学生的阅读态度与行为并无显著差异。

(5) 测试得分的差异

为了确定各个班级之间阅读质量方面存在的差异性,我们从超星阅读平台中所记录的测试得分数据进行差异性分析,希望获取相应的分析结果。

表6-2-21 四年级1班VS四年级5班阅读质量分析表

		F	显著性	t	自由度	显著性(双尾)	平均差	标准误差差值
测评分数	已假设方差齐性	4.438	.040	2.990	49	.004	10.380 13	3.471 22
	未假设方差齐性			3.009	45.637	.004	10.380 13	3.449 79

根据表6-2-21列文方差相等性检验结果,显著性小于0.05,说明不满足方差齐性。当未假设方差齐性时,显著性小于0.05,则四年级1班和四年级5班的测试得分有明显差异。

表6-2-22 三年级2班VS三年级4班阅读质量分析表

		F	显著性	t	自由度	显著性(双尾)	平均差	标准误差差值
测评分数	已假设方差齐性	.020	.887	−3.414	56	.001	−11.590 53	3.394 99
	未假设方差齐性			−3.424	55.990	.001	−11.590 53	3.385 03

根据表6-2-22列文方差相等性检验结果,显著性大于0.05,说明满足方差齐性。当假设方差齐性时,显著性小于0.05,则三年级4班和三年级2班的测试得分有明显差异。

(6) 阅读兴趣的差异

为了对比不同班级的学生在阅读兴趣方面是否存在差异,我们分别对四个班级的学生阅读情况进行了分析,通过聚类学生的图书阅读新型与书名,借助词云工具对其进行可视化处理,得出如下的分析结果。

图6-2-4 三年级2班学生阅读兴趣词云

图6-2-5 三年级4班学生阅读兴趣词云

图6-2-6 四年级1班学生阅读兴趣词云

图6-2-7 四年级5班学生阅读兴趣词云

根据上述四个班级的阅读兴趣聚类图,可以发现:三年级2班的学生阅读兴趣最高的是文学、综合性图书、科学益智、名著阅读、精品推荐。三年级4班的学生阅读兴趣最高的是综合性图书、科学益智、文学、精品推荐、名著阅读。四年级1班的学生阅读兴趣最高的是文学、综合性图书、精品推荐。四年级5班的学生阅读兴趣最高的是精品推荐、综合性图书、小说故事。四个班的阅读兴趣相同点是对综合性图书和精品推荐类图书,这两类书比较大众化,广受学生喜爱。除此之外,不同的是三年级2班、三年级4班和四年级1班学生的阅读兴趣更倾向于文学类图书,四年级5班学生的阅读兴趣更倾向于小说故事类图书,三年级4班更倾向于科学益智类图书。

3. 线上线下深度挖掘

阅读平台作为辅助教师完成语文阅读教学活动的重要手段,学生课后进行的阅读选择与其在校期间的图书馆借阅情况之间是否存在着差异性,这值得教师深入地追踪。为此,我们专门针对线上阅读选择与线下图书借阅之间的关系进行挖掘探索,寻求二者的关系究竟是互补还是一致。具体做法是：通过校内图书馆借阅的相关记录数据,结合在线阅读平台中的行为记录数据进行文本挖掘,利用聚类分析分别绘制学生线上、线下阅读选择偏好词云(见图6-2-8和图6-2-9),进而分析其具体的关系。

图6-2-8　线上阅读兴趣词云图　　　　　图6-2-9　线下阅读兴趣词云图

从上述两张词云图可以发现：学生的在线阅读倾向与线下阅读倾向是不一致的,从他们的阅读书目名称可以推论出,学生在线进行阅读时,大都选择一些小说故事类的图书,这些小说故事类的书目情节比较精彩,且由于脱离学校的环境,学生的选择反而更能够代表他们真正的兴趣。相反,从线下阅读兴趣词云图来看,线下阅读更多的是科学类图书,可能是因为图书馆借阅的图书往往有时间限制,且学生在校期间的课余时间有限,若是选取一些小说故事类的读本,会不容易产生情感上的共鸣。反而科学类的读物更容易在短时间内满足学生阅读的需求与求知的需求。因此,可以发现,学生线上、线下之间的阅读兴趣是不同的,线上更倾向于具有故事情节的长篇读物,而线下更倾向于快速汲取知识的科学类读物,这在一定程度上体现出了线上、线下之间的互补性。

【案例小结】数据分析后发现：学生的阅读动机、阅读风格、阅读总量等指标与阅读能力之间呈现显著的相关性,而阅读时长与阅读能力之间无显著相关性。其次,结合差异性分析的结论,三年级学生阅读测试得分、阅读时长、阅读数量之间有明显差异。而在学习风格、阅读态度与行为之间并无显著差异。由此可以推断,三年级学生的阅读能力培养具有一定的异质性。这一点可能是由于三年级语文课程的课程体系与课程目标相关。不同的教师在语文阅读方面的教学安排有所不同,导致学生在阅读时长与数量上出现了差异。四年级学生的阅读测试得分、阅读时长之间存在显著差异,而阅读数量与学习风格、阅读态度与行为之间并无显著差异。由此可以推断,四年级学生的语文课程安排趋于一致性,任课教师在语文阅读方面的教学安排相差不大,导致了学生在阅读数量上没有差异性,四年级学生的认知情况差异导致了学生在理解阅读文本时有所差别,这是导致学生阅读时间上存在差异的重要原因。

文本聚类的分析结果可知,学生的阅读兴趣集中于综合类、文学类、精品推荐类等图书。而针对于其他具体学科的并没有引起学生的关注。结合差异分析的情况,可以发现三年级学生更加倾向于学科性质的阅读,而四年级学生更加追求阅读的品质。我们认为:关注学生的阅读动机、风格、阅读数量等方面,有利于提升学生的语文阅读能力。

案例6-2-7 基于"手球+"运动行为分析的数据采集与分析[①]

※**研究概述**:学校以学习分析技术为支撑,对学生运动规则意识的主要呈现环境——体育课堂进行实时监测,搜集学生"手球+"运动行为数据,包括表现性任务、秩序性知识的掌握、动作技能等。通过不同角度视频观察课堂,记录学生课堂行为,从角色意识、合作意识、应变意识三个维度对学生规则意识进行分析、评价。重点采集与分析学生与"规则意识"高相关的运动行为数据。

※**工具开发**:

表6-2-23 基于"手球+"运动行为分析数据搜集方案及搜集工具

数据类型	数据内容		采集工具	采集方式
学习者基础数据	学习者性格、经历、家庭背景、认知风格等		调查问卷	总项目组统一测试
学习者体质数据	测试学习者与"手球、足球、篮球"及规则相关度高一些的数据		体质监测工具	学院体质监测中心测试
学习者规则意识行为表现数据:(练习+运动)	角色(不同教学进程、不同球类运动中的角色分配)	练习中学习了哪些角色、运动过程中分配了哪些角色	课堂观察记录表	实验教师实时记录
	合作(互动表现)	互动对象(标识)、互动频次(主动与被动)	课堂观察记录表或录像记录	授课老师或外聘团队记录
	应变(规则遵守、创造运用)	犯规次数、情境、特殊行为	课堂观察记录表或录像记录	体育老师现场记录,或外聘团队记录
	运动过程中的数据	心率、脉搏等	手环自动记录	运动手环记录
学习者主观数据	运动态度	对运动的认识、对球类运动的认识	调查问卷、访谈	总项目组协助测试
	规则认知	不同球类、不同角色的规则的理解和认知	问卷、访谈、案例采集	实验教师实时记录
学习环境数据	教师特征	年龄、职称、性格、教学特征(幽默、严厉等)	基本信息表	子课题组统计
	学习场所	教室、运动场馆、校外运动场馆等	课堂观察记录表或录像记录	授课老师记录
	运动时间	与运动时间、运动空间(包括校外)结合在一起	课堂观察记录表或录像记录	授课老师记录

[①] 案例由本项目子项目组上海市闵行区平阳小学提供,负责人为朱红。

续 表

数据类型	数据内容	数据内容	采集工具	采集方式
其他	对象的其他数据	整体规则意识数据、班主任数据、其他学科的学业质量数据	基本信息表	子课题组统计

※**数据采集：**

表6-2-24 四年级学生体育锻炼平均成绩（后测数据）对比分析（N=12）

	四年级平均成绩	国家体锻标准/校本课程达标要求	他校同年级平均成绩	我区同年级平均成绩
50米跑	9.19 s	10.13 s	10.09 s	9.69 s
立定跳远	1.70 m	1.62 m	1.67 m	1.66 m
一分钟跳绳	132.9个	118个	124.64个	120.37个
手球掷远	20.83 m	12.5 m	15.7 m	
一分钟定距传接球	47个	30个	39个	

数据如上表6-2-24所示，我校四年级学生在定距传接球和1分钟跳绳项目中成绩优异。以1分钟跳绳项目为例，我校四年级学生的平均个数为132.9个，远超平均水平。

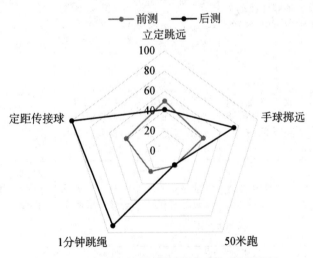

图6-2-10 四年级学生前后测优秀率对比图（%）

从图6-2-10（摘自学校2017体质报告）中可以看出：我校四年级学生在通过学校的各种干预后，体质测试成绩的优良率较之前都有提升，尤其定距传接球、1分钟跳绳、手球掷远三项测试效果明显。50米跑较之前测试优秀率对比变化不大,立定跳远项目优秀率稍有下降,可能手球项目原因,教学重点在手部,忽略了腿部立量的练习,后期训练还需加强。综上说明学生体质健康水平与运动规则意识的提升有着密切的联系。

※**数据分析:** 通过对四年级学生日常课堂观察以及行为记录发现,如今学生们在"手球+"体育运动中,基本能了解规则、遵守规则、运用规则,初步具有了尊重他人、主动合作、公平竞争的意识和行为。

表6-2-25 四年级学生"规则意识"前测和后测数据对比记录

规则意识\运动行为	角色意识		合作意识		应变意识	
	前测	后测	前测	后测	前测	后测
50米跑	第一次跑入别人的跑道不计算成绩,第二次重新测试,速度达标。	能够遵守跑步规则,跑在自己的跑道上。(↑)	会和同组的伙伴一样,在接近终点线前冲刺。	会和同组的伙伴一样,在接近终点线前冲刺。(→)	起跑反映速度较快。	起跑反映速度较快。(→)
立定跳远	踩线、双跳单落。	遵守起跳规则,不踩起跳线,能双跳双落。(↑)	站在其他测试者前方,扰乱正常测试秩序。	在其他同学测试练习时基本能够站在一侧观察,偶尔会有阻碍练习的行为。(↑)	在落地缓冲阶段基本能够保持身体平衡。	在落地缓冲阶段能够保持身体平衡。(→)
一分钟跳绳	不连贯、不会合理地调节绳子长短。	能够合理地调节绳子长短。(↑)	虽中断次数过多,但基本能完成老师要求的练习数量。	虽中断次数过多,但基本能完成老师要求的练习数量。(→)	在一分钟限时练习中,不能合理调节速度与节奏。	在一分钟限时练习中,能坚持完成,但在调节速度与节奏上仍有所欠缺(↑)
仰卧起坐	两手不能规范地放于头部,习惯性拉裤腿起身。	两手能规范地放于头部,偶尔出现拉裤腿起身的现象。(↑)	①不会正确帮助同伴压腿;②在规定时间内提前放弃练习。	①能够正确帮助同伴压腿;②在规定时间内能坚持练习(↑)	在规定的时间内没有合理分配自己的体能。	在规定的时间内基本能够合理分配自己的体能。(↑)
传接手球	经常用脚踢球、拿球砸人。	基本能合理地用手传接球。(↑)	不能坚持与队友进行传接球配合练习。	能坚持与队友进行传接球配合练习。(↑)	面对危险的运动行为不能做出准确判断或采取合理防护。	面对危险的运动行为基本能做出准确判断并采取合理防护(↑)

【**案例小结**】从平阳小学的实践研究中可以看出:有效的干预使学生在"手球+"运动行为中的"规则意识"得到明显改善,其体质健康水平的提升也与之成正相关。

第三节 数据和证据支持下的干预策略

一、数据支持下的课堂教学改进

以数据作为证据,基于分析进行课堂教学改进,是学习分析、质量评价的终极目标,是实践过程中发现问题、解决教育教学问题的有效途径。课堂教学改进,我们一直在路上,改什么?如何改?需要通过深入教学现场的观察、统计、分析进行诊断,在此基础上,精准定位,找到改进的方向。

案例6-3-1 初中学生主题探究活动过程性评价的实践研究[①]

※**研究目的**:通过对学生主题探究活动过程性评价采集的数据进行深度挖掘、剖析、解读,分析学生行为特征、思维特点、倾向潜能、学习预测等模块,指导和干预集体与个别化的探究活动,培养学生探究活动的学习态度、科学态度与科学精神,提高学生探究与解决问题的能力和合作与交流的能力。

※**研究对象**:全校六、七年级学生

※**干预策略**:通过学生"进步指数"检测与分析解读,指导教学干预。

每个学生12种能力的平均值就是个人综合能力值,全体学生12种能力平均值就是全体学生综合能力平均值。根据与全体学生综合能力平均值相比较可以了解每位学生的进步度。

全体六年级学生综合能力初始平均值为11.04,两次探究活动后综合能力平均值为13.56,六2班某同学从9.75→14属于明显进步的学生;六1班某同学从11.25→11.92属于明显退步的学生,因为初始值高于综合能力初始平均值,后面的综合能力值却低于年级综合能力平均值。

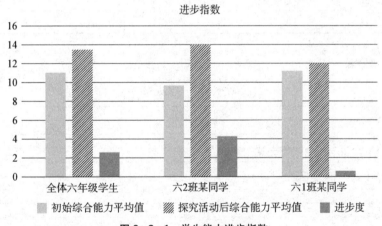

图6-3-1 学生能力进步指数

【案例小结】这些数据目前不提供给学生,仅供教师参考,用以表扬明显进步的同学和私下提醒或个别指导退步的同学。对于综合能力平均值较低的同学,安排一些能力较强的学生同伴互助,帮助指导。

[①] 案例本项目子项目组由上海市闵行区梅陇中学管文利提供。

案例 6-3-2 基于学习分析技术的小学数学概念形成能力评价研究[①]

※**研究目的**：基于一个课例，运用多种学习分析技术采集数据，形成多维度解读，并建立横向对比与分析，给予课题实验正相关结论，从中也提供了教师教学改进多样化的视角。

※**研究对象**：五年级 2 班学生

※**数据分析**：

1. 课堂观测数据解读

任务一（五 2 班样本）

设计意图：通过多种感官多维体验物体所占空间的大小，将空间"立"起来，将无形空间可视化，建立"体积"数学概念，培养二维到三维的空间观念。

任务内容：比划"粉笔盒"所占空间的大小。

① 学生个体比划，暴露障碍

② 小组活动，区分手面大小的和与手面围成的空间大小

表 6-3-1 学生的水平、状态和质量情况

实验学生/等第	学业水平初始等第设定	学习状态			学习质量		
		专注度	兴趣度	参与度	教师显性反馈	作业完成质量	同伴互动反馈
学生 1	C	A	A	A	A	A	A
学生 2	B	B	C	B	B	A	B
学生 3	A	A	A	A	A	A	A

2. 视频数据解读

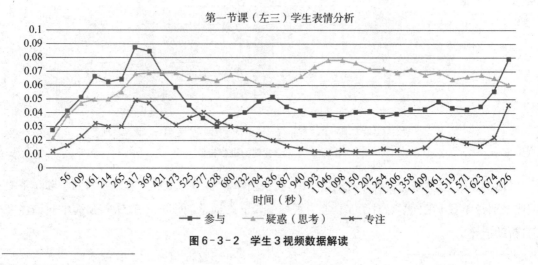

图 6-3-2 学生 3 视频数据解读

[①] 案例由本项目子项目组上海中医药大学附属蔷薇小学提供，负责人为沈珺。

从图 6-3-2 可以看出：此学生活泼、表情丰富，因为红色折线上下波动幅度大。1—320 秒，也就是上课前五分钟达到本节课的最愉快状态。随后的五分钟内下降到上课初期的水平。然后维持平静的状态，直至下课前两分钟，又进入近乎最大的愉悦状态。此学生兴趣（思考和疑惑）状态没有太大波动，绿色折线波动不是很明显，可以认为 0.07 是此学生的思考基线数值，每个学生的基线数值会不同。如果此学生成绩好，说明听课过程中没有疑惑；如果成绩不好，说明没有在思考。此学生在上课十分钟后注意力开始不集中（紫色专注线下降至低谷徘徊），可能跟课堂教学内容有关，或者此学生专注时间只有十分钟，需要经过较长期数据判断。

【案例小结】 从课堂观测评价、视频等数据中的数据及分析比较来看，基于学生学习的状态和学习结果，实验学生数据结论与客观现状差异结果大致是吻合的，也与实验初期基于执教教师经验，给每位实验学生学力水平的定级判定结论大致是吻合的。因此，在小学数学概念的学习过程中，基于机器的课堂表情分析技术辅以日常化的课堂观测、纸笔性作业或测试，能丰富和便捷课堂学习分析方式，能更客观、细致地赋予评价结果科学性与可信度。

将数据分析关联在把握数学概念形成的一般规律背景下的常态化教与学，为教学改进提供了诊断性依据，从而便于师生更针对地挖掘问题，诸如深化基于数学概念本质属性凸显的教学活动设计研究、干预影响学生学习的非智力因素、加强个别化学习的针对性指导、促进跨学科的一致性联动等角度都成为教学改进的视角。

案例 6-3-3 基于大数据实现精准高中数学教学的案例研究[①]

※**研究背景**：从高一到高二随着学习内容的增加，难度的加深，班级与年级最高分的班级成绩差距略有加大，学困生开始变多，数学优秀的学生减少，学生的积极性略有下降，学生对于重要知识点、重要的数学思想方法掌握的熟练度不够，不能做到熟练应用，导致得分率不高。如何利用大数据实现精准高中数学教学，提高学生学习数学的积极性与兴趣，培养良好的数学学习习惯，提高全班学生课堂数学学习效率，进而提高学生学业成绩，从而获得数学学习的成就感，对于提升学生学业质量有很强的现实意义和研究价值。

※**研究对象**：高二 3 班学生，班级学生总人数 32 人，男女生各 16 人。

※**研究概况**：研究时间从 2017 年 4 月至 2018 年 4 月，利用极课大数据采集学生作业、考试数据，呈现学生学习现状；基于数据分析，查阅文献、资料，提供建议和改进方向，实现精准教学、打造高效课堂，提高学生学业成绩。基于大数据，发现学生问题。

表 6-3-2　2017 学年高二下学期 4 月 12 日的期中考试学生分数段

分数段	39 以下	40—49	50—59	60—69	70—79	80—89	90—99	100—119	120—150
人数	1	7	3	3	4	5	4	2	3

---

① 案例由本项目子项目组上海市闵行区古美高中段胜利、张雪利提供。

这次期中考试班级总体情况如下：3 班班级均分 74.22，最高分班级 87.12，均分排名在 6 个班中第 5，男生均分 70.44，女生均分 78，班级最高分 123，最低分 28。结合上表可以看到班级中 60 以下的低分人数有 11 人，占比 34%；及格人数共 9 人，占比 28%，其中男生占 4 人，女生 5 人。通过期中考试数据发现班级中男女生数学学习的差距依然存在，特别是男生中低分的更多，共 7 人，在男生中占比 43.75%，女生低分人数共 4 人，在女生中占比 25%；但是及格人数男生只比女生少 1 人。通过分析试卷，考查学生基本知识技能的基础分占 60% 左右，即 90 分左右。

存在的主要问题：(1) 部分学生对于基本知识、概念掌握程度较低，学习习惯差。60 分以下 11 人占比 34%，低分学生占比过多，这 11 名 60 分以下学生，基础分的失分率很高，在考查学生基础知识的前 6 道填空题中，11 位同学都是至少答错 1 至 4 题，其中一名 A 同学前 6 道题，只做对了 1 题；在考查学生重点基础知识、基本技能的前 2 道解答题中，11 位学生有的空着不会写，有的写了很多却得不了几分，有位 B 同学前 3 道大题共 42 分只得了 6 分。通过当面询问这 11 名学生原因，有些说公式没有记住、题目看错了、计算错误或直接说不会做，学生对于基本的概念、定理、公式理解不够，一些公式靠死记硬背，解答题的书写步骤不规范。(2) 班级学生学习能力、接受能力差异较大，拔尖学生占比较少，分层明显。最高分学生 123 分，最低分 28 分，100 分以上学生 5 人，及格 9 人，49 分以下 8 人。

※**具体干预**：大数据技术可以精确的记录学生的学习行为，使教师更准确地追踪学生的学习轨迹，及时发现学生学习过程中存在的问题，从而给予学生实时的可操作的反馈。

1. 结合大数据系统中学情报告下的诊断建议，对薄弱的知识点加以关注。

对年级排名下降超过 50 名的学生进行一键关注，加入重点关注名单，对学生的学习情况进行动态的追踪，对于这些学生，上课前老师做好记录，课堂中可以有针对性的请这些同学回答他们薄弱的问题。

表 6-3-3　重点关注的学生

需要重点关注的学生(成绩下滑、波动严重的前 4 个学生)		需要关注的知识点(比年级得分率低的前 4 个知识点)	
B(第 23 名)	连续下降	根的存在性定理	得分率 21.7%
C(第 12 名)	连续下降	余弦定理	得分率 43.8%
D(第 21 名)	波动严重	公式法	得分率 37.5%
E(第 18 名)	波动严重	函数单调性	得分率 42.8%

2. 在讲评试卷前，利用大数据系统自动生成的成绩报表，可以很快地掌握每道题目的得分率、出错学生的人数、名单、错误答案，统计出与年级均值、其他班级的差距。对于得分率较低的题目，结合学生能力层次有选择地详细讲、重点讲或不讲；共性错误，请学生回答求解，一起找出其错误之处，让学生体会出错的过程，避免再犯；对于有个别学生出错的题目，让学生自己讨论解

决,解决不了再请教老师,培养学生的语言表达能力以及沟通能力,营造良好的学习氛围。

3. 在作业布置上,大数据系统在学科追踪中有对学生5个等级的分层,每个等级有对应的学生个数、名单,教师根据学生的不同层次布置不同能力要求的作业,更具针对性。

表6-3-4　5个等级对应成绩在前20%、40%、60%、80%及后20%的学生

优秀	中等偏上	中等	中等偏下	较差
6人	6人	7人	6人	7人
1—6名	7—12名	13—19名	20—25名	26—32名

4. 在错题订正上,利用大数据导出学生错题,生成个性化错题本,可以大大避免在同一个地方跌倒两次,其中的错题收藏功能完美解决学生抄题耗时长的问题,还保留着学生当时的错误解法,教师将错误率较高问题收藏后,把问题按知识点归类,作为一周回顾来检测学生作业订正的效果,可以做到对问题针对性巩固提高,提高学生的学习效率。

【案例小结】基于大数据,通过挖掘和分析学生的各项学习因素指标,实现学生的高效学习将是教育新趋势。大数据平台通过对大量考试数据进行统计分析,自动生成学生成绩报表,提供全面的学习诊断报告,从而有效地实现个性化教学管理及数据智能驱动的精准教学,让学习指导更具针对性,改进课堂教学,达到提高教学效率的目的。

二、数据支持下的个性化干预

因材施教,是从古至今的教育智慧,是教学中一项重要的教育方法和原则。通过数据的捕捉和分析,来进行个性化干预,个别性指导,这是提高教学效率,关注学生发展的有效途径。

案例6-3-4　初中学生主题探究活动过程性评价的实践研究[①]

※**干预策略：通过学生"个人能力发展图谱"的绘制,实现精准指导**

以下前两个图为六年级某同学初始能力图谱,后两个图为两次探究活动后总能力图谱,另外还有呈现学生每次探究活动单独的能力图谱。这些能力图谱都在探究平台上显示,每个学生可以查看。

下图6-3-3初始能力图谱显示该生需要加强沟通交流能力和分析思维能力,在个人任务中要重视和认真对待;同时需要加强表达交流能力,建议在团队任务中选择演说家的角色锻炼演讲表达能力。

---

① 案例由本项目子项目组上海市闵行区梅陇中学管文利提供。

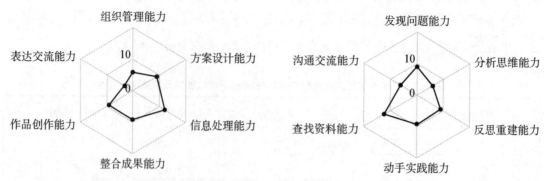

图6-3-3 初始能力图谱

下图6-3-4总能力图谱显示该生在多次探究活动后,通过个人任务的认真参与,该生分析思维能力明显提高,沟通交流能力仍然需要加强,究其原因老师也作了反思,在这几次探究活动中较少布置相关的个人任务,由此可见,通过结果也可以干预教师的教学行为,促进其在之后的探究活动中重点培养学生这方面的能力。通过团队任务的认真参与,该生的表达交流能力也明显提高,原因是采纳老师最初的建议,选择了自己不擅长的演说家的角色。但是该生在几次探究活动中从未选择领导者、策划者和艺术家的角色,导致这三种能力处于最低值,由此可见根据总能力图谱,教师指导学生学会重视薄弱能力的自我提高和选择有利于提高能力的团队角色,让学生各种探究能力均衡发展尤为重要。

图6-3-4 总能力图谱

【案例小结】基于学生能力发展图谱,我们可以引导学生找出自己在薄弱环节出现的问题,找出过程性的相关资料分析改进措施,指导每个学生有针对性地选择下阶段探究课题和选择分工角色,有意识地培养学生发展所需要的能力素养。我们可以从学生总体能力发展情况,通过调整课题和修改教学设计,不断优化我校探究型课程的构建,使其更能够激发学生的探究热情,更有利于全方位地培养学生的研究能力素养。

案例 6-3-5　运用行为干预减少听障学生课堂扰乱行为的个案研究[①]

※干预策略：

1. 前事干预策略：运用认知疗法，改变思维方式

认知疗法(简称 CT)，是一种强调识别和改变消极想法以及非适应性信念的领悟疗法。

第一步，识别小赵错误的思维模式，帮助小赵认识到自己错误的自动思维的存在和影响，让他清楚地知道遇到困难不可以用哭来解决一切问题，这是一种错误的思维模式，属于一种认知歪曲。

例如，在阅读大量书籍中，让小赵对于相似的问题情境，找到正确解决问题的方法，而不是一味地哭泣逃避，让他在具体的事例中知道哭泣不是逃避问题的有效方法，这样只会让你更加弱小，不会变得强大，然后帮助他识别出自己的认知歪曲即哭泣逃避，从而提高他的认知水平，矫正他的错误思想。

第二步，去中心化，帮助小赵消除认为自己是别人注意中心的想法。要求他不要按以前的方式行事，忽略掉周围人们的注意，结果可能就会发现其实很多同学都没有注意到他的言行。

例如，在一次语文课上，老师检查同学们的预习作业，发现小赵没有完成老师布置的任务，由于惧怕同学们的嘲笑，他想再次利用哭泣来逃避问题，老师用手语告诉他："同学们根本没有注意到你没完成作业，现在的你用哭泣来逃避，是正确的做法吗？"小赵摇摇头说："不对。"老师接着追问："那你应该怎么做？""尽快补好预习作业。"就是这样，在老师的提示下，小赵发现同学们根本没有注意他，停止了在课堂上的哭泣行为。

2. 后果干预策略：运用正强化法，减少问题行为

首先，确定对小赵正强化的目标行为，我们设定其目标行为是在课堂上没有哭泣行为。其次，选择适当的强化物。正强化物的正确选择是顺利实施正强化的关键。根据小赵的爱好和需要，我们选取消费类强化物糖果，和社会性强化物为课后老师的表扬。最后，根据计划，正确实施正强化。在进行正式的正强化之前，要提前将整个计划告诉给小赵，让他知道实施此计划的目的，知道自己只有在课堂上不哭就会得到老师的奖励：表扬或者糖果。

举个简单的例子，在语文课前，语文老师告诉小赵这节课要好好表现，如果整堂课没有哭泣，老师就奖励你一颗糖果。语文课上，小赵的表现很好，就算在回答问题时有点小错误，他都没有哭泣，而是在老师的提示下主动思考，认真在书上翻找着答案。课后，语文老师奖励了他一颗糖果……

【案例小结】基于数据采集和分析之后，可以运用合适的策略对学生进行针对性的干预，可以运用认知疗法事前干预，改变思维方式，也可以运用正强化法事后干预，减少问题行为的发生。

[①] 案例由本项目子项目组上海市闵行区启音学校关娇、汤雅婷、孔娟提供。

案例6-3-6　基于小学生运动行为分析的规则意识培育的实践研究[①]

※**研究背景**：依据"手球运动中的规则意识"的研究思路，平阳小学把对学生的"规则意识"培育融于"手球+"运动行为与课程学习之中，开展了基于"手球+"开展"规则意识"培育的策略研究。

※**干预策略**：

1. 创设课堂体验情境，激发学生自我管理，提升角色意识

【实证案例】课堂教学片断《手球操》

研究视角："手球+"训练活动（练习）中的"规则意识（角色意识）"的培育

观察对象：四年级学生个案研究（子墨同学）

四年级以学习《手球操》为主要教学内容的体育课上，同学们都在不厌其烦地练习与巩固，可是子墨同学要么懒洋洋地做几个完全不到位的动作，要么干脆呆呆地站着，甚至主动离开队列。一节课下来，班级里同学的手环数据显示运动量达标，只有他手环数据显示运动量不达标。于是，A教师找来子墨同学了解原因。

师：子墨，同学们都在认真练习，你为什么不认真做呀？是不是不会做或是……？

子墨：老师，我不喜欢这个手球操，太无聊了，太没劲了。

通过与子墨同学简短的交流与沟通，A教师发现手球操的练习与巩固因缺乏趣味性与挑战性，导致该生不愿多做甚至不做。为此，我将第二节体育课上的手球操练习改成了"大阅兵"活动，将班级学生分成"海陆空"三支队伍进行自由练习，然后推选一名"前锋"代表队伍进行展示，由全班学生对"前锋"进行检阅。这种情景式学习的方法一下子吸引了子墨的注意力，他很快也加入了热火朝天的练习与"前锋"竞选中，最终由于他的认真态度获得了"前锋"角色体验的机会。

分析：依据马斯洛的需要理论：满足自我实现需要，激发学习潜能。在上述练习情境中，子墨准确的自我角色定位，伴随自我管理，最终实现了自我发展，角色意识据此得到有效提升。

2. 关注游戏薄弱环节，及时调整规则方法，提升合作意识

【实证案例】"打野鸭"的手球游戏片断

研究视角："手球+"游戏活动（游戏）中的"规则意识（合作意识）"的培育

观察对象：四年级班级（四1班学生）

"打野鸭"的手球游戏以培养学生的合作能力与应变能力为主，要求学生以传球的形式配合击打"野鸭"的下肢小腿部分，违规者禁赛1轮。全程通过录像的方式记录四年级1班同学的课堂行为。课后，B教师反复观看视频发现：小李在"打野鸭"的游戏环节中担任的是"打野鸭"的角色，需要与同学合作完成，小李同学在接到手球后的这一刻是非常兴奋的，然后将手球狠狠地砸在圈内同学的身上、手臂上甚至是脸上。这些行为明显违反了"打野鸭"游戏的规则，因此小李被罚禁赛1轮。但B教师接着发现小李同学在禁赛期间非但没有很好地意识到自己的错误，还在

[①] 案例由本项目子项目组上海市平阳小学提供，负责人为朱红。

一旁扰乱正常的游戏秩序。

针对视频记录,B教师调整了游戏的规则与方法,重点请小李同学示范了"打野鸭"的正确方法,同时强调学生之间的传球配合。

师:同学们还记得上一节课我们玩的"打野鸭"游戏吗?

众人:记得。

师:那就请小李同学来示范一下。

(小李同学示范,老师再次强调"打野鸭"的正确方法。)

师:今天我们来改变一下游戏的规则,提高游戏的难度,大家愿不愿意挑战一下?

众人:好!愿意!太棒啦!又可以做游戏了。

(同学们对游戏永远充满着热情与兴趣,一听到做游戏都兴奋不已。)

师:游戏规则是外圈的同学击打内圈同学的小腿以下部位前需要先进行10次以上的传球,注意不能传给同一位队友。10次传球之后才能开始击打中间的"野鸭"们。违反规则的话传球从0开始,五分钟后两支队伍交换,比一比哪支队伍打到的"野鸭"最多。大家明白了吗?

生:明白了。

游戏刚开始,由于小李同学没到10个传球就开始击打"野鸭"而使A队屡屡犯规。在同学们批评与再次提醒游戏规则的双重压力下,小李同学意识到了自己的错误,在同学们帮忙一起数数的过程中,小李同学学会了正确的传球与击打"野鸭"。

分析: 依据水桶定律(短板理论),最短的木板也是组织中有用的一个部分,因此我们需要注重团队中的薄弱环节。通过"手球+"游戏情境中的团队互助行为,强化协同合作,树立集体观念,提升了小李的合作意识。

3. 分析比赛实战过程,实施机动战术应对,提升应变意识

【实证案例】小型手球赛片断

研究视角: 手球比赛中角色意识、合作意识、应变意识的培育

观察对象: 学校女子手球主队(十二名运动员)

此阶段以比赛形式进行,学生自由分组,进行五人制PK赛。比赛开始,晨晨所在的小组中场发球,小燕一组站在底线组织防守,传球到九米线时,阳阳上前拦截,晨晨迅速传球给其他组员,彤彤得球后从边线破防,射门成功。守门员发球后,小李快速跑动,同组远传,趁对方还没有防守好,来了一个快攻,拿下一分,组员无不叫好。比赛过程中,球传出界外,阳阳上前捡球,踩边线发球,比赛继续有序进行。

分析: 依据贝尔宾的团队角色理论,高效的团队工作有赖于默契协作。团队成员必须清楚其他人所扮演的角色,了解如何相互弥补不足,发挥优势。这场比赛中,同学们明确自己的场上角色,无论是中卫还是边锋,都能够实施正确的战术行为,说明学生的角色意识已根深蒂固。赛场上组间成员懂得配合,能够成功发动进攻或防守,也显示了同学的合作意识明显增强。小李趁对方没有回防好,快速传球实施快攻,说明她的应变能力很高,经历了多次的实战比赛应变意识显著提升。

【案例小结】规则意识的培养,对学生在体育活动中建立秩序感有着极其重要的作用,具有良好的规则意识,不仅能发展学生各种基本能力,而且是培养学生良好品德和促进学生社会化的重要途径,更是帮助学生顺利融入集体生活的桥梁,还是学生以后为人处事、学习发展的奠基石。本研究通过基于"手球+"运动行为的分析,培育了学生的规则意识,让更多像子墨这样的"熊孩子"都能变了!

三、基于学习全过程的学生评价

(一)全案例研究

案例6-3-7 初中学生主题探究活动过程性评价探索[①]

※研究背景:

依据上海市三类课程中研究(探究)型课程的相关发展性要求开展的学生探究活动。初中的探究型课程是"在教师的指导下,学生自主地运用探究性学习方式,获得和应用知识,发现和提出问题,探究和解决问题的学习活动"。进行主题探究活动,有助于学生专项素养与团队协作能力的培养,成为我校探究性课程在现阶段的主要运作实施形态。

但在实施过程中存在着诸多问题,主要表现在有些学生轻视本课程,态度上不够重视和投入。团队活动中更多的是各施所长,不注重自身薄弱能力的历练,不愿尝试不擅长的领域。学生大多数不理解探究型课程的意义所在,对于自己能力的均衡发展没有规划和期许,甚至有些主科成绩较好的学生认为在本课程中花费太多时间和精力不值得。

目前,上海市中小学探究型课程没有统一的学习评价标准。探究型课程没有考试,学生成长平台中教师只以优、良、合格、不合格体现一学期的成绩。每位老师可能任教多个班级,教师没有太多精力做详细的过程性评价,难以做到对每个学生的过程性表现都了如指掌,最终所给予的成绩可能不够科学合理地体现学生的探究能力水平。

过去我校对于探究型课程的评价比较偏重于探究结果的评价,对过程性评价的重视程度往往不足。学生探究活动中,引入过程性评价较恰当的办法主要有两种:第一种是利用资料册,收集学生探究活动的过程性资料;第二种是利用网络平台,上传作业积累过程性资料。这两种过程性评价方法,在细节上基本都有学生的自评互评和教师评价,但是与学生不同探究能力发展的关联性不强,无法呈现学生探究能力的状况,难以获得进行针对性培养的依据。

※研究方法和时间:

观察方法:访谈法、观察法、自评、他评、互评,数据记录。

观察时间:每周的探究课时间和无固定的个别交流时间。

※学生表现:

学习评价是探究型课程实施中的一个重要环节。探究型课程的学习评价强调不仅要关注研

---

① 案例由本项目子项目组闵行区梅陇中学管文利老师提供。

究结果的评价,而且要重视研究过程的评价。引入过程性评价,也使探究型课程的组织策划者与承担教师在规划设计与实时教学中,具备了持续跟踪、即时反映与审视回馈学生学习状态的有效工具,有利于精准分析,适时提供适切的干预,促进探究学习的持续开拓并导向深入。

探究型课程注重学生在探究过程中的能力培养,能力素养种类繁多,面面俱到难以做到,所以我们选择了12种学生探究活动中比较重要的能力素养作为主要评价对象,通过学生主题探究活动中的个人活动着重培养学生发现问题能力、查找资料能力、分析思维能力、动手实践能力和沟通交流能力等,通过学生主题探究活动中的团队活动着重培养学生组织管理能力、方案设计能力、信息处理能力、整合成果能力、作品创作能力、成果展示能力等。我们着重培养和评价的这12种能力素养是经过许多探究型课程老师根据教学经验而选择,虽然不能涵盖所有,但我校所有主题探究活动过程性评价几乎可以涵盖其中。在实施一个阶段之后会反复改进,增减某些不够合理的设定,不断增强评价维度的科学性。

只有明确了能力目标并制定了科学合理的评价标准,学生才能够知道做到怎样的程度是好的和更好的。明确的目标驱动,有助于学生调整自身状态与行为方式,尽力达到自己所能达到的水平。

以下是我们使用的部分操作性指标。我们重视了探究性学习所对应核心素养的解读,结合实际梳理提炼关键要素,提升评价的系统性。依据《课程标准》(2007)提出的"科学探究"七要素,分析其中所包含的能力要求及其本质特点,依据《初中探究型课程导师指导手册》(2002),研制了相应评价的评价标准(如下表)。

表6-3-5 团队活动中角色任务评价标准

团队活动中的角色	☆	☆☆	☆☆☆
领导者 组长	能统筹安排组内所有活动并协同每一个角色完成任务。	遇到问题能够寻求帮助并妥善解决,本组课题成果达到良好。	遇到问题能自行妥善解决,本组课题成果达到优秀。
策划者 制定计划	能按时的、完整的填写课题计划。	课题计划详细周密、合理可行。	课题计划新颖独特、科学、可操作性强。
工程师 信息处理	能将各组员的信息资源进行收集、整理、筛选和应用。	能广泛收集组员的建议合理地处理信息资源。	对于本组课题资源能进行后期再加工,科学有条理地整合处理。
编辑师 课题报告	能将本组课题撰写成一份简单课题报告。	课题报告详细全面。	课题报告集组员和自己的智慧有本组观点和独特之处。
艺术家 作品制作	能够展现本组课题成果的主要内容。	展示作品重点突出、图文并茂。	展示作品美化与排版独特,与课题契合。
演说家 成果展示	能够将本组研究成果基本表达完整。	能完全脱稿,礼貌自信,仪表大方、表达清晰流畅、语言生动。	能够以即兴的、互动的方式进行展示交流。

在团队活动中,我们让学生进行角色竞选,分别为领导者、策划者、工程师、编辑师、艺术家、演说家,通过每种角色对应的行为要求提高相应的能力素养。团队活动中的角色分配,使团队分工更趋合理,学生也非常满意自己的职务,有效提高了参与探究的积极性。学生也必须在不同探究活动中通过更换角色,才能达到不同能力素养的提高。

※**质量评价:**

原有的小组资料册和电子作品库,不便于交流、学习、分享和评价,我们正在开发使用的探究型课程平台,能记载探究全过程,及时上传主题探究活动过程性资料,如研究方案、活动记录(如观察日志、调查表、访谈记录、实验记录等)、研究成果(如研究报告、小论文、作品等)、学生的反思和体会,充分体现学生学习探究型课程的过程,以及在学习过程中的成长和进步。

主题探究活动采用每个主题单元由教师以个人任务和团队任务的形式发布学习单,学生完成各项任务,即完成了主题探究活动的全过程。主题探究活动过程性评价的内容即针对学生完成的个人任务和团队活动中的角色任务进行综合评价。个人任务主要有发现想要探究的问题、查找资料、发放问卷、分析数据、得出结论、感悟反思等;团队活动中角色任务主要有组织管理、设计策划方案、整理筛选资料、撰写课题报告、作品制作、展示成果等。主题探究活动过程性评价的方法是根据学生上传的个人任务和团队中角色任务,基于评价标准细则进行自评、互评和师评,比例按3∶3∶4计算,以三个档次积分成绩进行评价。基于探究型课程平台,系统自动生成相应的主题探究活动总积分,也自动生成相应探究能力积分。通过多个主题探究活动,系统自动生成探究能力发展图谱。使用流程见下图:

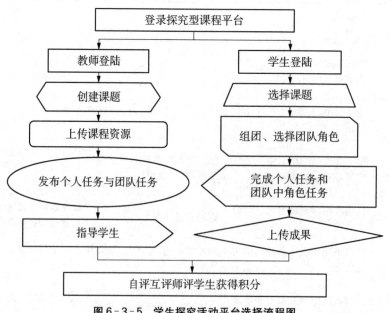

图6-3-5 学生探究活动平台选择流程图

学生在主题探究活动过程中，评价实施操作的流程中，采集每一个板块的数据，为下阶段进行数据的分析积累素材。如图6-3-6所示：

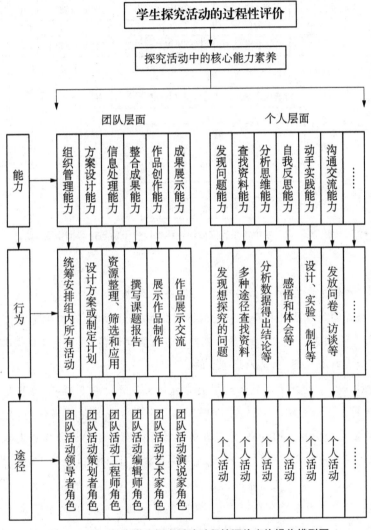

图6-3-6 初中学生探究活动过程性评价实施操作模型图

※**干预方法：**

完善探究型课程及平台的建构，对学生主题探究活动数据进行采集和记录，并对数据进行深度挖掘，分析学生行为特征、思维特点、倾向潜能、学习预测等模块，完成将能力核心素养要素、过程性评价方式、能力目标和评价标准科学合理的纳入探究型课程平台，在使用过程中逐步发现问题、反复修改完善。如何利用平台客观、科学、合理、立体地呈现学生的能力水平，以下是我校探究活动过程性评价干预与评价的流程图：

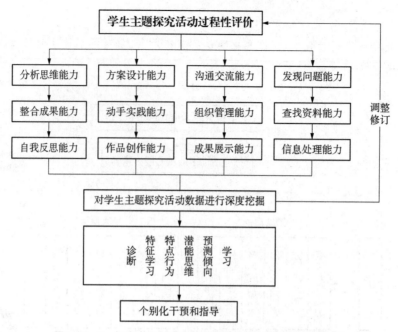

图6-3-7 初中学生探究活动过程性评价干预与指导模型图

※**学生发展：**

1. 通过学生"初始能力值"的评估与反馈，引导自省反思

学生在小学探究型课程已经具备了一定的探究能力，所以学生的初始能力值为0是不合理的，因此我们通过学生问卷让学生对12种探究能力进行自我评估，通过这些数据也能够让老师对学生总体的探究能力有所了解，也是十分必要的。

通过数据显示95%学生对于自己各种探究能力的自我评价存在差异，说明对自己的能力水平有自我认识，评价也比较客观。5%的学生评价自己全满分或分值普遍偏低，全满分可能确实很优秀，但也有可能是骄傲自大的现象；分值普遍偏低可能确实能力较弱或者比较谦虚。对于这两种极端的情况我们会进行个案跟踪分析，通过关注这些学生在探究活动中的具体表现，根据情况建议学生重新自我评估，尽可能让学生的自我评估接近学生真正的能力水平。虽然初始能力值与学生真正的能力水平多少会存在一些差异，但是因为初始能力值远小于学生在之后的探究活动中将获得的能力值，所以对学生最终的总能力值影响是极小的。

2. 通过学生"进步指数"检测与分析解读，指导教学干预

每个学生12种能力的平均值就是个人综合能力值，全体学生12种能力平均值就是全体学生综合能力平均值。根据与全体学生综合能力平均值相比较可以了解每位学生的进步度。如全体六年级学生综合能力初始平均值11.04，两次探究活动后综合能力平均值为13.56，六2班某同学从9.75→14属于明显进步的学生；六1班某同学从11.25→11.92属于明显退步的学生，因为初始值高于综合能力初始平均值，后面的综合能力值却低于年级综合能力平均值。

也可以通过探究活动后的总能力平均值与初始能力平均值的差值看出学生的进步度，如明显进步的是六2班某学生，差值最大4.25；明显退步的是六1班某学生，差值最小0.67。

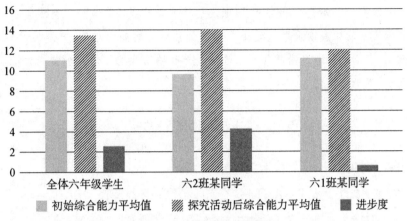

图 6-3-8 学生进步指数图

这些数据目前不提供给学生,仅供教师参考,用以表扬明显进步的同学和私下提醒或个别指导退步的同学。对于综合能力平均值较低的同学,安排一些能力较强的学生同伴互助,帮助指导。

3. 通过学生"综合能力评估"的持续跟踪,深化学情分析

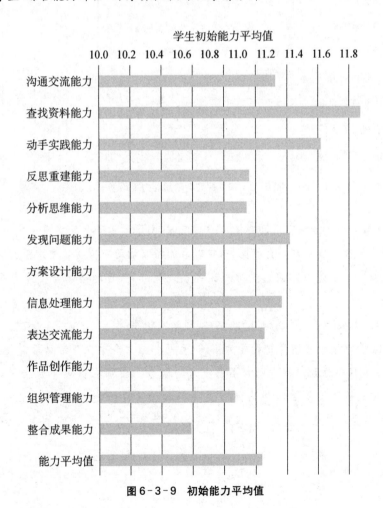

图 6-3-9 初始能力平均值

上图是六年级学生初始能力平均值,图像显示学生反思重建能力和分析思维能力比较薄弱,在第一个主题探究活动中我们采取通过个人任务加强对应的能力培养;方案设计能力和整合成果能力比较薄弱,我们采取通过团队任务竞选策划者和编辑师这一角色加强能力培养,鼓励每组两人承担该角色,互助完成任务。

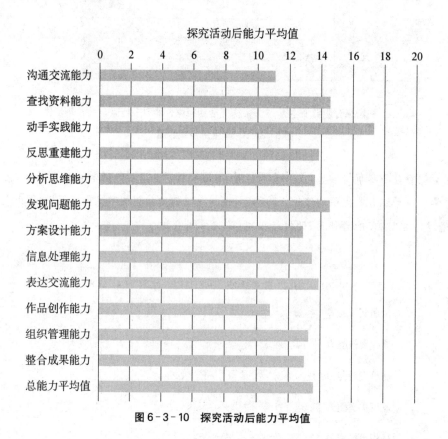

图6-3-10 探究活动后能力平均值

上图是六年级学生主题探究活动后能力平均值图,图像显示学生反思重建能力、分析思维能力、方案设计能力和整合成果能力有所提高,在以后的探究活动中需要着重加强沟通交流能力与作品创作能力的培养,如此可以通过教师不断调整课程方案,针对全体学生能力薄弱环节加强锻炼。

4. 通过学生"个人能力发展图谱"的绘制,实现精准指导

图6-3-11为六年级某同学初始能力图谱,后两个图为两次探究活动后总能力图谱,另外还有呈现学生每次探究活动单独的能力图谱。这些能力图谱都在探究平台上显示,每个学生可以查看。图谱显示该生需要加强沟通交流能力和分析思维能力,在个人任务中要重视和认真对待;同时需要加强表达交流能力,建议在团队任务中选择演说家的角色锻炼演讲表达能力。

图6-3-11 六年级某同学初始能力图

图6-3-12总能力图谱显示该生在多次探究活动后,通过个人任务的认真参与该生分析思维能力明显提高,沟通交流能力仍然需要加强,究其原因老师也作了反思,在这几次探究活动中较少布置相关的个人任务,由此可见,通过结果也可以干预教师的教学行为,促进其在之后的探究活动中重点培养学生这方面的能力。通过团队任务的认真参与,该生的表达交流能力也明显提高,原因是采纳老师最初的建议,选择了自己不擅长的演说家的角色。但是该生在几次探究活动中从未选择领导者、策划者和艺术家的角色,导致这三种能力处于最低值,由此可见,根据总能力图谱,教师指导学生学会重视薄弱能力的自我提高和选择有利于提高能力的团队角色,让学生各种探究能力均衡发展尤为重要。

图6-3-12 六年级某同学探究活动后能力图

【案例小结】基于学生能力发展图谱,我们可以引导学生找出自己在薄弱环节出现的问题,找出过程性的相关资料分析改进措施,指导每个学生有针对性地选择下阶段探究课题和选择分工角色,有意识地培养学生发展所需要的能力素养。基于学生能力发展图谱,我们可以从学生总体能力发展情况,通过调整课题和修改教学设计,不断优化我校探究型课程的构建,使其更能够激发学生的探究热情,更有利于全方位地培养学生的研究能力素养。

(二) 主要观点

1. 学生的学业过程质量需评价、可评价

对学生的学习全过程进行评价,是一种正确的评价观,也是一种教育思想和主张。学生评价的根本目的在于促进学生的全面和谐发展,为此不仅要求评价内容综合化,评价方法多样化,而且更重要的是全程化。传统教育评价重结果、轻过程的弊端日益显现,我们呼吁基于证据的学生真实过程的评价。

教师可以基于伴随式的过程性评价及时调整教学、改变策略,随时随地关注学生的学业质量,更加客观地来评价学生。

对学生基于过程的评价更加客观,更加多元,更加全面。在对学生进行评价时,注重被评价者在学习过程中的进步状况和努力程度,形成真正意义上的发展性评价,并运用、用好评价这根杠杆,促进学生的健康、和谐发展。

2. 学习分析技术让评价更科学、更人文

信息时代,给教育带来了巨大的机遇和挑战。大数据、人工智能的运用是时代发展的产物,与教育的完美结合势必会改变教育形态,通过建设信息化平台,伴随式采集学生学习过程性数据。我们开发作业平台采集学生练习数据,探究作业质量与学业质量的相关性;我们开发数字教材,采集课堂反馈数据,探究课堂状态与学业质量的相关性;我们开发数字平台,采集问题解决数据,分析学生各项探究能力的发展度。利用它们,我们能够迅速、准确地捕捉信息、采集信息、分析信息,做出基于证据的价值判断,让评价更加科学、客观。

3. 过程质量的评价证据更开放、更多元

相比于传统的结果性评价,过程质量的评价更加多元。我们开发观测工具,手动采集学生表现数据,现场采集学生课堂行为数据,探究学习过程质量;分析课后课堂教学录像,捕捉样本学生的特征行为;采集学生课后学习行为数据,追溯学习过程质量。利用技术,使得信息的采集更加多元,可以线上采集、可以线下采集、可以随时随地采集,使得证据源更加多元。此外,我们思想上会更加开放,走出之前单一的结果性评价,接纳一种紧跟时代潮流的新评价观。

学校过程质量的评价的实践探索渗透在教育教学的各个方面,从学段上来讲,有小学、有初中、有高中;从学科分布上来看,有数学学科、英语学科,也有自然学科、体育学科等;从内容上看,从基于平台的作业设计到运用视频监控系统记录课堂教学全过程,以单位时间为切割,记录学生表情变化,通过课后基于机器学习的姿态分析、人脸识别、人脸关键点检测、表情分析技术,将情绪变化通过图表形式进行反映,教师通过解读图表数据,基于课堂表情分析系统的关键技术,准确全面地评价学生在课堂教学中的学习情况及程度。从非智力因素和学习成绩的关系研究到学生阅读能力的影响因素研究;从数据采集的方式上来看,从伴随日常的数据采集到基于证据的经验判断……

信息技术在教育领域的应用,使得学校在不改变学生的学习模式和教师的工作模式状态下,常态化数据采集成为可能,全过程的评价成为可能。我们正在探索一条基于学习分析的、跨越学生学习全过程的、借助数据分析教学与学生学习,指导改进教学的实践路径。

第七章　小学基于标准的学业质量评价改革

学业质量评价对学生发展有着直接而深远的影响。近年来,闵行区一直致力于促进学生全面发展的学业质量综合评价的探索。在此过程中,引进了较为先进的概化理论、项目反应理论模型 IRT 分析、聚类分析模型、潜能评分技术进行数据分析。基于大数据技术的学习分析,突破数据模型应用的瓶颈,充分挖掘评价信息,构建伴随学生发展的表现性评价、等第制评价等多元评价模型,从基于印象的判断转变为对数据的综合分析,建设闵行基础教育数据中心和学业评价平台,逐步建立基于实证的精细化学业评价方式,将综合评价落实到学生成长全过程,关注影响学业质量的多因素,顺应评价改革的趋向,为进一步开展学生素养的综合评价、促进学生个性化发展奠定基础。让教师和学生更好地理解学习发生的过程,进而考虑如何改进教与学的方式。

第一节　小学阶段学业质量评价的定位

教育部发布的《关于全面深化课程改革落实立德树人根本任务的意见》中指出:"各级教科研部门要从当地教育教学发展状况和学生学业成就现实状况出发,研究制订中小学各学科学业质量标准,明确学生学完不同学科、不同学段、不同年级学习内容后应该达到的水平要求,指导一线教师准确把握教学的广度和深度。"由此,积极开展学生学业质量评价研究,扭转以成绩论质量的局面,构建并不断完善符合教育发展规律的学业质量评价体系,不仅是顺应我国教育改革的趋势和发展,也是提升和改善学校教育教学质量,从而促进学生全面素质培养的战略举措。

一、小学阶段学业质量评价的内涵

(一) 小学阶段学业质量

小学阶段学业质量是一个动态的概念体系,且随着时代的进步和课程改革的深入而发展。近年来小学阶段学业质量在"以课程标准为基本依据"的导向下,具体关注学生学习过程的经历和核心素养的养成,体现"小学兴趣化、初中多样化"的学段特征,同时学生的全面、可持续性发展越来越受到人们的充分关注。

一般来说,小学阶段学业质量是以核心素养及其表现水平为主要维度,结合小学课程内容和标准,对小学生学业成就表现的总体刻画。目前小学各门学科《义务教育阶段课程标准》明确提出"知识与技能"、"过程与方法"、"情感态度价值观"的三维目标要求。对于小学阶段学业质量,最基本的方面应当是反映学生在小学学习阶段对各科课程标准的掌握程度。

(二)小学阶段学业质量评价

小学阶段学业质量评价,是教育者根据一定的教育目标,以小学生在学习活动中身心各个方面的表现为基础,运用科学评价方法,对小学生的智力因素和非智力因素等方面的发展和变化状况的事实描述并作出价值判断的过程。

新一轮的基础教育课程改革提出课程评价的核心是全人观。因此,对小学生学业质量的评价不能仅局限于考核学生知识和技能的掌握情况,还应包括学生的能力、态度、情感等因素。

为了体现"知识与技能"、"过程与方法"、"情感态度价值观"三维目标的评价要求,上海《基于课程标准的评价指南》提出,强调以课程标准为基本依据,突出为改进学习的评价,倡导评价的校本化实施。并按不同学段,依据各门学科的内容主题模块,从"学习兴趣"、"学习习惯"、"学业成果"三个维度设计评价内容和观察点,提出评价方式建议。"基于标准的评价"已然成为小学学业质量评价的显著特征。

表7-1-1 小学语文低年段"识字与写字"模块评价框架表

评价维度	评价内容	观察点示例	评价方式建议
学习兴趣	学习汉语拼音的兴趣 识字兴趣	与他人交流认读汉语拼音字母的情况; 遇到生字想办法认识的情况。 ……	日常观察 表现性任务 问卷调查
学习习惯	识字习惯 写字习惯	在阅读中识字的情况; 写字前准备学习用品的情况。 ……	日常观察 作业检查
学业成果	汉语拼音拼读能力 识字能力 书写能力 查字典能力	认读汉语拼音字母的情况; 借助汉语拼音识字的情况; 按照笔顺规则书写汉字的情况; 查字典能力、运用字典识字的情况。 ……	作业分析竞赛、口头游戏或书面测验

表7-1-2 小学数学中高年段"数与运算"模块评价框架表

评价维度	评价内容	观察点示例	评价方式建议
学习兴趣	活动兴趣 阅读兴趣 探究兴趣	借助实物、图形直观认识几分之一、几分之几的情况; 通过阅读,了解进位制的形成与发展; 在利用图形探究分数、小数的过程中,感悟数形结合思想的情况。 ……	日常观察 过程记录 表现性任务

续 表

评价维度	评价内容	观察点示例	评价方式建议
学习习惯	交流习惯 操作习惯 合作习惯 练习习惯	有条理地表达自己的思路和想法的情况; 初步学会使用计算器进行计算、验算、统计,尝试使用计算器探究计算规律的情况; 在学习过程中遇到困难,积极寻求同伴合作解决问题的情况; 规范书写要求,按时认真完成课后作业的情况。 ……	日常观察 操作解答 过程记录 作业批改
学业成果	计算掌握 概念理解 方法应用	初步掌握小数除法的计算方法的情况; 初步掌握根据数级读写多位数(以万级为主); 结合生活实际提出问题,初步掌握分析方法的情况。 ……	书面测试 课堂记录 作业分析 表现性任务

表 7-1-3 小学英语中高年段"语篇"模块评价框架表

评价维度	评价内容	观察点示例	评价方式建议
学习兴趣	听读兴趣 表达兴趣	在听读语篇(语段)的活动中专注基本信息获取的情况; 参与用语篇(语段)复述基本信息的情况。 ……	日常观察 学生访谈 问卷调查
学习习惯	听的习惯 说的习惯 读的习惯 写的习惯	倾听语篇(语段)基本信息的情况; 以语篇(语段)的方式与他人进行有意义交流的情况; 朗读语篇(语段)的情况; 根据语篇(语段)格式要求抄写的情况。 ……	日常观察 学生访谈 过程记录 表现性任务
学业成果	语言知识 语言运用	说出语篇(语段)基本信息的情况; 根据话题描述人或物,以及阐明事件的情况。 ……	书面测验 口头测验 日常观察 课堂提问 作业分析 表现性任务

表 7-1-4 小学品德与社会低年段"家庭"模块评价框架表

评价维度	评价内容	观察点示例	评价方式建议
学习兴趣	阅读兴趣 倾听兴趣 交流兴趣	阅读有关家庭生活知识图文的情况; 听有关家庭生活故事的情况; 参与有关家庭生活的课堂讨论的情况。 ……	日常观察

续 表

评价维度	评价内容	观察点示例	评价方式建议
学习习惯	阅读与观察习惯 倾听习惯 交流习惯	阅读有关家庭生活内容的课文及观察图片、视频的情况； 专注倾听老师讲有关家庭生活的故事、事例或道理的情况； 主动参与有关家庭生活的课堂互动讨论情况。 ……	日常观察 作业分析
学业成果	知识 方法与能力 情感态度价值观	对家庭及其成员情况的了解程度； 在家庭生活中自理及分担家务劳动的情况 ……	家庭访问 问卷调查 作业分析

综上所述，小学阶段学业质量评价应以课程标准为依据，以促进学生的学习和个体发展为目的，运用多种途径和评价方法，对小学生通过学习所取得的成果、达到的水平和存在的问题作出价值判断，并以此为依据，为持续改进学习和教学方法指明方向。

二、小学阶段学业质量评价的意义和价值

小学阶段学业质量评价不仅要关注学生的学习结果，更要关注学生在学习过程中的发展和变化，同时以课程标准为依据，采用多样化的评价方式，恰当呈现并合理利用评价结果，保护学生的自尊心和自信心。通过评价得到的信息，可以了解学生学习达到的水平和存在的问题，对学生改进学习和完善自我进行导向，同时帮助教师进行总结与反思，调整和改进教学内容和教学过程。区域层面的评价数据更是对质量监测、实施教学反馈和改进教育决策提供重要依据。

（一）小学阶段学业质量评价要以促进学生全面、可持续发展为目标

欧盟《学生学业成绩分析报告》中指出："尽管较强的竞争性可能会在学习成绩上带来收益，但在学生的动机和心理健康方面却会付出代价。这些代价从长远来看会有一些不可预见的负面影响，如对学生的终身学习。"因此，自2011年开始，上海推行以关注学生健康成长为核心价值追求、基于课程标准的"绿色指标"学业质量评价，通过评价学生学习动力指数、学业负担指数、师生关系指数等十大指数，旨在扭转"过度关注学业成绩、过度依赖纸笔测验、过度采用横向比较"的传统评价思维。"绿色指标"探索了融学科水平测试、问卷调查、体质监测、自我评价等多种评价方式于一体的评价，反映了促进学生全面发展的评价导向。

小学生学业质量评价还应客观地记录学生学习状况和成长发展过程，关注小学生的发展差异及发展中的不同需要和特点，以进行有针对性的指导。教师必须采用更多的评价方式来客观、全面地评价学生，以促进学生的可持续发展。

(二) 小学阶段学业质量评价要体现课程标准"三维目标"要求,采用多元方式进行多维评价

知识与技能：基础知识与基本技能是学生学习的主要载体,主要评价小学生是否获得适应未来生活和进一步学习所必需的重要知识及技能。

过程与方法：学习的过程与方法是学生学习的必要经历,是学科基本活动经验积累和学科思想方法领悟的必需途径。主要评价小学生的学习经历和体验、常规学科方法的应用能力和分析问题、解决问题的综合能力。

情感、态度与价值观：主要评价小学生对学习的好奇心与求知欲、认真仔细的态度以及进行质疑和反思的习惯等方面内容。

三维目标明确了小学阶段学业质量的评价框架,主旨是促进小学生身心的良好发展,不同维度目标的评价需要采用不同的评价方式。如对于"知识与技能"目标,采用纸笔测试评价是合适与高效的,但对于"过程与方法"、"情感态度价值观"而言,多运用观察、记录、作业分析、表现性任务加以评价比较恰当。

(三) 小学阶段学业质量评价要凸显评价的激励、诊断与改进功能

小学阶段学业质量评价关注的重点,聚焦于对学生主体积极性的调动以及对学生潜能开发和个性发展的促进。因此要强调发挥学习评价的教育功能,更多地肯定进步、鼓励成功、鼓舞信心;评价结果应更多地用于帮助师生改进教与学,引导师生正确把握目标、能动发展,激励学生努力学习、奋发上进。

小学阶段学业质量评价的主要目的是为了全面了解学生的学习历程,激励学生的学习和改进教师的教学。因此,学业质量评价要改变评价过分强调甄别与选拔的功能,避免给学生的发展造成巨大压力,妨碍他们的健康成长。发挥评价促进学生发展,提高教师专业水平和改进教学实践的功能。

学业质量评价应当及时发现教学过程中存在的问题与困难,并通过对困难和问题的分析,寻找产生问题和困难的原因,制定解决问题、克服困难的措施。不仅要强调针对知识与技能掌握情况的诊断分析,更要强调针对过程体验与方法感悟的诊断分析,同时努力提高在情感体验、态度形成与价值观变化上的诊断效果。

三、小学阶段学业质量评价的特点

小学阶段正是儿童自我意识萌芽和发展的时期,因此,学业质量评价既要关注小学生的学业成绩,又要发现和发展小学生的潜能;既要了解小学生当前的实际需求,也要帮助小学生认识自我的发展方向;既要依靠传统的书面测验,考试检查小学生对知识技能掌握的情况,也要运用多种方法,综合评价小学生的情感、态度、价值观,尤其是创新精神与实践能力的变化与进步等。

小学阶段学业质量的评价,要结合小学生的年龄特点和认知水平,要尊重学生的个别差异和个性特点,保障学生思维的开放性,允许学生按照自己的认知水平和生活经验作出不同的解答,不同学生的学习水平都能得到反映,从而增强教学的导向功能,避免"考什么,教什么"的教学狭窄理解。

不同于学前教育活动化整体性评价,有别于中学教育以分学科纸笔测试为主的评价方式,小学阶段的学业质量评价以"基于课程标准的评价"为主要特征,具有以下几个方面的特点:

(一)评价理念从排序评价走向"基于标准"的评价

排序评价(常模参照评价),着重于学生之间的比较,以学生所在团体的平均成绩为参照标准(常模),根据每个学生在团体中的相对位置(或名次)来得出评价结果。即按考试成绩进行划分,低、中、高分数段的学生各占一定的比例。"基于标准"的评价(标准参照评价)主要考察学生学业成绩的标准达成度,把学生当作个体看待,而不是与其他学生进行比较。

(二)评价内容从只重视结果走向同时重视过程

一方面,传统的质量评价往往只重视分数与排名的结果,往往忽视了学生的学习过程,重"分"轻"能",不利于学生的可持续发展。另一方面,传统的质量评价在关注学业成绩的同时,忽略了学生在获取学业成绩的同时所付出的时间成本、家庭环境对学业成绩产生的影响、教师教学方式的作用等等因素。评价是为了学习的评价,学业质量的评价要着眼于学生的全面发展,不能只看结果。

(三)评价方式从单一的纸笔测试评价走向多元多维的等第制评价

单一的纸笔测试评价存在着诸如评价目标缺失、评价内容狭窄、评价方式单一等问题。在评价目标方面过分突出甄别和选择的功能,忽视了评价的诊断与促进教学改进的作用。因此,评价方式从单一的纸笔测试评价走向多元多维的等第制评价,在评价内容方面关注认知目标和学业成就,关注学习结果的同时更注重学习过程和方法、情感态度和价值观的评价;关心学生对知识和技能的识记、理解和应用的评价的同时,更重视对学生综合应用知识和在实际生活中创造性解决问题的能力等方面的评价。

第二节 伴随学生发展的表现性评价

表现性评价需要学生在真实或模拟真实的情境中完成任务,需要学生综合运用生活经验、基础知识和基本技能,通过个人努力或伙伴合作灵活解决问题完成任务,如能恰当地将表现性评价运用到教学中,有利于学生综合素养的提高。真实的具有适度挑战的任务有利于激发学生积极参与学习活动,增强对学习的好奇心和求知欲;运用知识解决问题的过程加深体验知识在生活中的运用,了解学习的价值,有利于养成独立思考、合作交流等学习习惯,形成实事求是的科学态度;完成任务的成功体验有利于锻炼克服困难的意志,建立学习自信。为此,表现性评价运用于教学,引导教师将教学的中心由知识技能层面转向三维目标的全面落实,使目标、教学与评价达成一致。

一、概述

(一) 表现性评价的认识

表现性评价的内涵主要表现在：(1)在核心学术课程中的运用；(2)运用评分规则影响与解释表现；(3)鼓励学生自我评价。现在，学校的学术性科目，如数学、语文和科学等，成为表现性评价的重要内容。以此弥补标准化纸笔评价不能检测学生的复杂表现、高层次思维所给教学带来的负面影响。

(二) 评价基于课程标准

2013年上海市教育委员会颁布的《关于小学阶段实施基于课程标准的教学与评价工作的意见》(沪教委基59号文件)中明确提出"落实基于课程标准的评价要求：科学设计评价内容与要求"。学校和教师要把评价建立在课程标准的基础之上，依据课程标准和学生年龄特征，合理设计评价目标、评价内容与评价方式。要在日常教学中加强过程性评价和表现性评价，探索通过课堂观察及时评价学生表现。要注重表达表现、探究活动、社会实践、作品展示等表现性任务的设计，细致观察、有效记录、深入分析学生完成任务的情况，综合评价学生的知识、方法、态度、兴趣与习惯等。"该要求强调了评价目标要基于课程标准，适合学生年龄特征；评价目标、评价内容与评价方式的一致性；评价不是仅关注知识的掌握，而是综合评价学生的知识、方法、态度、兴趣与习惯等多个方面。

(三) 表现性评价的特点

1. 检测问题解决能力或高层次思维

表现性评价虽然有其独到的优势，但相对纸笔评价费时费力，评价成本较高。经常选择用于检测高阶目标或运用知识解决实际问题的能力等方面。

2. 真实或模拟真实的情境性任务

从习得能力迁移或转换至真实生活的角度出发，人们认为表现性评价应该是真实性的评价，其关注的是评价的内容与实际生活的接近程度。

3. 学生在任务完成中主动建构反应

不同的题目类型对于学生的所需要做出的反应要求也是不一样的，如下图所示，越需要学生作出建构反应的任务越具有表现性评价的意味。

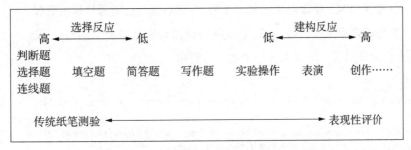

图7-2-1 学生在任务完成中的建构反应图

4. 观察者基于评分规则进行判断

台湾学者张敏雪在《教室内的实作评量》中给出这样的描述：表现性评价，就是由教师设计相关的情境，由此情境，针对学生所应达到的学习成果，设计一些问题，让学生在情境中、实际实验操作或观察之后，以分组活动或个别思考的形式，进行问题的解决，同时针对学生在过程中的表现，以客观的标准加以评分的一种评量方式。可见，学生在完成表现性任务的过程中不是选择一个现成的答案或通过填空、解决简单熟知问题的方式来解答，而是要综合已有的知识、能力、经验主动建构反应、完成任务、展示表现。这样的一个表现过程和结果对于不同的学生而言都可能是不同的，没有统一的标准答案，只有借助通过事先研制的能区分学生不同表现水平的评分规则，才能给予学生表现正确的评价。

5. 评价过程与学习过程相伴相生

传统的纸笔测验中，测验往往孤立于学习活动，成为教学过程中一个独立的环节，这导致了一些无法避免的弊端。如，学习和测验完全脱节，使测验不能带给学习更多的增值空间，降低了课堂学习质量；测验的反馈相对滞后，使测验不能给学习带来更大的促进作用。而在表现性评价中，学生要在真实或接近真实的环境中解决问题、完成任务，要进行直接地尝试、思考，评价的过程也是学生运用所学、主动探究、深化学习的过程。此外，表现性评价能够更自然地融入教学，教师完全可以将评价嵌入到课堂学习中，评价活动本身也是一项积极的学习活动。

（四）表现性评价的类型

不同的学者对表现性评价有不同的观点，常见的罗列如下：

斯蒂金斯认为："表现性评价的形式包括建构反应题、书面报告、作文、演说、操作、实验、资料收集、作品展示。"[1]

尼克则认为表现性评价包括：结构性表现任务、自然发生或典型的表现任务、学生个人或小组的长期项目、档案袋、演示、实验、口头表达或戏剧表演、情境模拟等。[2]

黄光扬认为：表现性评价的主要类型有：口头测验、论辩或辩论、短文题考试、写作测验、过程反应题、实验技能教学考试评价、作品、公开演示以及档案袋评价等。[3]

芬奇(Finch)和道斯特(Dost)将表现性评价所呈现的类型分为六种：分别是两步式问题、类似于多项选择测验的问题、简短的回答和问答题、用纸笔模仿实际情境的问题、模仿环境下的表现、真实环境下的表现。

类型1：两步式问题。学生可以选择一个答案，然后对自己的选择做出解释。

类型2：类似于多项选择测验，不同于多项选择测验的是要求学生自己给出一个简短的、多重考虑的答案。通常只有一个答案和一个单一的理由。

---

[1] Stiggins, Richard J. Design and Development of Performance Assessments. Educational Measurement: Issues and Practice. 1987(5).
[2] Nitko, Anthony J.. Educational Assessment of Students, Upper Saddle River, New Jersey. 2004.
[3] 黄光扬. 教育测量与评价[M]. 上海：华东师范大学出版社，2002.

类型3：简短的回答、问答题。要求清楚地说明表现性任务的要求，整个任务的背景要完全适合学生的水平，允许有不同形式的正确的答案。

类型4：用纸笔模仿实际情境，实际情境中有的都可以出现，以模仿的实际情境作为学生反应、回答的依据和基础。

类型5：学生被置于一个模仿实际情境的环境下，完成表现性任务，同时评价者对学生的表现作出评价。

类型6：评价学生在真实情境中完成的任务。比如评价学生的实验操作、车间工人在操作机床的表现等。

贝兰卡(Bellanca)等人在《多元智能与多元评价——运用评价促进学生发展》中将表现性评价分为作品展示、表现、项目、日志和进度记录、演示、产品、问题解决过程、图表组织者八类。[①]

二、模型

(一) 模型设计的思考

确定评价目标、设计表现性任务、制定评分规则是表现性评价模型中的三个核心要素，成为模型的核心环节，其前沿部分要基于课程标准和教材细化目标和确定内容，其后续部分是基于数据分析促进教学。

(二) 评价模型的设计

表现性评价的基本模型如下图所示：

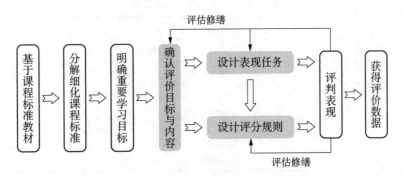

图7-2-2 表现性评价的基本模型图

根据实际需要，可灵活运用模型，如综合性的表现性评价更多运用于阶段检测，通常打破学科界限而更体现综合性、整合性、整体性的特点，在评价目标上更强调评价学生的综合素养，在评价内容上更注重对跨学科知识和能力进行综合评判，在评价方法上采用情境式综合任务，让学生表现出自己的综合素养。由此，综合性的表现性评价可将模型运用得更加透彻。单一任务的表

---

① Bellanca, James等.多元智能与多元评价—运用评价促进学生发展[M].夏惠贤等译.北京：中国轻工业出版社，2004：29.

现性评价相对于表现性综合评价而言,其评价目标更聚焦,任务结构更简单,类型更灵活,使用更多样。为此,单一任务的表现性评价对模型的运用体现出灵活与简约的特点。

三、操作

(一)评价目标的确定

1. 基于课程标准

从课程三维目标中确定表现性评价的目标,课程标准体现国家对不同阶段学生在知识与技能、过程与方法、情感态度与价值观等方面的基本要求,对学生在经过一段时间的学习后应该知道什么和能做什么(what students should know and be able to do)进行了界定和表述,反映了国家对学生学习结果的期望。表现性评价在评价学生运用知识与技能的能力,过程与方法的表现,情感态度价值观层面的水平能够显现其强力优势,具有较大的运用空间,从中确认较为重要的学习目标便可以通过表现性评价来检测。如一年级学生学过了字典的使用方法,就可以将"运用字典认识生字的意识与能力"作为表现性评价的目标。

2. 定位基础素养

从学习基础素养中确定表现性评价的目标。儿童的学习基础素养包括学习智能、身心健康和学习品质三个方面,包含认知、语言、身体机能、社会性与情绪、和学习适应性五个领域。(见下表)

表7-2-1 儿童学习基础素养表

儿童学习基础素养				
学习智能		身心健康		学习品质
认知	语言	身体机能	社会性情绪	学习适应性
注意力 记忆力 逻辑思维	语言理解 语言表达	力量 平衡与协调 速度与敏捷 精细动作 感官知觉	人际交往 规则意识 自主选择 情绪管理	学习兴趣 学习态度 学习习惯

大量从儿童到成人期的实证研究都表明:坚持、自我控制、计划性、好奇心等学习基础素养会对学生的后续学习产生重要影响,学习基础素养需要在儿童的早期教育中进行奠基。例如某小学在一年级语文教学中针对学习智能中的语言表达设计了说的第一阶段的评价目标:说话响亮,并将其细化为2个观察点:"(1)人站直、态度落落大方;(2)声音响亮、口齿清晰:①能根据老师的提问用完整的一两句话回答;②能用连贯的话表达自己的识字方法和过程。"随着学习的推进与学生的发展,设计了第二阶段的说的目标:"说话有质量",细化为2个观察点:"(1)积极举手,发言时做到人站直、态度落落大方,声音响亮、口齿清晰;(2)能结合学习内容或他人的发言,用完整的

句子回答问题或发表自己的看法,并保持语句连贯。"

3. 聚集能力运用

运用学科知识解决实际问题是学科核心素养最重要的组成。检测学生"能做什么"最适合成为表现性评价的目标。如小学数学学科课程标准中将学生的"数学思考和问题解决"作为学科的核心素养,并指出"数学思考和问题解决的评价要依据总目标和学段目标的要求,体现在整个数学学习过程中。对数学思考和问题解决的评价应当采用多种形式和方法,特别要重视在平时教学和具体的问题情境中进行评价。"以"问题解决"为例,进行评价点的细化与确定,使评价目标可操作化,最终我们将"任务理解、运用工具和方法、表达"作为"问题思考"的评价点,并设计可参照的四级表现水平,如下表所示。

表7-2-2 小学数学问题解决的表现性评价表

小学数学问题解决的评价目标	
目标点	目标描述
任务理解	识别问题情境中的重要要素并理解任务中的数学问题。
方法运用	运用知识与技能选用合适的工具和方法解决数学问题。
评估表述	对数学结果的合理性或正确性进行评估并能作出阐释。

4. 关注高层次思维

上海市中小学生学业质量绿色指标2.0主要包括:学生学业水平、学生身心健康、学生品德与社会化行为、学生学习动力、学生对学校认同度、学生学业负担与压力、教师课程领导力、校长课程领导力、教育公平、跨时间发展十个方面。其中学生学业水平中有关学生学业成绩的标准达成度、学生高层次思维能力以及学生学习动力中的学习自信心、学习动机均可细化出表现性评价的目标。

高层次思维能力,是上海市"绿色指标"学生学业水平中的重要组成,对学生的后续学习及创新实践具有重大影响。高层次思维能力主要包括知识迁移能力,预测、观察和解释能力,推理能力,问题解决能力,批判性思维和创造性思维能力等。

（二）表现性任务的设计

表现性任务的设计要考虑以下因素：(1)用途：是用于学情调研、课堂教学、作业、实践活动、学科拓展还是阶段测评；(2)时间：是用一节课的时间，还是需要一周或是更长的时间；(3)形式：是独立完成、还是小组合作完成，或是一些任务限于个人形式，另一些任务采用小组合作形式；(4)观察维度：在知识与技能的运用、兴趣习惯态度、高层次思维中聚焦一个维度还是几个维度；(5)观察点：聚焦学生完成任务过程中的行为表现或思维水平，还是聚焦具体的结果，也可将过程与结果并重。除此这外，表现性任务的设计着重体现以下几点要求：

1. 基于评价目标

表现性任务是表现性评价的核心要素之一。是为了检测学生在特定目标上的达成情况而设计的任务，旨在引发学生真实的表现，作为评价学生学习情况的依据。所以，要保证表现性评价的质量，在设计任务时首先要考虑的是保证任务与评价目标的高度相关。

2. 贴近学生生活

任务完成需要依托学生原有的知识基础和生活经验，因此，在任务设计前要分析学生已有的知识基础、能力水平和生活经验。预测分析并明确学生在达到这个任务目标会经历的认知过程。

3. 任务情境真实

这里所说的"真实"是指表现性任务应尽量接近实际生活情境中的任务原型。要求表现性任务的背景、活动来源于生活。任务对学生而言具有学习的意义，具有新意和适度的挑战性，能让学生有参与任务的兴趣和意愿。

4. 利于学生表现

推送给学生的表现性任务要求简洁易懂、表达清晰。学生都要能看懂或听懂任务的要求。表现性任务一般是有挑战性的，有时为了能让学生明白任务的要求，可以设计指导语，也可制作指导性的短视频，帮助学生更好地理解任务。

案例 7-2-1 能承重的木支架——表现性任务的设计

《上海市小学自然课程标准》中指出：小学自然课程不应以学习系统的科学知识为基础目标，而应以科学启蒙为重点，以学生的兴趣、行为习惯和科学态度、科学思维方式和科学思维能力为启蒙的核心。

一、评价目标的设计

表现性任务设计要基于评价目标，以下是评价目标：

> 1. 运用"三角形结构比较稳固"这一知识点，使用数量较少的小木条和橡筋，设计并搭建一个含有三角形结构，能承重20本书以上的木支架。
>
> 2. 设计者能流畅地介绍自己的设计思路，将设计理由叙述清楚；组长在搭建支架过程中，任务分配具体，组员能在组长的组织下有序地搭建支架。

可以看出设计的评价目标正是依据了《上海市小学自然课程标准》的要求,让学生能灵活运用"三角形结构比较稳固"的知识去解决问题,运用科学思维方式进行创新设计,提高学生科学思维能力。

二、表现性任务的设计

基于以上两条目标,设计了"搭建一个能承重的木支架"的任务:

> 同学们,今天的任务是设计并搭建一个能承重的木支架,使用的材料是小木条和橡筋。搭建的木支架以"使用材料少、能承重"为好。
>
> 为了能更好地完成任务,你们可以采用以下合作方式:
>
> (1) 以四人为一组,每位小组成员各自设计一个支架的结构图,并向其他成员介绍你的设计理由,从四张结构图中选择1张结构图,并共同完善这张结构设计图;
>
> (2) 小组合作,根据结构设计图搭建木支架。

任务的描述简洁、清晰,学生容易看懂或听懂任务的内容和要求,并密切关联评价目标;任务需要学生设计图纸并按图制作一个承重的支架,是一项真实的任务;学生完成此项任务能运用学过的关于"三角形结构比较稳固"的知识,以及相关的生活经验,加上三年级学生已具有一定的设计与操作经验和能力,他们的表现可以预期;任务具有一定的挑战性、开放性和趣味性,能让学生经历有意义的学习过程。综上所述,此任务的设计做到了基于评价目标、贴近学生生活、任务情境真实、利于学生表现。

配套以下的任务说明,使任务的实施更加清晰。

> **任务使用说明:**
>
> (1) 评价类型:操作性评价
>
> (2) 采用形式:先个人独立完成结构设计,再合作完善设计图并开展搭支架承重的实验。
>
> (3) 材料准备:小木条(三年级第二学期自然课程配套材料:每小组提供20根);橡筋(教师准备,每小组30根)
>
> (4) 完成时间:45分钟
>
> (5) 实施任务的时间可灵活安排,如作为实践活动,时间会较为充裕;如作为课堂教学和课堂作业,时间较紧张,可将支架结构图的设计在课前先完成。
>
> (6) 观察点:学生能清晰地表述自己的设计理由,能按照组长的分工,与组员合作完成支架的搭建。搭建的支架使用较少的小木条和橡筋,能够承重20本以上的书。
>
> (7) 其他:在活动过程中,会出现有的小组材料不够用的情况,老师可适当进行调整。

(蔷薇小学 李懿妮)

总之,表现性任务的设计要体现以下特点:能检测较为复杂的高级的目标或应用知识解决问题的能力;任务情境要真实或模拟真实,对学生来讲具有新意和适度的挑战性;任务是学生可以理解的,有利于学生充分表现的,学生在完成任务的过程中是主动地建构反应,而不是被动地选答反应。

(三) 评分规则的制定

传统纸笔测验中的试题通常有一个正确的标准答案,评分者可以依据标准答案进行评价。表现性评价由于其任务的情境性、开放性和综合性,学生完成任务的过程和结果会呈现多样性和层次性。不能采用传统的标准化评价衡量学生的表现,而是要通过开发其他的评价指标来保证评价的合理、公平和公正,我们称之为"评分规则"。评分规则是实施表现性评价时所需的一种关键评分工具,它清晰地界定了达到某个特定指标的学生处于何种水平。评分规则一般由等级、等级描述和表现样例三部分组成。好的评价规则符合以下特点。

1. 基于评价目标

评分规则的设计要基于评价目标,如评价目标聚焦任务完成的思维过程,评分规则就要对学生完成任务的思维表现进行水平分级。

2. 匹配表现任务

评分规则的设计要匹配表现性任务,不太具有可复制性,同样的评价目标如果设计不同的表现性任务,其相应的评分规则就要伴随任务的不同而改变。

3. 区分表现水平

评分规则需清晰、正确的描述各个层次水平的表现特质,使得评分者及被评价者都能够正确理解或做出相同的解释。各种完成任务的表现都能容易对应某一种描述的水平。

评分规则的设计一般可以有以下五个步骤:(1)罗列各种表现:对学生完成任务的表现水平进行"头脑风暴",列出各种可能的表现;(2)对表现分层:针对已列出的表现特质进行分类,一般分成三至五个层次;(3)初定评分规则:以简单、清晰的语言表述各个层次,形成评分规则初稿;(4)试用评分规则:多位评分者运用初定的评分规则来评价几个学生的表现;(5)修订评分规则:运用试测得来的信息修订评分规则,使得不同评分者对一位学生表现的评价结果趋于一致,使得不同学生的表现总能对应评分规则上的某种水平描述。

案例 7-2-2 能承重的木支架——评分规则设计

关于能承重的木支架——评分规则的设计,案例中设计了三个维度的评分规则,分别对学生设计的支架图、支架的结构与实际承重效果以及在完成任务过程中小组合作与交流的情况进行评价,在实际使用中也可聚焦其中的两个维度进行评价。

表 7-2-3 "能承重的木支架"评分规则设计表

评价维度	支架设计图
设计总监	承重的设计要素突出,构图清晰、完整,美观。
首席设计师	承重的设计要素突出,在构图的清晰、完整及美观方面略有欠缺。
高级设计师	承重的设计要素明显,在构图的清晰、完整及美观方面有欠缺。
初级设计师	承重的设计要素不明显,构图不完整,不整洁。
评价维度	合作与交流
五星团队	组长能有效组织活动,组员积极参与,人人发言交流,并能互动讨论;支架搭建,人人有分工,合作协调好。
四星团队	组长能有效组织活动,组员积极参与,人人发言交流;支架搭建,人人有分工,合作协调较好。
三星团队	组长组织活动,组员参与,有1人未发言交流;支架搭建,分工不明确,合作协调一般。
二星团队	组长作用不明显,有2人未发言交流;组员无分工,整个小组合作协调较差。
评价维度	木 支 架
首席工程师	使用15根以内木条,能承受20本以上书籍。
高级工程师	使用16——20根木条,能承受20本以上书籍。
中级工程师	使用15根以内木条,能承受10——19本书籍。
初级工程师	使用16——20根木条,能承受10——19本书籍。
见习工程师	使用20根以内木条,承受10本以下书籍。

附:部分评分规则的样例

图 7-2-3 首席工程师评价样例图

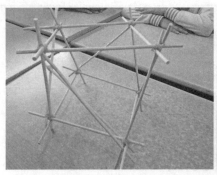

图7-2-4 高级工程师评价样例图

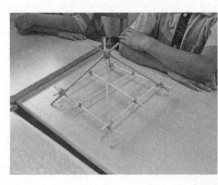
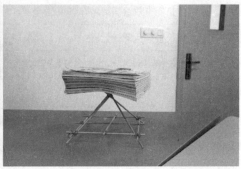

图7-2-5 中级工程师评价样例图

（蔷薇小学　李懿妮）

评价目标的确定、表现任务的设计和评分规则的制定是表现性评价的三个重要环节，其基本的要求归纳如下：表现性评价目标经过程序筛选，聚焦核心目标，表现性任务反映目标评价指向与期望的评价目标相吻合，学生有机会展现出所期望具备的能力水平，评分规则基于评价目标，匹配表现性任务，三者合力指向核心目标。

四、实践

（一）基于任务或观察点结构的探索

按任务或观察点的结构，我们将表现性评价分为两类：综合任务的表现性评价和单一任务的表现性评价。

1. 综合任务的表现性评价

综合任务的表现性评价是指在尽量合乎真实的情境中，运用基于标准的评分规则，对学生运用各学科知识与技能完成各项任务过程中的表现或结果作出判断。综合评价与分学科的学习评价有所区别，它打破学科界限，更体现综合性、整合性、整体性的特点。在评价目标上更强调评价学生的综合素养，在评价内容上更注重对跨学科知识和能力进行综合评价，在评价方法上采用情境式综合任务,让学生表现出自己的综合素养。

案例7-2-3 镜子能反光

一、案例背景

《镜子能反光》是沪教版自然一年级第二学期第8单元《影子和镜子》中的一个内容。在物质世界中,光无疑是比较特殊的,它到底是不是物质,科学界都存在着争论,对于小学生来说就更加抽象了。如何将光更直观地呈现在学生的面前,是我们一直在研究的问题。小学生的学习思维和认知能力与其他年龄段学生相比较为特殊,他们的思维具有很强的直观性,教师单纯依靠语言,文字的传授,学生难以理解。但是这一年龄段的学生对于直接看到的具体的东西,或者由他们直接经历,能够有更深刻的印象,会更容易理解。

二、评价目标和方式

（一）评价目标

1. 通过简单设计,使用身边常见材料完成装置制作,让光线可见,感受光学的魅力与神奇。

2. 能够通过画草图的方式记录实验的结果,并对光的传播特点进行简单地描述,形成对光的传播特点的初步认识。

（二）评价方式

根据低年级学生动手能力和观察能力差异性的特点,在评价过程中设置了基本评价和个性化评价。既保证大多数学生获得评价结果,也激励部分有特点的学生凭借个人特点取得个性化的成果。从而发现在实验设计、实验操作以及实验记录方面有所专长的学生。

在基本评价中,赋予学生相应的学分,以学分累计为参照,一颗☆代表一个学分,通过累计学分总数的方法评价学生是否能够通过环节的学习。通过学分的累积顺利"结业",获得"科技节-向日葵科学院"的结业证书。

在个性化评价中,结合个人特点进行单项奖励,并且根据获得三颗☆次数的学生给予特别鼓励,以此作为参考评价特别奖项。并且通过不同种类的学分数量来颁发特定奖项,体现学生之间的差异,刺激学生的学习积极性,为形成符合学生特点的成绩等第与评语系统做好准备。

三、评价指标

（一）本评价指标：围绕"学习兴趣"、"学习习惯"、"学业成果"三个评价维度,设置"探究兴趣"、"阅读兴趣"、"操作习惯"、"记录习惯"、"科学实践"和"科学概念"六个方面的评价内容,符合评价标准的给予一颗☆。

（二）个性化评价模块：通过观察学生的学习过程,利用此表对学生的学习过程和表现进行考量。以"实验准备"、"操作表现"、"记录表现"和"得出结论"作为评价维度,展示学生在学习过程中的个性,并以此发现一些在探究活动中有特别表现的学生,为形成符合学生特点的成绩等第与评语提供参考。

四、评价表

（一）基本评价表

表 7-2-4　基本评价表

评价维度	评价内容	观察点	评价标准	实施主体	评价方式
学习兴趣	探究兴趣	在老师的引导下，对一些光的反射现象进行观察，并有进行初步的猜想的意愿	我愿意观察生活中光的反射现象	学生	自我评价
	阅读兴趣	愿意去搜集并阅读一些有关光的知识的资料	我愿意去阅读有关光的知识的资料	小组评价员	同伴评价
学习习惯	操作习惯	利用身边常见物品进行探究	能够使用激光笔制造光源以及点燃檀香制造出合适的实验装置	教师	实地查看
	记录习惯	能够初步记录实验现象	画出几种光的反射特点，基本能够表述入射角和反射角	教师	学习记录
学业成果	科学实践	将所学到的知识应用到生活	知晓潜望镜的工作原理并愿意去制作	小组评价员	同伴评价
	科学概念	知道光是沿直线传播，一些因素能改变光的传播	我知道光是直线传播的，一些因素能够改变光的传播	教师	交流访谈

学分总计：（　　）颗☆。

结业与否：是（　　）；否（　　）

导师签名：_____

（二）个性化评价表

1. 实验准备表现

表 7-2-5　实验准备表现评价表

学分项目	师评＋互评		
收集资料	通过网上查找以及图书资料获得理论知识	能够上网搜索知识点范围内的资料	能看实验资料了解我们需要做什么
	☆☆☆	☆☆	☆
整理与分享	整理收集到的文档并挑选有用的部分	能基本罗列必要的东西	不能整理但是能够看懂同伴的资料
	☆☆☆	☆☆	☆

2. 实验操作表现

表 7-2-6　实验操作表现评价表

学分项目	师评＋互评		
实验器材准备	能够根据实验规则准备齐备的物品	能够准备一些物品,满足实验要求	基本没有物品准备,只能看别人
	☆☆☆	☆☆	☆
实验设计	设计的实验装置能够验证相关理论知识	设计的实验与设想的成果有偏差	设计的实验不能完成实验过程
	☆☆☆	☆☆	☆

3. 实验记录表现

表 7-2-7　实验记录表现评价表

学分项目	师评＋互评		
完成实验操作	能够很好完成操作过程	能基本完成操作流程	不能进行合理的操作
	☆☆☆	☆☆	☆
认真记录	能够详细记录实验过程	能够记录部分实验过程	不能清楚记录实验
	☆☆☆	☆☆	☆

4. 结论与思考

表 7-2-8　实验结论表现评价表

学分项目	师评＋互评		
根据实验得出结论,通过实验结论思考课前的问题	能够得出实验结论	能够知道些实验原理	不能得出实验结论
	☆☆☆	☆☆	☆

五、结果和表征

　　自然学科实验课程的重要组成部分就是完成作品,这也是一系列评价活动的核心。本次活动,通过学生寻找身边的物品进行实验,又要在老师的监督下,保证实验的安全性以及环保等因素。通过教师拍照以及录像的形式,将学生的作品记录下来,并且赋予相应的学分,既能够激发学生学习的积极性,也能保留实验结果,培养师生共同的科学素养。

　　比如,在实验准备表现评价表中,学生通过查找资料,能够知道自己需要什么材料并能寻找到,是三颗☆的表现;学生能在一大堆材料中进行选择,是两颗☆的表现;学生缺少想法,需要通过帮助来认识材料并知道用途,是1颗☆的表现。

图7-2-6 光的折射图

图7-2-7 光的折射图

在"操作表现"、"记录表现"板块中也一样，根据小学低年段学生的特点来进行。如果一定要向科学实验结论方向靠拢，那评价指标只能束之高阁，只有小部分学生才能企及。在光的反射这个内容中，我们的赋☆标准，更趋向于主动探究和发现问题的学生。

在"得出结论"这一方面，小学一年级学生对他们讲反射角与入射角以及焦点，显然为时过早。重要的是体验直观的光线，知道平面镜的反射特点。参考学生的实验操作规范和草图给予相应的☆。

（闵行区浦江第一小学　秦能）

2. 单一任务的表现性评价

"单一"是心理学上感觉的特征之一。浅表感觉不是总体性的，是单一的感受过程。感觉的特征分为：感觉移动、感觉单一、感觉同时、感觉独立和感觉前奏。"单一"释义为"单纯的、唯一的"、"单独、只有一种"。

单一任务的表现性评价相对综合任务的表现性评价而言，其单一的特性可以表现为以下几种情况：其一，任务单一，观察点单一；其二，任务单一，观察点可以是一个也可以多个；其三，小的任务有多个，观察点单一。

（二）基于运用的途径的探索

按运用的途径分可将表现性评价分成以下几类：用于学情调研的表现性评价、课堂教学的表现性评价、作业练习的表现性评价、学科实践的表现性评价、阶段检测的表现性评价等。

1. 学情调研的表现性评价

了解学情是教师教学设计起点，也是学生学习的出发点。教师根据学生学情，设计教学目标、教学难点和教学内容。

案例7-2-4　用身上的"尺"测量

在执教"平均数的应用"一课前，教师设计了如下的表现性任务：请利用身上的"尺"来测量出学校篮球场一端A到另一端B的长度，可用工具：长50cm的钢尺。并设计任务单，引导学生小组进行分工，思考测量方案，记录测量过程、遇到的困难或问题、解决的方法等。

教师观察学生用身上的"尺"测量较长距离时的表现,了解学生学习起点,形成新课学习资源。教师认真观察学生表现并拍摄各小组活动全程。在全面分析各小组任务单的活动记录后,教师明确学生在学习"平均数的应用"前的真实起点,也有了基于学生视角的教学设计思路,通过剪辑视频图像作为教学的资源,由于课前学生经历实践活动的丰富体验,课上学生的思维被激活,彼此之间的互动与生成使学习更加有效。

图7-2-8 用身上的"尺"测量

(景东小学 陈佳峰)

2. 课堂教学的表现性评价

教师将教学内容设计成表现性任务后直接进行教学,学生在完成各种表现性任务的体验后,教师也就完成了教学任务。

案例7-2-5 多彩的民族待客之道

图7-2-9 不同民族待客之道

四年级品德与社会中有《待人接客的礼节》,教师为了让学生了解多彩民族不同的待客之道,设计微视频让学生了解白族、藏族、汉族、回族、苗族、维吾尔族、布依族等民族的待客礼节。提供其中六个民族待客时常用的用品(如下表所示),学生以小组为单位,选择民族及相应的用品,模拟真实的待客过程,让学生体验不同民族的待客之道,学生通过亲身体验这些丰富多样的民族待客礼节活动,感受中国人豪爽热情、细腻周到的待客之道。

表7-2-9 不同民族待客用品表

民族	待客用品
藏族	白色哈达 水盆 茶具一套 彩色丝巾
白族	哈达 一套茶具 彩色丝巾
苗族	酒杯 茶具 水盆 哈达
回族	羊排 猪排 哈达
汉族	座位图 茶具 主人主宾等名称
维吾尔族	茶具 面食 丝巾

(黎明小学 金晓燕)

3. 作业练习的表现性评价

表现性评价在学科作业中如能恰当应用,既可以丰富作业形式,有可以让学生运用已学的知识解决生活中的实际问题。在设计过程中,明确任务的观察点与评分规则是作业练习表现性评价设计的关键点。

案例 7-2-6 超市促销活动

在三年级数学《一位数乘整十数、乘整百数》教学之后,将配套练习册上的 B 级题:超市举行促销活动进行了再设计,任务情境基本采用练习册上的呈现形式(也可将问题进行图文设计,使其更具情境与真实性),配套设计了评分规则(如下表所示),明确了任务的观察点与评分规则,旨在通过模拟生活中的购物情景,让学生能够运用学过的计算技能解决生活中的实际问题。

表 7-2-10 学生购物评分表

学生姓名（ ）		评分规则			学生表现（等第）
		A	B	C	
学业成果	计算掌握	计算结果完全正确	计算结果有一处出错	计算结果有两处错误	
	题意理解	正确理解"优惠"的意思	对"优惠"的理解不完全正确	不能理解"优惠"的意思	
	简单应用	正确解决促销购物中的问题	有问题解决思路,结果有错	问题没有得到正确解决	

表 7-2-11 教师对 Q 同学的学生成果评价表
评价表(Q 同学获得如下的教师评价)

评价维度	学业成果		
评价内容	计算掌握	题意理解	简单应用
学生表现	A	B	C
教师评语	你在计算上的表现很棒,会正确计算一位数乘整十数的乘法。对"优惠"的意思有一定的理解,但在计算实际支付的钱数时并没有将能够便宜的钱数扣除,你要在平时的生活中(如去超市购物)多加关注和思考。		

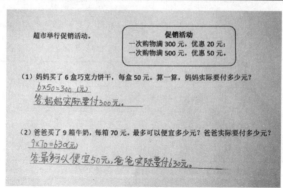

(莘松小学　数学组)

4. 学科实践的表现性评价

学科实践是让学生运用学过的知识解决生活中的实际问题,把课堂中学习到的知识与实际生活关联起来,在生活中进行实践,让学生体验"理论联系实际"的真理。

案例 7-2-7　Sweet food 甜食小调查

在牛津英语(上海版)1B Module 2 Unit 2 Food I like 单元教学中,设计了多样化的活动,让学生了解了 sweet food 的相关英语知识,并了解过量使用甜食的危害。单元教学后,设计了此英语表现性任务,让学生经历语言学习的从"学"到"用"、从"懂"到"能"的过程。学生通过调查家中的 sweet food,既让学生结合教材中的知识,关注自己的健康,同时又能让学生将课堂中学到的英语知识与实际生活联系起来,在生活中进行实践。

(吴泾实验小学　陈静)

5. 阶段检测的表现性评价

在单元、期中、期末中用表现性评价,是观察学生对于知识系统是否能够前后关联。在综合的表现性任务情境中,考察学生对整个知识体系的掌握情况。

案例 7-2-8　估测长度

至三年级第一学期,学生已经历米、厘米等长度的学习,为了检测学生在长度量感上的水平,在学期末的阶段测评中就可以设计如下表现性评价任务。

下图中,如果第一张纸条的长度是1米,那么第二张纸条长约＿＿＿＿厘米。

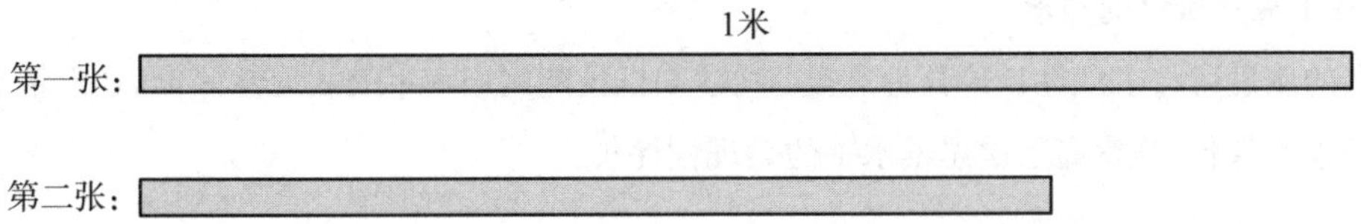

第一张：[　　　　　　1米　　　　　　]

第二张：[　　　　　　]

说说你是怎么想的?

评分规则设计如下:

表 7-2-12　估测纸条长度等级量表

等级	D	C	B	A	B	C	D
估测范围(cm)	64—66	67—69	70—72	73—77	78—80	81—83	84—86

思维表达评分规则：

A. 有理有据　　B. 介于 A、C 之间　　C. 完全说不对说不清

学生表现评价样例1：估测水平 A，思维陈述 A。

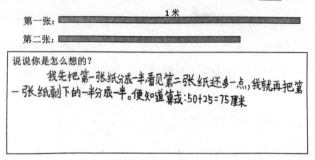

图 7-2-10　学生答题样例

学生表现评价样例2：估测水平 B，思维陈述 C。

> 第二张纸条长约 80 厘米。
> 我不知道，但我的爸爸说过不会也要猜一个，很有可能是对的。所以我是猜的。如果我错，请您帮我在旁边写上对的，谢谢您！！

（闵行区教育学院　李群）

（三）基于观察维度的探索

按观察的维度可将表现性评价分为三类：观察知识技能运用水平的表现性评价、观察情感态度水平的表现性评价、观察高层次思维水平的表现性评价。

1. 观察知识技能运用水平

学生从课堂中习得知识技能到将其运用于生活实践，这是一个循序渐进的过程，在运用的过程中，教师可以根据学生完成的表现性任务，了解其知识技能水平等掌握的情况。

案例 7-2-9　"小小讲解员"

在一年级小朋友学会查字典后，利用学校"耕读园"的真实场景，设计了"小小讲解员"的表现性评价任务：

任务导语：小朋友，下周幼儿园大班的弟弟妹妹们将来我校参观"耕读园"，学校大队部推选你为"耕读园"植物板块的讲解员，为了能够做好此项工作，你需要正确认读植物名片的有关介绍，不认识的字可以用学到的部首查字法识字。祝愿你成为一名优秀的志愿者！

具体任务：认读学校"耕读园"的植物名片上的文字，遇生字用部首查字法查找读音，经自我

练习后,正确地介绍某种植物,语速适当。

教师主要观察学生在任务完成过程中查字典解决生字的能力。

(浦江二小　语文组)

2. 观察情感态度水平

在课堂中很难捕捉到每个学生情感态度的真实表现,通过学生在完成表现性任务时表现出的情感态度,教师可以有针对性地对学生进行引导和培养。

案例 7-2-10　用'L'形遮片表示数

在执教"100 以内数的认识"一课中,教师设计了表现性任务"用'L'形遮片表示数"。

老师发给每位小朋友一张"L"形的透明遮片,任务是用这张遮片遮住一部分小圆圈,使露出的小圆圈表示 46。老师并不说明遮片的使用方法,小朋友也是第一次使用这样的遮片,观察点是小朋友遇到新任务时的学习行为表现。有的小朋友会不断地摆弄、尝试,有的成功了,有的并没有完全成功,但这并不重要,重要的是他们都有着一份执着与坚持;有的小朋友尝试后没有成功,会寻找帮助,请教同伴或与同伴展开讨论;有的小朋友初次尝试失败后开始把玩、走神。对于最后一类学生教师要倍加关注,需要通过有意识的培养,增强学生遇到新问题的探究意愿及遇到障碍后的坚持力。

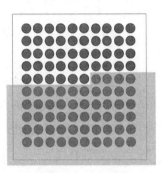

图 7-2-11　点数卡

(马桥实验小学　施卫)

3. 观察高层次思维水平

教师根据学生在完成表现性任务的过程和结果中,观察学生使用知识的能力及其高层次思维的能力,根据其表现的能力,设计高一层次思维水平的表现性任务,让学生在解决问题的过程中逐步培养高层次思维。

案例 7-2-11　数学组能赢吗?

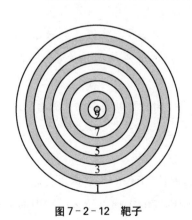

图 7-2-12　靶子

如在区五年级学业质量绿色指标调研中,设计了表现性评价"数学组能赢吗?"观察学生用知识的能力及高层次思维的水平。

题目:五年级有 6 名语文老师和 5 名数学老师,参加学校组织的射箭比赛。射箭的标靶(见左图所示)是从大到小 10 个同心圆,得分依次为 1、2、3、4……9、10。如果射在 7 号圆环内就得 7 分,射中靶心的得 10 分,脱靶为 0 分。比赛按学科分组,以抽签序号射击。

语文老师先射,射箭成绩见下左图。然后是数学老师,前 4

位老师成绩见下右图,最后轮到第 5 位数学老师上场了……

根据以上信息,你认为第 5 位数学老师射好以后,数学老师组有可能获胜吗?请说明理由。

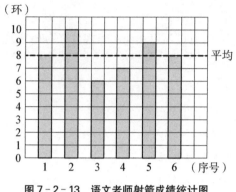

图 7-2-13 语文老师射箭成绩统计图

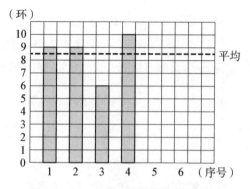

图 7-2-14 数学老师射箭成绩统计图

学生表现样例 1:语文组总分:6×8=48(环);假设第 5 位数学老师射中 10 环,数学组总分:8.5×4+10=44(分)。我认为数学组不可能获胜。就算第 5 位老师得 10 分,总分也超不过语文组,所以数学组不可能获胜。

学生表现样例 2:数学老师组有可能获胜。因为我觉得数学老师目前的平均分比语文老师的平均分高,并且前 4 个数学老师的水平都不错,就算最后一个数学老师脱靶的话,数学组的平均分也高过语文组。

学生表现样例 3:我认为有可能获胜。原因 1:虽然数学老师人少,但是平均水平比语文老师高;原因 2:数学老师不可能脱靶,因为她会计算风向和角度;原因 3:数学老师射到平均分以上的几率较高,而语文老师射到平均分以上的几率较低。

学生表现样例 4:8.5×4=34(分);①(34+10)÷5=8.8(分)(34+9)÷5=8.6(分);②(34+6)÷5=8(分);③(34+5)÷5=7.8(分)。第 5 位数学老师射的成绩为 7—10 环,就会获胜,如果 0—5 环就不能获胜,如果是 6 环就平手。

以上四个学生思维水平的表现存在明显差异。样例 1 反映出学生还不知道需要运用平均数的知识来解决;样例 2 反映出学生对平均数的"敏感性"特征缺乏认识;样例 3 反映出学生缺少基本的数学思考;样例 4 反映出学生具有较好的数学思考与问题解决的能力,思路清晰完整。

(闵行区教育学院　陈培群)

五、反思

闵行区各学校将表现性评价作为推进"基于课程标准的教学与评价"工作的主要抓手。运用表现性评价不仅可以评价学生思考的过程与方法、情感态度价值观维度的表现以及运用知识的能力水平,弥补传统纸笔评价所不能完成的评价任务,而且表现性评价能够成为杠杆,撬动课堂教学的实质性改进,可以引导教师强化课程意识与评价意识,改变教师以教学内容和经验架构教学的思维,引导教师在课程的视域下,思考课程、教学、评价的一致性问题,促进三维目标在教学中的真正全面落实。基于以上思考,明确推进目标:

其一,形成表现性评价设计与实施的操作性方法。将国内外表现性评价的理论成果运用于教学实践,探究并提炼表现性评价设计与实施的实践性经验,形成可复制推广的操作流程与方法。

其二,表现性评价的常态化运用促进教学的改进。依据课程内容标准预设学生表现,精心设计与教学目标相匹配并适宜学生充分表现的活动或任务,根据学生在知识掌握、问题表达、思维水平、合作交流等方面的课堂表现,及时调整教学进程,改进教学策略和方法,落实教学三维目标。

其三,形成低年级学期末表现性综合评价的系列。部分研究学校基于课程标准、聚焦学科核心素养,融合学校办学特色,通过顶层系列设计,能形成一、二年级四个学期期末的表现性综合评价方案。

其四,积累评价案例,初建评价资源库,搭建评价框架雏形。在项目研究的过程中,加强评价案例的研究与积累,逐渐形成"库"的规模;从评价案例使用的角度及评价目标的维度形成表现性评价的结构框架。

第三节 等第制评价的实践探索

等第制评价,又名等级评价、等级制评价,是一种模糊性评价方式。1994年,原国家教委发布的《关于全面贯彻教育方针减轻中小学生过重课业负担的意见》(教基[1994]24号)指出:必须改革考试和评价方法,在小学阶段推广"等级加评语"成绩报告模式。1997年,原国家教委在《关于当前积极推进中小学实施素质教育的若干意见》(教办[1997]29号)中明确提出:"要积极提倡小学阶段取消百分制,实行等级制,用正面鼓励的评语激励学生进步。"2001年,《国务院关于基础教育改革与发展的决定》(国发[2001]21号)重申:"改革考试内容和方法,小学成绩评定应实行等级制。"2013年,《上海市教育委员会关于小学阶段实施基于课程标准的教学与评价工作的意见》(沪教委基〔2013〕59号)提出"学校和教师要注重积累学生课堂表现、表现性任务完成情况、各类考查情况等的记录,采用等第和评语相结合的形式,综合反映学生学业发展状况。"自此,上海市所有公、民办小学整体推进"等第制评价"的改革。

一、等第制评价的历史回溯

教育评价是我国基础教育改革的重点议题之一。近几十年来,我国的教育评价普遍采用百分制。"百分制",也可称为分数制,始于西方教育测量运动,具有分值划分细致、区分度高、可比性强等特点。中国学校采用百分制最早始于清代末期。由于"百分制"评价往往与招生选拔捆绑在一起,由此造成了"一切向分数看"的"唯分数论"乱象。对"百分制"的改革,随之成为教育改革的必由之路。在此背景下,"等第制评价"作为对"百分制"的改革手段进入教育实践。追溯教育评价的历史,发现与"百分制"相比,"等第制评价"其实诞生更早,更具普适性。

(一) 等第制评价的缘起与发展:在传承中革新

"等第制评价"在中国的起源远远早于"百分制",且在大部分历史时期都一直是主流的评价方式。我国自汉代开始,学校教育中普遍采用等级记分法。如汉代太学的成绩评定分成及格和不及格两个等级,后又分"甲、乙、丙、丁"四等或"优、良、中、可、劣"五等。新中国成立不久的五六十年代,中小学的日常教学评价学习苏联采用"优、良、中、及格、不及格"五级记分法。随着教育评价科学的发展,"等第制评价"也不断改进,衍生出等第制加评语的变式,并逐渐成为现今基础教育学段的国际流行做法。

"等第制评价"在中国曾一度中断,取而代之的是"百分制"。但因"百分制"实行的种种弊病,上世纪90年代起,我国开始了以等第制评价为核心的教育评价改革。湖南、浙江、山东、吉林等地方陆续开始了"等第制评价"试点,普遍采用"等级+评语"的评价方式。其中,等级大致分为:"优秀"、"良好"、"合格"、"待合格"四级;评语强调以"优点+鼓励"为主。"等第制评价"在我国的重建并非照搬历史或外国经验,而是有创造地对评价方法的更新。

(二) 等第制评价的理论基础:人文主义

现代等第制评价的发展建立在人文主义思潮的基础之上。1980年代后,教育评价从以决策为中心转向以人为中心。美国评价专家枯巴和林肯在1984年出版了《第四代教育评价》,从心理建构的角度提出"不管是什么样的评价,也不管是如何科学、客观的评价理论和模式,在本质上都是'人的心理建构'"。人文主义思潮指导下的评价观强调"价值多元性",提倡在评价中充分听取不同方面的意见,把评价看作是由评价者不断协调各种价值标准间的分歧、缩短不同意见间的距离、最后形成一致看法的过程。余文森认为:以人为中心的评价有如下几个特点:关注人的整体性和个性发展;关注人的内在需求和实际状况;关注人的主体意识和自我体验。

(三) 等第制评价的方法论:人类学取向

顾志跃等认为:对"百分制"影响较大的方法论是系统论与逻辑实证主义。系统论思想影响了教育评价指标体系的制定。系统论的核心观点是从评价对象的全局出发考虑其要素与结构,引导人们建立一个全面完整的指标体系。该体系既要保证指标的整体完备性,不遗漏任何一个方面,又要做到各个指标之间相互独立,不交叉重复。

教育评价的目的不仅是为了证明,而且是为了改进。要实现这一目的,教育评价必须以评价对象为起点,收集信息,然后对它作出分析,提出咨询报告,为当事人或评价对象自我决策服务它在思想方法上奉行人文主义"观察、理解"的研究思路。人类学取向的方法论对等级制度评价发挥了重要影响。这一类教育评价模式借用人类学的研究方法,强调各种质性方法的运用,例如观察法、访谈法、问卷法等。因此,人类学研究思想的引入,有助于教育评价模式真正趋向被评价对象的真实原貌,获得的信息更全面,其评价信息对教育实践更具有指导价值。

二、等第制评价的实践样态

在实践中探究等第制评价。具体思路如下图:

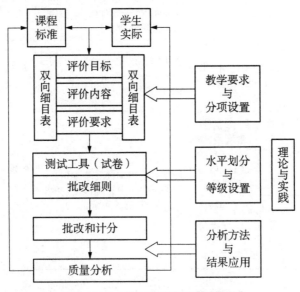

图7-3-1 "单元评价"与"期末评价"

(一)教学要求与分项设置

1. 目标研制的路径

在确定评价目标之前,命题者要先仔细梳理课程标准要求,结合学生的实际情况来确定单元的评价目标。

案例7-3-1 英语单元评价目标的设计

"课程标准——教学要求——教学目标——评价目标"这成为单元评价"目标"研制的基本路径。在四年级英语4AM4U3Weather单元评价目标的设计中,依次路径进行研制单元评价目标。

表7-3-1 某小学四年级英语4AM4U3Weather单元评价目标的设计表

学习内容	学习水平	学习要求	单元目标	评价目标
1.1 读音规则 1.1.3 常见字母组合的读音规则	A	知晓常见字母组合的读音规则	尝试运用发音规律,正确拼读含有字母组合 th 发/θ/音的单词	● 识别并正确认读国际音标 ● 能运用发音规则朗读含有/θ/的单词

续 表

学习内容	学习水平	学习要求	单元目标	评价目标
2.1 核心词汇	C	背记、理解和运用核心词汇	能用核心词汇 sunny rainy cloudy windy warm hot wet dry January February March April May June July August September October November December 等进行询问、应答、描述并能正确书写。	● 能正确认读单词 ● 能正确拼写单词 ● 能在语境中正确运用单词
4.2 句子种类 4.2.2 疑问句 4.2.2.2 特殊疑问句	C	用特殊疑问句提问，并作回答	能用核心句型 How's the weather in…? It's…进行询问、应答并能正确书写，	● 能用核心句型进行正确交流
5.2 应用文	5.2.1 基本信息 A	简单复述信件、邮件、邀请函、海报等应用文中的基本信息，如主题、内容、对象等	能简单复述邮件的基本信息，根据邮件作出正确回复，要求内容达意，格式正确。	● 能理解语篇意思，获取正确语篇信息 ● 能正确回复邮件，内容达意，格式正确。
	5.2.2 文本格式 B	理解信件、邮件、邀请函、海报等应用文；回复信件、邮件、邀请函		

此评价目标中的学习内容、学习水平、学习要求三栏引用上海市小学英语学科教学基本要求，教师根据课程标准，形成评价标准，通过水平描述，细化单元教学目标，把教学目标转化为评价目标。评价点很明确，目标比较细化，可操作。

2. 双向细目表的要素

双向细目表是测试的框架，是落实测试目标的重要工具。如何研制和表达双向细目表是等第制评价的重要任务。通过等第制评价的案例研究，可以看出在实践中"双向细目表"的基本要素。

案例 7-3-2 2016 学年第二学期五年级英语期末考查双向细目表的设计

表 7-3-2 2016 学年第二学期五年级英语期末考查双向细目表(部分)

题号	题型	能力目标			内容主题	知识点	星数	难易度
		知道 A	理解 B	运用 C				
1	听音选词	√			词汇	词汇发音与意思理解	1	0.95
2	听音选词		√		词汇	词汇发音与意思理解	1	0.86

续 表

题号	题型	能力目标			内容主题	知识点	星数	难易度
		知道A	理解B	运用C				
9	听单选择意思相同的句子	√			句法	句义理解	1	0.95
14	听问题选择正确的应答		√		句法	句义理解	1	0.92
20	听内容与问题,选择回答			√	语篇	语段理解、信息提取	1	0.84
26	听短文判断		√		语篇	语篇理解	1	0.91
35	听短文选择			√	语篇	语篇理解	1	0.80
36	听短文填空		√		语篇	语篇理解、语汇拼写	1	0.83
41	选出含有相关音标的单词		√		语音	音标识别、词汇朗读	1	0.88
46	根据图片提示把句子写完整			√	词汇	词汇拼写、词法	1	0.82
52	选择	√			词法	词法	1	0.88
62	用所给单词的适当形式填空		√		词法	词法	1	0.88
68	按要求改变句型	√			句法	句法	1	0.97
76	阅读选择		√		语篇	语篇信息提取	1	0.86
79	阅读给图片排序		√		语篇	语篇整体理解	1	0.70
83	阅读判断		√		语篇	语篇信息提取	1	0.89
90	阅读填空			√	语篇	语篇理解、信息重组	1	0.79
95	看图写话			√	语篇	语言综合运用	5	0.85

3. 分项的设置

等第制评价采用分项的方式进行,一般不设总评,以凸显精准。根据市教研室下发的评价指南、对应现用《学生成长手册》的栏目设计,各学科目前沿用的分项维度设计如下:

语文(四项):积累与运用、阅读、作文、书写;数学(三项):计算、概念、应用;英语(五项):口语、听力、词汇与语法、阅读、写话。

各学科根据年段和学科要求,对应分项维度可细化具体评价的内容,如表7-3-3语文测评分项设计表。

表7-3-3 语文测评分项设计表

项目	内容	
积累与运用	读准字音	
	认清字形	
	理解词义	
	积累和运用常见的古诗文	
阅读	阅读测试情境	为获取信息的阅读
		为获得文学体验的阅读
		为完成任务的阅读
		提取信息
		形成解释
		整体感知
		解决问题
习作	选择材料	
	组织材料	
	语言表达	
	书写及标点	

(二) 水平划分和等级设置

有专家指出：等第制评价的理想形态应形成"根据(跨)学科素养—描述不同等级的水平—根据水平设计不同类型的试题—划定评分等级—评定等级"的新路径。这是等第评价的高级形态，需要评价环境的日趋完善、评价的专业引领以及评价技术的有力支持。我们从现状出发，在能够把握的范围内进行突破，采用"借助星星对应等第"和"依据表现标准对应等第"两种方式的结合。学生学业水平一般划分为四级：A、B、C、D，对应"优秀""良好""合格""须努力"。

1. 借助星星对应等第

"知识与技能"的评价是小学学科学期评价的重要内容，由于知识点多而分散，用"依据表现标准对应等第"的方式在评价标准制定上具有很大的操作难度，不好把握。"借助星星对应等第"的方式相对比较容易操作，老师们也便于理解和掌握。

利用"星星"进行评价并不是对分数的简单取代，由于不需要总评，可以突破类似百分数命题时需要权衡题量与分值的限制，使题量与星数的设置更加基于评价标准与评价内容的合理需要与结构。如数学的一次命题，根据双向细目表设计题量和星数后，计算模块19☆，概念模块17☆，应用模块26☆。

案例 7-3-3　三年级第二学期数学期末测评水平划分

制定水平划分的操作方法：第一步，命题组教师根据命题经验各自预设 A、B、C、D 星数标准；意见较集中时取众数，意见较分散时取均值，形成水平划分（即星数转换等第的参考标准）的预案。第二步，测评结束后找一定数量（一般 10 所）的样本学校进行答卷试批，再汇总对水平划分预案的修正意见，同样取众数或均值，最后划定 A、B、C、D 星数标准，形成水平划分标准正案。

2. 依据表现标准对应等第

"依据表现标准对应等第"的评价方式类同与"表现性评价"，适用于结构开放、情境真实具体的测评任务，如语文学科中的写作与书写、英语学科中的语用任务、数学学科中生活问题的解决，也适用于各学科对学生思维与表达水平的评价以及高阶思维和综合能力的评价。

案例 7-3-4　小学英语写话评价标准

教师研制英语写话评价标准后，根据表现标准给予写话等第，比以往只关注语法是否正确、句子数量是否达标更科学，利于鼓励学生表达，提升写话表情达意的水平。批改的操作性强，评价的指引性更针对。

表 7-3-4　小学英语写话评价标准

五年级"写话"评分标准

	A	B	C	D
评价标准	紧扣情景或主题；能用丰富的句式（不少于 3 种）完整、有序地表达，内容表情达意，表述无错误或极少错误；书写规范、卷面整洁	紧扣情景或主题；能用丰富的句式（不少于 3 种）较完整、有序表达，有 1—2 处错误；书写规范、卷面整洁	基本围绕情景或主题；能用 2 种句式表达，句子逻辑顺序欠佳，有 3—4 处错误；书写较端正、卷面较整洁	偏离情景或主题；内容不完整，有 5 处或以上错误；字迹潦草、卷面凌乱

四年级"写话"评分标准

	A	B	C	D
评价标准	紧扣情景或主题；能用丰富的句式（不少于 3 种）准确、完整地表达，表述无错误或极少错误；书写规范、卷面整洁	紧扣情景或主题；能用丰富的句式（不少于 3 种）较完整地表达，有 1—2 处错误；书写端正、卷面整洁	基本围绕情景或主题；能用 2 种句式表达，有 3—4 处错误；书写较端正、卷面较整洁	偏离情景或主题；内容不完整，有 5 处或以上错误；字迹潦草、卷面凌乱

三年级"写话"评分标准

	A	B	C	D
水平表现	紧扣情景或主题；能用 5 句话准确通顺地表达，表述无错误或极少错误；书写规范端正、卷面整洁	紧扣情景或主题；能用 5 句话基本准确地表达，有 1—2 处错误；书写端正、卷面整洁	基本围绕情景或主题；能用 4 句话表达，有 3—4 处错误；书写较端正、卷面较整洁	偏离情景或主题；内容不完整，有 5 处或以上错误；字迹潦草、卷面凌乱

3. 灵活设置比率,权衡分项难度

学科中有些分项之间存在明显的难易差异,例如数学学科中,"计算"比较容易、"概念"和"应用"难度较高,分项评价之后,"概念"和"应用"两项得 A 的难度增加。需要通过灵活调整比率,使评价相对趋于合理。

表 7‑3‑5　三年级数分项评价的星数转换比例表

分项	总☆数	A 得☆	A 占比	B 得☆	B 占比	C 得☆	C 占比	D 得☆
计算	19	☆≥17	89.5	☆≥15	78.9	☆≥11	57.9	☆<11
概念	17	☆≥14	82.4	☆≥12	70.1	☆≥9	52.9	☆<9
应用	26	☆≥23	88.5	☆≥20	76.9	☆≥15	57.7	☆<15

4. 设置不同星类,体现评价激励

四五年级数学在指向能力素养高标要求处设置了两颗★(其他是☆),呈奖励形式而不占总星数,但可以用于全卷任一模块等级临界调整时的星数抵充。总体而言,这样的等级产生,一定程度达成了"模糊",以跳脱"分分计较"。

(三) 分析方法与结果运用

1. 分析方法

(1) 微观分析法:赋予星星内涵,提高评价精度

案例 7‑3‑5　微观分析法——小学三年级数学单题分析

一、题目

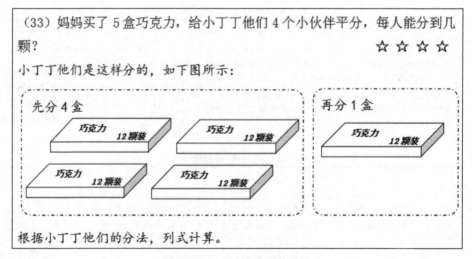

图 7‑3‑2　三年级数学习题图

二、参考答案与评价标准

表 7-3-6　参考答案与评价标准表

题号	33
答案	12＋12÷4＝15（颗）
星数	☆☆☆☆
评价说明	思路　㊀☆☆☆ 过程　☆☆★☆ 结论　☆☆☆★

三、学生答题情况及分析

学生 A：

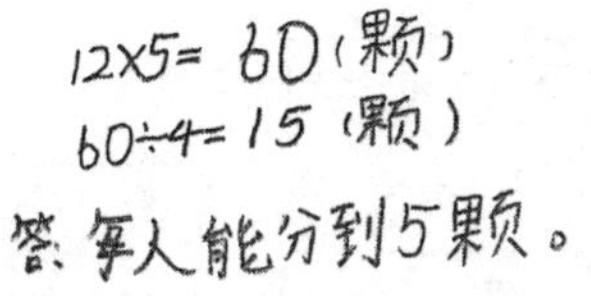

$$12\times5=60(颗)$$
$$60\div4=15(颗)$$

答：每人能分到5颗。

图 7-3-3　学生 A 解题图

评价：☆☆☆★

评价分析：思路和过程不符合分法，结论正确，得第四颗星。

学生 B：

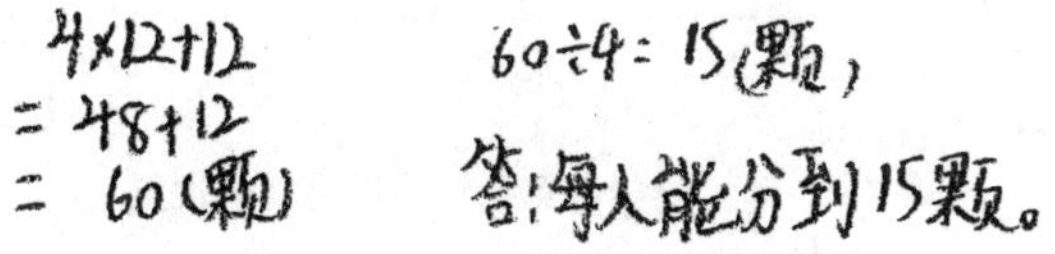

$$4\times12+12$$
$$=48+12$$
$$=60(颗)$$

$$60\div4=15(题)$$

答：每人能分到15颗。

图 7-3-4　学生 B 解题图

评价：★☆☆★

评价说明：思路上有"先分"与"再分"的意思，给一颗星，过程与分法不符，结论正确，再给第四颗星。

学生 C：

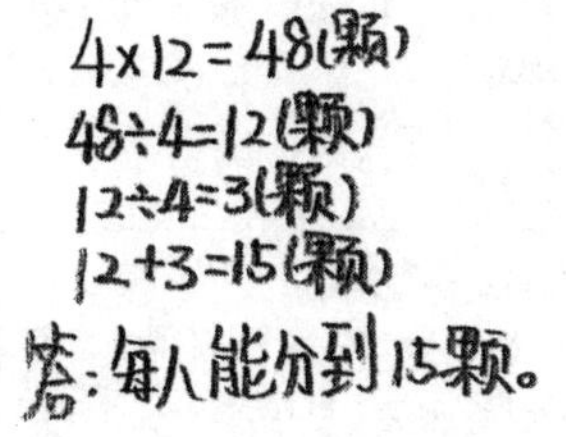

$$4\times12=48(颗)$$
$$48\div4=12(颗)$$
$$12\div4=3(颗)$$
$$12+3=15(颗)$$

答：每人能分到15颗。

图 7-3-5　学生 C 解题图

评价：★☆★★

评价说明：思路的总体方向是对的，但还是受习惯性思维的影响，缺少一点变通性和灵活性，思路可以得一星。其他没问题，总共可以得三颗星。

（2）宏观分析法：建设质量平台，提供分析模板

借助原有学业质量分析系统，设置小学等第制评价栏目，可建立学科分项指标库、定义分项等级考试、确定等级对应星值、实现星值到等第的自动转换，生成区、校等不同级别的报告，区、校分设不同权限、查阅原始数据、进行数据挖掘与分析。

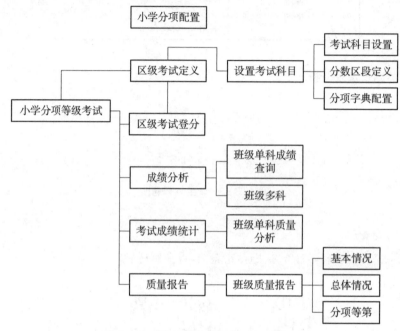

图 7-3-6 小学等第制评价平台功能设置

表 7-3-7 区域学业质量平台报告分析框架

子系统	分析内容	分析方法	结果举例	展示形式
成绩分析	学生成绩分析 班级成绩分析 年级成绩分析 教师成绩分析 学校成绩分析 校组成绩分析 全区成绩分析	一般统计分析方法： 试卷总分、平均分、标准差、知识领域、小题分、知识点得分 成绩等级 ABCD 分布、分数段分布 百分位数、 标准分、 差异性分析	不同群体学生在学科上的得分分布 不同群体学生在学科各水平等级上的人数比例	柱形图 比例图 箱型图
试卷分析	班级试卷分析 学校命题分析 校组命题分析 区级命题分析	一般统计分析方法： 学科素养得分、内容领域得分、难度、区分度、总分、标准差 数据挖掘、IRT 分析： 主、客观题与总分关系回归分析、 试卷频数分布、试题特征曲线	全区学生在试卷各题的表现 各校学生在内容领域上表现	比例图 箱型图 散点图 曲线图

续表

子系统	分析内容	分析方法	结果举例	展示形式
问卷分析	基础信息分析	一般统计分析方法： 得分率、百分比 数据挖掘、IRT 分析： 评价指标与得分率回归分析、学业成绩与环境因素的关联分析、子群体的交叉分析	学生对数学的态度 ×××因素与考试总分关系 不同答案的学生学业成绩	条形图 比例图 散点图 决策树模型

质量分析是对基于测试结果性证据进行价值判断的过程，如何对测试结果进行统计、如何进行质量分析是等第制评价需要重点研究的问题。主要的做法是设计学科测评分析模板，指导并提升学校基于数据与实证分析的水平。

案例 7-3-6　2018 学年第二学期小学数学三年级期末质量分析模板

一、对"命题与评价"的评价与建议

二、数据统计（保留两位小数）

班级 人数 教师	计算(%)					概念(%)					应用(%)				
	得☆率	A级比	B级比	C级比	D级比	得☆率	A级比	B级比	C级比	D级比	得☆率	A级比	B级比	C级比	D级比
略															
总计															

注：年级得☆率＝年级所有参考学生实得☆总数÷应得☆总数

三、答题表现分析

（一）速度概念的理解

第 17 题第 2 空	36 千米/时＝（　　）米/分
年级得☆率（保留两位小数）	

【典型作答例举（图片或描述）】

【教学分析与反思】

（二）分数概念的理解

第19题		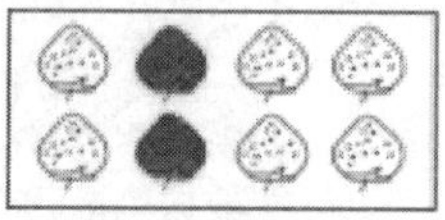	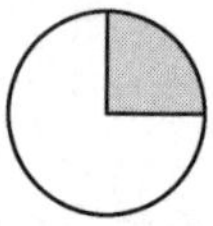
年级得☆率(保留两位小数)			

【典型作答例举(图片或描述)】

【教学分析与反思】

（三）知识的运用意识

第20题	能正确表述数量关系 (得1☆)	能运用速度、时间和路程来表述 数量关系(得2颗☆)
年级得☆率(保留两位小数)		

【典型作答例举(图片或描述)】

【教学分析与反思】

（四）面积的实际应用

第23题	一个长方形长是8厘米，宽是5厘米，最多可以剪出（　　）个边长是2厘米的小正方形。
年级得☆率(保留两位小数)	

【典型作答例举(图片或描述)】

【教学分析与反思】

（五）认知结构的完善

第29题	正确标注位置(得1☆)	思路表达合理清晰(得1☆)
年级选项占例(保留两位小数)		

【典型作答例举(图片或描述)】

【教学分析与反思】

（六）图形推理的能力

第 30 题	按规律画出第 4 幅图
年级得☆率（保留两位小数）	

【典型作答例举（图片或描述）】

【教学分析与反思】

（七）知识的实际运用

第 32 题	将来乘坐高速磁浮列车从上海到北京仅需多少小时多少分钟？
年级得☆率（保留两位小数）	

【典型作答例举（图片或描述）】

【教学分析与反思】

四、教学改进思考

撰写人： 联系电话：

学科分管负责人： 联系电话：

对测评的分析能够关注学生的实际答题表现，细分学生表现的层次与特点。关注数据的解读，分析数据所蕴含的意义。通过学生解题的表现反思学生的学和教师的教，这对于教学改进具有重要的意义。

2. 结果运用

对测评数据的分析结果的重要用途是对教学存在的真实问题加以研究和改进，实现评价为了学习、评价促进学习的价值体现。

尤其在改进分享方面，体现了学业分析的背后是师生共成长的"双驱动"链式推动。教师关注解题育人空间的分析，确定活动目标、学生真实学习差异的状态，推进课堂教学、课堂教学中设计方式的改进，推动实施行为的优化，学生关注某学科内和学科间学习领域的差异，分析存在的原因并制定适合自己的学习计划，让自己全面发展。

整体来看，等第制评价的实施形成了如下基本流程；并让各学科教师从规范性、价值性、科学性等角度开始审视"学业质量评价"的方法，这对于教师评价素养的提升具有弥足珍贵的作用。但在实践过程中，也发现了不少问题，如分项等第在评价全过程中如何设计和表达、命题和组卷如何转型、分数或星星转等第的方法是否科学、质量分析怎么做到目中有"人"等。

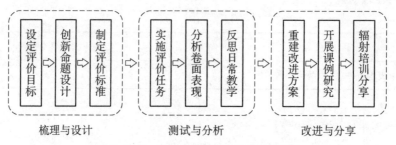

图 7-3-7 等第制评价促进教学的流程图

三、等第制评价的价值期盼

教育评价要从重视传统的鉴别和选拔的功能转向形成和促进的功能,这是当前教育评价改革的基本方向。作为评价方式,"等第制评价"和"百分制"评价没有优劣之分,它们都有诊断、甄别、选拔、改进等功能。如"百分制"因其精确性、精准性,在一定程度上能为教育提供导向,为学生提供成长动力。但是,当这种精确性置于学校录取和选拔的背景下时,则直接关系到评价的客观度、公正度与效能度。另外,因为实践普及应用的需要,在日趋频繁的评价过程中,一方面,"百分制"测量的操作变得更快捷、便利;但另一方面,其结果的反馈和应用则变得更直接、简单。百分制的操作简化、应用异化等使其功能窄化。"等第制评价"的改革实则是对评价功能转型的期待。

(一)回归"人"的发展

教育评价本身就是一个不断发展的过程。美国学者泰勒在其著名的"八年研究"(1933—1940)报告中,首次提出并正式使用"教育评价"这一概念。他早期的观点认为:"教育评价过程在本质上是确定课程和教学大纲实现教育目标的程度的过程。"1986年,在《教育评价概念的变化》中,他对该陈述做了修订,认为教育评价是"检验教育思想和计划的过程"。此认识带有鲜明的科学实证逻辑,将教育评价牢牢地定位于先设的教育目标的达成。1963年,克隆巴赫在其题为《通过评价改进课程》的论文中,把教育评价的内涵阐述为:"一个搜集和报告对课程研制有指导意义的信息的过程。"1966年,斯塔弗尔比姆对泰勒评价理论提出异议,他主张:"教育评价不应局限于评判决策者所确定的教育目标所达到预期效果的程度,而应该是收集有关教育方案实施全过程及其成果的资料,为决策提供信息的过程。"斯塔弗尔比姆的进步之处在于考虑到了先设的教育目标以外的教育问题,如潜在的学习态度等,由此扩宽了教育评价的范围。1975年,比贝把评价定义为"系统地收集信息和解释证据的过程,并在此基础上做出价值判断,目的在于行动"。比贝的定义充满了人文主义色彩,首次明确了教育评价是一项价值判断活动,是人与人之间独特的价值交往过程。教育的目的在于促进人的不断发展,那么作为教育工具的评价理应顺应教育目的。因此,教育评价的根本立场应该是促进人的发展,其价值在于通过检核促进改进行动。

长期以来,由于受"应试教育"的影响,教育评价忽视了学生发展的个体差异性、主体性和主动性,也抹杀了教师的创造性。"等第制评价"改革的出发点就是要将基础教育从"唯分数论"的评价体系中拯救出来,以等第加评语的方式凸显分数背后的那些真实的、生动的、发展着的"人"。从科学实证主义下的百分制到基于人文主义的现代等第制,评价逐渐凸显了"人性"的光辉,更加重视其内在的教育和发展性功能。

(二) 尊重实践需求

评价是基于事实和证据的价值判断。教育评价的改革不是消除某一方面的功能,而是为了学生的可持续发展,要寻求其诸多功能的平衡性。对于教育实践来讲,既要关注"基于标准"的评价,即每个个体对于标准的达成度;还要关注"个体间的差异",即每个个体在群体中的表现。基于此,形成新的评价思维、评价方法。简单地说,"等第制评价"要综合绝对评价和相对评价,形成基于事实、着眼发展、立足改进的科学性、人文性、及时性的评价。

我们在实践中越来越意识到教育评价是科学和艺术的平衡、精确和模糊的平衡、主观和客观的平衡,并且评价过程本身伴随着真实的学习历程,是动态的,而非静态的,关注和寻找个体间和个体内的差异,并尊重和利用差异的资源,改进学生的学习方式和教师的教学手段。

技术路径部分

第八章 基于学习分析技术的学业质量评价模型

《教育部关于推进中小学教育质量综合评价改革的意见》(教基二[2013]2号)提出:评价方式上,要将定量评价与定性评价相结合,注重全面客观地收集信息,根据数据和事实进行分析判断,改变过去主要依靠经验和观察进行评价的做法;评价方法上,主要通过测试和问卷调查等方法进行评价,辅之以必要的现场观察、个别访谈、资料查阅等。更多元、更全面的评价手段,需要更专业的评价技术、更科学的评价模型和更稳定的评价机制。

区域学业质量评价是区域质量监控和质量管理的重要手段,如何利用学习分析技术既突破瓶颈又稳定常规,这需要我们在理念、机制、技术层面多管齐下,协同探索。本章从技术与实践的视角,概述我们的思考和设计,总结我们的实践和成果。

第一节 区域学科学业质量评价的综合模型

从当前学业质量评价的难点突破和发展要求看,区域需要承担更多的职责和任务。一方面,要树立正确的评价观,并将其渗透、落实于评价全过程;另一方面,要明确路径、建立机制,保障评价的顺利实施。用更加人性、更加智能、更加专业的学业质量评价导引和促进师生更科学、可持续及个性化的发展。

一、基本定位

经过多年的实践和研究,全区上下渐渐形成这样的评价理念:学业质量评价必须从"全人"的角度出发,基于标准,明确方向,丰富证据,修正判据,应用技术,多元分析,从经验评价走向专业评价、从单一评价走向多元评价。

1. 应用学习分析技术,让区域学业质量评价更聚焦"人"的全面发展

学业质量评价需要回归学生真实过程,关注学生的未来发展,这需要我们在对"学业质量"内涵挖掘的基础上,进一步扩大对"学业数据(或证据)"的认识。学习分析及学习分析技术,充分尊重和重视"基于学习者"的一切数据(或证据),并聚焦"学习者"进行分析和挖掘,以期对学习者的未来进行预测和研判。其理念、目标和思路与当前学业质量评价发展的方向相吻合,利用学习分

析技术可以让学业质量评价更加凸显人性化和专业化。

运用学习分析技术可以突破学业质量评价中的部分瓶颈问题,并随着学习分析技术的不断成熟持续优化学业质量评价。在传统测评基础上,改造测评方式,增加视频分析、内容分析、话语分析等,运用聚类、交叉、决策树等数据挖掘手段,探索学业成绩变化趋势与规律,挖掘非学业因素与学业水平之间的关联性,关注学生学业质量的区域整体、学校与班级各群组的特征,关注对学生个体学业质量及其相关因素的历史纵向解释。

2. 探索过程与结果评价,让区域学业质量评价更关注"人"的持续发展

以往的区域学业质量评价只在学期末进行,是对本区学生表现的阶段性结果评价。评价较少反映学生的学习过程和背景因素对学生学业的影响。以单学科阶段结果为学业质量评价"基本单位"的方式掩饰了学生的过程质量,较难反应学生的真实状态。只有加强对学习全过程评价和背景因素评价,才能更全面地了解学业质量及影响因素,为促进学生的持续发展提供证据。

由此,区域探索了以"学生"为中心,以学习者背景数据为基础,开展贯通学习过程与学习结果的全评价(具体见图8-1-1)。这样的区域学业质量评价,从学生的学业水平分析到学生发展质量素描;从对师生的诊断与问责到"教与学"的科学发展和精准改进。

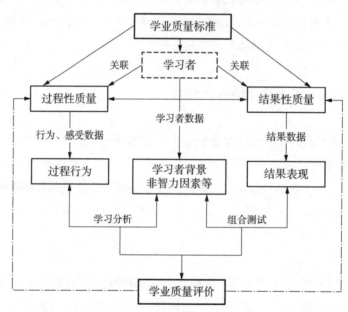

图 8-1-1 学业质量评价基本思路

二、主要措施

多年来,我们根据教育发展要求和学业质量评价改革定位,一直致力于整合运用、科学应用各类技术以提升学业质量评价的科学性、有效性、便捷性。一方面,从区域层面,探索区域整体性学业质量评价的发展办法;另一方面,从学校层面,引导其探究日常学业质量评价的突破之处。

(一) 学业质量过程评价：人工观测与自动记录相结合的多元证据采集

相对于区域性学业质量评价和选拔性学业水平测试，学校学业质量评价更侧重对学生学习状态、学习进展、学业影响、学业发展程度等方面的及时诊断和个性特点的精准发现。由此，学校日常学业质量评价，其证据除来源于常规纸笔测试的标准化数据和日常观测的经验性数据之外，伴随学生学习进程，可以增加许多非传统证据。

1. 运用"可穿戴设备"伴随采集关键性证据

学生学习过程质量如何？过去，一般依靠教师观察、同伴感觉等进行经验性评估。在某些学科的学习进程中，除经验判断外，还需要更精确、更及时的证据以更科学地评估和支持学生发展。由此，我区部分学校，引用技术手段，使用"可穿戴设备"，以精准捕捉学习证据。如平南小学针对学生体质健康质量不太高、学生间差异比较大等现象，决定要加强学生体育学习过程中的评价与干预。但是，传统化的观察法无法全面掌握全班每个个体的运动数据、传统授课模式无法为每个学生制订个性化的运动及监控方案、传统数据采集方式（搭脉搏）无法实现准确及时获取运动数据、监测的数据也无法积累与运用，由此，学校统一购买"运动手环"，学生在体育课堂学习中统一佩戴之；教师根据班级学生体质健康情况，课前为每一类学生和个性化学生设置好匹配性"预警值"，课中通过"运动手环"进行数据采集和数据传输，实时观察到每一位学生的运动强度。由此，教师在教学中及时调整方法或手段，并聚焦个性化学生进行及时性、科学化干预。同时，通过一定时间数据的积累，可以对学生阶段性体质发展情况进行综合判断。"运动手环"的使用整体提升了学生体育课堂学习的过程质量。

为了促进学生更好地学习，闵行区有一批学校正在探索在什么学科、在什么场景、如何运用"可穿戴设备"，以让基于技术应用的质量评价更好地服务学习、支持学习、促进学习。

2. 运用"机器识别"自动采集多类型证据

学生学习是一个调动多个感官，依托内容、环境和方式，促进生理与心理发生和谐变化的系统过程。在此过程中，学生既可以有显性表现也可以有隐性表现，这些"表达"都是学生学习过程状态的重要证据。但是，长久以来，因为诸多原因，它们无法被有效捕捉和识别。在智慧教育发展导引下，我区部分学校开始大胆走出传统教育评价的桎梏，探索使用"机器学习"辅助教学与评价。如蔷薇小学在研究学生"数学概念形成过程质量"的研究中，利用视频捕捉和人脸识别，以1分钟为时间单位，记录学生在数学课堂学习中的表情变化；课后通过基于机器学习的姿态分析、人脸识别、人脸关键点检测、表情分析技术等，将情绪变化通过图表形式进行反映；教师通过解读图表数据，基于课堂表情分析系统的关键技术，准确全面地掌握学生在课堂教学中的"参与度、思考度、专注度"等；基于此，对学生"数学概念形成"学习过程质量进行评价。平阳小学在"手球＋"校本课程教学中，利用视频分析和热点捕捉，开展基于深度学习的动作识别，观测和评估学生在集体运动中"规则意识"的养成。

机器学习是通过经验或数据来改进算法的研究，旨在通过算法让机器从大量历史数据中学习规律，自动发现模式并用于预测。目前，闵行区的探索还处于机器学习的初级阶段，这一方面受制于技术本身的成熟度、便捷性等,另一方面决定于教育需求或研究问题的复杂性、专业性等。

3. 运用"学习平台"跟踪采集全过程证据

随着教育大数据的兴起,对评价数据源的研究开始发生变化,不仅关注关键数据,还关注全数据及其价值。信息化学习平台在"教与学"中的常态化应用为全数据的积累提供了可能。如罗阳小学利用超星校园阅读系统、Aischool学习平台等对四年级学生的阅读行为进行全程记录和采集,如阅读篇目、阅读数量、阅读时机、阅读时间、阅读行为等,基于此,对学生阅读能力进行评价。古美高中运用电子书包、Happyclass学习平台等支持学生课前、课中、课后学习的同时,也伴随式采集和记录了学生学习过程全数据,如学科学习资源的学习时间和时机、课前测质量、举手作答次数、资源分享情况、作业时间、作业质量、生生互动及师生互动频次、互动内容等。这些数据为准确评估学生的学习习惯、单元学习过程质量等奠定了基础。

基于智能化学习平台的使用,让自动化采集学习全数据得以初步实现。但是,这些学习平台对学生学习的适应性、匹配性,以及基于学习平台积累的海量结构性、非结构性数据的分析、挖掘和使用等问题,还需要进一步研究。

(二)学业质量结果评价:基于组合测评和专业模型的智能化数据挖掘

长期以来,区域阶段性、整体性学业质量评价一直是区域教育质量管理的重要手段。如何让区域学业质量评价在功能上更丰富,操作上更便捷,设计上更科学,闵行区做了多方面探索。在理论上,继承传统,整合运用了CTT、IRT、CIPP等多个理论模型;在技术上,强化了技术的组合开发和适应性运用。

1. 建设平台,让学业测评数据得以汇聚和沉积

基于信息化的学业质量评价是教育发展的必然要求。闵行区通过多年实践和研究,建设了"信息化学业质量评价智能系统"(包括问卷子系统、指标子系统、考试子系统、数据挖掘子系统、分析报告子系统),让中小学学业质量评价更加规范化、自动化、智能化。该系统一方面按照国家规定的相关专业和技术标准,规范定义了所有子系统数据的格式、层级、标准及相互关系,包括基础信息(学校、学生、教师等)、考试数据、问卷数据等,对其进行了统一编码,这使得历次学业质量评价数据能够汇聚,形成数据仓库;另一方面,该系统进一步规范了学科命题、问卷调研、阅卷批卷专业要求和技术流程,明确了数据流向,确定了数据全过程中的责任主体和服务对象。这让所有学校、所有学生的所有学科的学业质量评价数据得以积累,逐渐形成学业评价大数据。

该系统已完成576,066人次的学业水平测试,21次区级问卷调查,已生成区级学科质量报告513份,积累数据35.3G。借助这些数据区域可以实现对学校、教师、学生的横向比较和具体评价,也可以进行纵向追踪和开展发展性评价。

2. 运用模型,让学业数据挖掘更加科学和便捷

区域学业质量评价大数据的积累,为进一步数据分析和深度挖掘提供了可能。多年来,闵行区回归育人本源,从学生终身学习和学校教育的可持续发展角度出发,细化和明确了学业质量测评目的,基于此,整合运用多种技术手段,优化数据分析方法,形成数据挖掘模型,并将其植入平

台,初步实现智能化数据分析。闵行区"信息化学业质量评价智能系统"继续运用 CTT 的基本方法,对区域和学校的学业水平进行基本统计和基础分析,如百分等级、众数、中位数、标准差、标准误差、差异系数、方差、峰值、超 X 均率、全距等。除此之外,聚焦"教与学"的改进和发展,综合运用了 IRT、等级相关系数法、符号动力学原理、支持向量机模型等加强了对数据的分析和挖掘。如基于学生个性化成长和发展预测的需要,运用 IRT 模型,实现对每一个学生的潜能测评;基于学生学业发展影响因素的干预需要,运用线性回归、决策树分析等方法,对学业水平的影响因素进行了挖掘;基于教师分层教学和学生改进学习的需要,运用聚类分析方法,从知识点、能力水平等多个角度进行聚类挖掘;基于学业质量评价的可持续发展,对试题质量进行评估。

总之,闵行区在《中国教育现代化 2035》《教育信息化 2.0 行动计划》等引导下,聚焦于"立德树人"的根本任务,区校协同、点面结合、分步推进,在实践中逐步优化了全区学业质量评价观念,探索了技术支持下的区校学业质量评价的改革办法。

三、一般路径

对于区域教育发展来讲,要将理念、观念、方法和技术纳入常态化学科学业质量评价过程中,才能发挥其实践价值。由此,需要借助信息化技术,严格规范评价环节,科学开发测评工具,明晰评价全流程,将结果应用到教育日常,这需要稳定学业质量评价运行路径。

1. 学业质量评价技术路径

让学习者数据、学习环境数据、学习过程数据等和学业水平数据一样,成为学生学业质量评价的有效证据,并基于目标和指标成为关联证据。由此,区域不仅建设了技术支持下的数据采集和汇聚平台,收集和测量各类数据或证据,还对数据或证据的运用方式、技术要点、结果导向等进行了规范和说明。具体路径和流程见图 8-1-2。

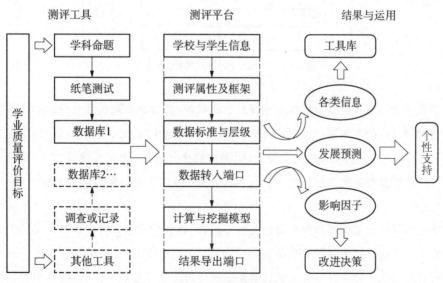

图 8-1-2 学业质量评价的技术路径

"学业水平＋"的评价模式,基于证据的评价要求,指向发展预测的评价目标,既让所有的学科、所有的学校的学业质量评价更加规范有序,又给予所有学科、学校以评价的自我规划权、自主选择权,让评价更符合学科实际、学校实际和学生实际。

2. 学业质量评价工作路径

基于学习分析技术的学业质量评价,因其设计的专业性、数据(或证据)的多元性、技术的复杂性、结果的应用性等因素,需要凝聚多方专业力量方能突破。由此,闵行区建立了由"决策组、专家组、工作组、保障组"组成的学业质量评价工作团队,开展基于质量标准和评价标准,伴随学生成长、作用于教学日常、服务于学校发展的学业质量评价。具体工作路径如图8-1-3。

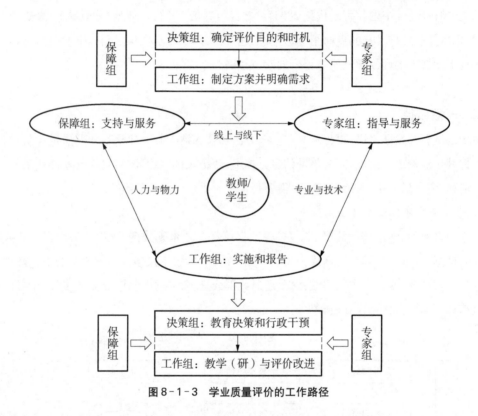

图8-1-3 学业质量评价的工作路径

区域学业质量评价决策组由教育局分管教学副局长、教育学院院长和分管教学副院长组成。主要对学业质量评价的方向进行定位,为评价实施提供制度保障和时空保障,并对评价过程和结果进行综合评定,聚焦师生发展和质量提升,明确行政干预方法,如制度建设、人员调整、资源调配等。学校学业质量评价决策组根据学校具体情况组建,其功能与区域学业质量评价决策组基本相同。

区域学业质量评价工作组由教育局相关科室科长、教育学院教研室主任和各学科教研员、区域学科中心组等组成。其主要职责是制定评价方案、开发评价工具、采集评价数据、分析处理数据、形成评价报告、组织分析反馈等。学校学业质量评价工作组由教导主任、教研组长、骨干教师等组成。

　　专家组包括数据专家、评价专家、教学专家等,专家组为区域统一聘任。他们为评价方案的制定提供专业咨询,在评价过程实施过程中帮助工作小组解决业务难点和瓶颈问题,并根据评价结果为决策和改进提供建议。专家组既为区域常态学业质量评价提供支持,也为学校日常学业质量评价提供服务。

　　保障组由教育学院相关部门和第三方合作组建,合力为评价的实施提供硬件支持和技术保障。

　　基于学习分析技术的学业质量评价,既是区域教育教学的常规工作,也是当前区域教育发展中的关键环节。技术路径的开发和明晰、工作路径的制定和实施,既为学业质量评价的日常质量提供了保障,更为学业质量评价的持续发展明确了方向。

第二节　基于学习分析技术的评价应用子模型

　　作为区域常态化的中小学学业质量评价,我们在确定主要流程、基本路径、专业规范的同时,还需要根据评价目的、功能等,明确评价手段和工具,细化分析与挖掘方法,形成具体的评价理论模型和操作模型,以让评价更好地实现智能化、科学化。我们根据区域实践和研究,主要建构、形成了四种评价子模型。

一、聚类挖掘子模型:指向因材施教

　　"因材施教"是中国古老的教育智慧,也是提高教学质量的重要原则。在班级授课制下,如何根据学生的基础和需求,进行分类教学,是学校教育面临的现实问题。过去,按照水平进行分类的"分层教学"因为教育公平、组织社会学等多方面原因,收效甚微。如何利用学习分析,对学生进行更加全面、真实、客观的诊断,以让学生接受更有针对性的教学。由此,我们选择了"聚类"挖掘,探讨"学业质量分析的聚类子模型",想以此捕捉学生的学习特征,并在一定范围内进行"因材施教"。

　　1. 基本模型

　　聚类分析与挖掘是机器学习中非监督学习的重要方法。它可以在大量数据中自动总结出一定的规律,百万学生100个维度的计算仅仅需要数秒时间,系统可以根据大数据自动发现各种学生群体的认知分类,并定位学生名单。

　　"聚类挖掘模型"是从"学生发展"角度进行的数据挖掘和结果分析模型。我们主要使用了"知识点聚类"和"能力聚类"两种方式。即可以对学生的"学科知识"、"相关能力"等进行聚类分析,然后根据聚类分析的结果,将具有共同属性和特征的学生,进行多信息关联分析和需求分析,基于此,对特征群组的学生开展针对性地教学改进和课程开发。其基本流程见图8-2-1。

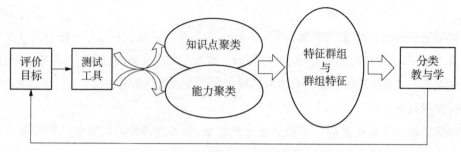

图 8-2-1 指向因材施教的聚类挖掘子模型

聚类挖掘的样本学生可以根据需要进行选择,如可以对全区所有学生进行聚类挖掘,也可以对某所学校的全体学生进行聚类挖掘,还可以对某所学校某个具体的班级进行聚类挖掘。不同样本群体的选择,既可以由行政决定,也可以由评价结果应用的对象自主选择。

2. 应用方式

知识点聚类是指在各个分类中,由聚类指标的均值绘制成星状图,进而考察各类指标的具体情况。所谓星状图是用来表示多维数据的图形方式,它用 n 边形的 n 个节点来表示指标的数值状态,观察使用者可以很容易地通过描述多边形的形状特征来表述数据的状况,哪条线比较长则说明对应指标的数据高。

如图 8-2-2,是某次数学学业水平测试的知识点聚类。其参考标准是图中最右下端的完整

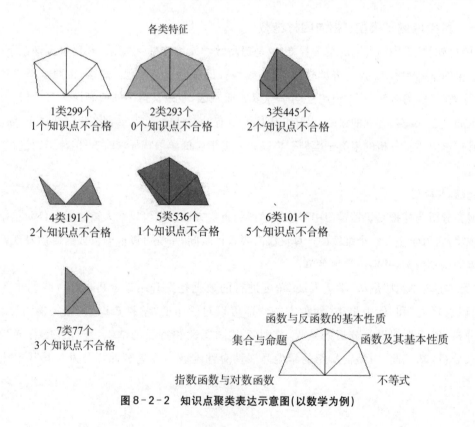

图 8-2-2 知识点聚类表达示意图(以数学为例)

形状图,按照聚类结果,可以把参加此次测评的学生分为七种类型。每一类学生的特点由该图与标准图比较而知晓。如第1类学生在"指数函数与对数函数"这个知识点的得分率稍低一些;第2类学生的指标分布最均匀,所有的知识点得分率都是合格的;第4类学生的指标分布不均匀,并且指标得分出现了缺失,明显表现为该类学生在"函数与反函数的基本性质"知识点上得分为0,这说明要尤其对这批学生加强这方面的数学训练。同理,利用观察多边形边长的方法可以直观分析出第5、6、7类学生在各知识点上的得分情况。

能力聚类采用相同方法进行。每次学业质量评价,可以按照评价目的,灵活选择聚类的视角和聚类的方式。既可以是知识点聚类、也可以是能力聚类,综合两种聚类方式,可以把学生分成不同的群组,然后根据群组的知识掌握情况和能力情况,进行针对性教与学。但是,具体采用哪种聚类方式,选择多大样本,按照什么进行聚类,要根据评价的目标、命题框架、实际需要等而定。

二、潜能分析子模型:指向学涯规划的改进

1. 数学模型

在学业质量评价中,潜能测评即通过各类证据,综合或分类评估学生的"潜质"或"倾向"。其基本原理是通过学科、知识点、能力层次分组试题的多级IRT模型,以达成率分级(一般平均划分成5级)来倒推学生的学科潜能或能力潜能。

潜能测评模型的基本思路是建立观察变量$(x_1, x_2, \cdots, x_p)$和潜在变量$(z_1, z_2, \cdots, z_q)$的关系

$$P(x_i = 1 \mid z) = g[(\theta_0 + \theta_{i1}Z_1 + \cdots + \theta_{iq}q) \quad (i=1, \cdots, p) \tag{1}$$

其中,P是试题i的通过率,$z_1, \cdots z_q$是潜能,$\theta_0, \theta_{i1}, \cdots, \theta_{iq}$是模型参数,而$g$是一个函数。在本研究中采用了单维度双参数潜能模型上述模型简化为:

$$g = g(z) = 1/(1 - e^{-\alpha(z-\beta)}) \tag{2}$$

其中α是区分度,β是难度参数。α_i与β_i分别是试题i的区分度和难度系数。在项目反应模型中,一般来说,难度是通过率为50%处所对应的潜能值,区分度是50%通过率交叉点曲线的斜率。猜测率尽量应当在命题中避免,因为一个不为零的猜测率使得上述模型复杂化。因此,我们一般不考虑猜测率不为零的情况,即模型只有两个参数。

(1)回归和参数测量

潜能模型或项目反应模型(IRT)通常用最大似然方法,蒙特卡罗方法进行计算,有关回归计算的理论和方法Baker和Kim(2004)给出了详细的评论,Baker和Kim也给出了潜能计算方法。其方法核心是经验贝叶斯理论和MMLE(Marginal Maximum Likelihood Estimation)。在MMLE方法中,似然函数定义为:

$$lm(\theta) = \log p(x_m; \theta) = \log \int p(x_m \mid z_m; \theta) p(z_m) dz_m, \tag{3}$$

双参数模型中,p 就是公式(2)中的 g 函数。通过计算,就可以为每一个试题,获取其产生 $\theta = \{\alpha, \beta\}$。

(2) 特征曲线

双参数项目反应曲线是项目反应模型的特征曲线,它是试题得分率 P 与潜能的关系。如图 8-2-3,其中,左图为模拟特征曲线图,右图为某次纸笔测试第 13 题的真实特征曲线图。

左图具有如下特征:第一,学生潜能极低时,试题得分率是 0,而学生潜能非常高时,试题得分率是 1(100%);第二,p 与潜能的关系是非线性的,在高分阶段,微小差别,对应的潜能差别很大,即需要更多的努力或潜能,而且,越高的分数提高越需要更大的潜能支撑;第三,非线性特征也说明潜能的测量误差比较大,因此需要在评价评估中考虑这个因素。

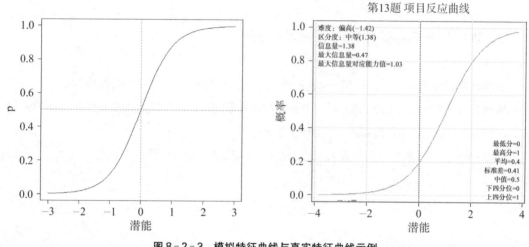

图 8-2-3　模拟特征曲线与真实特征曲线示例

潜能模型或项目反应模型是评价学生行为的客观维度,这是一种对传统学业质量评价的改进。传统学业质量评价中试题的区分度和难度系数是人为设定的,主观特征明显。项目反应模型可以从试题得分率推出决定学业成绩的内在能力,即潜能,这在各个学科中可对应于学科的核心素养。

(3) 潜能计算方法

以两参数模型(2)为主要模型,设定(3)为似然函数,通过 MMLE,可以计算出试题的区分度和难度参数。从理论上,在得知一个试题学生的得分率后就可以以(2)计算出试题所对应的潜能。但是这样每个试题都有一个潜能值,如何把每个潜能值转化为最终的潜能?使用下面计算方法可以解决这个问题。

$$\hat{z}_m = \underset{z}{\arg\max}\{p(x_m \mid z_m; \theta) p(z_m)\}. \tag{4}$$

即计算每个学生得分率的后验统计分布,然后取最大值对应的潜能参数值作为学生的潜能最终评价。即不仅仅对总分进行对应潜能评测，而且对一个知识点或能力层次进行更细致的潜能测量，以从总体和能力维度方面评价学生的潜在素质。如数学总体潜能反映了学生数学的潜能或核心素养。

图 8-2-4 是根据经验贝叶斯最大似然方法计算出的学生潜能统计分布。最高潜能得分者的潜能得分是 3.00（得分率 0.975），即定位为最高千分之二的学生，而在得分率评估中只能确定到 2%。可见潜能评估能够更好地评价学生。

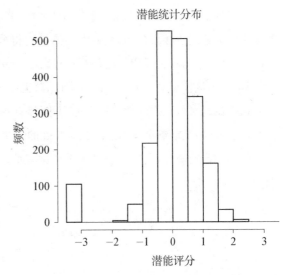

图 8-2-4 学生潜能统计分布基础模型

（4）试题误差消除

IRT 模型可以用每一道试题为每个学生计算其内在潜能，多个试题获得的平均潜能（最优估计）是学生的最终（最可能的）潜能评测，它的误差最小。这说明在理论上，潜能评分与试题无关，两次不同考试，可以等值，即潜能是一样的，差异仅仅来自误差。

2. 应用方式

（1）潜能测评模型的学科应用

首先，基于标准和学情，利用纸笔测试的方式对学生学业水平进行评价。用学科总成绩（总得分率）对学生的潜能进行计算。如图 8-2-5 就是某次全区数学学业水平测试与学生总潜能的

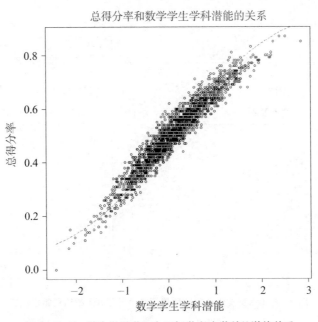

图 8-2-5 某次学科学业水平与学生该学科总潜能关系

关系图。这是一种非线性关系,符合 IRT 的要求,即分数很低的学生对应的潜能很低,最低潜能的学生分数逼近于零得分率;最高潜能的学生得分率逼近于满分。总得分率与潜能的关系是倒置的 S 形状,这与项目反应理论预测具有高度一致性。

其次,用该模型对每道试题进行了计算,见图 8-2-6。每个曲线代表一个试题,曲线峰值处代表这个试题对什么样的学生最敏感,即能够有效测量的这类学生。如右下角的曲线峰值在 3.5 左右,这个试题最能够挑选出潜能在 3.5 处的学生;左下角的图中的 4 个试题,对于潜能为 −1.8 左右的学生比较敏感,这类学生明显水平比较低;右边中部的图中的试题,能够很好地反映中等能力的学生情况。

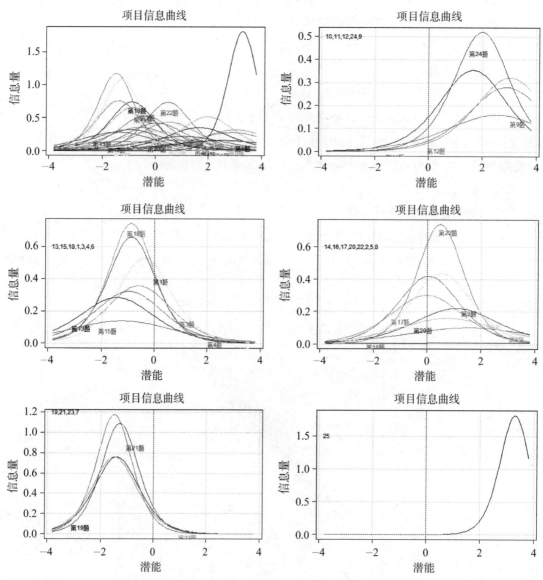

图 8-2-6 某次学科学业质量评价中基于 IRT 的信息特征曲线

由此可见,固定试题难度,该模型可以评估所有学生潜能,这对于学生学科学业发展的预测、学习生涯计划的调整具有重要意义。反之,则可以评估试题质量,进而建立区域学科试题库。

(2) 潜能测评模型的跟踪检验

由于每一次考试都可以进行项目反应模型建模和分析,都可以测量学生的潜能。所以,在日常教学过程中,可以通过阶段性持续的跟踪应用,以更科学、更精准地预测学生潜能,基于此,助其私人定制学涯和职涯规划。

例如我们通过同一群体三年前后对比来数据实证。我们选取了10 800名初中预备班质量监测分数作为分析样本,先按照传统的经典测量模型计算了结果,基于此,将学生分成A+++,A++,A,B,C,D,E,E+,E++。针对同一个数据样本,我们按照上述(5)进行项目反应模型建模,按照(6)表示的方法进行潜能测量。这两种评价的人数结果表1所示。

表8-2-1 传统评分与潜能评估的结果比较

		传统评分等递							
		A	B	C	D	E	E+	E++	E+++
潜能评估	A	1 307	359	0	0	0	0	0	0
	B	112	1 337	102	0	0	0	0	0
	C	2	627	1 322	106	0	0	0	0
	D	0	2	508	1 247	172	1	0	0
	E	0	0	5	312	978	202	0	0
	E+	0	0	0	3	116	820	59	0
	E++	0	0	0	0	0	3	122	20
	E+++	0	0	0	0	0	0	0	174

我们发现基于CTT的传统评价与基于IRT的潜能测评结果有差异。如传统评分为A的学生潜能中有8%潜能为B,甚至有两例潜能评分为C;传统评分为B的学生中,有15%的学生潜能为A,有27%的学生潜能为C;其他各类也有差异。

我们追踪评分为"A"、潜能为"A、B"的两类学生三年后的中考成绩情况。结果发现:当年两类评价都为A的学生群体(1 307),三年后中考数学成绩都相当优秀;但当年评分为A但潜能评估为B的学生群体(112人),三年后的中考平均总得分率只有0.85(结果见表2)。这证明了"潜能测评模型"的更准确的解释力和判断力。

表8-2-2 某群体数学学业质量结果跟踪对比

观察群	预备班数学成绩	预备班潜能评级	中考数学平均成绩(得分率)
1	A	A	0.97
2	A	B	0.85

我们同时跟踪了数学评分为 A 但潜能评估为 C 的一名学生,其数学中考学业水平处于后端位置。一方面,我们调研了该生三年内的日常学习状态,如数学学期阶段测验结果;另一方面,我们对班主任和任课老师进行了调研。发现该生性格开朗,为人热情,同伴关系和师生关系融洽,学习态度端正,有艺术特长,综合能力较强,平时数学学业成绩比较稳定。由此,我们对该生高中学科学涯提出了发展性建议与意见。

潜能测评是学生能力评价的重要方法,它突破了经典测量的局限,深刻挖掘了教育测量数据的新内涵。但是,在当前教育文化中,潜能测评模型尚需要在"家、校、社"在学生发展取向、教育价值观念等方面高度认同的基础上,方可进行广泛性、常态化使用。

三、决策树分析子模型:指向关键因素干预

不同的学生影响其学习的主因素可能不同,这种不同在不同学科上也可能有不同的表现。若能寻找到此关键因素,则"教与学"事半功倍。但是,如何寻找到影响学生的关键因素,则需要基于证据并进行科学分析。由此,我们选择并实践了"决策树分析模型"。

1. 基本内涵

决策树有监督学习模型,但用于教育质量分析,是一种无监督学习行为和教学过程绩效的规律自动发现算法。方法是通过将成绩和学生、教学观察各种因素的数据关联,决策树自动发现成绩成因的数据路径。分析采用了 Minelite 数据分析和挖掘软件。它是使用非常广泛被各行各业认同的机器自动发现规律的算法,不仅可对数值型数据进行探索,更重要的是可对文字型数据进行计算和自动探索。通过决策树分析可以寻找最影响学业成绩的是哪些非智力因素。决策树分析的具体步骤可以分为调用数据、判断分类、形成树模。

2. 应用方式

要寻找关键因素,首先要假设可能存在的影响因素。即要根据学生年龄、学科、地域文化等多方面情况,预设影响学生学业水平的可能因素,然后据此形成问卷框架、开发具体问卷,并在与学业水平测试的同时,对同样本展开调查。然后通过决策树模型建立学业水平(或潜能)和其他因子的关系,探索影响学生学业质量的影响因子。

(1)整体和分项应用

具体应用时既可以对所测学科(单学科或多学科)、所有样本进行整体分析,也可以选择某个模块(知识模块或能力模块)进行分项分析。如下图是我区某次高一期末学业质量评价中,影响因素(问卷)与学生数学潜能的关联分析。本次问卷调查共 10 个因子、100 个问题。关联分析发现,数学总潜能仅仅和问题 Q2 相关,和其他几十个问题相关很弱。Q2 是关于学生数学学习自信的调查,其中 abcd 四个选项是自信缺失或自信比较弱的回答,具体见图 8-2-7。

但是,如果把数学子能力与问卷进行关联分析,发现学生数学抽象能力与多个因子有关,除了与数学学习自信心有关,还与"课后行为"、"师生关系"相关,具体见图 8-2-8。

综合潜能评分与基本信息异界问卷因素相关性的决策树模型
测试：数学–高中一年级期末质量监控考试
样本：全体学生

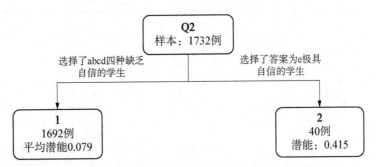

图8-2-7　基于决策树模型的学生综合潜能与问卷因子的关联分析

函数与潜能评分与基本信息异界问卷因素相关性的决策树模型
测试：数学–高中一年级期末质量监控考试
样本：全体学生

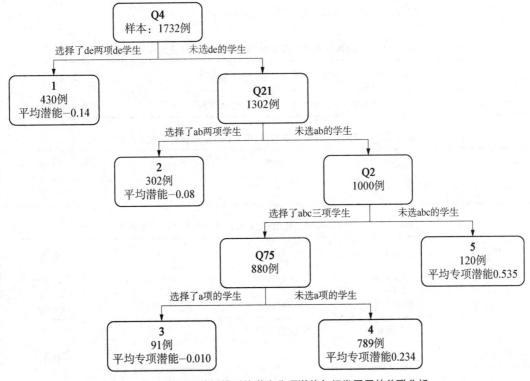

图8-2-8　基于决策树模型的学生分项潜能与问卷因子的关联分析

（2）分层和分类应用

除了以所接受评价的所有学生为整体进行分析挖掘外，还可以根据学生的学业水平或学习风格等，对学生进行基于决策树模型的分层或分类分析。如在某次全区初二年级的期末学业质量评价中,通过决策树模型发现:影响全区初二学生各学科学业质量的第一关键因素相同,都是"学习兴趣",但第二关键因素、第三关键因素等有一些差异,具体见表8-2-3。

表8-2-3 影响某届初二学生学业质量的关键因素

	语文	数学	外语	物理
第一要素	学习动力（学习兴趣）	学习动力（学习兴趣）	学习动力（学习兴趣）	学习动力（学习兴趣）
第二要素	校园学习文化（学校教学秩序）	学习动力（学习自信心）	学习负担（学习量）	学习动力（学习自信心）
第三要素	学习动力（学习自信心）	学习负担（学习量）	师生关系（彼此信任）	专业素养（教学责任心）
第四要素	学习负担（学习量）			学习负担（学习量）

为进一步了解影响不同学业水平学生的关键因素,我们把学生分为三个类型,即前25%、中50%、后25%进行分类分析。结果发现,关键因素差异明显。

表8-2-4 影响某届初二绩优生(前25%)学业质量的关键因素

因素	语文	数学	英语
第一要素	学习兴趣	学习难度	学习动机

表8-2-5 影响某届初二中等生(中50%)学业质量的关键因素

因素	语文	数学	英语	物理
第一要素	学习兴趣	学习难度	学习难度	学习难度

表8-2-6 影响某届初二后进生(后25%)学业质量的关键因素

因素	语文	数学	英语	物理
第一要素	学习兴趣	情境教学	学习量	学习兴趣
第二要素	情境教学	学习兴趣	学校教学秩序	学习量
第三要素	学习量	学校教学秩序	学习量	学习动机
第四要素	相互尊重			鼓励自主

基于决策树模型的影响因子的捕捉和诊断,为"教与学"的改进指明了方向。在具体应用过程中,为了更完整地进行分析挖掘,有时我们还会结合"回归分析方法"进行辅助挖掘,并形成综合分析报告。但是,在具体应用过程中,是控制影响因素还是运用影响因素,究竟在什么范围内、在什么场景中利用影响因素,如何控制某些因素,各个区域、各所学校要根据校情而定。

四、多因素分析子模型：指向学习生态优化

决策树模型更多分析的是影响学生学业质量的关键因素。但是,对于学生发展来讲,其身心状态、投入情况、学业环境等也是其质量的重要组成部分。对这些因素的调查和评价,对于学生学习生态的优化具有积极意义。为此,我们开展了多因素分析子模型,以区域、学校、学生群体为单位,对各类因素进行评价。

1. 基本内涵

根据教育部《中小学教育质量综合评价改革》、《上海市中小学生学业质量绿色指标(试行)》等文件精神和要求,我们构建了《区域绿色指标基础问卷》(具体见表8-2-7),并参照学习心理和学习策略的有关理论,根据不同学段学生的学习习惯、学习风格、学习策略等,影响学业成就的深层因素,增加设计了《学生学习风格及学习策略问卷》、《学生阅读习惯与行为问卷》子问卷。

表 8-2-7 绿色指标基础问卷框架

	一级指标	二级指标	问题类型
综合问卷	学生学习动力	压力承受度	程度符合型问题
		对学校认同度	程度符合型问题
	学生学习负担	睡眠时间	客观数据型问题
	校园文化	学校课程管理	程度符合型问题
		学校教学秩序	程度符合型问题
		学校教育活动	程度符合型问题
	社会背景	父母受教育程度	客观数据型问题
		父母从业职业	客观数据型问题
		家庭文化资源	客观数据型问题
		家庭活动时间	客观数据型问题
学科问卷	学生学习动力	自信心	程度符合型问题
		学习动机	程度符合型问题
	学生学习负担	作业时间	客观数据型问题
		补课时间	客观数据型问题
	学生学习方式	自主学习	程度符合型问题
		合作学习	程度符合型问题
		探究学习	程度符合型问题
	教师教学方式	因材施教	程度符合型问题
		情境教学	程度符合型问题
		鼓励自主	程度符合型问题
	师生关系	相互尊重	程度符合型问题
		公正平等	程度符合型问题
		彼此信任	程度符合型问题

同时,参照相关学者的研究成果,选用并改编了"学习策略量表、学习风格问卷"等工具,形成指标和问卷库。

2. 应用方式

每次学业质量评价,我们根据评价定位和要求,从问卷库中抽取指标和问题,组成问卷。基于对问卷的信、效度分析,然后从以下两个方面进行具体的分析和挖掘。

(1) 相关分析

评价指标之间也具有一定的内在关联性,这种关联性让"教与学"的干预可以有更多的选择和方法。例如在一次问卷调查的评价指标中,"教师专业素养"和"师生人际关系"的两两相关系数最高,指数达到0.79,"学生学习方式"和"学生学习动力"的两两相关系数是0.78,说明这些指标之间具有很强的关联性,可以互相促进,提高其中一个指标可以带动另一个指标的改进。

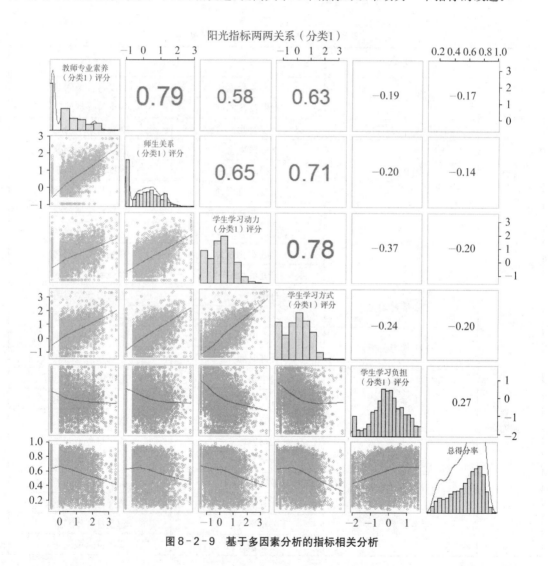

图8-2-9 基于多因素分析的指标相关分析

（2）整体分析

学生和学校具体情况怎样？我们参照"绿色指标测试办法"对所有评价指标进行分析，并用可视化图表呈现各个指标之间的差异及每个指标与区域常模（或平均值）之间的差距。

如我们在某次调查中对全区所有学校的"一级指标"行了整体分析，并用雷达图进行结果表达。对比可以发现，A学校在七个指标上都表现突出；B学校学生学习负担较重；C学校需要关注学校教学秩序。

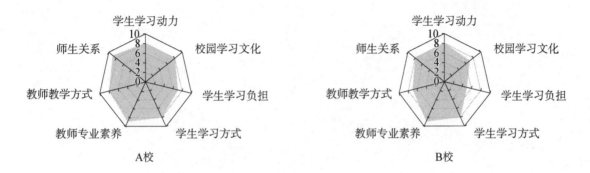

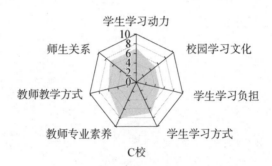

图8-2-10 基于多因素分析的校间一级指标对比

我们同时对部分二级评价也进行了分析。如从学习动机指数上看D学校需要关注学生的学习自信心，提高学生的学习兴趣；E学校需要关注学生的学习动机，增强学生的学习自信心。

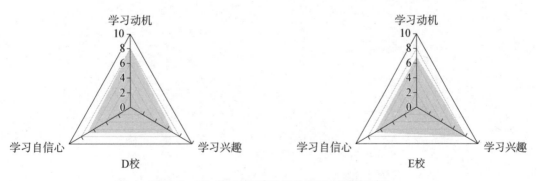

图8-2-11 基于多因素分析的校间二级指标对比

315

教育目标是立体的,学科教学目标是三维的,每一个学生都是独特的生命体,所以,学业质量评价需要运用若干指标、多个维度、多种手段、多个分析模型。"学业水平+"的评价模式,"试卷+"的评价手段,可以给予学生较为综合的评价——对过去学业经历的诊断、当前学习状态的判断以及对未来学业发展的预测。综合多次评价,结合日常经验,可以对学生的主要问题、优势潜能和未来发展方向进行比较科学的预测。这样的学业质量评价更人性、更科学、更系统!

第九章 区域学业质量评价结果的反馈与应用

教育教学改进是一个连续发展的过程,倘若依据泰勒提出的课程要素,将目标、内容、实施和评价四个环节作为教学改进中的一个周期,那么评价就是贯穿前后不同周期、实现教学改进的桥梁。从评价自身来看,一个完整的评价则包括评价前的准备、评价的实施阶段、评价结果的处理及评价信息的反馈四个连续环节。缺少任何一个环节,都不能完全发挥评价的功能。[①] 因此,有学业质量评价,就必然存在评价结果的反馈应用,它的价值在于了解并诊断、改进学生学习,进一步帮助教师找到教学的弱项、有针对性地改进教学方法和教学手段,从而不断提高教学水平,还能提高应用主体的参与性、充分发挥评价实效性,起到促进教与学改进的价值作用。

第一节 区域学业质量评价的反馈定位

我国教育十分重视评价及其反馈工作,2002年教育部颁布《关于积极推进中小学评价与考试制度改革的通知》等文件,旨在改变应试教育背景下成绩单唯分数论的弊端,力图更加全面地评价学生的综合素质。同时并针对评价反馈局限于传统成绩单的情况,在上海、福建、山东等地相继进行了学生学业报告改革,推出了《学生综合素质评定报告单》《学生成长记录册》等手册,主要由学生综合素质评价与阶段性学业成绩报告构成,在评价主体多元化、评价内容多维性、评价方式科学客观和全面性等方面有了改进,然而在使用过程中也逐渐出现了诸如评价指标随意、信息模糊、评价形式大于意义等新的问题。为此,2013年,教育部出台《关于深化教育领域综合改革的意见》,强调要健全教育监测评价机制,着力研制学生综合评价指标,探索建立中国特色的教育质量监测办法,强调了公布各县(市、区)对辖区内所有学校的监测结果。[②]

[①] 郑亚娟,马静. 全程性教学质量评价反馈模式的构建与实践[J]. 辽宁教育研究,2004(7):70—72.
[②] 教育部关于 2013 年深化教育领域综合改革的意见[EB/OL]. http://www.gov.cn/gzdt/2013-03/01/content_2342987.html. [2013-04-13].

一、教育评价反馈的常见问题透析

现代教育评价理论认为,"教学质量评价的目的不在于证明,而在于改进"①;它不是为了奖惩学习、证明教师教学水平的高低,而是通过评价发现教学中存在的问题,寻找改进的措施,真正体现"以生为本,以师立校"②。其中,充分利用教育评价反馈促进每个学生的进步,是提高教育效能和改进学业质量评价体系的必然诉求。尽管评价反馈在理论上说具有诸多重要价值,但在教育实践中其实效却大打折扣。针对评价反馈存在的不足,有研究者③做了具体深入探析:

第一,评价反馈大多局限于呈现结果,而缺少专业性、实用性的解释与分析。目前,在大数据背景下的教育评价报告注重数据搜集与分析,它常常以"数据分析"和"对策建议"作为重头戏,缺少或直接跳过了相应解释部分。导致教育实践者一方面看不懂"数据分析",一方面又认为"对策建议"脱离实际。即便有评价报告涉及到评价结果解释,往往也只停留在表面,并且主要基于自己立场和目的,例如行政管理者的"解释"主要用于鉴定或排名;学校出于改进的自我"解读",往往缺少专业知识,更多依据经验判断……类似解释往往难以分析教育教学中的深层问题,有待于聚焦教学改进,从不同立场进行更客观、更科学、更实用的解释分析。

第二,评价反馈偏于精致的技术性分析,没有考虑对象情况,导致应用者参与度低、难以贯通实践应用。随着数据挖掘和信息技术发展,评价测量和统计分析技术性不断提高,表现为更多的统计公式、专业术语及符号,缺少一个语言转换和实践解读的过程,即将数字转换成通俗易懂的描述性解释,将统计分析结果置于一定框架下,进行贴近实践的二次呈现与解读。从而拉近评价研究者与教育应用者的距离,融入应用者实践经验,深入分析教育优势工作的影响因素和有效举措,探寻薄弱环节原因分析、改进建议,并进一步在评价与教学实施中,建构并形成持续解释以及对改进措施的监控追踪体系。

如此可见,教育评价结果的反馈应用,有待进一步改进和转型。概而言之,从传统测评走向促进学习的反馈机制,包括:(1)在内容侧重上,将静态的分数报告转向动态的整合分析,在区分结果、评估质效之上更要注重结果的解释、结合具体对象归因分析;(2)在形式类型上,实现信息化、多样化,注重应用主体参与开展分层数据挖掘、精细化分析;(3)在跟进举措上,注重结合应用主体提出针对性改进建议,并建立教研支持与决策管理保障机制,充分发挥教学诊断和学习诊断的功能,最终促进学业质量提升。

二、教育评价反馈与学业质量报告

学业质量报告,是目前世界各国都广泛采用的一种评价反馈,它也是一个传播、解释评价信

---

① 教育部关于 2013 年深化教育领域综合改革的意见[EB/OL]. http://www.gov.cn/gzdt/2013-03/01/content_2342987.html.[2013-04-13].
② 教育部关于 2013 年深化教育领域综合改革的意见[EB/OL]. http://www.gov.cn/gzdt/2013-03/01/content_2342987.html.[2013-04-13].
③ 王薇.解释学视角下学校评价结果解释研究:问题及内涵[C].2015 年教育评价学术年会.

息的过程。① 作为学业质量评价的重要环节,它不仅是将教学结果信息用于教学改进的桥梁,同时也是一种学业信息交流的手段。② 从教学、学习与评价之间的关系来看,评价结果的报告与反馈,主要将收集到的反映学生学习、教师教学的信息数据与评价指标进行比较,得到有关学生学习和教师教学的有用信息;检测学生完成预定学习任务的程度,诊断教学问题所在,供教师开展个别化、有针对性的教学和辅导。它以"测试依靠技术、结论源自证据、解读产生行动"为指导思想,从而形成"学习→测试→诊断→改进"的良性循环,详见上图。③

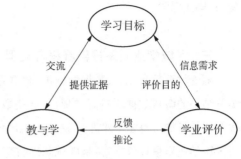

图9-1-1 评价循环圈:一种教、学与评的模型图

一个好的学业报告应该全面、完整、有效地向不同的对象呈现并解释丰富的评价信息。④ 其最基本的内容主要有:(1)参照常模或课程标准的成绩记录,常常包含学习课程名称、完成时间、平时成绩以及最终成绩和等级评定;(2)课程信息,主要指学生在校学习课程的完成情况、能力发展等;(3)针对反馈对象的解释分析及改进建议。通常采用的形式包括:字母等级制、数值型分数(百分制、百分位制或等级制)、核查表、评语、档案袋以及评分规则:(1)字母等级制、数值型分数以及核查表,相对比较简洁、明了,但因为所提供的信息较为简单,难以充分地描述学生学习概貌、学习和发展状况,特别是学生学习的优点与不足;(2)评语,或称之为评语报告,可以通过学业成就描述提供与预期学业成就要素相关的优缺点个性化信息的潜在作用,但评语撰写依赖于教师的写作和分析技能,过多评语也加重了教师工作量;(3)档案袋,内容信息较多,能对学生的成就提供丰富的图景,但缺乏良好的组织和标准参照,往往流于形式,并未达到深度理解;(4)评分规则,主要基于标准给出单个学生学业成就的总体图景、汇总全体学生的行为表现来评估课程和教学,用以检验特定学生群体汇总成绩,并判断课程对不同类型学生的适切性,有利于向利益相关者提供判断学生学业水平的依据,其用途多样,也能减轻类似评语的工作负担,但目前并不成熟,还有待于完善和推广。⑤

由此可见,学业报告的核心功能和价值在于:(1)信息公开、双重问责,即对教育公平和教育绩效的问责;(2)提供参照标准、基于证据的判断与决策内容,即学生知道"什么"、多大程度上(How well)达成课程标准,并形成可靠、有效的信息作为教育行为改进及决策的基础;(3)在政府、学校、家庭及社会多方实现信息共享及系统的质量保障,特别是大规模学业成就的质量检测下的共同

---

① 何珊云.澳大利亚普通高中学业评价:框架、程序与报告制度[J].当代教育科学,2010(20):30.
② 刘胜男.学业报告卡:意义阐释、内容逻辑和质量保障——基于美国伊利诺伊州学业报告卡的研究[J].教育发展研究,2013,(20):46.
③ 刘辉.促进学习的评价:从报告分数到建立反馈机制[J].当代教育科学,2016(4):29—32.
④ 何珊云.澳大利亚普通高中学业评价:框架、程序与报告制度[J].当代教育科学,2010(20):30.
⑤ 周雁南,邵朝友.一种有效的学生学业成就报告形式:评分规则[J].当代教育科学,2007(12):34.

参与、协同保障。[1]

三、区域学业质量报告流程与类型

随着教育信息化、大数据的推进，教育系统存储并记录了有关学习者背景因素、学习过程和学习结果的海量数据。然而，如何从这些数据中挖掘出改进教学系统、提升学习效果的信息，在教育评价领域一直是个难题[2]，这也正是区域学业质量报告所要突破的关键所在。由此应运而生的区域学业质量评价报告，是区域基础教育学业质量监控体系的重要组成部分，也是教育评价反馈在区级层面的具体应用与体现。

有鉴于评价反馈的重要价值，针对前述教育评价反馈中缺乏专业深入挖掘，缺乏解释、转换与应用者参与等问题，闵行在基础学业质量监控及中小学学业质量分析系统中特设专门的报告子系统，建立教育质量分析报告制度。它以推进素质教育、提高教育质量为宗旨，以学年度分析报告为成果呈现形式的中小学教育质量分析评价报告制度，以期对教育教学质量做出全面、客观、科学地分析，总结经验、发现问题、提出改进教育教学工作的思路和措施。

区域学业质量报告是多方面评价的综合体现，它主要采用CIPP全过程评价模型，融合了背景(Context)、输入(Input)、过程(Process)以及结果(Product)四方面评估。其中，背景评价，即在环境中评价学生的需要、问题和机会；输入评价，主要采用的教学资源及方案；过程评价，对学习过程表现的评估、伴随性数据的获取；以及结果评价，对目标达到程度所做知识及能力表现评价。为了全面评价学业质量，研制将运用问卷调查了解学生背景、用课堂观察/教学评价/综合督导评价教学输入，用表现评价/信息平台评价学习过程，以学业质量测试进行结果评价，由此挖掘数据、诊断分析，提出改进建议，整合形成学业质量报告。

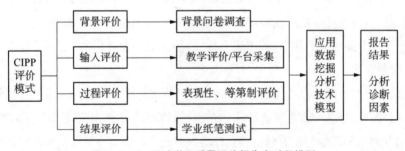

图 9-1-2　区域学业质量评价报告全过程模型

从其内涵来看，学业质量评价报告主要指向学生发展，重心不在评教而在评学；从技术角度来看，它注重数据采集与分析，形成学业质量的相关判据（证据与依据）并针对性地加以改进提

---

[1] 刘胜男. 学业报告卡：意义阐释、内容逻辑和质量保障——基于美国伊利诺伊州学业报告卡的研究[J]. 教育发展研究，2013,(20)：46.
[2] 恽敏霞，刘辉. 基于学习分析技术的区域性中小学学业质量综合评价模型[J]. 上海教育科研，2014(12)：24—26.

升;从反馈对象及目的看,包括两大类型:①旨在改进学习的"学生学业报告",主要向学生、家长等提供学生学业及相关发展情况,并结合学生自身特点和相关条件加以分析,从而针对性地给出学习诊断、促进自主提升的学法指导和建议;②为促进学习而着眼于改进教育教学的"区、校学业质量报告",主要基于学习分析挖掘关键因素,在相关证据及依据基础之上进一步探索教学干预、教研改进以及相关管理决策。如下表所示:学生学业报告与区、校学业质量报告,其核心都聚焦于学生学业成就水平、都指向学业质量的改进与提升,不同在于所反馈对象与涉及范畴,也由此在核心与相关内容、数据解释分析与改进策略方面各有侧重。

表9-1-1 学生、学校、区域三类学业报告一览表

报告类型＼特征	核心内容	关联内容	解释分析	反馈对象	改进策略
学生学业报告单	学习水平(过程+结果)	学生学习表现(习惯、策略、风格)及其他方面发展	个体学业成就、作品档案、评分规则及评语,以描述成就水平与努力方向	学生、家长、教师等核心群体	数据描述呈现、基于学生发展评估优劣,扬长补短(长善救失)、行动改进
区、校学业质量报告	学习水平、表现及其他方面发展、校内校际差异、区域总体情况	学生学习背景(教师教学、校内文化、家庭支持等)因素;教师区域教研、学校的区域资源调配及相关决策等	学校及班群数据分布;数据挖掘(相关、聚类、回归、IRT潜能分析等);学科教研及学段分析;以探索原因与改进举措,规划实施教学干预及管理决策	教师、学校领导、区域相关部门及上级主管单位	数据挖掘、基于证据及证据链论证规划,引领并开展教学干预及相关实验研究

另外,评价本身也需要不断发展和完善,由此形成评价反馈应用的另一端,即通过系统反思(再评价)的方式对区域学业质量评价的工具及相关平台加以改进和完善。最终,所有信息资料汇入区域教育质量数据库,详见如下"区域学业报告反馈与应用路径图"。

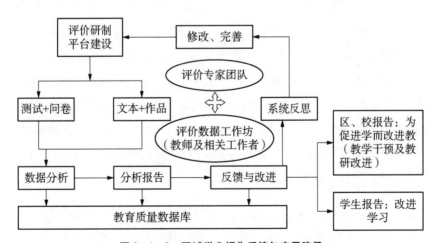

图9-1-3 区域学业报告反馈与应用路径

综上可见,学业报告反馈及应用有着重要的教育价值意义,一是提供丰富学业信息的报告,着重呈现结果并进一步解释分析,从而使得评价成果的挖掘、展现及其效用最大化;二是针对性地提供关于评价结果的适切性信息,从而促进后续教育教学改进和政策与管理完善。① 它强调运用多种评价方法来收集关于学生学习的信息,持续地向学生、教师和家长提供学生在掌握学习标准上进步的证据,让学生及家长了解并诊断自己的学习,明晰改进、提升的努力方向;强调让教师充分掌握学生学习结果及过程状态,也分析自己的教学优劣,进一步开展数据挖掘与原因探索,还重在为教育教学改进提供依据与证据,从而提升教育决策、相关教研支持与管理的针对性、科学性。其中的评价工具研制,是一大关键,且并非一劳永逸、一成不变的,而是需要通过评价反馈及再评价而不断完善、改进。

为提升评价反馈的解释与推广应用成效,闵行学业质量评价报告反馈应用,还额外注重发挥专业人才力量:一是借助评价专家团队力量,深入开展数学挖掘与学习分析,并将与学校实践相对接地加以解释和分析;二是开设"评价及数据工作坊",分别从(1)知道并解读教科研、教育教学评价中常见的数据来源与数据意义;(2)会使用常见的数据采集、分析与可视化工具;(3)掌握基于数据进行教育教学决策的基本流程;(4)知道如何通过数据来支撑、佐证并改进教学、开展教育科研四大方面的目标要求,对教育实践管理者、教研员及教师开展相关评价培训,将他们既作为评价反馈的受众,又作为评价推广应用的二次解释者,以此提升反馈应用的推广面和实用性。

第二节 区域学业质量评价报告及应用

一个好的评价报告应该全面、完整、有效地向不同的对象呈现并解释丰富的评价信息,而不只是一个分数、一个等级这么简单。② 学业质量报告需要关注三个要素:第一,报告定位,对于区域报告来说,更多的指向更精准地预测和更科学地发展;第二,报告内容,基于评价目标、框架、结果等如实呈现评价结果,并结合实践进行专业性解释;第三,报告对象,根据对象属性、特征等,结合评价结果,有针对性组织和表达。

基于学习分析开展区域学业质量评价,从多方面测量学生学习阶段性成就并收集学习过程及背景数据,然后将分析结果反馈给学习者、教师和教育行政、教育业务部门,这便是区域学业质量报告的核心任务。倘若从改进学与提升教的主旨角度看,它主要包括学生学业质量报告与区、校学业质量报告两大类。其中,学生学业报告的反馈应用,主要是针对学生学业成就及其他学情而做出学生学习分析及建议,旨在促进学生全面发展而改进学习;而区、校层面的学业报告反馈应用,则是在学业数据的深度挖掘、分析论证之上,做出相应的教学干预、教研引领、跟进性决策及保障等,旨在促进教师教育教学的改进。

---

① 王蕾.大规模考试和学业质量评价[M].北京:高等教育出版社,2013:179.
② 何珊云.澳大利亚普通高中学业评价:框架、程序与报告制度[J].当代教育科学,2010(20):29—32.

一、区校报告:指向教研、管理、培训的一体化改进

(一)区域报告

基于学业质量评价报告反馈的教育教学改进,是一项系统而长期的工程,需要综合诸多要素,融入教学日常,形成相应的内涵与保障机制。

基于学习分析的思路,区、校学业质量评价报告反馈应用,需要经历评价目标体系制定、背景因素分析、学习过程分析、学习结果分析、行动改进环节进行整体性架构(见图9-2-1)。目标在于:更好地理解学习发生的过程,进而考虑如何改进学习经历或学习发生的环境,以实现:(1)从结果性评价扩展到过程性评价、背景因素评价的范围拓展;(2)从简单判断发展到基于证据的判断(包括依托评价工具的开发进行证据搜集与写实性材料记录)的技术提升;(3)从凭借经验印象教学转变为对判据的综合教学改进的三大转变。①

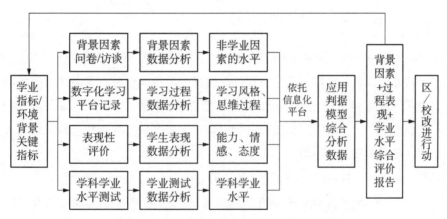

图9-2-1 从学业质量评价到区、校行动改进②

1. 反馈机制

从实践操作来看,其基本流程是:评价数据搜集与分析——学业报告反馈——学与教的改进——教研、培训等相关支持机制。数据搜集与分析,是前提;学业报告反馈,是核心,需要做出相关判断,提炼观点与启示;学与教的改进、教研训相关支持等则分别是教学、教育层面应用的行动举措。一方面主要根据学生学习学情,做到学生身心健康、学业态度、学习习惯提醒,并探索学业退步、进步波动提示,临界学生、大波动学生预警等,促进学生学习的改进;另一方面,通过区域学业质量平台的数据挖掘,对学生的学业成绩、学习风格、学习习惯、学习策略潜能深度分析结果,区域及校际之间加以反馈分析,找准问题,促进教师为学生推送个性化学习资源及指导,真正将评价报告用于诊断、促进教学改进和学生个性化干预;另外还在区域及学校采取教研、管理等改进措施,实现教育整体配套改进与提升。如此,形成区域学业报告反馈应用的三个层级体系(如下图)。

---

① 恽敏霞,刘辉.基于学习分析技术的区域性中小学学业质量综合评价模型[J].上海教育科研,2014(12):24—26.
② 同上注。

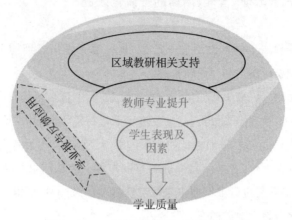

图9-2-2 区域学业质量评价得应用机制

2. 报告流程

评价目标体系。评价目标体系反映了全面的学业质量观,是整个评价的核心部分,也是学业质量报告及其反馈应用的重要指向。它主要以关键指标及评价参考点作为评价依据,包括学业指标和环境背景两类指标,学业指标体系在微观上形成了学科教材知识点体系、在宏观上形成了学习素养,并且建立了统一的学业目标程度标准(学科能力水平标准);环境背景指标包括社会、家庭、教师、学生等相关因素关键指标。

背景因素分析。主要通过问卷调研或系统自动分析学生学习动力、学生学习负担、学生学习方式、学生间人际关系、教师教学方式、师生人际关系、教师专业素养、校园学习文化、社会学习环境、校长课程领导等背景因素,并进行学生成绩和问卷调查答案的交叉研究的决策树分析等数据挖掘,发现影响学生学业成绩成败的主要因素。

学习过程分析。一是运用数字化学习平台记录学生学习行为数据,教师在平时运用表现性评价搜集学生表现证据,及时记录写实性材料,进行事实判断;二是对纸笔测验难以检测的内容开展表现性评价,对照细化课标、制定评价目标;开发表现性任务;形成评分规则。教师根据表现性评价结果调整教学,对学生进行个别化干预;学校将表现性评价获得的评价数据记入学生成长档案中,学校将数据录入信息化平台形成数据库,进行横向、纵向的对比分析,寻找学生学习的共性和个性问题,跟踪学生成长过程,进行表现性评价结果和学生学科测试结果的关联分析。

学习结果分析。对学习结果报告按全体、抽样、特征群体等进行分类分析,在测试和问卷结果分析与解释时,综合分析学业和非学业因素,关注学生学业质量的区域、学校、班级差异,关注纵向发展数据,对学生学业质量及其相关因素的历史纵向解释。进一步引介概化理论、项目反应理论模型(IRT 分析)、聚类分析模型,对学科学业水平测试开展深层次数据分析;注重学业考试与背景因素潜在规律的挖掘,探索学业成绩变化趋势与规律,挖掘非学业因素与学业水平之间的关联性;动态扩展数据挖掘模型和结果呈现,将学业质量评价的结果用于对学生学业诊断及高级思维能力的跟踪监测,将来扩展到对学生学业发展跟踪与诊断。

改进行动要求。 区域教育业务和教育主管行政部门提供更深入的教学分析,并作为决策依据以改善现有的学校课程设置等,调整和改进教学方法,合理安排教学内容和进度,进一步提供更适合学习者需求的各种学习资源和支持服务;据学业评价报告反馈,针对性地进行教研和培训,改进和完善相关课程设置与教育决策及管理保障等,多方面协同,实施精准干预。

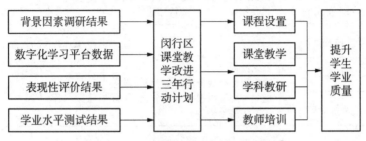

图 9-2-3　区域教育教学改进行动路径①

围绕评价目标及相关指标,运用背景问卷、数字化学习平台记录、表现性评价和学科学业水平测试等评价工具,进行背景因素评价、过程评价和结果评价;应用判据模型综合分析评价数据,评估学生的非智力因素、学习效果和学习状态,并围绕知识点、能力进行聚类,化分类型群组并提炼群组特征,将可视化的学习分析结果反馈给教师,为教师因材施教、分类实施教学与调整、跟进提供信息和依据。

3. 主要框架

区域学业质量报告需要运用区域电子信息系统及学业质量评价数字化平台,采集背景数据、表现性数据、教学过程数据和纸笔测试数据,其分析框架主要包括成绩分析、试卷分析与问卷分析三大主要部分。

表 9-2-1　区域学业质量平台报告分析框架

子系统	分析内容	分析方法	结果举例	展示形式
成绩分析	学生成绩分析 班级成绩分析 年级成绩分析 教师成绩分析 学校成绩分析 校组成绩分析 全区成绩分析	一般统计分析方法: 试卷总分、平均分、标准差、知识领域、小题分、知识点得分 成绩等级 ABCD 分布、分数段分布 百分位数 标准分 差异性分析	不同群体学生在学科上的得分分布 不同群体学生在学科各水平等级上的人数比例	柱形图 比例图 箱形图

---

① 恽敏霞,刘辉.基于学习分析技术的区域性中小学学业质量综合评价模型[J].上海教育科研,2014(12):24—26.

续表

子系统	分析内容	分析方法	结果举例	展示形式
试卷分析	班级试卷分析 学校命题分析 校组命题分析 区级命题分析	一般统计分析方法： 学科素养得分、内容领域得分、难度、区分度、总分、标准差 数据挖掘、IRT分析： 主、客观题与总分关系回归分析、试卷频数分布、试题特征曲线	全区学生在试卷各题的表现 各校学生在内容领域上表现	比例图 箱形图 散点图 曲线图
问卷分析	基础信息分析 问卷作答分析 问卷与成绩关联分析	一般统计分析方法： 得分率、百分比 数据挖掘、IRT分析： 评价指标与得分率回归分析、学业成绩与环境因素的关联分析、子群体的交叉分析	学生对数学的态度 ×××因素与考试总分关系 不同答案的学生学业成绩	条形图 比例图 散点图 决策树模型

区域学业质量报告可由平台自动生成基本报告，在此基础上，则会结合具体内容、情境、要求等加以调整、改动。总体来说，主要包括如下基本部分：基本情况；总体分析(得分、等第、能力、分布)；学业结果分析(主客观题得分、试题参数、特征、函数分析)；学业表现分析(成绩等第、知识块等分、能力水平)；学习素养；绿色指标分析(绿色指标、决策树)；问卷关联分析等。

4. 应用办法

在教育决策与行政管理方面，区域学业质量评价报告的反馈应用，主要是通过整体反馈、教学视导与课堂评价等落实的。首先，教育局牵头，决策组参与，面向所有学校校领导，召开全学科、单学科的整体分析反馈会。会议上，工作组阐释主要结果，确定改进举措。决策组提出发展方向，确定发展目标，并结合综合评价指标和其他数据(如电子成长档案、学生综合活动管理平台等)，聚焦教育质量，对行政相关科室和业务相关部门(如教研、师训、干训、科研等)，提出融合性、整体性改进要求。

以教研为主要部门的工作组，通过学业质量评价，会对自身工作提出整改和发展计划。一方面，作为评价工作组，从优化评价观念、改进评价技术、优化评价工具等方面提出改进，促进评价的专业性和科学性；另一方面，从教研和培训的有效性、系统性、针对性等方面进行规划或计划，促进区域教育教学质量的优质、均衡发展。

(二) 学校报告

1. 报告主要内容

学校层面的学业质量评价反馈主要采用"一校一报告"的方式。相比学生学业报告，学校报告所牵涉范围和要素更广，它借由学生考试成绩与学习能力考察的情况分析教师教学及发展，并将其放置、镶嵌于一定的教育情境之中动态分析和改进。在实施时，依据区域绿色指标研制学校报告指标，主要从学业成绩、能力情况，结合学习动力、负担以及个性、品德等其他方面综合看待学生发展，同时融入教师教学方式、校园文化、家庭支持等因素，形成如下学校报告的所涉及的评价指标体系。

表 9-2-2　学校学科学业质量评价整体框架

一级指标	二级指标	三级指标	主要汇报点
学生学业水平	考察能力	记忆能力	能够回忆辨识概念、现象、观点
		理解能力	能够解释、推断、归纳现象或思想
		推理能力	根据事实或者观察结果形成某种想法或观点的能力
		问题解决	对问题表征方式、解决策略、解决过程和解决效果
		批判创造性	对自己和别人的观点进行反思，提出质疑和进行独立分析的能力，能根据实际情况，独立思考，提出问题，创造新形象或新事物的能力
	成绩分析	标准达成度	各学科达到合格水平以上的人数比例、各科成绩合格率
		成绩均衡	学生学业成绩的总体分布状态描述
			学生学业成绩的差异分析、分布状态描述
			各学校之间差异分析、分布状态描述
学生学习动力指数	学习自信心	自我能力	对自己学习能力的信心
		困难意愿	克服困难、努力学习的决心
	学习动机	目标预期	有学习目标设定、取得优秀学习成绩的信心
		内在动机	喜欢学习、学会解决问题兴趣
	学习兴趣	外在动机	外在表扬、激励、批评和失败等因素对学习影响
		情绪感受	觉得学习是否有趣
		兴趣变化	学习兴趣在提升还是下降
学生学业负担指数	学习压力	学习压力	抓不住学习重点、方法不当、遇到困难时的焦虑
学生其他方面发展	身心健康	身心发展	健康水平、体能、心理、品德行为
	个体技能	动手能力	校内兴趣活动、校外拓展、获奖
	成长体验	实践参与	校园活动参与、社会实践、自主管理
教师教学方式指数	情境教学	情境教学	学习任务设置、讨论、案例等应用、结合实际、时事的情况
	因材施教	分层教学	不同类型学生实施不同的教学方式、作业布置和评价方式
	鼓励自主	指导实践	鼓励用不同方法、思路等解决问题
	组织合作	合作意愿	喜欢小组合作解决问题
		合作方法	主动进行合作，并且有恰当的方法
		合作效果	对合作学习的效果满意，能合作学习取得进步
		对学生负责任	耐心讲解问题，关心学生
校园学习文化指数	教学秩序	秩序安全	学生遵守纪律、学校秩序井然、校园很安全
		教学规范	教师不占用学生的学习时间

续表

一级指标	二级指标	三级指标	主要汇报点
家庭影响指数	教育投入	经济投入	每个月孩子教育学习费用情况
		精力投入	对孩子教育的规划、陪伴情况
	背景信息	家庭结构	祖辈为主、父母自带、混合家庭、单亲家庭
		教养风格	权威式、放养式、协商式

校级报告主要沿用如上平台生成的报告内容板块,并结合学校情况增加学科、学生群体以及班级课堂等分布情况;区域总体报告基本也沿用如上样式,其中1.0版与学校报告雷同;2.0版本突显了学科、校际分析;新近3.0版本则援引专业团队,基于不同研究问题有设计、有结构性地补充数据,加以整理并深度挖掘、分析。

2. 学业水平框架

不同学段因其学业质量的发展目标不同,所以,其学业水平的报告稍有差异。如学段越高,学业水平报告中越注重相对评价。如案例9-2-1为某次某校高三学业质量评价中学业水平部分的报告框架。

案例9-2-1 某校高三学业质量评价之学业水平报告框架

序号		具 体 项 目
一	横向对比分析	(一)本校各科各校参考人数
		(二)本校各科平均分
		(三)语数英及其他学科箱形图
		(四)校语数英总分各校偏差率
		(五)校语数英总分平均得分率及标准差
		(六)校语数英总分分数段分布情况
		(七)校语数英总分达线情况
		(八)校临界生情况
		(九)各学科偏差率
		(十)各学科平均得分率及标准差
		(十一)各学科等级分布情况
二	纵向变化分析	(一)本届高三与高一语数英总分关键百分比对比
		(二)18年与17年高三第一学期期末语数英总分分数段占比对比
		(三)本届高三与高一语数英总分偏差率对比
		(四)18年与17年高三第一学期期末语数英总分偏差率对比

续表

序号		具体项目
		(五) 18年与17年高三第一学期期末语数英物化政历学科偏差率对比
		(六) 本届高三与高一语数英物化偏差率对比
三	学科细致分析	(一) 知识块掌握情况
		(二) 认知能力表现情况
四	需要特别关注的临界生	(一) 25%～30%过线学生
		(二) 30%～35%过线学生
		(三) 85%～90%过线学生
		(四) 90%～95%过线学生

旨在为促进学生学而改进教师教的学校学业报告,是将学习分析结果应用于学校的个别化指导和干预,这是研究的难点和可能突破的探索。然而"目前真正能够实现干预的工具很少,大多是提供学习过程的各种评估由教师来实施干预。自动干预将成为学习分析技术未来具有发展潜力的方向。"[1]为此,我们正在尝试创建性个性化学习系统,主要是在教师基于自身素养的教学干预之外,试图根据学习者的学习风格选择合适的学习资源,根据需求推送资源,按照学习路径给予学习建议,并且帮助学习者制定学习计划;根据地点和学习者的学习风格,主动推送与学习者所处环境相关的学习资源,实现自适应的泛在学习。[2]

3. 学校改进案例

运用数据挖掘技术深入分析影响学业成绩的关键因素,进而在学校层面深入课堂教学查找到影响学生学习的某些关键要素,这已经成为我区的常态教学研究与实践的推进方式。

案例9-2-2 基于学校学业质量报告的学校教学研究决策

学校	改进研究与实践	干预点
纪王学校	语文课堂学习行为对学业成绩影响的研究	学习行为与干预
梅陇中学	初中学生主题探究活动过程性评价的实践研究	探究课程评价
平阳小学	基于小学生运动行为分析的规则意识培育实践研究	运动学科教学改进
启音学校	听障学生人格修复式评价的个案研究	教学影响与干预
蔷薇小学	基于学习分析技术小学数学概念形成能力评价研究	教学影响与干预

---

[1] Allport. G. W. Personality. A Psychological Interpretation [M]. New York: Holt Co. ,1937: 19.
[2] 恽敏霞,刘辉.基于学习分析技术的区域性中小学学业质量综合评价模型[J].上海教育科研,2014(12): 45.

续 表

学校	改进研究与实践	干预点
古美高中	高中学生作业行为与学业质量的相关性分析研究	作业与干预
平南小学	基于电子教材的小学生学习行为分析——以小学自然为例	学生行为与辅导
罗阳小学	基于阅读行为分析的小学生阅读能力评价研究	阅读学科教学改进
世博小学	基于学习分析的小学品社学科表现性评价实践研究	品社学科教学改进
实验西校	基于学习状态分析的初中数学学业质量评价与研究	作业与干预
花园学校	小学低年级英语数字化作业中口语表达能力行为评价研究	英语学科教学改进

结合各学校学业报告,进一步探索相应的教学干预是学业评价反馈应用的应有之义,也是重中之重。什么学科、什么时机、怎么干预,需要学校决策者与工作组合力研究、共同协商。

二、学生报告:指向主客观、内外因的整体协调发展

学生报告是我们突破的难点之一,重在关注个体,激发主体内力。如何既全面客观又激发动力,如何既表达成绩又指出问题,如何既评定过去又引导未来,如何让学生报告与区校报告和而不同,这些问题都需要兼顾。我们从单科和综合两个层面进行了实践和研究。

(一) 单科报告

1. 绝对与相对合并的结果报告

对于学业结果水平的评定,不管是成绩分数或是字母等级,其中都主要涉及的是评定原则。主要包括:(1)绝对等级评定,也即是基于百分制系统来化分不同的等级,将个体学生与标准分数对比;(2)相对等级评定,主要将学生按照表现(基于一套测验成绩或测验成绩与其他评估结果合成的成绩)排位,然后以此排序定出等级;(3)一些情境中,等级划分主要基于成就与学习能力、提高成度或努力程度之间的关系而决定。① 为此,我们采用综合评定的方式,即将绝对等级评定与相对等级平等合并,采用绝对标准评定最低目标,也即是学科中最基本内容的知识、技能和其他低水平学习成果,采用相对标准评价发展性目标,也即是针对哪些高水平学习结果,主要采用学习个体跟自己相比(低年级段)的进步与努力程度来评定、或在同伴群体中(高年级)的位置来排序评定。这在高学段的学生报告中得到普遍使用,如案例9-2-3,即为某高中生某阶段的语文学科报告。

案例9-2-3 某高中生语文学科报告基本框架

科目:语文

姓名:张某某

---

① (美)诺曼·E·格伦隆德,C·基思·沃.学业成就评测(第9版)[M].杨涛,边玉芳,译.北京:教育科学出版社,2011:193—197.

ID： stu3101124020320160146

班级： JH高中-高中三年级-5-班

教师： LUE

学校： JH高中

自我设定目标： 进入前72.8%/提升20%

本次考试概况：

- 总分：81
- 总分排名：3 305
- 排名百分比位置：90%—95%

这是2018年闵行区高中三年级第一次考试学生一对一分析报告。报告分成四个部分：一、成绩与对比分析；二、成因分解分析；三、成就和问题分析；四、失分原因分析。与以往分数、排名分析不同，我们更关注这个孩子还有什么可以提高的地方，追求针对性、准确性和有目的性。

一、成绩与对比分析

（数据为得分率）

	本学生	JH高中三年级-5-班	JH高中	全区	自设目标：前72.8%
第1题	0.400	0.727	0.823	0.873	0.926
第2题	0.000	0.467	0.569	0.718	0.795
第3题	0.667	0.611	0.637	0.701	0.722
……	……	……	……	……	……

	本学生	JH高中三年级-5-班	JH高中	全区	自设目标：前72.8%
总得分率	0.540	0.560	0.591	0.636	0.668
很容易	1.000	0.778	0.782	0.814	0.852
极难	0.250	0.158	0.207	0.254	0.291
难	0.200	0.330	0.406	0.495	0.545
容易	0.700	0.640	0.711	0.762	0.799
特别容易	0.575	0.677	0.720	0.764	0.794
中等偏难	0.305	0.299	0.346	0.411	0.457
中等偏易	0.111	0.500	0.503	0.594	0.660
空知识点	0.356	0.601	0.677	0.764	0.814
文言诗文阅读	0.383	0.438	0.499	0.558	0.602
现代文阅读	0.507	0.474	0.510	0.579	0.624
写作	0.657	0.694	0.698	0.719	0.734
能力层次-分析	0.371	0.320	0.373	0.450	0.498
能力层次-理解	0.464	0.542	0.593	0.649	0.693
能力层次-识记	0.200	0.597	0.696	0.795	0.860
能力层次-运用	0.667	0.611	0.637	0.701	0.722

	本学生	JH高中三年级-5-班	JH高中	全区	自设目标：前72.8%
能力层次-综合	0.502	0.457	0.495	0.534	0.565
文言诗文阅读-分析能力	0.250	0.327	0.378	0.444	0.491
现代文阅读-分析能力	0.492	0.313	0.368	0.457	0.506
文言诗文阅读-理解能力	0.450	0.510	0.576	0.634	0.678
现代文阅读-理解能力	0.500	0.624	0.635	0.688	0.730
空知识点-识记能力	0.200	0.597	0.696	0.795	0.860
空知识点-运用能力	0.667	0.611	0.637	0.701	0.722
文言诗文阅读-综合能力	0.250	0.158	0.207	0.254	0.291
现代文阅读-综合能力	0.600	0.520	0.579	0.630	0.671
写作-综合能力	0.657	0.694	0.698	0.719	0.734

二、成因分解分析（略）

三、问题与成就分析

- 红色警告：略

- 未达目标警示：略

- 详细情况如下：

低于全区平均	略
高于全区平均,低于预设目标	略
高于预设目标	略

四、失分原因分析

- 不应当的丢分：略

- 详细情况如下：略

五、综合诊断与建议措施

系统人工智能算法建议：略

备注：请仔细阅读报告中的问题和成就和失分原因分析,征询教师或专家意见。

六、附录

- 试题知识点

- 试题能力考核点

- 试题难度

2. 实践情境表现性的过程评定报告

对于个体的报告,不仅要有科学、准确的水平分析,更需要有个人标签的、代表学习经历和学习能力的真实表现分析。由此,我们选择了表现性评价的方式,即在真实的情景中或模拟真实的情境性任务。它可以基于学生的真实表现给出评价,其证据既有问题解决过程性证据亦有结果性证据,还融有有关核心成果档案。尤其在小学阶段广泛开展此评价,并呈现评价报告。如案例9-2-4即为某小学生数学学科报告的组成部分。

案例 9-2-4　小学生数学切片报告：三步计算式题掌握情况评价及评分规则[①]

$$42-(10\times 2-2)-10$$
$$=42-(20-2)-10$$
$$=42-18-10$$
$$=24-10$$
$$=14(人)$$

获得反馈：

	探究兴趣	交流习惯	练习习惯	方法应用
等　第	A	A	A	A

老师的话：
　　你有很独特的解题视角，能够通过对于情境问题的阅读发现其中蕴藏的"班级总人数－打篮球人数－打乒乓人数＝跳绳人数"的隐性数量关系，从而又快又准确地解决了问题。本题还可以从"跳绳人数"与"打篮球人数"的关系上开展思考，试一试吧，挑战自己，超越自己！

评价维度	评价内容	表现水平参照
学习兴趣	探究兴趣	A——能够积极主动投入问题探究中，面对挑战充满信心 B——能够较主动地投入问题探究中，面对挑战敢于尝试 C——被动地参与问题探究，信心不足、马虎草率 D——放弃问题的研究，不愿尝试
学习习惯	交流习惯	A——能够运用数学语言清晰、完整地表达解题过程 B——能够对列式理由做出适当解释，但数学语言不够规范 C——试图对列式理由做出解释，但语言表达不连贯、混乱和不完整 D——没有表达意图或答非所问
学习习惯	练习习惯	A——能够熟练运用线段图或树状算图分析数量关系，具备检验结果合理性的意识 B——能够较熟练运用线段图或树状算图开展数量关系的分析，作图有偏差，不具备估计结果合理性的意识 C——阅读马虎草率，作图有困难 D——放弃练习，不愿作答
学业成果	方法应用	A——能够有效加工数学信息，开展有条理的思考，找到解决问题的关键，列式解答 B——能够提炼有用信息，开展思考尝试，找到解决问题的关键，列式有错误 C——能够捕捉片断信息，不能找到解决问题的关键，解题无思路 D——未能识别问题情境中的有用信息，无从下手，放弃问题解决

[①] 张浔.多维评定，分项评价——"三步计算式问题解决"等第和评语相结合案例[C]//李群.基于课程标准的评价案例集.闵行区2018年区重课题结题内部资料案例集.

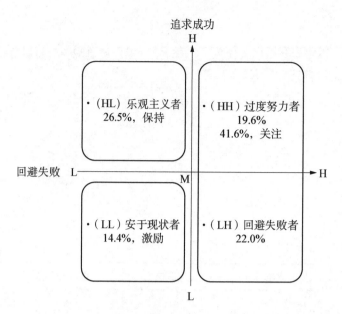

注：第一个字母代表追求成功的水平，第二个字母代表回避失败的水平，H为高，L为低，M为中。如HL表示追求成功的水平高，回避失败的水平低，HL型即为"乐观主义者"。

如上节选的"学生学业报告单"案例，就针对具体解题，提供了等级鉴定、评语即改进建议、评定规则参照以及学生动机分析等信息。除了告知学生真实学习表现及成就水平，还通过评分规则，有效帮助学生结合成绩评定进行对照分析与自我诊断，从而找出自己的长处与不足，结合不同层级的参照标准加以努力。如果说评分规则，主要是便于辨析同一个知识技能学习上的层级差异，明晰到下一个目标点还有多远的距离，那么评语建议，则进一步提示学生努力的目标内容。为此，教师撰写的评语便是学业报告的画龙点睛之笔，它往往需要结合学生学习成就及表现，特别是学生成长体验来撰写，拉近距离、获得认同；同时还要与学生学习动机、学习风格、习惯、策略以及身心、个性等方面的发展情况相关联，比如融入学生学业动机、学习风格的调研数据分析，有针对性地为学生后续努力方向提出精准建议，甚至是习惯、思路或具体做法。事实上，对学生切中肯綮的评语及精准性的学习建议，是教师因材施教的体现，而它的依据则在于教师从评价反馈中所获得的充分的、基于证据的学情分析。

（二）综合报告

学生学业报告，是学业质量评价反馈最基本、核心的部分，它反映学生每一学段结束后学业成就情况。在我国"德、智、体、美、劳"全面发展的教育方针指引下，对于学生学习表现不仅可以采用单课单独报告的方式，还可以采用综合评价的方式。所谓综合评价方法又称为多变量综合评价方法、多指标综合评估技术[①]，也即是以多属性体系结构描述的对象系统做出全局性、整体性的评价。

1. 报告维度及指标

确定综合指标评价体系与方法，首先要明确综合指标评价的对象与目的，确立评价及报告指

---

① 李远远，云俊. 多属性综合评价指标体系理论综述[J]. 武汉理工大学学报（信息与管理工程版），2009，31(2)：305—309.

标与条件,再采用一定的方法给每个评价对象赋予一个评价指数,据此择优或排序。① 我们参照《教育部关于推进中小学教育质量综合评价改革的意见》中品德发展、身心健康、学业发展、兴趣特长五大领域的二十项关键指标以及《上海市中小学学业质量绿色指标综合评价》的十大指标,研制出区域学业质量评价的核心指标。

尽管学生学业水平报告的维度,主要来自于前述评价指标,但根据报告具体对象和用途,其在范围和程度上则需要进一步转化和精简。闵行学生学业报告结合区域教育发展实际,经咨询市、区教育管理、教育科研专家、校长及一线教师,运用德尔菲研判方法,最终从品德及身心健康、学业质量、个性发展与成长体验几个方面来呈现学生的学业发展情况。②

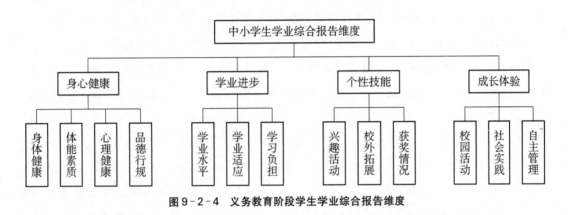

图 9-2-4 义务教育阶段学生学业综合报告维度

2. 报告内容及表达

根据所形成的区域中小学学业报告维度(见上图),进一步设计了学生学业质量报告单的主要报告内容和形式,详表 9-2-3。

表 9-2-3 学生综合学业报告单的设计维度

报告维度			报告点	报告形式
学业进步	适应性	水平	学业成就水平(结果、过程)	学习波动、预警等
		方法	习惯、策略、风格(群体-个体、依存-独立、视觉-听觉-实践)	背景问卷、绿色指标图
		态度	兴趣动机、学习品质(专注、坚毅性)、情绪体验(焦虑、自信)	
		环境	人际关系、团队氛围	
	负担		学习负荷:学习时间、睡眠时间	
			学校、教师、同伴、家长、自我压力	
			学习倦怠、疲劳感	

---

① 苏为华. 多指标综合评价理论与方法问题研究[D]. 厦门:厦门大学,2000.
② 该研究为子项目"基础教育质量综合评价改革区县深化试点义务教育阶段学生学业质量综合评价方法"的成果。

续表

报告维度	报告点	报告形式
个性发展	三类课程学习、选课走班、活动参与情况	课程表及GPA绩点
身心健康	含身体形态、体能素质、体能锻炼、心理健康等	BMI指数、近视检测、心理、体能
成长体验	学生参与班级管理、综合实践活动、主题活动质量、图书借阅量等	教师评语及建议、指导

目前,区域初步设计的学生学业综合电子报告单,不仅包括了"义务教育阶段学生学业综合评价框架"中身心健康、学业进步、个性技能、成长体验四个维度,还对主要维度如学业进步等进行了细分,具体从学业水平、学业适应性(学习方法,包括学习习惯、策略与风格;学习态度,包括兴趣动机、学习品质和焦虑、自信等学习体验;环境,包括师生、同伴及亲子关系与团队氛围)和学业负担情况。进一步将学业进步与学生的身心健康、个性技能以及成长体验等多方面结合起来,进步综合评定与分析后,提出学习建议。

闵行区综合学业报告主要运用电子"学习报告单"呈现:它改变了以往报告单"成绩+评语"的二维结构,而至少包括"成绩+评分规则+档案袋+评语及学习建议"的多个维度,不仅体现了学生学业水平信息,还涵盖了学生学习身心发展、学习背景信息、学习过程信息;它打破了传统依靠人工、纸笔录入、主观分析的方式,而尝试为学生、家长、教师及决策者提供多维度的学习情况反馈,同时综合运用区域的电子书包平台、区域课程管理平台、学业质量评价平台以及学生电子成长档案,使学生学情可视化。这不仅让家长可以全面细致了解学生多方面信息,包括学生的身心健康、学业进步、学业状态等,也积累了区域学业质量数据库最核心的档案资料,为实现学生的综合素质评价奠定了基础。

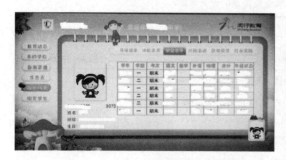

图9-2-5 闵行区学生电子综合学业报告单及档案

未来,闵行还拟采用基于GPA(平均学分绩点,General Point Average)的全课程综合评价报告模式,由此实现对基础型课程、研究型课程、拓展课程等所有课程、所有学科的全覆盖评价。构建全课型综合评价体系,便于学生自己和家长整体判别学生的学业状态及其影响因素,以便更好地促进学生的全面发展。

　　学业质量评价报告的反馈与应用,是学业质量评价的"最后一公里",也是学业质量评价的实践价值所在。面向学生及家长,着眼于为学生自我导向学习、学习预警和自我评估提供支持。面向教师及其他教育工作者,提供教学研究和教学决策诊断分析及针对性的建议,着实有效地改进教师教学决策、优化教学指导;让区、校实现基于证据的科学决策和精细管理。